进攻是最好的防守，要把握好每个案件的深度、广度和高度，从而与司法人员良性互动、有效对抗，才能最大限度实现有效辩护。

——薛火根

THE

NEW ROUTE

OF EFFECTIVE DEFENSE

有效辩护新路径

薛火根 / 著

法律出版社 | LAW PRESS

陈瑞华序

经过20余年的刑事辩护实践，薛火根律师终于要把自己的执业经验系统地编辑成书了。

我认为，一个从事多年刑事辩护业务的资深律师，除了在刑事辩护领域继续拼搏厮杀以外，还应承担一种独特的社会责任，那就是将自己的执业经历编辑成册，将自己办案的经验加以总结，将自己独特的人生感悟加以提炼……通过出版自己的著作，既展现自己的辩护风采，也为年轻律师提供一份可供参考的教材。

薛火根律师在刑事辩护领域独树一帜，他在辩护过程中既具有大气磅礴的气势，又注重案件的细节，具有豪放与婉约并重的辩护风格。他高度重视庭前准备工作，尤其强调从鲜活具体的案件中寻找辩护的灵感，发现司法人员的思维方式，从而形成可操作的辩护思路。他常讲："进攻是最好的防守！要把握好每个案件的深度、广度和高度，从而与司法人员良性互动、有效对抗，才能最大限度地争取到有效果的辩护。"

薛火根律师的《有效辩护新路径》一书，通过研究和梳理自己承办过的30件案件，为我们展现了一个资深律师为追求有效辩护而走过的充满激情与挑战的心路历程。本书分别讨论了程序辩护、审前辩护、案例检索、调查取证、非法证据排除、重组涉罪现场、专家辅助人出庭、专家论证、法律适用、量刑辩护等多个方面的辩护经历，多维度地寻找有效辩护的新路径。该书收录的案例，有2011年全国十大刑案之一——马小海聚众淫乱从轻判决案；有涉嫌故意毁坏财物、故意伤害、抢劫、销售不符合安全标准的食品、拒不执行判决裁定等无罪案；有大部分指控不成立从轻判决案；有二审改判案；有企业家犯罪的有效量刑辩护案；还有涉嫌组织、领导黑社会性质组织罪不成立案。作者以亲历者身份讲述了上述案件成功辩护的操作技巧,将每个案例分为案情简介、控方指控、辩护要点、裁判要旨、辩护路径五个板块,编著时不是简单地把起诉书、辩护词、判决书的内容粘贴组合,而是从寻找有效辩护路径的视角去研究案情,找到辩点、证明辩点,并成功说服检察官和法官。特别是在辩护要点和辩护路径部分,作者不限于就个案讨论个案的成功辩护,而是从案例中引申出一类案件如何办理,并总结出有实践指导价值的经验,例如如何重组涉罪现场、如何寻找有效辩护证据、如何检索到有价值的裁判文书、如何聘请专家辅助人出庭支持辩护,这些心得体会恰是刑事辩护案例教学的最好样板,这些灵感和思维方式也可以说已进升到刑事辩护艺术的层级。

有人说薛火根律师是法律界的跨界人才:医学出身,法学背景,从事法律教学16年,1996年起深耕刑事辩护,完成了从专职老师兼职律师到专职律师兼职教授的华丽转身。也有人说他是身份多重的“法律活动家”:他每年亲自出庭办理特别重大的刑事案件近15件,所带领的刑辩专业团队年办理100余件疑难复杂的刑事案件;作为江苏省律师协会刑事业务委员会主任,他把推动全省刑辩事业的发展作为第一要务,为推动江苏公、检、法、律职业共同体建设更上一层楼而努力工作;作为一名兼职教授,他常常往返各大院校和全国各地律师协会传道授业解惑;为培养刑辩人才,还专门设立了“薛火根刑辩人才奖学金”。

本书作者选录的案例虽非都是惊天动地的大案,但我认为都是通过最佳辩护路径取得最佳效果的成功案例。希望读者通过阅读这部著作,从中吸取有效辩护的经验和灵感,更希望本书能有效地促进中国刑事辩护事业的发展!

陈瑞华

2019年1月30日于北京大学

目录

无罪篇

罪轻篇

无罪篇 1

海淘般的案例检索和专家辅助人质证助物业拆违出罪

——王贵华涉嫌故意毁坏财物无罪案*

【案情简介】

徒法不足以自行，公正司法的价值在于弘扬正义、导人向善，相反，一个错误的指控也能使公信受损、道德失衡，本案正是一个刑事追责程序不当启动的案例。

被告人王贵华是退伍军人，后供职于扬州市一家物业公司，他从基层做起，一步步走到了公司的小区物业主任的位置。

2014 年 4 月，小区 3 幢、5 幢的 6 位业主开始装修，其间违背业已签订的《前期物业服务协议》和装修申请书中阳台不予封闭的承诺条款，陆续对房屋后侧的二楼阳台雨棚进行改造，将该空间封闭，形成一个 15 平方米左右的房间，占用了公共空间。该 6 名业主的行为引起了小区其他业主的强烈不满，他们多次向物业投诉。随着事态的进一步发展，多位业主以小区物业未能按规定有效管理为由拒不支付物业费，更有甚者，个别小区业主也动起了效仿施工的念头。王贵华一方面安抚协调，另一方面向公司领导反映，寻求解决办法，公司也第一时间向政府主管部门上报了相关情况。

2014 年 5 月 15 日，城管监察大队对涉嫌违建的 6 户业主发出限期拆除通知书，要求于 2014 年 5 月 22 日前自行拆除封闭建筑。

2015 年 8 月 17 日扬州市规划局邗江分局发函，确定经现场勘查核实及核对施工图纸，6 户业主擅自违章搭建，未在其处办理过相关规划手续，相关建筑属于违章建筑。

2014 年 8 月 28 日，违章部分拆除工作已经拖延近半年之久，此时又逢南京青奥会结束，政府相关人员也要求各地尽快拆除违章建筑，王贵华便使用单位资金聘

---

* 为保护隐私，全书涉及当事人、证人等均为化名。

请拆除人员动用机械对6户业主的违章建筑部分进行了拆除。该6户业主随即于第二天报案。

2014年10月13日,公安机关以故意毁坏财物罪刑事立案。侦查期间,公安机关委托扬州市邗江区价格认证中心出具鉴定意见,认定被拆除建筑部分的修复价值为95,796元。

2015年11月11日,扬州市邗江区人民检察院向法院提起公诉,指控王贵华构成故意毁坏财物罪,且数额巨大。

王贵华从2000年转业后,工作兢兢业业,2003年被扬州市物业房产管理局评为物业管理"先进个人",所管理的物业小区先后被江苏省住房和城乡建设厅、扬州市邗江区住房保障和房产管理局等多个机关评优授奖。

按照起诉书指控,王贵华将面临最低3年、最高7年的牢狱之灾。而此时王贵华读高三的儿子正在准备高考,并希望考入军校报效祖国。一旦定罪,对王贵华个人和他的家庭都影响巨大。

因该案事关王贵华罪与非罪,事关物业公司和开发商的其他负责人是否再被追究刑事责任,更事关扬州市物业协会上百家物业公司今后如何有效管理小区物业的大事,因此当事人家属和物业协会领导广泛咨询律师,大部分律师认为很难争取到无罪的结果,但笔者认为该案可做无罪辩护且有较大成功的可能。辩护人接受委托后,围绕鉴定意见的证据三性、行为性质和法律适用等方面提出辩护意见。尤其是在涉案数额认定上,专门聘请价格鉴定专家和房屋拆迁领域资深从业者出具专门意见。

同时通过海淘般检索与本案相关的关键词和生效判例,终于找到了与本案高度匹配的物业拆除违章建筑无罪案例。

本案经两次激烈的庭审控辩对抗后,又经过漫长的等待,扬州市邗江区人民检察院最后向法院撤回了起诉。

【控方指控】

被告人王贵华,扬州市金方园物业有限公司原物业主任。

2014年8月28日17时至21时,王贵华为非法拆除其公司管理的位于扬州市邗江区甘泉寺街道姚湾村扬州印象花园小区的6户违章封闭建筑,事先安排该小区保安关闭被拆除建筑附近等地的监控,并召集陈强、金林等人利用破碎机将小区3幢102室、103室、104室、105室、106室以及5幢103室的二楼违章封闭部分拆除。

经鉴定,上述被拆房屋修复价格合计人民币95,796元。

被告人王贵华故意毁坏财物,数额巨大,应以故意毁坏财物罪追究其刑事责任。

【辩护要点】

一、在案价格鉴定意见以"修复价格"计算涉案价值明显错误,且在鉴定对象已经被污染的情况下,无法进行补充鉴定,起诉书关于王贵华构成故意毁坏财物罪的指控证据不足

1. 邗江区价格认证中心出具的鉴定意见,是对违章建筑的"修复价格"进行计算评估,与起诉书指控的故意毁坏财物数额这一待证事实之间,没有任何关联,不能采信。

首先,根据《江苏省涉案财产价格鉴证操作规程》第十一条的规定,价格鉴证机构对于违禁非法物品不予受理。辩方委托的专家辅助人出具的质询意见中,也明确提出不应当以"修复价格"作为涉案价值的鉴定意见。究其根本,价格鉴定机构之所以对违禁非法物品的鉴定不予受理,原因在于国家不能认定违法物品存在合法价值。而本案中,鉴定对象是违章建筑,属于违法物品,按照法律规定必须予以拆除,绝不可能进行修复。原价格鉴定意见按照"修复价格"来认定损失数额,等于是在司法程序中变相承认了违章建筑的合法性,对行政法律明确规定要拆除的违章建筑,在刑事案件中却以"修复价格"来进行讨论,未免太过荒唐,也严重违反了法秩序的统一性要求。该份鉴定意见,无论是在民事、行政还是刑事案件中,与合法财产损失这一待证事实之间都不具有关联性,应属于不可采信的证据。根据2013年《最高人民法院关于适用〈中华人民共和国刑事诉讼法〉的解释》第八十五条第(八)项的规定,"鉴定意见与案件待证事实没有关联的",不得作为定案的根据。

其次,合法建筑与违法建筑的毁损数额计算于法有别,即便要进行数额认定,也只能针对可再利用的材料的残余价值进行鉴定,以此认定实际损失。违章建筑与合法建筑法律性质的最大不同,是法律对其的保护完全不同。行为人搭建违章建筑的行为,必须要付出违法成本,承担应有的责任,不可能获得与合法建筑同等的保护,无论在民事、行政还是刑事法律领域,皆是如此。对于所谓的"被害人"6户业主而言,强行搭建的违章建筑必须拆除。无论是由业主自行拆除,还是政府部门强制拆除,或被王贵华所拆除的违章封闭部分都会灭失。因此,司法鉴定的目的是明确违章建筑拆除行为的实际损失,如要鉴定则鉴定数额只能是可再被利用的材料残余价值，即物业强行拆除所造成的部分损失。也就是说，如果由业主自行小心拆除后，剩余材料可用部分的残值，而不是所有违章建筑的原始造价。这样才能区分拆除违章建筑与合法建筑的不同，否则会使人误以为司法机关在保护违章建筑。

最后，以部分材料残存价值的方式来计算和处理违章建筑灭失纠纷，在国内已有判例可循，结合辩护人向法庭提交的相关生效判决，举重以明轻，王贵华涉案行为不应作为刑事犯罪处理。

根据上海市浦东新区(2013)浦行初字第39号判决书，行政机关在尚未作出行政处罚决定的具体行政行为之前，就强行拆除了一户违章建筑。原告起诉行政行为违法，并要求赔偿25万元损失。但法院经委托鉴定，只判决被告赔偿原告材料残值1万余元。法院判决认为，被告在实施拆除行为前未通知原告，客观上剥夺了原告自行小心拆除、尽量保留建材使用价值的机会，因而认定被告“应对其强制拆除原告搭建房屋时所引起的建筑材料及辅料的损失与原告自行小心拆除而引起的损失之间的差额进行赔偿”。同时，因为原告搭建房屋未经任何部门批准，属于违章建筑，故原告主张的人工费用不能列入赔偿范围。

再如，在2013年，湖南省长沙市曾经发生过一起与本案高度一致的案件，小区业主孙女士私自搭建了阳台8.5平方米左右，物业公司的刘建林带领7名员工，用一台挖掘机对之进行拆除。根据辩方提供的证据材料，该案的原始鉴定意见是由孙女士自行委托湖南大学司法鉴定中心所出具的，鉴定价格为115,335.56元，鉴定依据与本案鉴定意见一样，是按照修复价格计算。长沙市公安局开福分局立案后，重新委托“长沙市开福区价格认证中心”进行二次鉴定，鉴定价格也为115,335.56元，公安机关的《起诉意见书》则以该修复价值作为故意毁坏财物的案值移送起诉。然而，检察院起诉到法院后，长沙市开福区人民法院委托了第三次鉴定，即另行委托鉴定机构只对包括“铝合金窗户、卷闸门及水泥楼板等”残值进行了鉴定，最终鉴定的损失价值为14,379.2元，只有原鉴定价值的10%左右。法院合议庭考虑到拆除的是违章建筑，认为应作无罪处理。最终，检察院以“经本院审查并退回补充侦查，本院仍然认为，因鉴定标的已经毁损且未保存，致使被毁损财物价值不能确定，长沙市公安局开福分局认定的犯罪事实不清、证据不足，不符合起诉条件”的理由，出具“不起诉决定书”，对该案以撤诉处理。

本案的事实与长沙这起案件极为类似，更不用说本案中物业公司与业主事先还存在民事协议，扬州市邗江区城建监察大队甘泉中队也下达了《限期拆除通知书》，多次要求业主自行拆除违章建筑。为此，辩护人认为司法机关不应将此案作为刑事案件处理。

2. 本案中,侦查机关未对相关拆除材料进行妥善保管,涉案现场也不是案发时的原始现场,检材也不存在,根本不具备重新鉴定的条件。

按照通常的行业标准,如对本案进行重新鉴定,涉案违建部分的残值应远远达不到故意毁坏财物罪5000元以上的入罪标准。根据在案鉴定意见书,“鉴定基准日”是2014年8月28日,即拆除行为之时,但“价格鉴定作业日期”却是2014年10月11日,即进行价格鉴定的时间与违章建筑被拆除的时间,前后相差了一个多月!而在这一个多月的时间里,公安机关并没有对被毁损的物品进行详细的登记、移送或保管,许多建筑材料(如铝合金门窗、废钢筋等)已经被他人拿走,是否还有建筑砖块等材料被他人拿走也不得而知,已经没有可以进行鉴定的合格检材,不具备鉴定条件。根据2013年《最高人民法院关于适用〈中华人民共和国刑事诉讼法〉的解释》第八十五条第(三)项的规定,鉴定意见如果存在“送检材料、样本来源不明,或者因污染不具备鉴定条件的”,不得作为定案的根据。涉案被拆除部分的残值已经不具备重新鉴定的条件,对于毁损数额的证据也无法查清。公诉机关作为控方,承担着证明被告人构成犯罪的所有证据的举证责任,若无法提供有效证据,就应当承担指控不能成立的相应后果。

同时,辩方还委托了房屋拆旧工程有限公司,对6户业主自行拆除所需支付的费用和剩余残值进行了评估:如果业主自行聘请拆旧公司小心拆除违章建筑,应支付的拆旧费用是6400元,而通常房屋拆除后的残值不会超过原建筑材料价值的6%,按照鉴定意见给出的材料价值计算,剩余材料的价值数额是880元,两相折抵后,业主还需要倒付5520元,故违建业主根本不存在财物损失。

二、在法律适用上,王贵华拆除违章建筑不是故意毁坏财物,而是将违法情形恢复到合法状态的行为,起诉书关于王贵华构成犯罪的指控,定性明显错误

1. 在客观行为和对象上,“拆除”不等于“毁坏”,违章建筑也不属于合法“财物”范围。

拆除行为的目的,不是毁坏或占有,也不是泄愤或报复,而是能够使其恢复到合法的原始状态。王贵华为了能够认真履行物业公司的职责,在业主事先签署过不进行违章搭建的《申请书》和《前期物业服务协议》等约定的情况下,才进行了强制拆除。比如,某人为了维护公共或合法利益,从抢劫犯手中抢回他人被抢财物后,交给司法部门或返还被害人,以恢复原状,显然不可能作为犯罪处理;再如,抢了他人的毒品、枪支等违禁品予以销毁,同样也不是犯罪。

2. 在主观认知上，王贵华不存在“毁坏财物”的故意，只有“拆除违建”的主观心态。

首先，本案与普通的毁坏财物案件相比，行为人主观目的方面截然不同。普通的毁坏财物案件，通常是出于私人矛盾或感情纠纷等，通过毁坏他人财物，造成他人财富减损，以达到泄愤或报复的目的。然而，本案中被告人王贵华与业主之间没有任何私人矛盾，仅仅是出于物业公司的履职要求，根据双方事前签订的民事协议，为了维护小区环境，才拆除了违章建筑，在主观上完全不同于毁坏他人合法财物的犯罪故意。

其次，本案存在的客观事实也证明，王贵华只有忠实履职的想法，没有冒着坐牢风险从事违法犯罪活动的故意。本案中，在王贵华拆除之前，业主已经与物业公司签署了《申请书》和《前期物业服务协议》，承诺不进行违章建设，行政机关也出具了《限期拆除通知书》，确认了被拆除建筑的违法性。根据业主与物业公司签订的三组民事协议，即《申请书》《扬州印象花园前期物业服务协议》以及《业主临时规约》，均明确规定业主不能进行私搭违建，否则需要承担相应的责任，物业也有权对违章建筑进行有偿拆除。

尤其提请法庭注意的是，本案的特殊之处还在于：在拆除违建前，物业公司的副总、主任等多人曾多次到政府部门、城管大队反映情况、寻求救济，希望能够由城管或其他政府部门出面，解决小区内部的违章建筑问题。对此，城管大队曾经两次出面进行拆除，但效果不佳。根据在案证据，政府部门人员刘威也对物业公司人员表示，等青奥会结束后，可以由物业公司出面拆除。如果说拆除违章是故意犯罪，政府部门何以不制止，反而鼓励对违章建筑进行拆除？如果法院判决认定被告人构成犯罪，那么就意味着政府部门对于犯罪行为的发生，在事先已经明知的情况下，不仅不制止，还明确指示了拆除的时间节点，鼓励其实施犯罪行为，难道是教唆犯罪吗？结论将非常荒谬。事实上，被告人也是按照政府相关人员指示的时间点，在青奥会结束的第二天实施了拆除行为。上述事实均可以证实王贵华的行为只是在履行物业管理职责，没有犯罪的故意。

三、在案件处理上，本案是民事协议的履约纠纷，违章建筑本身是违法的产物，以故意毁坏财物罪立案、起诉甚至审判的行为实质，确是执法的偏差

1. 本案属于民法调整的领域，不应以刑事法律来处理。

通过案例检索，可以发现在我国政府或物业公司合法或违规拆除违章建筑的纠纷，都是以民事诉讼或行政诉讼的方式处理。

2. 从民法与民事协议来看,6 户业主搭建违章建筑不仅是违约行为,更是违法行为。

从民法角度来看,公共空间属于全体小区居民,6 户业主搭建违章建筑,是对公共空间的侵占;从物权法来看,也是对于建筑物共有权的侵害。根据我国《物权法》的规定,在建筑物区分所有权的概念中,有专有部分和共有的区别。业主能够自由处置的是专有部分,对于专有部分之外的、所有业主共同拥有的公共部分空间,业主不能随意占用。然而,本案 6 户业主将北面二楼阳台之外的部分空间进行封闭,使得阳台变成房间,并向外凸出占用额外空间,是对公共空间的擅自占用。

对此,物业公司将保留向违章业主请求偿付拆除费用的权利。作为连排别墅来说,与普通独门独院的别墅不同,其在外观上必须要协调一致,否则会影响连排别墅的整体外观,降低小区房屋保值增值的空间,对于其他业主而言也会造成很大损失。正因如此,小区其他业主才会找物业、城管投诉,以维护自身权益。

3. 不能利用刑事司法程序,使违法物品合法化。

我国法律明确规定不允许违章搭建,根据法秩序统一的要求,不能以刑法来保护违法行为。我国《城乡规划法》第四十条规定,进行建筑施工应当申请办理工程规划许可证。《城市异产毗连房屋管理规定》第六条和第八条规定,对于共有的院路,任何一方不得多占、独占;一方所有人如果要改变共有部位的外形或结构,除须经城市规划部门批准外,还须征得其他所有人的书面同意。《物权法》第七十二条规定,业主对建筑物专有部分以外的共有部分,享有权利,承担义务。《物业管理条例》第五十条①规定,物业管理区域内按照规划建设的公共建筑和共用设施,不得改变用途。

根据上述法律规定,本案几位业主私自违章搭建是明显的违法行为。对此,扬州市规划局给公安局的《回函》中也予以确认,明确被拆除建筑是“擅自加建部分,未在我局办理过相关规划手续,属于违法建设”。如果这种违反民法和行政法规,擅自搭建的违章建筑,还要通过刑事司法来进行保护,无疑会严重破坏我国法律体系的整体统一。

四、本案如果定罪,将给物业服务行业带来负面冲击,造成非常恶劣的社会影响

1. 如果定罪,会使物业人员不敢管理小区违章。

物业管理的问题关涉千家万户。近年来,各大媒体对于小区业主的违章搭建

---

① 2016 年《物业管理条例》第四十九条。

多有报道，有些业主利用自己的社会地位和经济实力，封闭阳台建成阳光房，或在屋顶建设游泳池、花园，诸如“最牛屋顶”的事件报道。之所以会发生此类事件，其中物业公司不作为是原因之一。物业公司作为新型服务行业，在面对业主各种各样的违章搭建行为时，为了避免发生矛盾冲突，往往采取不管事或者能拖就拖的放任态度，对广大业主来说就是一种严重违约的不作为行为。

如果本案被告人因为尽责管理小区、拆除违建被定罪，那么本来兢兢业业的其他物业人员，恐怕也将心灰意冷，沦落到与那些不作为的物业人员一样，任由自私业主滥搭违建。

2. 如果物业对小区违章视而不见，即是对其他业主的违约，将陷物业于违约和犯罪二选一的两难境地。

本案中，被告人恰恰因为尽责尽力，忠实履行自己的职责要求，才会引发该案。根据辩方提交的浙江嘉兴(2014)嘉秀民初字第1149号判决书，此前已经出现过由于物业不制止违章建筑，相邻业主以物业公司未尽完全管理责任为由起诉，要求减少支付物业费，最终得到了人民法院支持的案例。其中判决理由正是物业公司不对违章建筑进行制止，违背《前期物业管理服务协议》，对于其他业主是违反《合同法》的违约行为。

本案中，对于被拆除的涉案建筑，同样有148位小区的其他业主均表示同意《业主临时规约》的约定，不同意6户业主的违建行为。

如果认定被告人有罪，这就将物业人员推入了两难的境地，一方面，如果不能有效阻止违建，就是对其他业主的违约，需要进行补偿；另一方面，如果依约拆除违建，又可能面临刑事追诉，这种义务冲突谁能合理解决？这种因目前物业行业制度发展不完善带来的难题，却将恶果交由一名弱小的物业人员个人承担，未免有失公允。

如果由于被告人过强的责任心，对违章建筑的拆除的职责行为，给他带来的是牢狱之灾，那么意味着司法机关鼓励物业公司的消极怠工，对于业主的不当行为不再有阻止的义务，这无论对于当事人还是物业行业而言，都将是极大的讽刺。

3. 若物业人员不尽责管理，会影响行业发展。

根据辩方提供的证据，扬州市物业商会作为行业协会，向法庭和多个部门提交了说明情况的报告，表明此案若定案，将会给整个扬州市的物业行业带来极坏影响。物业行业在我国尚处于发展的初期，许多行为和行业规则尚不规范，有待完善。其中最大、最多的问题就是物业人员不负责、不履职，对于小区业主的利益和环境漠不关心，这也是服务行业普遍存在的问题。物业人员担心惹事、怕惹麻烦，而选择什么都不管,然而长此以往,物业行业如何能够积极健康地可持续发展呢?王贵华的行为是为了小区整体环境和业主的考虑,并不是为了个人私利,不应将刑事责任强加于其个人身上。

综合以上分析,辩护人认为辩方举证后已经不需要再发表什么法庭辩护意见了,也不需要再讨论什么是正义,什么是邪恶,谁是被告人、谁是被害人。很庆幸检察机关把住了批捕关,但可惜没有把住“带病起诉”的起诉关。希望法庭能够坚守“以审判为中心”,以事实为根据、以法律为准绳,不偏不倚地适用刑事法律,维护包括民法、行政法与刑法在内的整个法律体系的尊严和统一,依法宣判被告人王贵华无罪。王贵华涉嫌故意毁坏财物案辩方证据材料清单见表1。

表1 王贵华涉嫌故意毁坏财物案辩方证据材料清单

组别	证据材料种类与内容	具体证明目的	形成时间	证据来源	页码
第一组:业主不得违章搭建,以及物业公司享有约定拆除权的证据	1. 书证 申请书4份(3幢102、103、104,5幢103)	本案4户业主事先承诺不进行违章封闭,否则自行拆除,或由物业有偿拆除	2012年	公诉证据卷二第170~173页	1~4
	2. 书证 前期物业服务协议4份(3幢103、104、105、106)	本案4户业主与物业签过协议,承诺不能占用公共部分	2012年5~6月	卷二第174~193页	5~15
	3. 书证 业主临时规约4份	对业主的行为限制	2012年5~6月	卷二第194~218页	16~41
	4. 书证 印象花园小区业主联名信(有148户签字)	其他业主对于这6户业主违章的不满并对王贵华管理小区行为的支持	2015年11月25日	辩方提供	42~46
	5. 书证 3户违章业主再次违章封闭,照片	有3户业主(103、104、105)在本案发生后再次违章搭建	2015年11月20日	辩方提供	47~57

续表

组别	证据材料种类与内容	具体证明目的	形成时间	证据来源	页码
第二组：政府职能部门对违章建筑性质认定与处置决定的证据	1. 书证 邗江区甘泉城建监察中队案件查处表2份，内含《限期拆除通知书》（印象花园3幢104、105）	城管大队对两户违章进行过认定和拆除，且于8月30日签署了“已结案”	2014年3月29日	卷二 第164～169页	58～63
	2. 书证 邗江区甘泉城建监察中队案件查处表4份，内含《限期拆除通知书》（3幢102、103、106，5幢103）	城管大队对另外4户违章进行过认定和拆除，且于8月30日签署了“已结案”	2014年5月15日	同上	64～78
	3. 书证 扬州市规划局邗江分局回函（确认属于违章建设）	规划局确认被拆部分系违章建筑	2015年8月28日	卷二 第219～221页	79～82
第三组：拆除违章建筑涉案估值不是修复价	1. 专家辅助人意见 对原价格鉴定报告的质询意见	公安机关委托鉴定的内容错误，不能采用修复价格； 对于必将拆除的违章建筑，可以评估拆除后的材料残值	2015年12月4日	辩方提供	83～84
	2. 拆除费用和材料残值报价单 句容市新天地房屋拆旧工程有限公司对6户业主所搭违建拆除所需支付的费用和材料残值评估报价	若业主自行聘请拆旧公司拆除违章建筑，应支付拆旧费用6400元，材料残值为880元，两项折抵业主还需要倒贴5520元（违法代价）	2015年12月2日	辩方提供	85～89

续表

组别	证据材料种类与内容	具体证明目的	形成时间	证据来源	页码
第四组：王贵华一贯表现及行业意见	1. 书证 王贵华的个人荣誉	王贵华一贯是好士兵好市民	2003年1月20日	辩方提供	90~91
	2. 书证 王贵华管理过的小区荣誉	王贵华认真负责的工作业绩	2011年1月，2012年1月，2012年12月	辩方提供	92
	3. 书证 情况说明（甘泉派出所）	证明物业尝试过调解，但由于业主要求政府签字而未达成一致	2014年12月	辩方提供	93
	4. 书证 扬州市物业管理协会的报告	行业协会的意见，若本案判决王贵华有罪会对行业造成极大负面影响	2015年11月18日	辩方提供	94~97
第五组：参考案例	1. 湖南长沙刘建林涉故意毁坏财物案的撤诉材料：不起诉决定书等卷宗材料	鉴定价格的三次重新鉴定	2013年1月9日至2015年9月28日	辩方提供	98~118
	2. 最高人民法院2014年8月29日发布征收拆迁十大案例，廖明耀诉龙南县人民政府房屋强制拆迁案	对违反程序的政府强拆行为，缺乏合法依据，只是行政赔偿，不追究刑事责任	2014年8月29日	辩方提供	119~123
	3. 上海市浦东新区人民法院判决书（2013）浦行初字第39号	对政府违反行政程序，拆除违章建筑的价值认定，只认定残值价格，而非修复价格	2013年9月12日	辩方提供	124~144
	4. 2002年南京苏宁物业公司的民事赔偿案件报道	物业公司拆除业主违章搭建的阳台，作为民事案件处理	2002年4月24日	辩方提供	145~146

辩方证据材料提交人：薛火根律师

二〇一五年十二月十四日

【裁判要旨】

扬州市邗江区人民检察院指控被告人王贵华犯故意毁坏财物罪，于2015年11月13日向本院提起公诉。

本院受理后，在审理过程中，公诉机关根据本院建议于2016年12月22日以“经二次补充侦查仍证据不足”为由向本院提出撤回对被告人王贵华的起诉。

本院认为，公诉机关撤回对被告人王贵华的起诉，符合法律规定，应予准许。

【辩护路径】

一、辩护人的工作是穷尽一切可能将案件翔实地呈现在法官面前

控辩双方的争议焦点在于鉴定意见能否采信，辩护人聘请价格鉴定领域的资深专家和房屋拆迁领域的资深从业人员，在否定原鉴定机构鉴定方式的同时，破后而立，将涉案违章建筑的拆除费用和拆除后的材料残值展现在法庭面前，在拆除残值低于拆除费用、所谓的刑事被害人还应当倒贴钱支付拆除费用的情况下，罪与非罪已经一目了然。

二、案例检索除六大案例检索平台外还可海淘般检索关键词

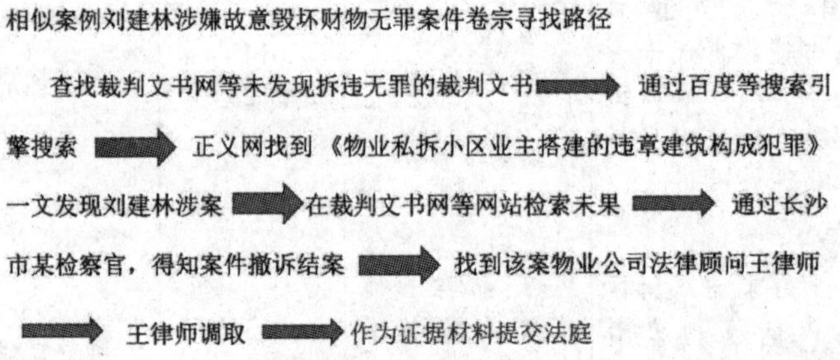

图1 王某某涉嫌故意毁坏财物无罪案

辩护人在穷尽裁判文书无果的情况下，海淘般地搜索了与本案有关的关键词，终于功夫不负有心人，在正义网上找到“物业私拆小区业主搭建的违章建筑是否构罪”的网络文章，根据该文章再查裁判文书网，在裁判文书网无该案判决书的情况下，又通过长沙市某检察官得知该案以撤诉方式结案的有利信息，再通过该案中物业公司找到了其法律顾问王律师，通过律师之间的异地协作，调取了长沙拆除违章建筑无罪案的案

卷材料,提交给法庭。

三、专家对专家的质证有助于更好地查清案件真相

刑事诉讼中,侦查机关会委托司法鉴定机构,就涉案财物金额等专业事实问题出具鉴定意见,作为关键的指控证据。因涉及专业问题,公诉机关、法院在对鉴定意见进行证据审查时,受委托机构具有较强专业权威的潜意识影响,往往将关注点放在鉴定机构资质、鉴定人资格与鉴定结果上面,只进行形式审查。对于鉴定过程、鉴定规范囿于相关领域知识所限,难以有效审查。从2012年《刑事诉讼法》修订颁布以来,专家辅助人制度正式确立,辩护人可以协助被告人聘请有专门知识的人对鉴定意见发表专业意见,在辅助方式上也更加灵活,既可以以书面形式提出专家意见,也可以出庭对鉴定意见发表专业评论。辩护人在办案过程中,如果能够得当地运用专家辅助人制度,可以极大地弥补对事实领域相关知识的欠缺,可以更加有效地对控方鉴定意见进行质证,让司法人员兼听则明,最大程度地维护被告人的合法利益。

附:关于对王贵华涉嫌故意毁坏财物案价格鉴定报告的质询意见

扬州市邗江区人民法院:

受薛火根律师的委托,本人根据涉案财产价格鉴定的规定并结合案情对《关于对印象花园六户房屋修复价格鉴定意见书》提出如下质询意见:

一、该《鉴定意见书》违反了价格鉴定的法规和规范

1.《江苏省涉案财产价格鉴证条例》第五条规定:涉案财产价格鉴证活动应当遵循合法、客观、公正、科学、高效的原则。

2.《江苏省涉案财产价格鉴证操作规程》第四条规定:开展涉案财产价格鉴证应当遵守国家有关法律法规和规章的规定,遵循合法、客观、公正、科学、高效的原则。

第十一条明确规定,价格鉴证机构不予受理情形包括:毒品、淫秽物品、枪支弹药、管制刀具等违禁非法物品。

3.《价格鉴定行为规范》第2章规定:价格鉴定应遵循合法原则、公正原则和科学原则。

根据以上法规、技术规范的规定:价格鉴证(鉴定)应遵循的首要原则是合法原则,不仅是鉴定方法、鉴定程序要合法,鉴定对象(标的物)也要合法。而本案中的标的经政府相关部门认定是未经规划批准的违章建筑,是不应受国家法律保护的财产,即不合法财产,所以不应当对其损失进行修复价格的鉴定。

二、根据办理刑事案件《毁坏财物损失价格认定规则》第十三条规定,在实际修复过程中发生的搬运、清理等其他费用不计入损失价格。

三、如确需对涉案违章建筑给予一定补偿，也是仅对毁损建筑物的残值予以考虑，绝不可能计算其重置、修复价格给予补偿。

专家辅助人：夏正义

房地产估价师，执业资格证书编号：0003×××

价格鉴证师，执业资格证书编号：0003×××

二〇一五年十二月四日

重组涉罪现场和重新鉴定还被告人清白

——张龙涉嫌故意伤害无罪案

【案情简介】

被告人张龙，国家一级作家，处级干部，著有数十篇中长篇小说。张龙的作品反映过现代女兵的传奇生活，讴歌过底层小人物充满人性的大写人生，拷问过道德、良知、情与义。然而，意想不到的是，这样一位充满人性关怀的作家竟会因故意伤害罪而被检察机关提起公诉。

2003年12月30日上午，张龙在作家协会二楼资料室门口与李兰发生口角，遂与李兰发生肢体冲突。起诉书载明，"经法医鉴定：李兰左眼、左会阴部损伤程度均为轻伤"，因此以故意伤害罪提起公诉，追究其刑事责任。本案因是名人官司，若罪名成立，对被告人的作家生涯将产生极为不利的影响。

本案案情特别复杂，历经5次法医学鉴定，6次开庭审理，审理时间长达两年。最终法院综合控辩双方的所有观点并结合案情，于2006年7月14日判决被告人张龙无罪，亦不承担民事赔偿责任。本案通过非常规的重组涉罪现场和人体损伤模拟实验，重现案发现场的真实场景，为法医学重新鉴定和相关事实的认定提供了有力的证据材料，这才使得本案能取得全案无罪的结果。

【控方指控】

起诉书指控，被告人张龙于2003年12月30日上午，在作家协会二楼资料室门口，与李兰发生口角，遂对李兰进行殴打，致其左眼眶外侧壁骨折及左侧会阴部皮下血肿超过二周仍未完全吸收。经法医鉴定，李兰左眼、左会阴部损伤程度均为轻伤。公诉机关认为，张龙故意伤害他人身体，致人轻伤，其行为触犯了《刑法》第二百三十四条第一款，犯罪事实清楚，证据确实、充分，应当以故意伤害罪追究其刑事责任。

【辩护要点】

一、结合本案案情、调查取证、重组涉罪现场、人体损伤模拟实验、5 次重新鉴定，无任何证据可印证被告人打伤李兰致其左眼眶骨折和阴部两处轻伤

1. 李兰眼部伤情与被告人无刑法上的因果关系。

李兰是在伤后 50 天才做 CT 发现的“眼眶骨折”，我们怀疑根本没有骨折，可能是先天性骨裂，也可能是“冒名顶替的片子”。即便是真有骨折，从整个案情来看也与被告人无因果关系。事隔 50 天被害人才查出来有骨折，与被告人打了被害人几个嘴巴很难认定存在刑法上的因果关系。

2. 李兰自己的陈述“阴部被他踢了几脚”与现场证人证言相矛盾，也与检查所见不符。

3. 唐伟是现场拉架人，他讲被告人踢了一脚，因面对面没看清，但看到的是右脚踢的，角度不高，不可能踢到阴部。

4. 根据重组涉罪现场可以看出，证人唐伟在三楼办公室门口走道上根本看不清被告人的下肢动作。并且他是近视加老花眼，更是看不清。唐伟只是讲被告人踢了李兰的腿上部，也没看清具体是哪个部位，更不要说具体到李兰的阴部了。

二、经市中级人民法院法医鉴定，[①]李兰左眼损伤不构成轻伤

李兰外伤后，当时病历中并未记载左眼部的损伤情况，其于 2004 年 2 月 20 日、2004 年 9 月 10 日、2005 年 3 月 1 日查眼眶 CT，经会诊阅片比较，左眼眶外侧壁裂隙与右侧基本对称，境界清楚锐利，且无变化。故被鉴定人李兰左眼眶外壁侧骨折诊断依据不足。参照《人体轻伤鉴定标准（试行）》[②]有关规定，被鉴定人李兰左眼部损伤程度不构成轻伤。

三、李兰左大阴唇外伤伤情复杂，但损伤致血肿机化的鉴定结论可以排除

1. 李兰阴部损伤不能排除是其他因素造成的

2003 年 12 月 30 日下午，即李兰被踢伤 5 小时后，才前往医院就医，因阴唇神经分布十分丰富，若真有脚踢所致外伤应非常疼痛，但现场证人都未见其有捂腹部、蹲下等缓解疼痛的动作，且其在被殴打后仍行走自如，并上台表演节目。根据病历记录和公诉人、辩护人调查经治医师的笔录，李兰首次就诊时只有“左侧大阴唇肿

---

① 根据《全国人民代表大会常务委员会关于司法鉴定管理问题的决定》（2005 年 10 月 1 日），自 2005 年 10 月 1 日起，人民法院和司法行政部门不得设立鉴定机构，该鉴定在该决定之前形成，当时可作鉴定意见采信。

② 本标准已于 2014 年被《人体损伤程度鉴定标准》废止。

胀,触痛明显,见散在淤血斑”的记录,即单纯的外阴部浅表外伤。被踢的第7天发现左侧外阴部有2.5cm×2.0cm大小的肿块,接诊医生只是认为7天前的外伤可能与肿块有关,但没有谁敢下100%的定论该肿块就是7天前的外伤所致,不能排除有其他因素造成该肿块的可能。

2. 李兰阴部损伤不可能是被告人用当时所穿43码宽头皮鞋所踢伤

因本案系鉴定有轻伤后才立案侦查的,侦查机关和公诉机关也未能提交案发现场照片和场景,为此辩护人结合所有目击证人的证言内容,在案发场地重组了涉罪现场,并专门聘请一名女模特做人体损伤模拟实验。该实验显示,若李兰的“外阴部皮下包块”损伤真是被告人用43码的宽头硬皮鞋踢伤所致,毫无疑问应有左右大阴唇的肿胀、会阴部其他损伤和大腿两侧擦伤,但是根据病历资料和医生的回忆笔录,李兰除了左侧大阴唇中部有2.5cm×2.0cm的莫名包块外,会阴部其他部位和大腿两侧都毫发无伤,未见任何表皮剥脱和皮下出血痕迹,更不要说李兰在2004年3月24日的陈述中所提及“阴部被他踢了几脚”。

3. 李兰阴部第一次“包块”康复后又在阴部出现“包块”,显然非被告人所为

2004年1月13日和1月19日,李兰多次前往医院就诊,2004年1月13日的B超报告显示“外阴部皮下包块”,2004年1月19日B超报告显示“左侧大阴唇皮下血肿机化”。B超室副主任在接受辩护人的调查笔录里明确该包块可能是血肿、囊肿、异常病灶等。然而2004年1月13日的报告单却写明“临床印象左侧大阴唇皮下血肿机化”。经调查,这是省机关医院门诊医生应李兰的要求,事后在1月13日的B超报告单上添加的。在公诉机关的调查时,该门诊医生也只是讲“结合临床,印象符合是一个血肿”。李兰的左大阴唇皮下莫名包块于2004年1月30日已消失,但2004年8月19日(伤后8个月)因仍隐痛,查左大阴唇上方可触及1.5cm×0.5cm硬块,B超显示左大阴唇肌层处可见1.8cm×0.5cm低回声区,性质待定;2004年9月6日又发现前阴部分有2.0cm×1.0cm硬性包块,B超显示低回声区,考虑血肿机化。很明确,第一次包块若是血肿,应早已痊愈,那2004年8月后出现在不同部位的微小包块又是如何产生的呢?显而易见不可能是被告人所为。

4. 法医鉴定有力证实了原公安物证鉴定意见不科学、不客观

辩护人在第一次庭审时就请求法庭委托权威法医专家对李兰的局部微小外伤是水肿还是血肿,是否会是被告人用皮鞋踢伤的致伤机理、两者因果关系等进行分析鉴定,后法院委托省高级人民法院鉴定,鉴定认为“李兰两次B超检查发现的低回声团块为组织水肿的病理改变,不支持外阴血肿的B超影像特征,2004年8月后

多次 B 超检查发现的硬块为‘新发病灶’”。省高院为慎重起见建议再做医学鉴定，2005 年 8 月法庭又再次委托市第一人民医院对李兰做医学鉴定，被害人本人表示接受，后来不知为何又拒绝鉴定，某市第一人民医院遂发函终止鉴定。因本案的复杂性，辩护人也从构建辩方证据体系的路径出发，专门委托了 N 市医科大学法医司法鉴定所对李兰的就诊病历、B 超报告单、经治医师的调查资料、重组涉罪现场、人体损伤试验照片等进行法医鉴定，全国知名法医学专家都认为，“李兰左大阴唇皮下包块符合较小钝性物体所致，临床诊断血肿机化依据不足，之后同一部位又出现的包块与本案无关”。

据查，公安机关作出的物证鉴定意见是，综合被害人的病历、B 超报告单、CT 报告单等得出的结论，然而门诊病历所载之初步诊断结果只是医生根据 B 超显示结果做出的初步诊断，并非肯定性的、排他性的结论，不能直接以此证明被害人李兰左侧大阴唇皮下血肿（其实要百分百地确诊皮下血肿，只有通过穿刺抽出血液或手术所见血凝块才可明确），进而认定其损伤程度为轻伤。公安机关作出的此项鉴定不符合刑事诉讼法和公安部鉴定规则的规定，不能作为认定被告人张龙构成故意伤害罪的证据。

综上所述，被害人李兰在被踢数小时后才就诊、伤后 7 天才出现小包块、第一次出现的小包块已痊愈，但之后左大阴唇不同部位又反复出现莫名包块，专家证实这些包块相互间无关联，都是单独形成的。综合双方结怨已久等原因，辩护人认为李兰伤情复杂，从损伤机理和致伤物的推定来看，该损伤系被告人皮鞋所致的可能性基本被排除，相反法医学中造作伤的可能性不能被排除。

四、公诉机关指控被告人张龙犯故意伤害罪的证据严重不足

本案是公诉案件，证明被告人有罪的举证责任在公诉机关，然而综合全案证据材料，公诉人没有一份直接有力的证据可证明被告人猛击了被害人的眼部和阴部，也不能合理解释李兰会阴部包块反复出现的原因。作为公诉机关既要收集对被告人不利的证据，也要收集对被告人有利的证据。本案结合 N 市医科大学法医司法鉴定所、省高级人民法院和市中级人民法院三份鉴定报告，再结合李兰在 N 市第一医院拒绝进行鉴定的事实，辩护人认为张龙致李兰左眼和左大阴唇两处轻伤的结论是不客观的。因此，应依法判决被告人无罪，让他早日脱离本不应承受的讼累，同时也让有限的司法资源物尽其用！

附:法医学重新鉴定申请书

N市A区人民法院:

因对(2004)公刑物物鉴(法检)字第158号鉴定意见书和第1581号鉴定书有异议,现申请法院对被鉴定人李兰的损伤是否有伤、是否构成轻伤、具体致伤机制等情况进行重新鉴定。具体理由如下:

一、第158号、第158-1号两份鉴定从形式到程序上都不符合刑事诉讼法和公安部鉴定规则的规定,也不符合常规的法医鉴定程序

1.物证检验意见书只是鉴定人员对某专业问题的分析说明,不能直接做出肯定性的排他的鉴定结论,但第158号鉴定意见书却草率地下了轻伤的结论。同理基于第158号鉴定意见书而再补充的第158-1号鉴定又变成了鉴定书,并得出肯定的轻伤结论。因此第158号、第158-1号两份鉴定是不符合刑事诉讼法的相关规定的。

2.第158号鉴定意见书委托时间不明确,存在先做鉴定后委托的“法医私人鉴定”的违法行为;对女性阴部检查,女法医没有在鉴定书上签字,说明该女法医根本没有对被鉴定人做妇科检查,没有做妇科检查哪来轻伤结论呢?

3.被鉴定人所谓的两处损伤皆不属于普通外伤,而是相当专业的妇科及眼科研究的范围,而第158号、第158-1号鉴定书中的鉴定人皆为普通法医人员,他们应对双方当事人负责,在鉴定时应收集全部的病案资料、详细检查、重新拍片,找专家会诊,这样才能得出较为可信的结论,但鉴定人员都有意或无意地违反了这一鉴定常规。

二、从实体上研究,李兰的“左眼眶外侧陈旧性裂骨折”可能与被告人的打击无因果关系,也有可能是先天性骨裂

1.李兰被打嘴巴后眼部检查没有“出血、水肿、疼痛”,只有“双眼视神经网膜病变”,该病变是双眼同时存在的自身疾病,这与外伤无关。

2.李兰外伤后唱卡拉OK,上台演出皆无异常。

3.被告人是用左手打三个嘴巴,用力很小,李兰的外表都无肿胀、青紫,哪来眼部骨折呢?

4.李兰是在伤后50天才做CT发现“眼眶骨折”,我们怀疑根本没有骨折,可能是先天性骨裂,也可能是“冒名顶替的片子”。即便是真有骨折,从整个案情来看也与被告人的行为无因果关系,完全有可能是因另外的损伤造成。

三、李兰的“左大阴唇血肿两周未吸收”的损伤非被告人造成

控方证人不能证明是被告人所伤,法医鉴定意见书女法医未做妇检,因此该部位损伤不用重新鉴定就可排除是由被告人所致。若法院一定要委托鉴定,请求鉴定人员结合案发情况,有关病历记录,详细研究成伤机理,并找专家会诊,从而得出客观的结论。

综上所述,第158号鉴定意见书、第158-1号鉴定书是在违反法律、法规和鉴定常规的

基础上做出的结论，为了维护当事人的合法权益，我请求法院对此进行重新鉴定，也请求重新鉴定人员能结合本案案情，到现场实地勘验、调阅全部案卷、调取所有病历和X片、B超资料、调查经治医师的治疗情况，重新拍片、查B超、组织专家鉴定组、结合医学和法医学原理研究成伤机理，从而对李兰的损伤进行科学、客观的鉴定。

申请人：薛火根律师

二〇〇四年十一月二日

【裁判要旨】

根据市法院司法鉴定处鉴定，李兰左眼眶外壁骨折诊断依据不足，左眼部损伤程度不构成轻伤，且指控依据的主要证据即公安机关的物证鉴定书，已被申请撤销。因此，指控的主要证据不足，不予采纳。指控被告人张龙故意伤害李兰阴部并致其轻伤所依据的主要证据中：首先是证人证言，但经过庭审质证，只有唐伟、张大成、李秀坤三个证人看到被告人张龙用脚踢了李兰，但踢到什么部位，张大成、李秀坤未看到，唐伟证实是腿的上部，具体部位未看清。其他证人均未看到被告人张龙踢李兰。因此，无证人能证实被告人张龙踢到了李兰的阴部。其次是公安局的物证鉴定书，但该鉴定书所依据的2004年1月13日的B超结论有修改之嫌；再者我院经多次委托鉴定，虽然做出的是文证审查意见书，但已使公诉机关赖以指控被告人张龙构成故意伤害罪的主要证据之一的公安局物证鉴定书的证明力产生了动摇，而公安局刑事警察支队的商请撤销函，更使该物证鉴定书的效力有待进一步证明，且有关此案的合理怀疑不能被排除。本院在审理期间也做了大量的补充调查，本案无充分证据证实李兰的阴部损伤是被告人张龙的行为所造成、李兰的阴部损伤构成轻伤。现在，公诉机关又未能补充新的证据。因此，证实被告人张龙的行为构成故意伤害罪的证据不足。公诉机关起诉指控被告人张龙犯故意伤害罪的证据不充分，本院不予支持，民事赔偿的诉求也不予支持。

【辩护路径】

按照司法惯性，本案有被害人陈述、相关现场目击证人的证言和两个法医学轻伤的鉴定意见，被告人无论如何辩解，定罪量刑的命运基本难以改变。但辩护人通过“既破又立”的辩护路径，不仅努力挖掘控方证据中的矛盾之处，还通过调查取证、重组涉罪现场、人体损伤模拟试验、申请重新鉴定等积极辩护的措施建立辩方自己的证据体系，成功为被告人赢得了无罪判决的结果。

一、重组涉罪现场，击破证人证言

因系单位内部员工纠纷，且案发后很久才刑事立案，故本案公安机关没有进行现场勘验，没有制作案发现场图，也没有拍照摄影，调查取证也是案发2个月后才进行的。辩护人为了使法庭直观感受案发现场的场景，质疑部分证人证言的真实性，重组了涉罪现场，并拍摄了大量照片供法庭参考。通过还原涉罪现场，辩护人发现，关键证人唐伟在三楼办公室门口走道上根本看不清被告人的下肢动作。该事实的固定直接否定了该证人证言的真实性。

二、模拟人体损伤试验，动摇鉴定意见

辩护人组织进行了人体损伤模拟实验，专门聘请了一名与被害人身高体型相似的女模特做人体损伤模拟实验，证明被告人以43码方头皮鞋不可能只踢到被害人的阴部，从而造成左大阴唇微小血肿而无其他相关擦伤，若真有此损伤则必有大腿内侧的擦伤。通过实验，辩护人否定了被告人造成被害人阴部局部微小损伤的可能。

三、重组现场和重新鉴定，无罪辩护成功

通过重组现场和人体损伤模拟实验的照片，法庭对被告人不利的证人证言和公安机关两个轻伤鉴定的怀疑度增强，同时市中级人民法院法医鉴定处、省高级人民法院法医鉴定处、N市医科大学法医司法鉴定所的法医学鉴定否定了眼眶骨折和左大阴唇血肿机化的轻伤结论。综合全案证据，辩护人用"神探+法学家+法医学专家"求真务实的态度去调查取证、重组涉罪现场、人体损伤模拟实验、申请和自行委托重新鉴定等组合拳的有效辩护路径，形成了证明被告人无罪的证据链条，法庭最终采纳了辩护人的意见。

证据比对辩无罪，蒙冤南国获赔偿

——蒋万国涉嫌抢劫无罪案

【案情简介】

2000年，广州市麓湖路一带频发抢劫出租车司机的恶性事件，直至2000年年底涉嫌抢劫的黄兵等人才被抓获，黄兵供述2000年其先后在广州市麓湖路一带抢劫出租车几十起，致使本案得以成功破获。

2001年4月16日，辩护人接到被告人蒋万国家人的委托，称蒋万国因涉嫌抢劫被捕。蒋万国，江苏铜山县人，2000年曾在原广州军区警备司令部服兵役，与黄兵系战友。黄兵被抓后供述，蒋万国也曾参与三次抢劫。为此，原广州军区保卫部将其刑事拘留。据蒋万国讲，"保卫部门及公安人员一直要其承认与黄兵一起抢劫了出租车司机，但其不承认。后在第三次讯问笔录中，有过'我只参与了一次'这样的记录"。蒋万国辩称是遭到殴打致鼓膜穿孔后违心承认的。辩护人通过比对卷宗材料，发现其他关于案发细节的供述均无法与同案人黄兵的供述相吻合，遂决定作无罪辩护，开庭审理后，公诉机关以补充证据为由撤回起诉，后撤销案件，广州市东山区人民法院做出（2001）东法刑初字第381号刑事裁定书，准予东山区人民检察院撤回起诉。

一波未平一波又起。广州市劳动教养管理委员会认为蒋万国参与结伙抢劫的事实清楚、证据充分，做出（2001）穗劳字9737号劳动教养决定书，决定给予蒋万国劳动教养两年的行政处罚。蒋万国不服，笔者又代理蒋万国向其住所地铜山县人民法院提起行政诉讼，广州市劳动教养管理委员会提出管辖权异议，徐州市中级人民法院依法裁定驳回管辖权异议。法院开庭审理做出（2002）铜刑初字第4号行政判决书，以事实不清、证据不足为由，撤销了上述劳动教养决定书。至此，已被刑事拘留、逮捕、劳动教养500天的蒋万国得以平冤昭雪，后代理人又帮助其依法提起国家赔偿请求并获得了两万元左右的国家赔偿。为此，《南方周末》整版报道了蒋万国案的全部辩护、代理和国家赔偿经过。

综观本案,指控蒋万国构成抢劫罪的证据并没有做到确实、充分,但遗憾的是,公安机关、检察机关和劳动教养委员会都根据传统的思维方式去办案,没能客观分析所有的涉案证据,才酿成这一错案。

【控方指控】

起诉书指控,被告人蒋万国伙同同案人黄兵于2000年7月16日凌晨1时许,乘坐出租小汽车到广州市麓鸣酒家附近,由被告人蒋万国下车堵住车门,同案人黄兵则在车内对被害人冼军实施抢劫,由于被害人冼军挣脱逃出车外,被告人蒋万国及同案人黄兵未抢劫到财物。被告人蒋万国无视国家法律,以非法占有为目的,以暴力手段抢劫公民财物,其行为触犯了《刑法》第二百六十三条之规定,构成抢劫罪。鉴于被告人蒋万国犯罪未遂,根据《中华人民共和国刑法》第二十三条之规定,可以比照既遂犯从轻处罚。

【辩护要点】

一、蒋万国没有作案时间

2000年7月15日晚6时至16日晨4时许,蒋万国与战友孙阳及孙阳女友王小丽在一起吃饭、聊天,根本没有作案时间。因孙阳为现役军人,且已调往原武汉军区某部,辩护人无法查清其具体部队番号和地址,王小丽(原可能为广视宾馆服务员)的基本情况也要孙阳提供,辩护人无法自行取证,故已于2001年8月14日书面向贵院申请查证此事。如公诉机关或法院不能查清该事实,则只能依据疑罪从无的原则判决蒋万国无罪。

二、假设蒋万国在2000年7月16日有作案时间,现有的证据也不能证明被害人被抢劫就是黄兵和蒋万国所为

1. 被害人冼军的报案应是真实可信的,但他的证言只能证明他被两个"理着平头、身高1.70米左右、讲普通话、坐前面的穿军装、后面的人体态、相貌说不清楚"这样的两人抢劫。而这两人中有无黄兵、蒋万国,冼军不能证实。

2. 在法庭调查中,公诉人出示的证据只可以证明黄兵与蒋万国曾在2000年的一天深夜外出,并在事发的地点经过,不能证明冼军被抢和黄兵、蒋万国有何关联。

首先,冼军被抢一案与黄兵、蒋万国外出那次在时间上不吻合。冼军被抢是在2000年7月16日凌晨1时许,黄兵供述同蒋万国外出的时间可能是2000年6~7月,是蒋万国回家探亲前还是探亲后已经记不清。蒋万国称其回家探亲前,2000年

5 月至 6 月曾与黄兵一起外出,并从冼军被抢的路段经过。

其次,从案发经过看,冼军称抢劫他的二人是从建设路上车到麓湖路的,在车上坐前面的人向后面的人先要 10 多元钱,后面的人也确实给了 10 多元,后来坐前面的人叫停车并给其 50 元面额的人民币,后面的人先下车堵住驾驶室的车门,坐前面的人先抢车钥匙并要钱,后用拳头打他,后其呼救并推开车门向车后方向逃跑,原堵门的人还在后面追他。而黄兵称上车地点不清,经过不具体,未得手后下车拉着蒋万国就跑。蒋万国唯一一次有罪供述称,其与黄兵外出的那次是从淘金路上的车,到麓湖路,黄兵叫停车后,蒋万国先下车,因车右边光线暗,才走到车左后边一两米处亮些的地方。后见司机推门向车后逃跑,黄兵也拉着蒋万国的手就跑,其并没有追赶司机。这一过程,显然与冼军被抢一案不符。综观全案,黄兵在实施抢劫时,所采取的都是利用语言给司机心理上的压力以逼迫其交钱的方式,抢到就抢,抢不到就跑。没有哪起案件有追赶司机的行为,由此可见,该案与黄兵的作案手法不一致,可以确定并非黄兵所为。

三、即使可以认定冼军驾驶的车辆坐在前排的人为黄兵,也不能肯定坐在后面的人就是蒋万国

黄兵供述中,其与张强共抢劫几十次(公诉机关指控三起),与彭亮共抢劫 5 次(指控 2 起),时间都在 2000 年内,地点主要在麓湖路一带。另外,黄兵还同其他未被起诉的人在上述路线作案,因此公诉人出示的本案证据显然不能排除是黄兵与其他人作案。

四、即使认为冼军驾驶的车辆,确为黄兵、蒋万国乘坐,蒋万国也不是伙同黄兵共同抢劫,只是在黄兵作案时在现场而已

黄兵在供述其所谓与蒋万国抢劫中,多次的供述均存在诸多矛盾。公诉人在庭审出示的口供中,黄兵讲到:“我和蒋万国谈过去抢劫出租车的事,具体怎么谈的我记不起来了,但肯定是谈过的。”“因为我在相同的地方抢过多次,而且时间隔得也长,在没有想清楚前把事情搞混也是有可能的。”我们提请法庭注意,黄兵与张松、彭亮共同作案时,黄兵都明确了与同案犯商量或交代作案的具体分工,即一人先下车堵车门,抢不到就跑。而唯独未与蒋万国交代如何分工,黄兵的供述显然是不确定和不真实的。根据刑事诉讼法的证据规则,有被告人的供述而没有其他证据印证的,不能定案。该案黄兵的供述对蒋万国是否为共犯是没有充分证明力的。

综上所述,虽然冼军在 7 月 16 日被两人抢劫,但无法确认本次抢劫就是黄兵与蒋万国出去的那一次。因为控方对作案时间、地点、人物、经过等犯罪基本要素都未查证属实,属于事实不清,证据不足。退一步讲,即使能证明此次冼军的出租车为黄兵、蒋万国乘坐,且被黄兵抢劫,也不能证明蒋万国有与黄兵事前商量、参与共同抢劫的行为。因此,公诉人指控蒋万国构成抢劫罪的证据不足,辩护人请求法庭以事实为依据,以法律为准绳,依法判决被告人蒋万国无罪。

【裁判要旨】

广州市东山区人民检察院以穗东检刑诉(2001)324号起诉书指控被告人张强、彭亮、康达、蒋万国犯抢劫罪,于2001年8月7日向本院提起公诉。本院受理后,在诉讼过程中,公诉机关以被告人蒋万国需要补充证据为由,于2001年10月25日决定撤回对被告人蒋万国的指控。公诉机关撤回对被告人蒋万国的起诉的要求符合法律规定,故裁定准许广州市东山区人民检察院撤回对被告人蒋万国的起诉。

广州市东山区人民检察院将本案退回广州市公安局东山分局,后东山分局决定撤销案件。

【辩护路径】

一、认真比对在案证据,以彼之矛,攻彼之盾

笔者一直认为,有效的辩护应当是进攻型的辩护,即主动调取辩方证据、形成辩方证据材料体系,从而与控方证据体系相抗衡,进而达到无罪、罪轻或者减轻、免除处罚的辩护目的。在本案中,控方证据体系漏洞较多,且在当时的刑事辩护背景下,办案机关对辩护律师调查取证权制度上的保障远不如现在完善。所以,辩护人就紧紧抓住控方证据体系中的作案时间、具体作案手段等核心问题,逐一反驳,指出控方指控没有达到事实清楚,证据确实、充分,排除合理怀疑的证明标准。通过指出控方证据体系中的漏洞,斩断了有罪证据锁链,最终达到了迫使公诉机关撤回起诉的辩护目的。

二、步步为营,刑事、行政诉讼、国家赔偿全面胜利

2000年左右"严打"之风仍未完全消退,且本案黄兵等人涉嫌抢劫数十起,在当地引起了很大的震动,广州军区保卫部、当地公安机关成立专案组专门负责侦办此案,办理结果层层上报。在此背景下,辩护难度可想而知。本案的办理可谓是一波三折,不仅仅是刑事辩护方面。在公诉机关撤诉之时,蒋万国已被错误羁押长达一年多,公安机关和公诉机关为逃避错案国家赔偿的责任,广州市劳动教养管理委员会又以相同事实决定对蒋万国劳动教养2年,蒋万国不服,笔者为避免地方的案外因素对案件的非法干扰,又特意避开在广州而依法代理蒋万国向住所地铜山县法院提起行政诉讼。广州市劳动教养管理委员会就该行政诉讼提出管辖权异议，但徐州市中级人民法院依法驳回管辖权异议。法院开庭审理做出了撤销上述劳动教养决定书的判决。之后，代理人又代理蒋万国获得了国家赔偿。

蒙冤500余天的蒋万国最终得到了迟来的正义。本案从公诉机关指控犯罪至撤回起诉，再到行政诉讼、国家赔偿等法律程序给予我们的启示是，作为专业刑辩律师不仅要精于刑辩，还要熟练掌握民事、行政等法律知识，只有这样当遇到冤错案件时，我们才能准确、及时、全面地维护好当事人人身、财产等合法权益。

三、最有效的辩护路径是负责

本案案发于2001年左右，根据当时适用的《刑事诉讼法》，公诉案件自案件移送审查起诉之日起，犯罪嫌疑人有权委托辩护人。辩护律师自人民检察院对案件审查起诉之日起，可以会见在押的犯罪嫌疑人。辩护人在办理蒋万国案件时，当时的会见还需要办案机关的批准，又是异地办案，可谓困难重重。辩护人清晰记得曾为此五下羊城，据理力争地向办案机关申请会见被告人，充分与当事人交流，了解案件情况和有无被非法取证的情况；积极争取与公诉人交流，揭示案件证据不足的问题，认真准备庭审发问提纲、质证意见和辩护词，通过对证据的比较分析，展现不能排除的合理怀疑。功夫不负有心人，辩护人的辩护意见终于得到了办案机关的重视和认可，为当事人争取到了理想的结果。

讯问笔录自说自记，银行转账货不对款疑罪从无

——郭海文涉嫌非法销售不符合安全标准的食品不起诉案

【案情简介】

犯罪嫌疑人郭海文一直在江南地区做冷冻肉食品生意，2013年起在W市天鹏食品城租用门市，主要经营冷冻牛肉、猪肉和猪副产品。2016年12月29日，H市公安机关对庄文等人涉嫌生产、销售不符合安全标准的食品案立案侦查，此案中有犯罪嫌疑人称从郭海文处购买过牛肉产品，因而郭海文于2017年8月4日起被刑事拘留，先后变更强制措施为监视居住和取保候审。

因本案是窝案，涉案人员众多，其中还有郭海文的生意伙伴和外甥，对于郭海文来说案件的处理结果对其生意和家庭都至关重要，因此郭海文在选择辩护律师的时候非常慎重。笔者接案后，与郭海文进行了细致的沟通，充分了解了行业背景、案件背景和调查具体情况和细节（特别是讯问过程中的细节）、郭海文的陈述和辩解等情况，制定了一系列与办案机关沟通和辩护的策略，通过对案卷中各个证据的逐一梳理、细化和分析，在每个时间节点给办案机关提出法律意见，最终经两次退侦后，检察机关依法作出了不起诉决定。

【侦查及控方指控】

公安机关的起诉意见书指控如下：

1. 2013年7月至2015年8月，犯罪嫌疑人郭海文明知国家明令禁止生产、销售巴西牛副产品，仍多次向淮阴市淮海路农贸市场的范晓荣销售价值136万元的巴西牛板肚。

2. 2015年下半年至2017年4月，犯罪嫌疑人郭海文明知国家明令禁止生产、销售巴西牛副产品，仍伙同何祥（郭海文的雇工）多次为南京某冷链市场的郭正国（郭

海文的生意伙伴）、郁明生（郭海文的外甥）提供巴西牛副产品的进货渠道，涉案价值818万余元。

综上所述，郭海文以营利为目的，销售国家为防控疾病明令禁止销售的食品，其行为触犯我国《刑法》第一百四十三条之规定，涉嫌非法销售不符合安全标准的食品罪。根据《刑事诉讼法》第一百六十条[①]之规定将此案移送审查起诉。

【辩护要点】

一、公安机关调取的中国农业银行尾号为1517的银行卡明细清单，没有其他证据能够与之形成印证，不足以证明银行交易往来是买卖牛副产品的货款

该银行清单中虽有下游经销商范晓荣向郭海文转账7次共计136万元的记录，郭海文也承认收到钱款，但没有证据证明这部分钱款是郭海文向范晓荣销售国家禁止牛副产品的货款，理由如下：

1. 这7笔银行转账记录开始于2013年7月，最后一笔是2015年8月，郭海文供述和范晓荣证言均没有证实在此期间双方存在牛副产品的生意往来。范晓荣供述称，他和郭海文大概在2009年或2010年有交易往来，做了大概三年。郭海文的供述能够与之相互印证，至2012年2013年，范晓荣和郭海文之间就基本没有巴西牛板肚交易了。在2013年7月至2015年8月银行转账时间区间内，没有其他证据印证，郭海文向范晓荣销售了巴西牛板肚。因此，不能推定这7笔银行往来是销售国家禁止的牛副产品的货款。

2. 银行记录等书证仅能证明，2013年7月16日至2015年8月13日范晓荣给尾号为1517的农行卡上汇款。但本案证据均不能证明，范晓荣汇款136万元的目的或交易基础。范晓荣和郭海文是多年老友，素有经济往来，包括民间借贷、销售正规肉类产品、代为付款等多种情形，因此这些银行转账可能是借款还款、可能是销售正规产品的货款，也可能是范晓荣向郭海文归还代为垫付的货款，本案其他证据均不能排除这些可能性。

3. 郭海文的雇工何祥作证称，郭曾和范晓荣做过生意，范晓荣买的什么货他不清楚，但是后来范晓荣买巴西牛肚是经过何祥介绍到别处购买的，不是从郭海文处购买的。在没有其他证据能够确定范晓荣的汇款系购买违禁牛副产品的情况下，何祥的证言足以推翻公安机关的指控。

---

① 2018年修订的《刑事诉讼法》第一百六十二条。

二、第二项指控的唯一证据是郭海文的供述，其有罪供述存在被逼供诱供的可能性，缺乏真实性

1. 第二项指控只有郭海文于2017年8月12日所作讯问笔录为唯一证据，而通过查看讯问同步录音录像，该笔录缺乏真实性，无法作为定罪证据使用。具体理由陈述如下：

首先，此次讯问的同步录音录像直到2017年8月12日15:54:58才开始出现画面，直至15:57:35办案人员说："最多两个小时结束战斗，按照这顺序来讲，完整的，按照我们昨晚讲的来讲……"这段录音录像可以证明，在本次讯问之前办案人员就已确定了郭海文在此次讯问笔录要供述的内容。犯罪嫌疑人郭海文称，办案人员让他承认一点才可以取保候审，他身体不好，受不了监视居住的环境，才按照办案人员的意思来说的，这个笔录不是真实情况。

其次，同步录音录像从18:07:10到讯问结束，郭海文讲话很少，而记录人员却在讯问笔录中进行大量记录。从笔录记录的顺序来看，笔录顺序与郭海文供述的顺序不一致。从18:43:45开始到结束，办案人员与郭海文的谈话可以看出办案人员为了让郭海文说这些笔录在昨晚做了工作，讯问人员说"事情从你嘴里说出来就不一样"，那么就是他们要让郭海文自己认所谓的"这些事情"。

最后，同步录音录像18:16:30～18:33:15的讯问内容与第二项指控联系最为密切。同步录音录像的问答内容，与讯问笔录的记载明显存在多处不一致，讯问笔录中的这部分记载存在指供诱供、自问自答的重大嫌疑。现将此段时间内的讯问内容摘录如下：

问：哪些地方做得不对？

答：卖牛肚做得不对。

问：巴西牛肚不对，是不能卖的，对不对？

答：嗯。

问：你还为郭建国、郁华生联系过广州，是吗？

答：嗯。

问：还有呢？还有哪些不对地方？你亲自卖老范对不对？

答：不对，我确实没卖，小何卖的。

问：老范是冲着你去的。

答：这是以前的旧情。

问：郭建国就不应该进，但是平常你还是进一点，对不对？

答:对。

问:你帮郭建国、郁华生联系过几次巴西牛肚产品?

答:我就联系过一次,后来是小何联系的。

问:每个月最少有几个柜? 小何他们应该有联系啊?

答:联系有几个。

问:你帮郭建国、郁华生联系巴西牛板肚金钱肚牛百叶价值多少?

答:价值么你说就行了。

问:牛肚是多少钱一吨?

答:平均 32,000 元左右。

问:那我们按 3 万元来算。金钱肚呢?

答:3 万多元。

问:那有 4 万元的,那我们按 37,000 元来算。牛百叶呢?

答:33,000 元左右。现在 28,000 元都有。

问:最少 17 柜对不对。

答:(没回答)。

问:算牛板肚,先算牛板肚,按照最低的算,最少 12 吨,12 吨乘以 3 万元,乘以 17,612。这个金钱肚是 37,000 元,每柜 1.5,乘以 17,94。牛百叶是 33,000 元,有 2 吨,乘以 2,乘以 17,做了 2 年不到对不对? 每个月至少 1 柜,612 万元。……94,112 元,总共 818 万元了。牛百叶、金钱肚和牛板肚总共加起来。(这部分录音录像不是连续的,讯问人员打字时间居多,然后再计算数据。)

答:(没回答)。

这段讯问同步录像与讯问笔录相互对照可以看出,讯问笔录中直接证明犯罪行为的一段记录,存在诱供的重大嫌疑。而且讯问笔录记载的关键内容,是否非法销售违禁品,价格、数量以及计算方式等,都是讯问人员自问自答,并非郭海文的自愿供述,不具有真实性、合法性、关联性,不能作为证据使用。

2. 第二项指控没有其他言辞证据相互印证,也没有书证、物证支持,不能证明第二项指控的犯罪事实。本项指控涉及郭海文向郭建国和郁华生介绍货源渠道的问题,但是对于另一方当事人郭建国和郁华生对此事的认知或陈述,在案卷宗中没有任何证据,被介绍人是否有对应的销售行为? 销售的货品是什么? 具体多少货? 以上都没有物证或书证予以证明,无法印证该犯罪事实的存在。郭海文的供述是孤证,无法认定犯罪事实存在。

3. 本项指控中 818 万元的数额计算,没有对应的交易记录和钱款流转记录,均是办案人员推测所得,不具备客观性、真实性,不能认定为犯罪数额。

4. 公安机关指控的罪名是销售不符合安全标准的食品罪,犯罪行为具体表现为销售不符合食品安全标准的食品,后果表现为足以造成严重食物中毒事故或者其他严重食源性疾病,或对人体健康造成严重危害或者有其他严重情节,或后果特别严重的情形。本案指控郭海文销售巴西牛副产品,除了言词证据外,没有任何物证和书证,无法证明郭海文是否有销售行为,更无法证明销售的是否为不符合食品安全标准的食品,因此定罪证据明显不足,无法形成证据锁链。

【裁判要旨】

检察机关的《不起诉决定书》认定:经本院审查并退回补充侦查,本院仍然认为公安机关认定的犯罪事实不清,证据不足,不符合起诉条件。依照《刑事诉讼法》第一百七十五条第四款[①]的规定,决定对郭海文不起诉。

【辩护路径】

一、抓取关键信息,制定辩护策略

通过与郭海文的沟通,认真听取从案发到讯问完成的整个过程的具体情况,抓取关键信息,着重关注讯问过程中的细节问题,判断出讯问可能存在不符合法律规定的情形,确定推翻定罪言词证据的辩护策略。在此基础上,向承办检察院申请调看讯问笔录的同步录音录像。经过多次查看视频、与讯问笔录的记载一一比对,找出讯问笔录的不真实之处,并整理成文案,充分论证言词证据的不真实性。银行转账记录虽然作为书证,其真实性不存疑,但关联性存在问题,供证不一致,无法形成证据锁链,同样无法证明犯罪事实的存在。

二、发现证据锁链缺口,引发合理怀疑

《刑法》第一百四十三条非法生产、销售不符合安全标准的食品罪,是指违反国家食品卫生管理法规,生产、销售不符合食品安全标准的食品,足以造成严重食物中毒事故或者其他食源性疾患的行为。本条是选择性罪名,生产或销售不符合安全标准的食品皆可构成犯罪。生产、销售不符合安全标准食品罪中对于食品在市场上的流通,一般会涉及上游卖家和下游买家。对于上下游买卖关系和数量的确定,要形成完整的证据

① 2018 年修订的《刑事诉讼法》第一百七十五条第四款。

链，则必须供证一致，既包括言词证据与书证、物证一致，也包括犯罪嫌疑人供述与证人证言一致，其中最重要的是钱款往来与进出货记录一致并与上下游相关人员供述和证人证言形成对应。

三、揭示非法取证，达到排非目的

关于犯罪嫌疑人被羁押后中讯问过程中受到威胁或被诱供、骗供等非法对待，即使不能达到非法证据排除的程度，但如果讯问笔录与同步录音录像不一致或者同步录音录像中充分显示了该讯问笔录不是犯罪嫌疑人真实意思表示，也无法作为定案证据使用。

综上，对于在案证据，无论是言词证据，还是物证、书证，首先要对单个证据的合法性、真实性、关联性进行分析论证；其次要对各个证据之间是否能够互相印证、是否存在矛盾之处等逐一梳理、比对并论证；最后对于整个在案证据能否形成完整证据链进行分析论证，通过打破证据锁链或者找到锁链中的缺口，得出证明指控犯罪事实证据不足的结论，最终获得检察机关的认可并接受，由此作出证据不足不起诉的决定。

经济纠纷陷囹圄，有效辩护洗冤屈

——单萍涉嫌拒不执行判决无罪案

【案情简介】

2002年4月30日，年近53岁的单萍被江西省宜春市公安局袁州分局刑事拘留，罪名为拒不执行法院判决罪。单萍无论如何也不会想到，一个发生在10年前的民事纠纷却因人民法院的不当执行让自己锒铛入狱。

宜春市袁州区人民检察院指控，单萍有能力而拒不履行原宜春市人民法院于1993年作出的民事判决，情节严重，其行为构成拒不执行判决罪。辩护人接受委托后，根据在案证据材料和法律法规规定，依法作无罪辩护。

宜春市袁州区人民法院作出(2003)袁法刑初字第41号刑事判决书，判决被告人单萍犯拒不执行判决罪，判处有期徒刑二年。被告人单萍不服提起上诉，江西省宜春市中级人民法院作出(2003)宜中刑一终字第40号刑事裁定书，裁定撤销宜春市袁州区人民法院(2003)袁法刑初字第41号刑事判决，发回宜春市袁州区人民法院重新审判，后公诉机关撤回起诉，单萍被羁押一年四个月后终获无罪释放。

【控方指控】

公诉机关指控，1993年2月10日，原宜春市人民法院(以下简称原法院)就被告人单萍、魏延拖欠货款纠纷一案作出了民事判决，判令被告单萍、魏延共同支付13万余元给原告滨江供销公司。原法院多次向江苏省靖江市人民法院发出委托执行书，但均执行未果。1997年10月21日，原法院执行人员前往被告人单萍住处强制执行，但被告人单萍避而不见，拒不执行法院判决。公诉机关出示和宣读了有关法律文书、证人证言等证据，以证明指控属实。公诉机关认为，被告人单萍对人民法院的判决有能力执行而拒不执行、情节严重，触犯《刑法》第三百一十三条，犯拒不执行判决罪，依法应处以刑罚。

宜春市袁州区人民法院作出(2003)袁法刑初字第41号刑事判决书，判决被告人单萍犯拒不执行判决罪,判处有期徒刑2年。被告人单萍不服提起上诉。

【辩护要点】

一、上诉人单萍没有拒不执行判决,更谈不上"情节严重"的情形

1. 上诉人从未收到任何书面执行通知书。

2. 一审判决认定的上诉人对法院执行人员避而不见的事实没有相应的证据予以证明。原审法院仅于1997年10月去靖江单萍处执行过一次。之后,上诉人去南京儿子处生活,并非在明知或已接到通知的情况下故意躲避,何谈"拒"字!

3. 本案并不属于"情节严重"的情形。按照《最高人民法院关于审理拒不执行判决、裁定案件具体应用法律若干问题的解释》(法释〔1998〕6号)①和《全国人民代表大会常务委员会关于〈中华人民共和国刑法〉第三百一十三条的解释》,"情节严重"是指在人民法院发送执行通知书后,隐藏、转移、变卖、毁损已被依法查封、扣押或者已被清点并责令其偿还的财产,转移已被冻结的财产,致使判决无法执行的。控方无任何证据证明本案属于"情节严重"的情形。

二、指控上诉人"有能力执行"的证据明显不足

控方只举证已查封一套其丈夫董大伟在其单位分的房子(其实没有查封),该房为董大伟的福利分房,根本不属于上诉人所有。

上诉人家庭十分困难,主要生活来源均依赖其丈夫的工资收入。由于上诉人十多年前与单位发生矛盾而辞职,故没有工资收入,加上其患有严重的高血压、关节炎、头晕等多种慢性疾病,其丈夫早已不堪重负,1997年宜春市人民法院执行法官也亲眼看到其家中无可供执行的财产。另上诉人未对原民事判决进行上诉或申诉的原因也是家庭经济困难,无法承担诉讼费等有关费用。上诉人确无财产,在经营木材办事处时也没有利润。因此,即使1993年2月10日的民事判决书是正确的,上诉人客观上也确实无履行能力。

三、本案是因刑事手段插手民事执行而导致的错案

原宜春市人民法院在1993年曾将案外人靖江长江农机公司吴华、孔林为与单萍合伙做钢材生意而存入中国农业银行宜春市支行彬江营业所、中国建设银行宜春地区支行45101、287－1857账户上共计174,000元的货款当作单萍个人的财产

---

① 本解释已于2013年被《最高人民法院关于废止1997年7月1日至2011年12月31日期间发布的部分司法解释和司法解释性文件(第十批)的决定》(法释〔2013〕7号)废止。

违法诉讼保全,并在该案外人明确提出异议的情况下非法将174,000元全部执行给申请人,这笔钱实际超过了民事判决书判处的13万元近14万元。其后,在案外人多次追讨、多方控告下,最高人民法院专门进行了纠正。原审法院迫于最高人民法院的压力,才以“失误”为由,要求滨江公司返还违法执行款,后滨江公司倒闭只返还了28,000元,便无法再返还余款。原审法院无法交差而只能以“上诉人拒不执行”为借口,通过刑事手段追债,其根本目的就是弥补法院违法执行造成的损失。为此,辩护人请求法院查清此案执行中的违法行为。

四、1993年2月10日的民事判决确有错误

一审辩护人庭审举证证明了该判决的原被告主体资格完全不对。靖江销售处只是原告江西省宜春市滨江供销公司的分支机构,不是买卖关系而是企业内部关系;法律关系也错误,根本不是货款纠纷;有关事实及管辖也全都是错误的。但原审法院依然错误下判!

综上所述,上诉人单萍根本不构成拒不执行判决罪。本案是法律的悲哀。为此,请求法院不受地方保护和利害关系人的干扰,坚守法律底线,依法改判上诉人无罪!

【裁判要旨】

二审法院认为,现有证据只能证明上诉人单萍确实未执行法院生效判决,但一审法院认定的上诉人单萍“有能力执行判决”这一事实以及单萍“拒不执行判决的行为”“情节严重”均缺乏相关证据的支持,属于事实不清、证据不足。根据《刑事诉讼法》第一百八十九条第一款第(三)项[①]之规定,裁定撤销原判,发回重审。

发回重审后,公诉机关撤回起诉,以证据不足为由作出不起诉决定。

【辩护路径】

一、全面厘清法律关系,准确适用法律规定

刑法是后盾法,具有谦抑性,只能在其他法律不足以调整时才能动用刑事手段。辩护律师在辩护过程中不仅要对相关的刑事法律关系了如指掌,也应能够条分缕析地分析案件中可能涉及的民事、行政等基础法律关系。本案主要存在三个法律关系:一

① 2018年修订的《刑事诉讼法》第二百三十六条第一款第(三)项。

是单萍等人与滨江供销公司之间的货款纠纷；二是靖江长江农机公司吴华、孔林与宜春市人民法院因不当执行产生的财产返还关系；三是本案的刑事法律关系。只有厘清所有相关法律关系，才能清晰地分析相关法律关系的法律适用及其后果，避免眉毛胡子一把抓。

二、紧扣《刑法》法律条文，击破控方证据体系

罪状是指刑法分则条文对犯罪具体情况的规定和描述，其内容通常是对犯罪构成要件的说明。判断上诉人的行为是否构成犯罪以及构成何种犯罪，最直接有效的方式就是研究相应的罪名罪状，认真进行对比分析。《刑法》第三百一十三条关于拒不执行判决罪罪状的表述为，"对人民法院的判决、裁定有能力执行而拒不执行，情节严重的"。其中关键点有两处，一是"有能力执行而拒不执行"，二是"情节严重"。所以，辩护人在辩护过程中亦围绕这两点进行深入剖析，在提出公诉机关缺乏相应指控证据的同时，举出大量事实证据证明上诉人确实没有执行判决的能力，而非有能力执行而拒不执行，更没有"情节严重"的情形。

三、揭露个别司法弊端，提醒法庭公正审判

事实上，本案之所以发生，根本原因在于原宜春市人民法院过分保护当地地方企业，在1993年将案外人靖江长江农机公司吴华、孔林的货款违法诉讼保全，并在案外人明确提出异议的情况下非法将案外人财产执行给申请人。辩护人在辩护中直接指出，该案的刑事追诉实际是原宜春市人民法院追索执行款未果后强行追究刑事责任的错案。辩护人直接揭示了法院在本案中最软弱、最不足的不当之处，对于促使法院公正审判，起到了极大的促进作用。

作为辩护律师，敬畏法律、敬畏法庭是最基本的职业素养，但对于实践中个别地方保护、违法违规办案等不合理、不合法的现象也应当勇于揭露，这也是促进司法进步的具体方式之一。

排非动摇法官自由心证，律师团成功辩掉涉黑案

——黄雷涉嫌组织领导黑社会性质组织、非法持有枪支、聚众斗殴、寻衅滋事、窝藏罪部分无罪案

【案情简介】

2017 年 3 月 9 日，江苏省 H 市电视台报道了一起涉及 30 人的涉黑团伙犯罪案件，将该起已渐渐淡出群众视野的曾轰动一时的团伙犯罪案件再次带入到大众的视野。

2015 年 10 月 19 日，H 市人民检察院指控被告人黄雷等 16 人犯组织、领导、参加黑社会性质组织犯罪、非法持有枪支罪、赌博罪、聚众斗殴罪等多项罪名，并向 H 市人民法院提起公诉。根据指控，数罪并罚情形下的第一被告人黄雷可能面临 20 年左右的重刑，仅组织、领导黑社会性质组织一罪，就可能被判处 7 年以上有期徒刑，并处没收财产。从侦查阶段开始，犯罪嫌疑人就委托了北京和南通两地的知名刑辩律师进行辩护，但效果一般。在临近法院开庭的紧要时刻，现实的压力使被告人黄雷决定，进一步增强律师辩护的力量。黄雷家人找到笔者，表明来意并办妥手续后，辩护律师随即展开工作，然而，此时离法院通知的开庭时间只有 5 天了。

辩护团队组建后，立即分组阅卷。10 名左右律师和律师助理在酒店包下套房，封闭式阅卷，128 本卷宗堆满了会议室办公桌。辩护团队通过阅卷发现，本案程序方面的管辖和非法取证方面都存在严重的违规违法问题，实体方面本案不具备黑社会性质组织的四要件特征。经过充分的研究论证，辩护团队最终形成了一份长达 50 余页的辩护意见庭前稿，并申请召开庭前会议，请求排除非法证据：C 市公安机关立案和指定居所监视居住，但不是 C 市公安机关的民警审讯而是 H 市公安机关民警在审讯，审讯主体不对，涉嫌非法取证；涉黑案件审讯未全程同步录音录像，根据公安部公通字〔2014〕33 号《公安机关讯问犯罪嫌疑人录音录像工作规定》，黑社会性质组织犯罪案件应当对讯问过程进行全程同步录音录像。庭前会议亮出这

些观点后，本想作罪轻求情辩护的其他被告人的律师也认识到了本案并非涉黑案件，这为其他辩护人依法辩护带来了很大的启发。经过两天的庭前会议及长达16天的法庭审理，合议庭最终采纳了辩护人关于组织、领导黑社会性质组织罪不成立的辩护意见，判决五罪并罚决定对被告人黄雷执行有期徒刑7年6个月，并处罚金人民币10万元。罪名及量刑结果见表1。

表1 罪名及量刑结果

序号	罪名	结果
1	组织领导黑社会性质组织罪	指控不成立
2	开设赌场罪	有期徒刑4年，罚金10万元
3	非法持有枪支罪	有期徒刑1年3个月
4	聚众斗殴罪	有期徒刑2年5个月
5	寻衅滋事罪	有期徒刑1年11个月
6	窝藏罪	有期徒刑6个月
7	数罪并罚	有期徒刑7年6个月，罚金10万元

【控方指控】

起诉书指控，被告人黄雷组织、领导被告人陈华、陈小东、徐龙、张荣等16人，通过暴力、威胁或其他手段，有组织地在H市及周边地区，多次实施聚众斗殴、寻衅滋事、赌博等违法犯罪活动，为非作恶，称霸一方，严重破坏了经济、社会管理秩序，造成一定的社会危害，是带有黑社会性质的犯罪组织；被告人黄雷、陈华、李民违反枪支管理规定，非法持有枪支；被告人黄雷、陈华、陈小东、徐龙、张荣、李民等人为争强斗狠，聚众斗殴；被告人黄雷、陈华、陈小东等人随意殴打他人，情节恶劣，任意损毁他人财物，情节严重，严重破坏社会秩序；被告人黄雷、陈小东等人以营利为目的，聚众赌博并抽头渔利；被告人黄雷明知是犯罪的人而为其提供隐藏处所。上述被告人的行为分别触犯了《刑法》第一百二十八条第一款、第一百三十三条、第二百九十二条第一款、第二百九十三条、第二百九十四条第一款、第三百零三条第一款、第三百一十条第一款的规定，犯罪事实清楚，证据确实、充分，应当以组织、领导黑社会性质组织罪、非法持有枪支罪、聚众斗殴罪、寻衅滋事罪、开设赌场罪、窝藏罪追究被告人黄雷的刑事责任。本案中，组织、领导、参加黑社会性质组织罪、聚众斗殴罪、寻衅滋事罪、赌博罪是共同犯罪。被告人黄雷、陈小东在聚众斗殴罪、寻衅滋事罪、赌博罪中起主要作用，是主犯；被告人陈华在聚众斗殴罪、寻衅滋事罪中起主要作用，是主犯，在赌博罪中，起次要作用，是从犯……根据《刑法》第二十五条第一款，第二十六条第一款、第四款，第二十七条的规定，对于主犯应当按照各自所参与的全部犯罪处罚，对于从犯，应当从轻或者减轻处罚。被告人黄雷、陈华、陈小东、徐龙等人均一人犯数罪，根据《刑法》第六十九条的规定，应当数罪并罚。

【辩护要点】

本案涉及多项指控，辩护人也就各项罪名分别发表了辩护意见。现仅就组织领导黑社会性质组织罪的辩护意见概要如下。

一、指定居所监视居住期间审讯人员主体不对，审讯无同步录音录像，应作为非法证据予以排除

1. 无法定侦查权主体实施侦查行为。被告人黄雷等16人涉嫌黑社会性质组织犯罪等一案，由C市公安局立案后，由该局出具传唤通知书、监视居住决定书，但所有侦查环节及全部审讯活动，均由H市公安局侦查人员进行，案卷中并无本案属指定管辖或者移送管辖的法律文书，庭审过程中南通市公安局出具的情况说明也无效。

2. 侦查机关违反《刑事诉讼法》第一百二十一条①关于“讯问过程中的录音、录像”规定、公安部《公安机关讯问犯罪嫌疑人录音录像工作规定》(2014年9月5日)第四条规定，对于黑社会性质组织犯罪的各相关犯罪嫌疑人未能制作全程同步录音、录像资料，相关无对应录音录像的供述都不能作为证据使用。

二、被告人黄雷的行为不符合黑社会性质组织罪的四个特征，不构成组织、领导黑社会性质组织罪

我国《刑法》第二百九十四条第一款规定了“组织、领导、参加黑社会性质组织罪”，同条第四款明确了“黑社会性质组织”的基本特征，经《刑法修正案(八)》(2011年2月25日)修正，黑社会性质组织应同时具备的特征包括：“(一)形成较稳定的犯罪组织，人数较多，有明确的组织者、领导者，骨干成员基本固定；(二)有组织地通过违法犯罪活动或者其他手段获取经济利益，具有一定的经济实力，以支持该组织的活动；(三)以暴力、威胁或者其他手段，有组织地多次进行违法犯罪活动，为非作恶，欺压、残害群众；(四)通过实施违法犯罪活动，或者利用国家工作人员的

---

① 2018年修订的《刑事诉讼法》第一百二十三条。

包庇或者纵容,称霸一方,在一定区域或者行业内,形成非法控制或者重大影响,严重破坏经济、社会生活秩序。”为严格法律适用的标准,最高人民法院、最高人民检察院、公安部发布了《关于办理黑社会性质组织犯罪案件座谈会纪要》(2009 年 12 月 9 日,以下简称《09 年纪要》),将黑社会性质组织特征概括为:组织特征、经济特征、行为特征与危害性特征四个方面。

根据庭审查明的事实与证据,我们认为,被告人黄雷的行为完全不符合黑社会性质组织的四个特征,分述如下。

(一)被告人黄雷的行为欠缺黑社会性质组织犯罪所必需的组织特征

1. 被告人黄雷不具备成立黑社会性质组织“组织者、领导者”的条件。被告人黄雷于 2009 年年底与陈华等人在上海偶识,因家庭矛盾长期寄居上海(有证据查明的就有 2010 年、2011 年、2013 年),又因帮助叔父打理商事活动而经常赴浙江,其中,还多次赴澳门参赌,其在 H 市生活的时间极为有限,因而根本不具备组织、领导黑社会性质组织的时间条件。

2. 被告人黄雷未实施过对黑社会性质组织的“创立”与“领导”行为。黑社会性质组织犯罪的“组织者”是该组织的发起者、创建者,或在组织中实际处于领导地位,对整个组织及其运行、活动起着决策、指挥、协调、管理作用的人。综观本案,一是现有证据不能证明被告人黄雷基于实施有组织犯罪的需要,向一定数量的他人提出过发起、创建“组织”的动机,也不存在要求其他所谓的“骨干成员”履行发展组织成员的义务、指派专人负责组织发展工作的证据。二是现有证据无法证明被告人黄雷实施了领导、指挥骨干成员或者其他参加人员犯罪的事实。起诉书指控的由被告人黄雷领导的黑社会性质组织曾实施过包括非法持有枪支、聚众斗殴、寻衅滋事和赌博在内的犯罪活动。然而,非法持有枪支行为系在他人遗忘枪支后获得,本身不具备有组织性。所指控的 5 起聚众斗殴事件中,黄雷直接参与的仅 1 起(第一起),其余 4 起被告人黄雷在事发前根本不知情,甚至在第五起中还成了被绑架的对象;在所指控的 10 起寻衅滋事事件中,黄雷在事发前知情的仅 1 起(第二起,且是在黄雷明确不许动手的情况下,徐龙打伤了他人),其余 9 起中有 8 起是公诉机关也明确在事发前黄雷根本不知情,剩余 1 起被公诉机关指控知悉的事件(陈华殴打徐光事件),通过法庭调查,否定了公诉机关所指控的事实,即根本不存在黄雷指使陈华派人砍伤徐光的事实;在所指控的 4 起赌博犯罪中,仅 1 起由黄雷直接参与实施,其余 3 起均与黄雷没有关系。由此表明,被告人黄雷根本不可能具备成立黑社会性质组织犯罪“组织者”“领导者”的条件。

3.起诉书指控的黑社会性质组织不具备“骨干成员基本固定”的条件。一是陈华、徐龙、陈小东和张荣是起诉书认定的黑社会性质组织骨干成员,这一指控不成立。所谓的4名“骨干成员”均不具备长期担任骨干成员的要求,甚至没有参与组织的时间。自2009年11月至本案案发,陈华累计被关押22个月;陈小东累计被关押34个月,自2010年12月至2015年2月17日因本案被采取强制措施,其享有人身自由的时间总共不足24个月;徐龙累计被关押12个月;张荣自2011年4月到案发,累计被关押11个月。4名骨干分子能够共同享有自由的时间仅可能存在于2011年6月至2012年1月,及2014年1月以后。此外,公诉机关从未指控过被告人黄雷有召集骨干分子共同谋议犯罪的事实。二是骨干成员2010年以来被判处的刑罚,均非因实施“有组织犯罪”而获刑。自2010年以来,4名骨干分子中,除被告人陈小东、徐龙因与黑社会性质组织无任何关系的共同犯罪而同时获刑外,其他被人民法院作出的有罪判决均系因个人犯罪的原因。陈小东于2012年被判处刑罚的审判机关是扬州市广陵区人民法院,而非为组织利益获刑。陈华、张荣因赌博罪被判处刑罚,完全是为了满足其个人非法牟利目的,而非受到被告人黄雷的指使或要求。三是起诉书指控的其他所谓11名“黑社会性质组织”组成人员,从未履行过任何加入组织的仪式与程序,其分别与陈小东、徐龙等人之间的联系,也绝非是受到被告人黄雷的要求与组织。起诉书指控的以黄雷为首的黑社会性质组织,不具备“比较明确的层级和职责分工”条件。

4.根本不存在所谓的黑社会性质组织的纪律要求。根据《09年纪要》,具有一定的组织纪律、活动规约,是认定黑社会性质组织特征时的重要参考依据。“黑社会性质组织”的组织纪律,包括“约定俗成的纪律、规约”,也包括“明确的规定”。起诉书所指控的以被告人黄雷为首的黑社会性质组织的组织纪律根本不存在。一是所指控的某些组织纪律本身符合社会公共道德的要求,而非为犯罪组织所具有。二是即使是作为黑社会性质组织的“纪律”,现有证据只能证实黄雷向张荣提出过,且系在单独一人时提出。三是对于“不得赌博”的纪律要求,纯属各相关被告人在侦查机关诱导下进行的类似供证,且这种供证属主观推定,没有证据证明这一纪律要求系由黄雷明确提出的。四是所谓的黑社会性质组织骨干成员、相关被告人并未遵守过“不得赌博”“下级成员对上级成员必须尊重”的规定。五是起诉书所指控的“成员住宿相对集中”的纪律,纯属侦查机关臆造。一方面,现有证据无法证明被告人黄雷或4名骨干成员对其他11名成员提出过集中住宿要求,也从未发生过骨干成员与其他成员集中住宿的情况,没有证据证明黄雷或骨干成员为11名成员支付过集中住宿的费用;另一方面,现有证据无法证明各相关被告人共同居住的具体时间,及在此期间是否发生过起诉书所指控的其他犯罪。而根据庭审查明的事实,所谓的"集中住宿",不过是被指控参加黑社会性质组织的其他人员因一时无处安身,而投奔、借居于同乡、同学临时租住的出租房内,绝非执行组织成员的纪律要求。

5. 起诉书关于被告人黄雷黑社会性质组织成立时间的指控完全错误。根据庭审查明的事实,被告人黄雷与陈华、陈小东、徐龙结识于 2009 年年底,地点在上海。尔后,三人即返回 H 市,陈小东、徐龙分别于 2010 年 7 月、12 月被判处有期徒刑。因黄雷继续留住上海,其与陈华之间不具备接触的条件。其后,因其他所谓的骨干成员多次犯罪,真正有可能聚集的时间只可能在 2014 年后,一次偶然的相遇,即被认定为黑社会性质组织成立的时间起点,这与事实严重不符,且将 2009 年的结识作为 2014 年后才有可能共同犯罪的起点,是相当荒谬的。

值得法庭特别注意的是,2009 年前后,被告人黄雷的行为方式、活动范围并未因所谓的组织的成立而发生变化,即使在起诉书指控的"组织"成立后,公诉机关也难以罗织到值得且需要由黑社会性质组织实施的犯罪,于是,只得将 2011 年夏、2011 年 9 月两起事件纳入有组织犯罪之中,枉顾了第一起事件仅由徐龙单独实施,且是徐龙、陈华完全违背黄雷意愿而殴打陈玮,以及 2011 年 9 月发生于黄雷与施健之间纯属个人债务纠纷引发的致伤行为,该债务纠纷的发生,恰恰是徐龙违反黄雷要求对施健殴打所致结果。同时,该事件的处置方法更明确地提示法庭,黄雷在该时间是根本不可能具有领导、组织黑社会性质组织的任何条件的,原因是,施健被殴打后选择了报案,在公安机关主持下进行了调解,黄雷对施健赔偿金额达 60 万元,试想若在彼时黄雷的黑社会性质组织已经形成,黑社会殴打了人,还要进行如此巨额的赔偿,这显然是不符合黑社会性质组织的基本特征的。

(二)被告人黄雷的行为欠缺黑社会性质组织犯罪所必须的"经济特征"

1. 所谓的被告人黄雷等 16 名主要成员组成的黑社会性质组织从未形成过任何组织财产。一是现有证据无法证实该组织具有一定财产。二是 16 名被告人因本案而被扣押的财产,均非该组织所有的财产,仅为各相关被告人个人所有。三是公诉机关未向法庭举示该黑社会性质组织财产的管理人、支配人,以及组织成员实施犯罪活动后,履行上缴所获非法经济利益的情况。四是公诉机关未就该黑社会性质组织攫取、分配与管理财产的情况进行过任何举证与质证。

2. 起诉书指控的作为黑社会性质组织谋取非法利益的犯罪手段不存在。根据起诉书指控,"该组织为取得非法高额经济利益,在 H 市及周边地区开设赌场,大量聚敛钱财”。这一指控并不成立,本案的16名被告人从未开设过赌场,而仅实施过组织他人赌博,或者参与由他人组织的赌博,所有被告人的行为均不符合开设赌场罪的构成要件,起诉书亦未指控该16名被告人中的任何一人构成了开设赌场罪。

3. 起诉书指控的作为黑社会性质组织获取经济利益的方式不成立。起诉书指控的作为黑社会性质组织获取经济利益的方式仅有赌博罪一种,而聚众斗殴、寻衅滋事均非因为该组织谋取经济利益,或者争夺势力范围的目的而引发,在所有4起赌博犯罪的指控中,起诉书均未列明,且公诉人在庭审质证中也未向法庭举示有任何证明每次赌博犯罪后所获利益上交或者归属组织所有的证据。从本案的实际情况看,各相关被告人在实现赌博犯罪后所获得的非法收益均由其本人独自非法占有,根本不存在向组织上交的事实。

4. 由起诉书指控的“大量聚敛钱财”的赌博犯罪无法支撑组织需要。起诉书指控的作为黑社会性质组织的唯一经济来源渠道是赌博犯罪,而由被告人黄雷亲自参与的赌博犯罪仅发生于2014年11月期间,由起诉书指控的此前的赌博仅具有个人利益性,而欠缺任何组织性特征,而2014年11月的赌博犯罪,距离起诉书所认定的黑社会性质组织的成立时间已相距4年之久,即使我们可以确认该组织的存在,也会因该组织在成立后长期得不到经济上的支持,而无法成立黑社会性质组织犯罪。

5. 起诉书指控的4起赌博犯罪中的3起根本不属于有组织犯罪。前两起赌博均为个人犯罪(第一起行为与被告人黄雷无关,第二起仅由被告人陈小东一人组织),而绝非犯罪组织实施的赌博犯罪,起诉书亦未指控此两起赌博系受黄雷指使,黄雷实际上也未参与过此两起赌博活动。更为重要的是,此两起赌博均已由人民法院作出有罪判决且已执行完毕,若再重新认定为系由黑社会性质组织指使或者组织而实施的犯罪,既没有任何证据加以佐证,也会影响到已经生效判决的既判力。起诉书指控的第四起赌博犯罪,根本无法被认定为由黑社会性质组织所实施的犯罪,原因在于,在此次赌博犯罪中,尽管参与犯罪的行为人有3人以上,但是,仅有被起诉书指控为“黑社会性质组织”骨干成员的陈小东一人参加,其余涉案被告人均非黑社会性质组织成员,更未指控该起犯罪系受到被告人黄雷的指使,此起赌博活动即使成立犯罪,也只能认定是被告人陈小东为谋取个人非法利益而实施的赌博活动,根本不具有组织犯罪的任何特征。

6. 第三起赌博犯罪尽管由被告人黄雷参与实施但未谋取到任何利益。从庭审查明的事实来看,黄雷在 2014 年 11 月间所实施的赌博行为根本未谋取到任何经济利益,而是以惨败的结果而不得不在 20 天后结束赌博活动。

7. 向为赌博提供服务者给付的工资不符合黑社会性质组织的支出要求。根据《09 年纪要》,是否将所获经济利益全部或部分用于违法犯罪活动或者维系犯罪组织的生存、发展,是认定经济特征的重要依据。《09 年纪要》还指出,"无论获利后的分配与使用形式如何变化,只要在客观上能够起到豢养组织成员、维护组织稳定、壮大组织势力的作用即可认定",公诉人对此反复进行了引用,但是,这种认识是偏颇的。原因在于:一是经济利益分配的前提是存在组织的财产;二是经济利益分配的对象是组织财产,而非组织成员个人的财产;三是经济利益分配的原因,是为了组织的生存与发展;四是本案并不存在独立于犯罪之外的属于黑社会性质组织所有的"经济利益",所有赌博行为的参与者所获得的经济利益,只是具体赌博活动的组织者对参与各该次赌博活动提供看护、望风及其他劳务收入。在各相关被告人无法出现在赌博现场、无法为赌博活动提供帮助的情况下,也就根本不存在任何的收入。公诉机关也未向法庭提供该组织成员定期获得组织利益分配的证据。

因为并不存在任何的"组织财产",因而,也无法将组织财产用于违法犯罪活动或者维系犯罪组织的生存、发展之中。公诉机关所提及的"购买的作案工具",其开支费用从未由组织统一支付,而是由相关被告人自行支付,且并未作为实施有组织犯罪使用的工具。

(三)被告人黄雷的行为欠缺黑社会性质组织犯罪所必需的"行为特征"

1. 起诉书指控的所有聚众斗殴、寻衅滋事犯罪均与组织目的无关。现有指控与证据无法证明被告人黄雷等 16 人实施了与黑社会性质组织目的相一致的行为。起诉书指控,以被告人黄雷为首的黑社会性质组织是一个"为取得非法高额经济利益,在 H 市及周边地区开设赌场,大量聚敛钱财,形成了'以黑护赌'、'以赌养黑'局面"的组织。也就是说,该组织的目的,是保证赌博活动的安全与垄断,而从起诉书所指控的由黑社会性质组织实施的行为来看,均不满足这一组织设立目的的要求。起诉书指控所谓的有组织的犯罪,涉及非法持有枪支、聚众斗殴、寻衅滋事。非法持有枪支的时间早于所指控的成立黑社会性质组织时间,因而,绝非有组织实施的行为。起诉书指控的 5 起聚众斗殴行为,均有具体明确的原因,且纯属实现个人目的所致,与黑社会性质组织的目的无关。聚众斗殴罪的第二起是因个人之间的"债务纠纷"、第三起是因两伙赌博人之间的"利益纠纷"、第四起是因张荣个人与他人之间的“拖欠钱款不还”；寻衅滋事罪的第一起是因为徐龙个人的目的没有实现；其他起均系因个人原因而起，根本不具备任何的组织性条件。所谓的“黄雷圈子”纯属刻意捏造，而非实然的组织。

2. 起诉书指控的聚众斗殴、寻衅滋事犯罪欠缺“组织性”要求。有组织犯罪是犯罪集团的一种形式，也是共同犯罪的一种高级形式，因而必须符合共同犯罪成立的一般原理。共同犯罪是指二人以上共同故意犯罪，对于欠缺共同犯罪故意的行为无法认定为共同犯罪，更无法成立犯罪集团。我国《刑法》第二十六条所规定的犯罪集团是指，三人以上为共同实施犯罪而组成的较为固定的犯罪组织。刑法理论据此将犯罪集团的特征概括为人数较多、较为固定、目的明确、危害严重4个方面。其中“目的明确”是最为重要的要件。所谓“目的明确”，是指犯罪集团的形成是为了反复多次实施一种或数种犯罪行为；集团的犯罪活动通常有预谋、有计划地进行，即使是突发性的作案，往往也是在集团总的犯罪故意支配下进行的。根据起诉书，以被告人黄雷为首的黑社会性质组织是一个以赌博获取非法经济收益的组织，由此犯罪组织目的所决定，犯罪集团的犯罪目的在欠缺明确商定的情况下，应当限定于与谋取经济利益相关联的行为，而起诉书所指控的聚众斗殴、寻衅滋事均与此犯罪目的无关。从起诉书指控的所有有组织的犯罪类型与行为内容来看，从未发生过“为逞强争霸、争夺势力范围、排除竞争对手等”而实施的有组织犯罪。相反，所有的聚众斗殴与寻衅滋事犯罪，均具有明确、具体的前因，绝大多数纯粹是出于个人的原因，如，寻衅滋事罪第五、六、七、八、十起；有些甚至是具有一定合法性的原因，可以认定具有一定的防卫性质，如寻衅滋事的第四起。同样，在起诉书所列明的赌博罪4起行为中，也根本不具有组织犯罪所要求的目的性条件。

在此，特别提醒公诉机关与合议庭，对于起诉书所指控的第四起、第五起寻衅滋事行为，因分别属于已受追诉、纯属个人实施的原因，应将其删除出此节指控的范围。

3. 被告人黄雷从未直接实施过组织、策划具体违法犯罪活动的行为。被告人黄雷作为被指控的黑社会性质组织犯罪的组织者、领导者，应对黑社会性质组织实施的犯罪负有组织、策划、指挥的责任。但是，从指控来看，一是在起诉书所指控的所有聚众斗殴、寻衅滋事、赌博犯罪中，指控由黄雷实施的犯罪仅有1起聚众斗殴（第一起）、1起寻衅滋事（第三起），1起赌博罪；二是起诉书所指控的其直接指使对象均为陈华，而在起诉书中从未指控过被告人黄雷有过直接指挥徐龙、陈小东等人实施犯罪的行为;三是被告人黄雷与被指控为所谓的黑社会性质组织的其他 11 名成员之间基本不认识,更没有任何关于黄雷直接指令某一同案被告人实施有组织犯罪的指控与证据。

不仅如此,本案也不存在所谓的黑社会性质组织成员“以组织名义实施,并得到组织者、领导者认可或者默许的违法犯罪活动”的情形。起诉书所指控的所谓的“黄雷圈子”,是由侦查机关在案件查办中推定的,不仅当地群众不知道该组织的存在,也从未有人以此组织名义实施过违法犯罪活动。

4. 起诉书指控被告人黄雷事后协调的 5 起寻衅滋事行为欠缺“组织性”。起诉书所指控的第四、五、七、八、十起寻衅滋事行为,因不存在被告人黄雷直接实施事前组织、指挥行为的事实,甚至有些还缺少参与犯罪的机会。对此,在法庭调查中,公诉人将此类行为归入到“多名组织成员为逞强争霸、插手纠纷、报复他人、替人行凶、非法敛财而共同实施,并得到组织者、领导者认可或者默许的违法犯罪活动”。公诉人认定被告人黄雷实施“认可或者默许”的方式,是在特定事件发生后由黄雷出面摆平某事。对此,我们认为,这种理解是完全错误的。一是即使是参加了黑社会性质组织的成员,其仍具有组织身份与其个人身份之分,对于非以组织身份实施的、与组织目的缺少关联性的违法犯罪,当然不能认定为组织的犯罪行为。二是被告人黄雷在他人实施违法犯罪行为后所协调处理的“摆平”某事。何为“摆平此事”?显然,从黑社会性质组织犯罪的案件内在要求看,这种“摆平”应当至少应有两层意思:一是阻止、威胁被害人提出诉讼请求;二是拒绝赔偿或者压低赔偿标准。而被告人黄雷根本不具有这个目的,也根本不具有这个能力。从由被告人黄雷所协调的上述 5 起善后工作来看,主要是因为黄雷与各相关被害人之间的私人感情,而绝非利用了其所谓的黑社会性质组织的威慑力,且在所有事件之后均是根据被害人提出的要求得到了高额的赔偿。不符合《09 年纪要》所规定的以暴力、威胁为基础,在利用组织势力和影响已对他人形成心理强制或威慑的情况下,进行所谓的“谈判”“协商”“调解”等其他干扰、破坏正常经济、社会生活秩序的非暴力手段的情形。

5. 起诉书指控的犯罪行为的被害人均非无辜群众。从起诉书所指控的聚众斗殴、寻衅滋事行为的情况看,多次行为的被害人,均是存在一定的过错、违法,甚至是犯罪行为的,没有一起是针对无辜群众实施的犯罪行为。起诉书所指控的多次危害行为并非为非作恶,不具有欺压性。

（四）被告人黄雷的行为欠缺黑社会性质组织犯罪所必需的危害性特征

1. 不具备黑社会性质组织犯罪成立所要求的秩序损害性。根据起诉书所指控的事实，以被告人黄雷为首的黑社会性质组织是一个以赌博为主要经济来源的组织，其对社会秩序的影响达不到成立犯罪所要求的“秩序损害”程度；一是被告人黄雷从未直接组织、策划过有组织的违法犯罪；二是被告人黄雷所实施的谋取利益的行为，仅限于参与赌博，且未发生过任何争夺势力范围、排除竞争对手的行为；三是根据辩方查证的情况，H 市各届对黄雷黑社会性质组织的存在根本不知情。

2. 不具备黑社会性质组织犯罪成立所要求的影响性。一是起诉书所指控的黑社会性质组织成员所实施的行为具有偶然性、孤立性，多起案件参与人数均未超过 5 人，从未造成过重伤以上的后果，所非法持有的枪支从未造成过直接的损害结果，甚至很少被作为犯罪工具直接使用过。二是起诉书所指控的聚众斗殴罪，均不具有组织性。在这些行为实施过程中所造成损害的对象均为特定对象，而不具有公众性，影响范围极为有限。三是起诉书所指控的寻衅滋事罪所涉及范围极小。这些危害行为均是有明确、具体的前因，根本不存在为维护本组织利益而与其他组织争夺地盘、称霸一方的特征。四是起诉书所指控的赌博罪，持续时间短暂，根本不可能满足称霸一方，严重破坏经济、社会生活秩序的条件。

三、对黄雷等 16 名被告人以黑社会性质组织罪追责违背刑事政策要求

宽严相济的刑事政策是中国的基本刑事政策，必然对黑社会性质组织犯罪案件的审理具有直接的指导作用。最高人民法院《全国部分法院审理黑社会性质组织犯罪案件工作座谈会纪要》（法〔2015〕291 号）提出，必须正确把握“打早打小”与“打准打实”的关系。根据该纪要的要求，“打早打小”，是指各级政法机关必须依照法律规定对有可能发展成为黑社会性质组织的犯罪集团、“恶势力”团伙及早打击，绝不能允许其做大成势，而不应理解为对尚处于低级形态的犯罪组织可以不区分地一律按照黑社会性质组织处理；“打准打实”，就是要求审判时应当本着实事求是的态度，在准确查明事实的基础上，构成什么罪就按什么罪判处刑罚。对于不符合黑社会性质组织认定标准的，应当根据案件事实并依照刑法中的相关条款处理，从而把法律规定落到实处。由于黑社会性质组织的形成、发展一般都会经历一个从小到大、由“恶”到“黑”的渐进过程，因此，“打早打小”不仅是政法机关依法惩治黑恶势力犯罪的一贯方针，而且是将黑社会性质组织及时消灭于雏形或萌芽状态，防止其社会危害进一步扩大的有效手段。而“打准打实”既是刑事审判维护公平正义的必然要求，也是确保打黑除恶工作实现预期目标的基本前提。只有打得准，才能有效摧毁黑社会性质组织；只有打得实，才能最大限度地体现惩治力度。“打早打小”和“打准打实”是分别从惩治策略、审判原则的角度对打黑除恶工作提出的要求，审判实践中对于二者关系的理解不能简单化、片面化，要严格坚持依法办案原则，准确认定黑社会性质组织，既不能“降格”，也不能“拔高”，切实防止以“打早打小”替代“打准打实”。

综上所述，辩护人认为，被告人黄雷不构成组织、领导黑社会性质组织罪。

中国正在全面推进法治国家建设，辩护人是维护法治进步的重要力量，作为法律职业共同体的成员，律师与法官、检察官共同承担着推进与完善中国法治的重要使命。作为被告人黄雷涉嫌组织、领导黑社会性质组织罪的辩护人，我们根据“尊重事实、尊重法律、尊重检方、维护正义”的原则，参加了诉讼活动，也期望得到作为法治共同体成员的法官、检察官的尊重与理解，在法治的框架下共同为维护被告人合法权益、维护社会正义做出努力。2014 年 10 月 28 日通过的《中共中央关于全面推进依法治国若干重大问题的决定》明确提出，公正是法治的生命线。司法公正对社会公正具有重要引领作用，司法不公对社会公正具有致命破坏作用。必须完善司法管理体制和司法权力运行机制，规范司法行为，加强对司法活动的监督，努力让人民群众在每一个司法案件中感受到公平正义。

【裁判要旨】

关于辩护人提出的管辖权问题，前期 H 市公安局参与侦办此案系受上级公安局指令协同办案，系公安机关一体化办案行为，本身无需法定侦查权，自 2015 年 6 月 16 日移送立案后，H 市公安局对本案具有法定侦查权。H 市公安局前期参与侦查是协同办案，后期是依法立案侦查，制作的讯问笔录、辨认笔录不存在非法证据问题。

关于辩护人提出的侦查机关未提供同步录音录像问题，《公安机关办理刑事案件程序规定》第二百零三条规定，黑社会性质组织犯罪属于其他重大犯罪案件，应当对讯问过程进行录音录像。本案涉嫌的黑社会性质组织犯罪是侦查机关在侦办案件过程中发现，并于 2015 年 8 月 13 日立案侦查。涉嫌黑社会性质组织犯罪立案前，讯问笔录、辨认笔录的录音录像基于工作责任心、设备等因素，部分讯问笔录、辨认笔录无录音录像，可不适用上述规定。“涉黑”案立案后制作的犯罪嫌疑人讯问笔录、辨认笔录有的没有录音录像，确实存在瑕疵，但应就有无其他证据相印证确定其效力。况且本案经审理认为不能对黄雷等 16 名被告人定性为组织、领导、参加黑社会性质组织犯罪。因此,对于没有录音录像的讯问笔录、辨认笔录不能适用上述规定认定为非法证据,从而排除其效力。

刑法规定的黑社会性质组织犯罪有明确的标准,依法应当具备 4 个主要特征:一是组织特征,即组织结构比较严密,人数较多,有比较明确的组织者、领导者,骨干成员基本固定,有比较严密的组织纪律;二是经济特征,即通过违法犯罪活动或者其他手段获取经济利益,具有一定的经济实力,以支持该组织的活动;三是行为特征,即以暴力、威胁或其他手段,有组织地多次进行违法犯罪活动,为非作恶,欺压、残害群众;四是非法控制特征,即通过实施违法犯罪活动,或者利用国家工作人员的包庇或者纵容,称霸一方、在一定区域或者行业内,形成非法控制或者重大影响,严重破坏经济社会生活秩序。

对照本案,从证据来看,这 4 个特征尚不具备,第一,黄雷等人没有为违法犯罪形成比较明确的层级和职责分工,也不存在类似于犯罪组织的帮规等。第二,黄雷名下没有经济实体,没有证据证明黄雷有经济实力支撑上述 16 人的组织运行,从起诉指控看,黄雷等人仅在 2014 年 11 月左右开设赌场抽头渔利,但也无证据证明该抽头用于黄雷与其他被告人的犯罪活动。第三,黄雷等人实施的聚众斗殴、寻衅滋事等 10 余起犯罪和 4 起违法行为,被害方多系与其有经济往来或个人恩怨的人,并非不特定群众,不足以认定黄雷等人的违法犯罪行为达到"违法作恶,欺压、残害群众"的严重程度。第四,H 市及周边地区或多或少一直存在赌博现象,黄雷等人开设赌场后,现有证据不能认定黄雷等人在 H 市及周边地区开设赌场后,形成"以黑护赌""以赌养黑"的局面,不足以形成非法控制或重大影响,不具备非法控制性特征。基于上述理由,不能认定黄雷等 16 名被告人构成组织、领导、参加黑社会性质组织罪。相关被告人、辩护人就犯罪指控提出的辩解、辩护意见理由成立,本院予以采纳。公诉机关就该犯罪指控不当,应予纠正。

【辩护路径】

本案特别重大复杂，历经两次庭前会议和长达 15 天的开庭审理，具体辩护流程如图 1 所示。

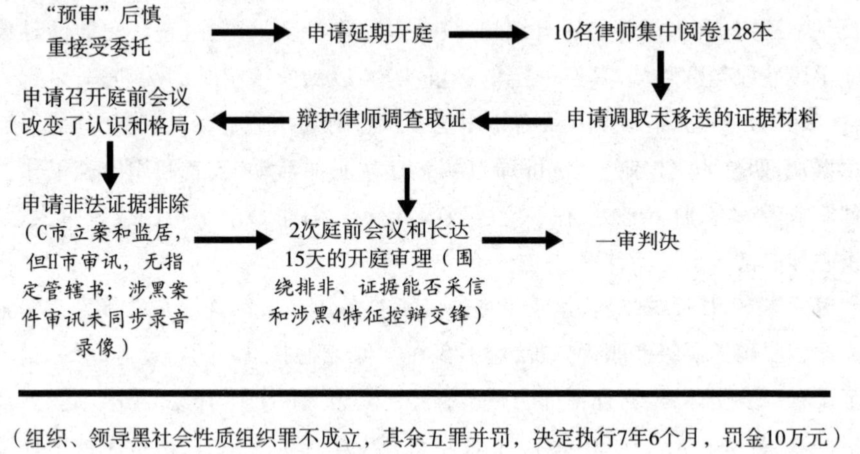

图 1　辩护流程

一、组建律师团进行集体阅卷和讨论

对于特别重大复杂的刑事案件，依靠一两个律师的力量往往难以胜任有效辩护的重任。对于这类案件，可以借鉴域外的相关经验，根据当事人的委托组建专门的律师团队，专门负责相关案件的办理、研讨等工作。本案还有一个特殊情况，就是辩护律师接受委托时临近开庭只有 5 日，128 本卷宗的内容纷繁复杂。鉴于此，辩护人建议当事人家属组建辩护团队，组织北京、南京和南通三地的 10 余名原参与承办黄雷案件的律师在酒店两个总统套房封闭式阅卷和研讨，分工合作、相互配合，形成了长达 50 余页涵盖程序、证据、法律适用等全方位意见的辩护词庭前稿，依法提出延期开庭申请、召开庭前会议申请、非法证据排除申请以及调取证据申请等一系列请求，这为有效果的辩护打下了良好的基础，最终结果也显示该辩护意见被法庭予以采信。

特别指出的是，当事人家属原本打算请其他被告人的辩护律师一起研讨该案件，但笔者明确表示不同意，因为该行为可能涉嫌串供、作伪证。辩护律师在辩护过程中应注意防范执业风险，同案不同被告人的律师不能在一起开会研究案情，也不要通过组建微信工作群等其他形式讨论案件。

二、重视程序辩护,申请非法证据排除,申请召开庭前会议

据以定罪量刑的证据必须满足真实性、关联性、合法性的要求。一般来说,证据的“三性”主要是涉及案件的实体内容,但就证据的合法性而言,其包括证据调取主体、调取程序等方面的合法性,这主要是程序性问题。鉴于目前的司法实践现状,律师对侦查程序的合法与否进行质疑,非法证据排除的申请往往是瞻前顾后,对侦查主体合法性的质疑则更少,很多律师甚至意识不到相关问题的存在。本案中,辩护人发现侦查机关涉嫌存在诸多不规范甚至违法之处。例如,立案机关不是侦查机关,C 市公安立案和采取监视居住措施,但是由 H 市公安进行审讯;涉黑案件的审讯又没有同步录音录像。据此,辩护律师提出了非法证据排除请求。虽然本案中法庭并没有在判决书中明确采纳辩护律师的申请,但是通过召开庭前会议动摇了控方的证据体系,为后期庭审活动中的相关证据采信、案件定性、量刑辩护做了很好的铺垫。

三、紧紧围绕涉黑案件的 4 个特征进行辩护

2018 年 1 月,中共中央和国务院下发《关于开展扫黑除恶专项斗争的通知》,拉开了扫黑除恶专项斗争的序幕。律师作为社会主义法律工作者之一,在这场斗争中责无旁贷。讲法律就是最好的讲政治。涉黑类案件辩护的主要思路在于否定黑社会性质组织的认定,主要突破口在于对刑法规定的黑社会性质组织 4 个特征的分析。辩护律师应认真研究最高人民法院、最高人民检察院、公安部《办理黑社会性质组织犯罪案件座谈会纪要》(法〔2009〕382 号)、最高人民法院《全国部分法院审理黑社会性质组织犯罪案件工作座谈会纪要》(法〔2015〕291 号)、《最高人民法院、最高人民检察院、公安部司法部关于办理黑恶势力犯罪案件若干问题的指导意见》(法发〔2018〕1 号)等文件中关于黑社会性质组织 4 个特征的认定标准,从黑社会性质组织认定的标准出发反驳控方的指控。刑事政策不断调整,律师要审时度势,准确把握该类案件的辩点,依法维护当事人的合法权益。

审前辩护三罪去二，调查取证推翻房产估价

——陆君涉嫌受贿、贪污、挪用公款部分无罪案

【案情简介】

江苏宿迁，以西楚霸王项羽故乡而为人熟知，京杭大运河穿境而过，北依骆马湖，南临洪泽湖，自古便有“北望齐鲁、南接江淮，居两水中道，扼二京咽喉”之称。

作为江苏省最年轻的地级市，宿迁市地理位置基础优越，“要致富，先修路”自然是地方经济发展的重中之重，随着全国反腐斗争的深入开展，纪检部门也将目光聚焦在了交通建设工程领域。

2015 年 5 月 25 日，时任宿迁市宿城区人大常委会副主任的陆君被宿迁市人民检察院以受贿罪刑事拘留。2015 年 6 月 10 日，经江苏省人民检察院决定，批准逮捕。反贪部门所调查的内容，主要是陆君在担任交通建设局局长、副区长（分管交通）、政协副主席（分管交通）、人大常委会副主任（分管交通）期间的职务犯罪问题。

2015 年 8 月 7 日，案件侦查终结，移送宿迁市人民检察院审查起诉。根据起诉意见书，陆君涉嫌收受他人贿赂 74 万元、贪污 2.5 万元和挪用公款 500 万元三项罪名。如果指控成立，等待陆君的将是 15 年左右的漫长刑期。

辩护人接受委托后，在反复研究在案证据材料后认为：本案指控的三项罪名均存在事实不清、证据不足和定性错误的问题，不能成立；同时，当时正逢《刑法修正案（九）》颁布前夕，贪污贿赂犯罪的量刑标准有普遍从宽的修改趋势，如果案件审理和裁判在刑法修正及司法解释颁布后进行，对陆君更为有利。基于以上两点考虑，辩护人一方面向公诉机关和法院提出无罪的辩护意见，另一方面针对在案价格鉴定存在的种种问题，提出重新鉴定的申请。以双管齐下的辩护策略，最大限度地维护陆君的合法权益。

在审查起诉阶段，公诉机关采纳了辩护人的部分辩护意见，对贪污罪和挪用公款罪两项罪名不予认定。

案件进入法院审理阶段后，辩护人针对起诉书对受贿罪的指控，尤其是明显低

价购房指控下价格鉴定意见可否采信的问题,从国家法规、行业规范、房屋实际销售情况以及买卖双方关系对价格影响等多个角度,提出辩护意见。最终,法院在一审阶段采纳了辩护人绝大部分无罪辩护意见,认定陆君明显低价购房的交易型受贿等指控不能成立,起诉书指控的74万元受贿金额中,有57.78万元应予扣除,陆君受贿金额为16.22万元并有自首情节,判处有期徒刑1年6个月(见表1)。

表1 起诉意见书指控陆君罪名、面临刑期和辩护结果

三项罪名	金额	面临刑期	数罪并罚	辩护结果	采纳阶段
受贿	74万元	10年以上或无期(刑九前) 3~10年(《刑法修正案(九)》)	15年左右有期徒刑	指控金额中57.78万元不成立,判处有期徒刑1年6个月	一审
挪用公款	500万元	5年以上		无罪	审查起诉
贪污	2.5万元	3年以下		无罪	审查起诉
审查起诉:挪用公款罪500万元和贪污罪2.5万元不成立					
一审判决:指控的74万元受贿金额中,有57.78万元不能成立,认定受贿金额16.22万元,判处有期徒刑1年6个月					

【侦查及控方指控】

陆君,原宿迁市宿城区人民代表大会副主任。

经依法侦查查明:陆君在任宿城区交通建设局局长、宿城区城乡统筹试验区党工委书记、宿城区马陵片区指挥部副总指挥、宿城区副区长(分管交通)、宿城区政协主席(分管交通)、宿城区人大常委会副主任(分管交通)期间,先后收受他人贿赂74万元、贪污2.5万元和挪用公款500万元。

一、受贿

1.2010年7月,时任宿城区交通局长的陆君以明显低于市场价52万元购买宿迁市四季华庭26-2别墅。

2.陆君为其二弟媳杨春灵在未上班的情况下,安排其下属企业宿迁市汽车运输公司(后剥离为宿迁市公交二公司)为杨春灵发放工资及缴纳五险,自2009年4月至2015年3月总共金额为10.8万元。2012年春节前,因女儿结婚举办地在西安,陆君一家10余人到西安一路上的租车费、过路费、住宿吃饭、景点游玩的所有花费均由宿迁市汽车运输公司老总刘家平安排的司机刘小朋支付,并回公司后开发票4.5万元予以报销。

3. 陆君于2011年收受罗钱国一套价值3.6万元真皮沙发、一台价值1.5万元的60英寸夏普3D电视机,并在之前罗钱国的无锡佳湾交通工程有限公司修建宿城区罗洋路过程中为其工程的及时支付提供支持。

4. 陆君于2013年5~6月的一天,收受徐斌的一张金额为1万元的加油卡,并为徐斌的弟弟所做的统筹试验区的低压配电工程的付款提供支持。

5. 2014年7~8月的一天,陆君在自己的办公室收受宿迁市兴国集团老总陈兴国6000元购物卡,并为陈兴国在统筹试验区的两个项目在付款上给予帮助。

二、贪污

1. 2009年,宿城区交通局用公款为陆君购置一台苹果笔记本电脑,价格为1.1万元,2010年陆君离开交通局后将该电脑带回家个人使用。

2. 2012年1月,陆君在担任马陵片区副总指挥的时候,安排财务负责人庄强用公款为其购置笔记本电脑,价值1.4万元。

三、挪用公款

2006年,陆君以江苏先科电气有限公司是宿城区交通局招商引资单位为名,让宿城区交通局用公款500万元为先科电气注册验资。

【辩护要点】

一、审前辩护

辩护人经过会见、阅卷,认为起诉意见书中关于挪用公款罪和贪污罪的指控,存在明显的证据不足和法律适用错误,同时,经调查发现,宿迁市政府机关单位在2006年为完成招商引资任务,普遍存在为企业注册垫付资本金的行为,辩护人围绕在案证据和特殊历史背景,向公诉机关提出如下辩护意见。

(一)关于挪用公款的指控

首先,借用公款给江苏先科电气有限公司注册验资是交通局进行招商引资的公务行为,陆君没有谋取任何私利的个人行为。

根据陆君供述,“(同意使用)一个是因为区委区政府招商引资任务重,第二个是能够保证资金不流失”。先科电气有限公司罗钱国的证言也证实,“当时我也不想搞了,但是陆君为了他的招商引资项目,就动员我先弄块地把厂房建起来,再寻找合作伙伴”,“所以我就投资1000万元建了厂房……当时注册资金差了几百万块钱,我就跟陆君提出来,要求交通局支持一下,陆君和当时的交通局党委书记就同意了”。因此,为江苏先科电气有限公司垫付款项验资的行为,其目的在于响应政府号召，完成交通运输局的招商任务，陆君没有谋取一己私利的行为和动机。

其次，交通运输局虽然借用公款为企业验资注册，但自始至终强调以保障资金安全为前提，客观上也扣押了江苏先科电气有限公司财务章、法人章、银行预留印鉴章，采取了完整的风险防范措施，且借用时间极短，该挪用行为不具备实质的法益危害性。

涉案资金流转由交通局财务人员李菲负责，根据其证言，“陆君当时强调这500万元绝对不能有闪失，你们两个即使什么事也不做，也要保证这笔钱的安全，把资金尽快回笼回来”，“当时，为了确保这500万元资金的安全，就把这笔业务的转账支票、先科电气的财务章、法人章、银行预留印鉴章等所有手续都留在了交通局会计进行保管”。结合在案中国工商银行的转账支票，该500万元款项2006年9月25转出，9月27日归还，时间极短。刑法之所以设立挪用公款罪，是因为该行为一方面侵犯了公款的使用权，另一方面使国有资金陷入无法归还的风险之中。而本案中，涉案500万元款项借用验资的过程中，陆君自始至终强调以保障资金安全为前提，客观上也采取了足以防止资金流失的保障措施，该笔款项从转出到归还，始终处于交通运输局管理和控制之下，没有任何风险，且挪用时间极为短暂，对公款正常使用的影响微乎其微，并未侵犯刑法挪用公款罪所欲保护的法益，不具有社会危害性，不应作为犯罪处理。

最后，该笔款项借用行为发生在2006年，此时宿迁市的招商引资工作已经进入白热化阶段，为保障招商引资工作的开展，为引进企业垫资、修路已经成为一种工作惯例。涉案行为正是发生在这种特殊的时空背景之下，根据辩护人调取的书证资料，至少有几十个政府部门有类似行为。从法律效果和社会效果相统一的角度，也不宜将此类行为作为犯罪处理。

（二）关于贪污苹果笔记本电脑的指控

1. 交通局2009年配置价值1.1万元电脑，是合法的办公物品采购行为，电脑也实际用于办理公务。

根据陆君供述，“这台苹果电脑刚买来的时候，是用于公务”。证人王富正的证言也印证，“2009年12月的一天，陆君局长办公室的台式电脑坏了，陆君局长就跟我提出来，要换一台好一点的笔记本电脑”。

因此，交通局之所以购买该苹果笔记本电脑，是在办公室原台式电脑坏掉的情况下对办公用具的补充采购，且因当时招商引资工作进入白热化，出差较多，因此采购笔记本电脑便于携带办公，该电脑采购在程序上业经宿城区政府采购中心审核批准同意，且购买后也实际用于办理公务，陆君对其占有和使用的行为不构成贪污犯罪。

2. 陆君 2010 年调离交通运输局后，仍然是交通运输局的分管领导，对涉案电脑的继续占有和使用是基于分管工作中处理公务的需要。

根据《中共宿城区委、宿城区政府关于调整区委区政府及相关领导分工的通知》，“陆君负责交通运输，分管交通运输局”。因此，陆君 2010 年虽然离任区交通运输局局长，但从工作分工上，他仍然是交通运输局的分管领导，在日常工作中负责交通运输管理工作，对涉案电脑的继续占有和使用是基于处理公务的实际需要，也不属于贪污行为。

3. 侦查机关将该笔记本购买价格认定为贪污金额明显错误，在未对陆君离开交通局时电脑的残存价值进行评估的情况下，该节指控事实不清、证据不足。

即便是因陆君离开交通局时未归还电脑的行为涉嫌贪污，也不能以 2009 年合法采购电脑时的价格作为贪污数额，这严重违背了罪责与行为同在的刑法原则，明显错误。在没有对陆君 2010 年 9 月自交通局离任的日期作为价格认定的基准日对该电脑进行价格评估的情况下，该节指控事实不清、证据不足，不能成立。

二、庭审辩护

鉴于审查起诉阶段的有效辩护，公诉机关仅以受贿罪一罪向法院提起公诉，此时《刑法修正案（九）》审议通过在即，受贿数额的认定成为案件最终结果的关键，尤其是关于低价购房的指控，同时，陆君因该购房行为案发而接受调查，其他均是其主动交代的，如果该项指控不能成立，在涉案数额降低的同时陆君还构成自首情节，拿掉该节事实对于案件的最终裁判结果具有决定性意义。所以，辩护人将该节指控作为辩护重点。

针对起诉书关于陆君涉嫌以明显低价购房的指控，辩护人仔细研究了我国关于房地产估价的规范文件及修订沿革，专门购买了国家住建部、质检总局 2015 年版的《房地产估价规范》提交法庭，供法官参考；同时，围绕原价格鉴定意见中对于同类房屋销售情况认识不足的问题，辩护人不仅对涉案房屋销售情况和房屋周边环境进行了详细调查取证，并调取了与涉案房屋相似小区的房屋销售合同作为参照，形成了多达 200 页的辩方证据材料提交法庭。

针对起诉书关于陆君让其弟媳挂名领空饷的指控，辩护人主要围绕陆君弟媳未实际上班的原因、是否存在共同利益关系等问题调查取证，同时紧扣刑法及司法解释关于“特定关系人”的定义展开辩护。

在庭审过程中,辩护人就涉案事实认定和法律适用提出如下辩护意见。

(一)关于在案证据的证据资格问题

宿迁市价格认定局出具的宿价认定纪〔2015〕1号价格认定结论书是经宿迁市纪委委托作出,证据形式不具有合法性,不能作为刑事证据采信。根据《关于对宿迁市万厦·四季华庭小区26-2号别墅的价格认定结论书》,该价格认定结论书是宿迁市价格认定局受宿迁市纪委委托作出的,宿迁市纪委作为委托主体不属于我国刑事诉讼法规定的6类具有侦查权的机关。宿迁市纪委是党的纪律检查机关,不属于政府部门,不是《刑事诉讼法》第五十二条规定的行政执法和查办案件中的行政机关。

根据《刑事诉讼法》[①]第五十二条的规定,行政机关在行政执法和查办案件过程中收集的可以作为证据使用的证据种类仅限于物证、书证、视听资料、电子数据等客观证据材料。其立法原意在于:该类证据有很强的客观性,且一旦灭失不可补救,因此赋予行政执法机关先行固定后的职责,同时可以移交司法机关作为证据使用。但本案中,鉴定意见作为证据具有来自鉴定人的言词意见证据的特征,不存在灭失后不可补救的问题,不属于《刑事诉讼法》第五十二条所规定的证据种类。

宿迁市价格认定局该份价格认定书,是纪委在党员违纪调查阶段形成的,当该案件已经涉嫌刑事犯罪、移交反贪部门进入司法程序后,该鉴定意见不能直接转化为刑事证据使用。因此,该份鉴定意见不符合我国刑事诉讼法关于鉴定意见的证据形式要求,在刑事诉讼中不具有证据资格。

(二)关于低价购房的指控

起诉书第一节关于陆君明显低于市场价52万元购房的指控中,所依据的价格鉴定意见明显违反国家房产评估规范,不应采信;涉案房产实际上是有价无市,结合买卖双方的亲戚关系及借贷往来等情况,陆君购房行为明显属于价格评估中的特殊交易实例,所支付的房价不仅不属于明显低价,反而略高于实际市场价格,受贿罪名不能成立。

在案价格鉴定意见是采用比较法进行估价的,但所选取的三组房屋比较实例的交易时间均晚于陆君房产交易时间一年以上,时间间隔甚至长达3~4年,不符合《房地产估价规范》的明确要求,明显违背房地产估价应遵循的价值时点原则以及替代原则。

---

① 2018年修订的《刑事诉讼法》第五十四条。

在案价格鉴定评估于2015年7月进行，根据当时有效的1999年版《房地产估价规范》的规定，“对同一估价对象宜选用两种以上的估价方法进行估价”，“成交日期与估价时点相近，不宜超过一年”。本案中，鉴定意见书中仅采用比较法一种方法，鉴定房屋的价值时点为2010年7月7日，但选取的三套房屋可比实例成交时间分别为：2012年9月、2014年4月和6月，交易的时间距离价值时点分别相差2年2个月、3年9个月、3年11个月，时间间隔均远远超过了1年以上，明显违背国家房地产估价规范规定。

同时，根据国家住建部、质检总局2012年公布的《房地产估价规范》正式修改稿，2015年正式颁布了《房地产估价规范》，均要求房地产估价应遵循价值时点原则及替代原则，即评估价值应是根据评估目的确定的某一特定时间节点的价格，评估对象与选取的类似房产在同等条件下价格偏差应在合理范围内。具体到比较估价法中，根据2015年《房地产评估规范》第四章第二节之规定：“可比实例的成交日期应接近价值时点，与价值时点相差不宜超过一年，且不得超过两年。”综合考察上述房地产估价规范的沿革变化，我国房产估价鉴定的技术是不断成熟进步、日臻完善的，从2012年开始直至2015年最新规定出台，在比较法鉴定中，选取距离价值时点两年以上的比较实例的做法已经被摒弃废除，考虑到本案仍在审理过程中，原宿迁市价格认定局所做出的价格鉴定意见明显违背现行估价评估规范，不具有客观合理性，不应继续采信。

结合在案房屋销售明细表，陆君购房的时间为2010年7月7日，在该价值时点前后一年的时间范围内，仅有两套房屋成交，且支付方式均为银行按揭，不同于被告人一次性支购房付款的方式，该两套房屋作为交易实例也与涉案房屋不具有可比性，因此不存在适用比较法进行估价的客观条件。对该房屋进行估价应采取成本法，原鉴定意见选取比较法进行估价显然是错误的。四季华庭小区2010年7月至2012年9月已售别墅备案明细见表2，鉴定意见书选取的三组可比较实例见表2。

表2 四季华庭小区2010年7月至2012年9月已售别墅备案明细

序号	购房日期	房号	购买人	合同面积（平方米）	房款（元）	付款方式	每平均价（元/平方米）
1	2010年7月7日	26-2	陆君	317.19	1,000,000	一次性付款	3152
实付房款（含多支付地源热泵3.3万元）					1,033,000		3256

续表

序号	购房日期	房号	购买人	合同面积（平方米）	房款（元）	付款方式	每平均价（元/平方米）
2	2010年7月26日	4-1	欧某	215.84	820,000	银行按揭	
3	2011年5月9日	3-1	刘某某	215.76	850,000	银行按揭	
4	2012年9月4日	4-2	胡某某	215.84	700,000	一次性付款	3243

表3　鉴定意见书选取的三组可比较实例

	购房日期	房号	购买人	合同面积（平方米）	房款（元）	付款方式	价值时点
涉案房屋	2010年7月7日	26-2	陆君	317.19	1,000,000	一次性付款	2010年7月7日
实例A	2012年9月10日	45-1	崔某	257.58	1,220,000	银行按揭	晚2年2个月
实例二	2014年4月16日	20-4	王某	258.01	1,000,000	一次性付款	晚3年9个月
实例三	2014年6月4日	41-2	李某	231.4	900,000	分期付款	晚3年11个月

（三）陆君所购房屋支付的价格不仅不属于明显低价，反而略高于市场价格

1. 房产销售过程中存在5种销售价格，分别为房产局备案价、公司销售挂牌价、实际成交价、特定关系人成交价和明显低于市场价格30%以下的不合理低价。本案中，涉案房屋所在小区开盘后销售陷于停滞，陆君所购房屋实际上是有价无市，备案价与挂牌价没有实际意义，即便是按照实际成交价，陆君也不属于以明显低价购房。

首先，虽然房地产开发公司在房产部门登记的备案价为8000元/平方米，但根据小区别墅销售明细表，自2010年开盘以来，实际售出的19套房屋单价从未超过4000元/平方米，都达不到登记备案价的一半，因此该房屋登记备案价不具有实际意义。

其次，与宿迁市相似区域条件的其他小区相比：根据宿迁市物价局对该房屋所在小区的实地勘验，结合辩护人提供的小区地理位置信息图及四周环境照片，该小区地理位置处于城乡结合部，位置偏辟，且小区周边是农房、物流厂房以及废品回

收站,居住环境不佳,小区在周边配套设置、区域人流量、交通便利等方面都不尽如人意。对比辩护人提供的相似条件的东方明珠御景小区资料,后者在地理位置上更靠近市区、周边环境更好,但相类似别墅每平方米售价尚不足2000元,直至2015年9月,售价也不过每平方米3000元,因此,被告人涉案房屋的购买价格在当时只高不低。

最后,与陆君房屋所在小区的其他别墅相比:根据宿迁市物价局对四季华庭小区的实地勘验,四季华庭小区自2010年开盘以来销售停滞不佳,小区内96套别墅至今为止仅售出19套。辩方提交的证人证言也证实:小区开盘至今,房屋销售困难,资金无法回笼、周转紧张。根据辩方提供的出售方宿迁万顷房地产有限公司江苏银行对公账户的对账单,2010年6月3日陆君支付房款之前,宿迁万顷房地产公司账上仅有剩余资金30余万元,在收到陆君房款后一周内,公司账户先后支出工程款、材料款等210余万元,且账户余额始终仅剩余20余万元左右,这进一步印证了投资开发商因房屋销售不佳而导致资金周转紧张、急于回笼资金维持公司运营的客观事实。正是基于上述特殊因素,四季华庭小区别墅在出售过程中普遍存在大幅度降价的情况,根据宿迁市物价局鉴定意见中的分析比对(如表4所示),以一次性付款方式购房的其他12套房屋交易中,商品房实际出售价格与挂牌价格的平均百分比为63.39%。

表4 宿迁市物价局鉴定意见中的分析比对

别墅号	商品房买卖合同总价(万元)	售楼处挂牌总价(万元)	实际购买价格与挂牌价百分比(%)	百分比算术平均	付款方式
20-4	100	163.59	61.13	实际成交价格为售楼处挂牌价的63.39%	一次性付款
41-2	90	147.08	61.19		
4-2	70	126.29	55.43		
46-1	102.78	168.97	60.83		
3-4	71	116.97	60.70		
2-4	82.07	116.97	70.16		
2-2	79.59	110.18	72.24		
2-3	79.59	110.18	72.24		
2-1	82.07	117.62	69.78		
41-3	90	147.08	61.19		
57-3	91.94	147.08	62.51		
41-4	90	168.96	53.27		

根据上述鉴定资料,63.39%的算术平均比是该小区实际出售价格与售楼处挂牌总价的比例系数,在法庭审理阶段,鉴定人及公诉人曾表示253.752万元的房产备案价格乘以63.39%也可以得出接近152万元鉴定价值的结论,该说法将售楼处挂牌总价与房产备案价格混为一谈,明显是偷换概念。

根据开发商杨万顷的证言,"卖给陆君的这套别墅在开盘前定下的销售价格为160万元"。根据《最高人民法院关于适用〈中华人民共和国合同法〉若干问题的解释(二)》(法释〔2009〕5号)第十九条之规定:"转让价格达不到交易时交易地的指导价或者市场交易价百分之七十的,一般可以视为明显不合理的低价……"结合前述实际售价与挂牌价格的平均百分比,该涉案房屋的推算实际销售价格应为101万元左右(160万元×63.39%),陆君实际支付103.3万元房款,因此,陆君在该套房屋交易中的支付价格不仅没有明显低于其他购房客户,其价格反而高于平均价格2.3万元。根据辩护人向法庭提交的涉案房产造价成本分析,26-2幢别墅的成本造价为73万元,在该笔涉案房产交易中,杨万顷实际获利30万元,利润率高达41%左右,不存在低价出售、借机行贿的行为。

2. 被告人陆君与杨万顷的房屋交易行为属于特殊交易案例,不能够将该交易与一般陌生人之间的房产交易行为一概而论。

首先,杨万顷向被告人陆君销售涉案房屋,具有融资的性质,谈价时尚未去房产局申请销售许可,更没有报备房价,为了促成该笔交易,即便存在主动降价的行为,也是基于经营困境做出的正常销售决策,不具有贿赂性质。

根据开发商杨万顷的证言,"我当时推荐陆君买一套,陆君刚开始没兴趣……我就跟陆君说,你在我们这买一套吧,我跟你做邻居,我给你便宜点";根据陆君的供述,"杨万顷资金紧张,就找到我帮他融资,我也准备了一百万,他后来一算账,借钱不合算,就跟我说你干脆买套房吧","他要是给高价,我不会买";杨万顷岳母的证言也印证了如下事实:杨万顷当时资金紧张,对外拖欠工程款及工人工资,在借款不划算的情况下转而向陆君极力推销房屋。因此,陆君与杨万顷关于涉案房屋的交易行为,本身具有变通融资的性质,是在公司经营陷入窘境的情况下,杨万顷为了促成房屋销售主动降价交易,以达到尽快回笼资金的目的,是再正常不过的销售决策,陆君购买房屋也有帮助亲戚朋友缓解资金压力的性质,买卖双方对此不存在行贿、受贿的犯意合意,该降价销售行为不具有贿赂性质。

其次,陆君与杨万顷不仅是亲戚,也是相识多年的密友,平时人情往来数额较大,还存在房屋租赁、巨额借贷等经济往来,更不用说陆君及家人在杨万顷借款时还有大幅降息让利的行为，他们与陌生人之间的房屋销售买卖有本质区别，即便享受优惠，也不成立受贿。

根据开发商杨万顷的证言，“2005 年的时候，陆君把他家属的姨姊妹李某介绍给我，2006 年我和李某结婚，我跟陆君就是亲戚关系了”，“我结婚，陆君给了 5000 元，我女儿出生，他不是给了 2000 元就是 5000 元，我女儿生日，他每次都给 2000 元，还有我女儿出生后三四年的奶粉都是陆君女儿、女婿从荷兰或者瑞士带过来的，每个月有四五罐，每罐价值 200 块钱”，“我大概借了陆君妻子一千三四百万”。同时，根据辩护人提供的合同、借条等客观书证，早在购房之前的 2008 年，陆君就将自家房屋租赁给杨万顷使用并主动让利 13 余万元，且杨万顷曾先后向陆君及其家人借款高达 1700 余万元，在此过程中，陆君及其家人主动降息让利 157 万余元。因此，陆君与杨万顷本身就是亲戚关系，陆君还是杨万顷与妻子李某的介绍人，两家人交往密切、人情往来数额较大，在杨万顷经营开发过程中，被告人陆君及家人在办公场所出租、资金周转方面都给予了其极大支持，陆君在购房之前两人就已经存在让利优惠、相互帮助的先例可循，与一般陌生人之间房产买卖存在本质区别，即便享受降价优惠，也符合人情常理，不应认定为受贿行为。

（四）起诉书关于弟媳领取工资及享受缴纳保险合计 10.8 万元涉嫌受贿的指控，在事实认定、法律适用方面存在明显错误，不能成立

根据 2007 年《最高人民法院、最高人民检察院关于办理受贿刑事案件适用法律若干问题的意见》及最高人民法院第 884 号刑事审判参考案例，陆君的弟媳不属于司法解释规定的“特定关系人”。

1. 根据陆君的无罪辩解和辩方提交的无罪证据，陆君和其弟媳之间不存在共同的经济利益关系，且起诉书及公诉人在法庭辩论阶段对于陆君弟媳属于何种“特定关系人”表述模糊，始终未予明确，该节指控在事实认定及法律适用上存在明显错误。

本案开庭前，辩护人调取并向法庭递交了如下证据：(1)陆君弟媳、弟弟的证言；(2)陆君父母的体检证明；(3)陆君父亲的证言和上班证明；(4)当地居委会出具的母亲葛某某生活可以自理的证明。该辩方证据确实、充分的证明：陆君弟媳未上岗工作是公交公司老总单方安排导致，陆君与其弟媳不存在共同经济利益关系，陆君父母经济宽裕、生活自理、在共同生活中反而多方照顾陆君弟媳一家。

同时，无论是起诉书还是公诉人当庭发表的公诉意见，对于陆君弟媳究竟属于“近亲属”还是“其他有共同利益关系的人”这一关键问题始终含糊其辞，未予明确，

在陆君弟媳身份认定和特定关系人挂名领取报酬的法律适用上存在明显错误。

2. 陆君弟媳不属于刑法意义上的近亲属。

根据《刑事诉讼法》第一百零六条之规定①,“近亲属”是指夫、妻、父、母、子、女、同胞兄弟姐妹。陆君弟媳不属于我国刑法意义上的近亲属。

3. 陆君与弟媳一家也不存在经济往来,且陆君父母身体健康、生活自理,虽然与其弟媳一家共同生活,但负担了全部经济支出和大部分家务,不仅为孙子支付学费,甚至先后出资80余万元供弟媳一家购房、装修。陆君与弟媳一家不存在任何直接或间接的共同利益关系,不属于司法解释所规定的“其他共同利益关系的人”。

首先,根据陆君弟媳证言,“陆君夫妻很少去我们那儿,我不跟他讲话”。本案中陆君与弟媳一家来往较少、关系疏远,也不存在债权债务关系,不具有任何共同经济利益关系。

其次,根据辩方提供的陆君弟媳、陆君父母的证言、体检报告及银行流水明细、购房合同等证据,陆君父母身体健康,生活可以自理,不需他人特殊照顾。经济上陆君父亲退休工资每月4000余元,退休后返聘至宿迁协和医院,每月除提成外基本工资也有6000余元,陆君母亲每月养老金2000余元,父母二人每月经济收入高达1.2万元。与之相反,陆君弟媳一家2013年前每月收入仅1400余元,直到现在只有2600余元,结合宿迁市统计局2009年、2015年国民经济和社会发展统计报告,宿迁市2009年月人均消费支出为667元,三口之家的月平均消费支出为2000元;宿迁市2015年月人均消费支出为944元,三口之家的月平均消费支出为2832元。涉案公交公司发放的每月600余元的工资补助,也远远低于江苏省人社厅及宿迁市人社局公布的宿迁市最低工资标准。因此,陆君弟媳一家经济条件拮据,其收入状况尚不足以支付每月生活消费支出,更不用说支付儿子在2007年到2012年就读于连云港卫校期间每年高达2万元的学费、生活费。陆君弟媳一家虽然与陆君父母共同居住,但在经济上陆君父母承担了衣食住行、水电费用等全部日常生活支出,甚至拿出自有积蓄80余万元供弟媳一家购置、装修新房、购买车库。在日常生活中陆君父母在买菜、做饭之外,还主动帮助其弟媳一家带孩子,承担了绝大部分家务。因此,陆君弟媳一家经济收入维持自身日常生活尚且困难,每月数额仅600元的生活补助“增加共同生活大家庭直接经济收益”的事实认定显然不能成立,客观事实是无论从经济负担还是家务承担的角度,陆君父母都对弟媳一家付出巨大,是一种单方的

① 2018年修订的《刑事诉讼法》第一百零八条。

经济扶持和生活上的照顾,陆君也不可能因为这种其父母单方付出的共同生活状态而与其弟媳之间产生共同经济利益关系。

4. 陆君与其弟媳之间也不成立共同受贿。

首先,陆君与其弟媳主观上均不具有挂名领取报酬的受贿故意。在案卷宗中,公交公司总经理证言、陆君供述以及陆君弟弟、弟媳的证言相互矛盾,无法印证。根据陆君弟媳证言,“我心情很迫切,想上班,不想在家……我一开始的时候,去找过几次,都提出要求上班,总经理跟我说,你在家等着,汽车北站马上要拆迁了,后来拆迁后,我去找过几次,都没找到人”。因此,本案中陆君弟媳希望陆君帮忙介绍个工作,陆君向公交公司总经理提出的是请求而非命令,是希望帮助其弟媳介绍工作而不是必须安排人到单位上班,更没有领取空饷的指示,且结合陆君弟媳后续 6 次找总经理要求上班的客观行为,进一步印证了陆君和其弟媳二人均不具有挂名领取报酬的故意。至于陆君弟媳未实际上岗的原因,无论是因为汽车北站拆迁还是总经理的刻意安排、存在讨好陆君的单方想法,都属于被告人陆君主观意志之外的客观因素,不能因此认定陆君具有受贿故意。

其次,陆君客观上也不存在收受他人财物的受贿行为。根据最高人民法院《刑事审判参考》第 93 期周龙苗等受贿案(第 884 号)的裁判要旨:“国家工作人员使非特定关系人不实际工作确获得所谓薪酬,事后非特定关系人将薪酬分与国家工作人员的,以共同受贿论处。”举重以明轻,本案中陆君对于其弟媳领取的工资未获取一分一毫,其弟媳也没有因为工作的事情给予陆君任何财物表示感谢。因此,陆君客观上不存在收受他人财物的受贿行为,不构成受贿罪。

5. 本案部分涉案事实存在刑民交叉的法律关系,在事实定性上应谨慎考量,不能将赡养老人、给付最低工资报酬的履行民事法律义务的正当行为认定为犯罪事实。

对于公诉人提出的二位老人也需要精神抚慰照顾的观点,辩护人认为应充分考虑人在社会生活中身份的多重性,陆彬、杨春灵除了是陆君弟弟、弟媳这一身份外,还是两位老人的儿子、儿媳,其本身就负有赡养照顾老人的法律义务;公交运输公司作为杨春灵的用人单位,根据我国《劳动法》第四十八条、第七十二条之规定,应当严格执行国家最低工资保障制度,向劳动者支付不低于当地最低工资标准的劳动报酬,为劳动者缴纳社会保险费。因此,起诉书将民事法律关系中赡养老人、给付最低工资报酬等履行义务这种没有任何不当的行为,上纲上线到刑事犯罪的高度,系明显的事实认定错误。

综合以上5点，陆君与弟媳既不是刑法意义上的近亲属，也不具有其他经济利益关系，不符合司法解释所规定的特定关系人挂名领取报酬的受贿罪构成要件。同时双方也不具有挂名取酬的共同贿赂故意和行为，陆君就该笔涉案事实不成立受贿犯罪。

【裁判要旨】

经查，公诉机关指控被告人陆君低价购房的主要证据是宿迁市价格认定局出具的价格认定结论书，但该价格认定结论书所选取的三组房屋作为可比实例，其成交时间比估价时点迟2年2个月到3年11个月，而在公诉机关提起公诉之前实施的《房地产估价规范》规定，“选取的成交日期与估价时点相近，不宜超过一年，且不得超过两年”。价格认定结论书中所选取的作为可比实例的成交时间均比估价时点迟两年以上，价格认定测算过程所选取的三组房屋不符合《房地产估价规范》的要求，且该价格认定结论书的委托主体也不是《刑事诉讼法》规定的特定机关，取证主体不符合刑事诉讼法的规定，该价格认定书不能作为本案定案证据使用，结合该小区在2014年9月20日之前没有制定统一的优惠政策，基本上由置业顾问接待后，由时任负责人的杨万顷来决定销售价格，优惠幅度具有较大随意性。同时，房屋销售情况较差，从2010年7月到2012年12月的两年多时间只销售5套别墅，至2015年9月，300平方米以上的大户型仅售出陆君这一套，且被告人陆君与杨万顷是亲戚关系，故公诉机关指控的本起受贿数额不清，证据不足，对本起指控本院不予支持。对被告人陆君关于不属于低价购房辩解和辩护人的该辩护意见予以采纳。

公诉机关指控涉案沙发、茶几的价格为3.6万元的依据是刑事立案以后，其他机关委托宿迁市价格认定局所作出的价格认定结论，因取证主体不符合《刑事诉讼法》要求，价格认定结论不能作为证据使用。虽然证人罗乾国、苏素华证实是3万多元，但因没有调取到购买沙发付款的原始证据，而被告人陆君辩称其夫妻俩去宿迁中青国际家居广场问过这套沙发的价格，知道沙发茶几的价格是2.5万元，从有利于被告人的原则，认定涉案沙发茶几的价格为2.5万元，故对被告人陆君关于沙发价格的辩解和辩护人关于沙发价格的鉴定结论不能作为证据使用的辩护意见本院予以采纳。

被告人陆君一家到西安所支出的原始票据已不存在，实际支出具体数额无法查清，只有为了入账而后开的4.5万元租车费发票，证人吴雪朋和吴国平也只是证实有4万多元,并未证实当时所花费的具体数额,且证人吴雪朋对被告人陆君去西安所支出的费用存在法定的利害关系,吴雪朋提供的支出费用中还有记账白条情况,只有宿迁市汽车运输有限公司为被告人陆君实际支出的费用才能认定其受贿数额,现有的4.5万元发票是宿迁市汽车运输有限公司为了入账而后开的租车费发票,以此来认定,证据不足,故对公诉机关指控被告人陆君收受宿迁市汽车运输有限公司老总刘家平4.5万元本院不予支持。对被告人陆君的辩解和辩护人的该辩护意见予以采纳。

被告人陆君主动交代办案机关没有掌握的事实,属自首,对其可以从轻、减轻处罚。

【辩护路径】

一、立法趋势精确预判,合理制定辩护策略

辩护律师在制定辩护策略时不能仅着眼于个案的程序实体问题,更要关注国家立法修法趋势对被告人个案处理的预期影响。本案发生在国家刑法修正前夕,根据业已公布的《刑法修正案(九)》征求意见稿,贪污贿赂犯罪的入罪及量刑标准将会有较大的从宽变化。为了使陆君能够最大限度地享受国家法律修正带来的合法利益,辩护人在提出无罪辩护意见的同时,还积极围绕在案证言和鉴定等问题,提出办案机关应当补充侦查和重新鉴定的申请,使得案件最终在《刑法修正案(九)》及贪污贿赂司法解释颁布之后审判处理,实现了被告人合法利益的最大化。

二、注重审前辩护工作,检律良性互动交流

在审查起诉阶段,辩护律师针对贪污、挪用公款两个指控罪名,积极调取证据,将被告人使用资金为公司验资行为时的特殊时空背景立体地还原和展现在公诉人面前,案件卷宗内容之外的背景信息共享也是促使检律双方更加有效交流的重要原因,同时辩护人紧扣罪名犯罪构成以及是否实际侵害法益、具有社会危害性等法律法理问题,对涉案行为进行深入剖析,提出挪用公款罪的保护法益是公款的安全性和使用权,如果一个行为既没有使公款处于不能返还的风险中,也没有妨害政府对公款的使用,就不具有实质的法益侵害性,不能认定为犯罪,并形成书面辩护意见提交公诉机关,检察机关最终采纳了该辩护意见,对起诉意见书指控的贪污、挪用公款罪名不予起诉。

三、切勿迷信鉴定结果,依照规范全面审查

本案起诉书关于受贿罪74万元的指控金额中,第一笔关于陆君以明显低于市场价格52万元买房的交易型受贿指控是辩护重点,而推翻据以定罪和认定犯罪数额的

房屋价格鉴定意见，自然是成功辩护的重中之重。鉴定意见解决的是案件中的事实问题，在审查鉴定方法、鉴定过程和结论合法合理性的同时，还可以通过调查取证，列明鉴定意见中明显错误的事实假设，达到推翻鉴定意见的效果。辩护人拿到鉴定意见之后，在查看鉴定结果的同时，将更多的关注点放在鉴定结果得出的过程和论证上，一方面寻找鉴定意见本身前后表述的诸多矛盾，另一方面将目光在国家专业鉴定规范和在案鉴定过程之间不断穿梭对比，从事实和规范两个层面推翻在案价格鉴定意见，实现了无罪辩护的最佳结果。

四、先破后立还原事实，进攻就是最好的防守

在法院审理阶段，辩护律师针对涉嫌受贿的指控，深入研究涉案房屋价格鉴定等在案证据，积极调查取证，收集装订了长达 248 页的辩方证据卷宗呈交法庭。在庭审过程中，以先破后立的辩护方式，对公诉机关举证证据进行了充分的质证，否定了原房屋价格鉴定意见的证据能力，同时结合辩方提供的证据材料，最大限度地进一步还原房屋销售不佳、有价无市、实际销售价格等案件事实。在此基础上，依据事实和法律提出辩护意见，最终被法庭采纳，为被告人陆君争取到满意的判决结果。

污点证人出庭接受质证，推翻控方供证一致指控

——金祥斌涉嫌受贿部分无罪案

【案情简介】

被告人金祥斌是L市船坞工程公司（以下简称船坞公司）的经理，船坞公司是一家国有企业。周伟是一家建筑工程公司老总，与金祥斌有远亲关系。

2010年时，金祥斌临近退休，考虑在郊区建造房屋居住养老，于是找到周伟，商议确定地址后让周伟为其建造房屋，建房费用绝大部分由周伟先行垫付。

2011年5月，金祥斌还有不到一年即将退休，结合自身多年来积累的工程施工经验和良好的人脉关系，他计划在退休后承揽工程赚钱。在得知金祥斌的想法后，周伟非常赞同，并提出愿意借给金祥斌一笔200万元的启动资金。金祥斌考虑到在建筑工程行业中，承揽工程通常要先垫资、后结算，自己确实需要流动资金在手，才能把工程做起来，就接受了周伟的提议，同时表示船坞公司会计程倩值得信赖，自己之后做工程也希望程倩继续兼任自己的会计，让周伟将200万元汇入程倩银行账户，由程倩出具借条并暂时代持该笔资金。

2014年6月，L市纪委在对船坞公司的母公司海事集团中相关领导违纪违法案件查处过程中，相关被调查人举报金祥斌有大额收受他人贿赂的行为，经初查后，L市纪委遂对金祥斌立案调查。

辩护人接受委托时，本案已经移送法院进入审理阶段，根据起诉书的指控，被告人金祥斌的受贿金额为320.62万元，检方量刑建议12~14年。

在全面阅卷并与金祥斌充分沟通的基础上，辩护人认为，金祥斌与周伟就涉案房屋建造款79.9万元和200万元钱款往来本质上应是合法的民事往来，双方没有贿赂犯罪中基于职务关系所引发的“送”和“收”的犯罪故意，虽然在民事权利行使和义务履行上存在瑕疵，但两人作为亲戚朋友，原本就与一般陌生人之间的交易和借贷存在较大区别。

因金祥斌、周伟在侦查阶段都存在有罪的供述和证言，公诉机关也是基于庭前

"供证一致"提起公诉。为查明事实,辩护人经仔细梳理,在庭前将周伟笔录中证言反复、有罪与无罪证言并存的问题以书面形式递交法庭,在此基础上申请周伟出庭接受控、辩、审三方质证。周伟出庭作证时,明确推翻了自己庭前有罪证言并给出合理解释,否认有行贿故意和行为。

结合庭审查明的有利事实,辩护人以房屋系委托建造、200 万元是借款为辩点,对全案大部分指控进行了无罪辩护,同时提出案外人举报的相关事实不成立,金祥斌还构成自首。

L 市 L 区法院经审理后,最终认定被告人金祥斌该 79.9 万元代建房费用和 200 万元款项不构成受贿罪,实际受贿金额只有 40.72 万元。同时,金祥斌在办案机关掌握的立案线索不成立的情况下主动交代其他犯罪事实,构成自首,法院最终最大幅度地对其减轻处罚,依法判处被告人金祥斌有期徒刑 2 年 10 个月。

至此,辩护人所提辩护意见全部被法院采纳,完全实现了辩护目标,被告人在宣判的第三天就刑满释放回家。否则,如果按照起诉书指控内容判决,被告人将被判处 13 年左右有期徒刑的重刑。

【控方指控】

被告人金祥斌,原船坞公司经理。

2010~2014 年春节期间,被告人金祥斌利用职务之便,收受坤德土石方工程有限公司实际控制人周伟及其他个体施工队老板等人赠送的财物,价值合计人民币 320.62 万元(以下金额均为人民币),为他人谋取利益。

具体分述如下:

一、被告人金祥斌在担任船坞公司经理期间,利用职务便利,收受坤德土石方工程有限公司实际控制人周伟贿送的财物,价值合计 306.59 万元。

1.2010 年 11 月,被告人金祥斌收受周伟贿送的价值 26.69 万元的黑色别克轿车一辆;

2.2010 年,被告人金祥斌收受周伟贿送的位于开发区价值 79.9 万元的别墅一幢;

3.2011 年 5 月,被告人金祥斌收受周伟贿送的 200 万元。

二、被告人金祥斌在担任船坞公司经理期间,利用职务便利,收受个体施工队老板周友正 8 万元,在工程承揽、工程款结算等方面,给予其帮助和照顾。

三、被告人金祥斌在担任船坞公司经理期间,利用职务便利,收受明达爆破公司董事长李易 1 万元超市购物卡、3 万元人民币，在工程承揽、安全施工、工程款结算方面，给予其帮助和照顾。

四、2011 年，被告人金祥斌在担任船坞公司经理期间，利用职务便利，收受个体老板孙常远贿送的绿化树木，共计价值 2.03 万元。在工程承揽、安全生产、工程款结算等方面给其帮助和照顾。

【辩护要点】

一、起诉书指控被告人收受周伟贿送房屋定性错误

两人就该房屋是委托代建的民事法律关系，费用暂未结清只是后续结算的问题，且存在合理事由，被告人就该房屋不构成受贿犯罪。

（一）被告人与周伟对于该房屋是委托代建的民事法律关系

被告人在建房期间，不仅向周伟预付了 10 万元工程款，还自行花费 20 多万元购买了部分材料和家用设施，还多次到现场了解施工情况，这是供证双方印证一致的事实。被告人预付费用、自掏腰包、到场监督的行为细节，与收受他人现房或者让他人代付购房款的受贿案件相比，明显存在本质区别，是合法的委托代建行为。

（二）被告人存在明确的要求结清余款的客观行为

根据周伟证言，"2013 年下半年一天……金祥斌说让我看看这房子花了多少钱，列一张清单给他"，"2014 年 6 月的一天，在聊天过程中金祥斌说自己在赣榆干工程赚到钱了，现在手里也有钱，但是现在投资冷库需要钱，等下半年手头转过来，把建房的 80 万元和 200 万元一并还给我"。证人金祥生的证言也证实：2014 年五六月的时候听周伟说过，金祥斌打算等冷库工程结束、资金回笼的时候把建房钱给他；同时，金祥斌也曾向金祥生表示，担心房屋没有土地证、房产证而产生矛盾，想在结清建房款时找律师起草协议，避免日后麻烦。因此，该房屋建造完成以后，被告人不仅口头上有要结清建房款的意思表示，而且客观上也存在索要费用清单的实际行为，不存在将房屋视为贿赂收受的犯罪故意。

（三）"行贿人"周伟也没有将房屋无偿送给被告人的想法，反而有准备结算的实际行为

根据周伟供述，"后来我列了一张建房清单给了金祥斌"，这份建房费用明细也证实：周伟在建造房屋过程中，一开始就对其垫付的建房费用进行了详细核算，对每一项开支包括数额很小的支出项目都进行了详细记录。如果周伟存在将该房屋贿送给被告人的想法，完全没有必要如此细致地对花费支出进行记录，周伟上述核

算垫资的客观行为，目的就是为房屋建成后与金祥斌结算房款做准备。且周伟在被告人提出结算时不仅没有拒绝，还将该建房明细交付被告人，更属于明确地要求结算的客观行为。上述行为均证实周伟主观上不仅没有行贿的想法，代建方没有行贿行为，委托人一方受贿的指控也就无从谈起。

（四）被告人暂时没有结清房款有客观原因

1. 被告人对该代建房屋是否达到自己的要求心存疑虑，在房屋建成后还存在一个试住、验房的过程，这是被告人与周伟未及时结清房款的主要原因。根据被告人的供述，“我想把华盖山的房子盖起来，等退休之后去住，还能在那种种菜”，结合其当庭陈述，因华盖山房屋先前自来水不通，周伟还曾另行提议去别处盖房子。因此，被告人在华盖山房屋购买的问题上一度犹豫不决，且原本根据单位规定，被告人金祥斌应在2012年2月1日年满57周岁时办理内退，但因种种原因直至2013年3月才办理退休手续。周伟的证言也印证，“金祥斌说我先用着房子种种菜，用得好，我就留着，用不好我就退给你”。综合上述证据，被告人托付周伟代建房屋的目的是退休之后居住使用，而在房屋建成、交付后，被告人尚未退休，并没有足够充裕的时间去实际居住、验房。因此，被告人之所以未及时与周伟结清房款，其真实想法是：房屋交付后需要试住，试住过程中如果感到满意，就把房屋拿下来，如果不满意，房屋就归周伟所有。试住过后，被告人也确实在2013年下半年要求周伟交付建房明细、承诺结清房款。

2. 被告人在房屋交付、试住期间，正筹备承包工程，需要先期垫付启动资金，手中资金流转不畅，也是被告人未及时与周伟结清房款的客观原因。根据被告人的供述，自己在房屋交付时还干了道堆工程，同时投资了另一个冷库。周伟的证言也印证，金祥斌提出过现在投资冷库需要钱，等下半年手头转过来再结算付款。因此，被告人金祥斌在房屋交付、试住直至决意拿下该房屋期间，正逢自己即将退居二线、开始筹划创业赚钱之际，因前期投入了大量资金，手头资金短缺，这是被告人未能及时与周伟结清房款的客观原因。

3. 本案被告人金祥斌与周伟是远亲关系，且相识多年，正如金祥斌预付周伟10余万元建房款时也没有要求周伟出具收条一样，两人在代建房屋一事上，与一般陌生的建造者和施工者相比，在交易方式上更加灵活通融，在对该事实定性时应更加谨慎，有所区分。

综上，该指控事实的本质是被告人金祥斌部分出资、委托周伟代为建造房屋的民事行为，建成后交付金祥斌使用属于周伟履行自身代建交付义务的行为，并非起诉书指控的由周伟建造完成后贿送给金祥斌。虽然金祥斌基于资金紧张等原因没有在第一时间结清房款，但结合两家的交往时间、亲戚关系等因素综合考量，该行为符合亲朋之间相互帮助的逻辑常理，且在案证据也不能证明被告人存在无偿占有该房屋的故意，相关证据证明了其坚持结算付款的事实。因此，起诉书指控的"2010 年，被告人收受周伟贿送的位于开发区价值 79.9 万元人民币别墅一幢"的说法明显缺乏事实依据，不能成立，被告人金祥斌就该事实不构成受贿罪。

二、起诉书指控被告人收受周伟 200 万元贿赂定性错误

现有在案言词证据反复，不能采信，关键证人程倩也未到案，该节指控明显事实不清、证据不足；相反，关于该 200 万元的借条真实存在，资金流转过程清楚，记账内容清晰，案发时未能及时归还存在合理原因，属于合法的民事借贷行为，不构成受贿罪。

（一）关于被告人就该 200 万元构成受贿罪的指控，远远达不到刑事诉讼法中证据确实、充分的要求，不能成立

1. 行贿人周伟庭前关于行贿原因的证言与其他证据相互矛盾，且明显有违常理；在庭审过程中又证实该有罪证言是在办案机关逼供、诱供、骗供下做出，与事实不符，应予排除。

根据周伟侦查阶段的有罪证言，"金海工程结束了，我测算了一下我能挣 400 万元，我送 200 万元"。因此，根据周伟的庭前有罪证言，其行贿原因是因为其承揽了船坞公司转包的金海二期围堰工程，从中赚取 400 多万元的利润，继而产生送 200 万元给金祥斌的想法，也就是说工程赢利 400 万元是其行贿 200 万元的基础。

但是，根据证人施伟的证言，"2000 万元左右的施工价款利润空间在 5% ~ 6%"，"400 万元左右的利润空间不太现实"。

且金海二期工程总量 2500 多万元，业主是通过招标的方式确定的承建方，船坞公司是通过最低价竞标承揽到该工程。一般来讲，最低价中标，利润空间很小，正常应处于赢、亏的边缘状态。在案卷宗中多名证人的证言均证实，船坞公司中标后，是因为经测算认为该工程没有什么利润，所以才转包给周伟并收取管理费。周伟因此还向船坞公司上交了 400 多万元的承包费用，在这些客观事实基础之上，如果周伟所供认的赢利 400 多万元的行贿原因属实的话，意味着他在一个标的额仅 2500 万元的工程中，竟然可以从中赚取高达 800 多万元的利润，绝对属于暴利，这样的工程绝不可能以最低价中标取得。

周伟安排将 200 万元款项打入金祥斌指定账户时，船坞公司尚未与坤德土石方

公司结清工程款,将该笔资金指控为周伟因金海二期围堰工程而向金祥斌行贿,明显违反逻辑。根据L市东方农村合作银行结算业务申请书,该200万元汇款日期为2011年5月20日。根据周伟在案证言,“船坞公司在2012年5月4日打了400万元工程尾款给我,其余的钱和我在船坞公司做其他工程的钱包在一起给我了”。因此,周伟在汇款200万元时,金海二期围堰工程尚未结算完毕,周伟本人也未实际拿到全部工程款,在这种背景下,周伟因获得利润400万元而向被告人贿送200万元的说法在时间上根本不能成立。

根据周伟的当庭证言,“不按办案人员想法讲的话我出不来,办案人员专门把金祥斌的供述读给我听,说金祥斌已经认罪了,你不讲行贿就定他索贿,是害了他”,原侦查阶段有罪证言明显是办案人员以诱供、骗供、逼供的非法方式取得的,应当予以排除,不能采信。

2. 即便周伟可能单方面存在讨好甚至是行贿的想法,被告人金祥斌也没有将该200万元作为贿赂收受不还的故意。对金祥斌行为的定性,要根据他本人的客观行为来判断,不能片面地将对方行贿故意与被告人是否具有受贿故意混为一谈,更不能以一方的行贿故意来推定另一方具有受贿故意。

根据被告人金祥斌的供述,“我当时也考虑到了退休之后要干点事情,也需要这些资金,推脱了一下就同意了,当时我跟周伟说,这200万元算我借你的吧”。周伟的证言也证实,“他跟我提过两次,说让程倩打个借条给我”。因此,即便周伟可能产生讨好甚至想送钱给被告人的想法,但被告人并没有将这笔钱作为贿赂收受不还的故意,两人在送钱与收钱的问题上并没有达成合意。金祥斌两次让程倩打借条、承诺手头宽裕后归还借款的后续行为,也证明其在主观上自始至终没有受贿的犯罪故意。

3. 因200万元涉案款项的实际持有人程倩未到案,周伟庭前有罪证言因不具有客观性、合法性而不能作为证据使用,该200万元系贿赂款的指控事实不清、证据不足,依法不能成立。

本案中,程倩作为200万元涉案款项的实际持有人,其对该笔资金往来性质的证言,对于认定案件事实具有重要意义,但直至现在,程倩仍未归案,不能到庭接受控、辩、审三方的核证。对于控方证据卷宗中程倩在纪委所写的书面材料,公诉机关未予出示,且该书面材料既非书证,也不是证人证言,不属于《刑事诉讼法》中规定的8种证据形式之一,不应当作为有罪的定案证据放于卷宗之中,随案移送将会影响法官的自由心证,应当予以剔除。起诉书关于金祥斌就200万元资金成立受贿罪的指控，明显事实不清、证据不足，远远达不到《刑事诉讼法》所要求的证据确实、充分的程度。

（二）被告人与周伟就该200万元是合法借贷关系的无罪事实清楚、证据确实充分

1. 被告人向周伟借款有客观合理的现实需要，借贷双方在借贷关系成立之初，均对该笔款项的实际用途有明确认识。

根据在案证据，可以确认下列两个事实：一是借款有具体的需要和用途，周伟给金祥斌汇款时，金祥斌正面临提前退休，计划个人承揽工程挣钱但缺少周转资金，在周伟提出帮忙时，金祥斌也表示送钱不能收，但可以向他借这笔钱，借钱的用途双方都是很清楚的，就是用于个人承揽工程周转之用；二是这200万元钱款客观上暂未使用事出有因，金祥斌退休后个人承揽工程会需要较大数额的流动资金，这是根据金祥斌与周伟多年的工作经验做出的判断，这个判断也是符合目前工程承揽中的行业惯例的。从在案证据我们可以看出，无论是船坞公司发包工程，还是周伟承揽工程，一般都是由承包方代垫资金，所以两人认为以后被告人个人承揽工程要事先准备较大数额的流动资金是合理的，被告人有实际的资金借贷需要。

2. 该200万元钱款作为借贷资金，客观上转账清楚、记账明晰，且存在借条等书面凭证相印证。

从借款人金祥斌的角度，根据其供述，"之后我跟程倩说，这笔钱到你账户之后，你打张借条给周伟"，"以后我用这笔钱的时候我再打借条给你，这笔钱跟你没关系"，"程倩是会计，业务能力很好，我以后干工程肯定会找她当会计，钱用起来方便"。程倩在纪委阶段出具的书面说明材料也印证了上述事实。

从出借方周伟的角度，根据周伟财务会计刘晶的证言，"当时应该说这200万元给程倩是借款"。周伟当庭证言也证实，他与金祥斌相识多年、关系密切，相互之间十分信赖，不会赖账，不需要出具借条。

从借贷手续上，该笔借款以银行走账的形式打入程倩个人账户，该款交由程倩保管后，金祥斌即要求程倩以自己的名义出具借条给周伟，程倩出具借条后，该借贷关系手续已经完成。

从实际保管人程倩的角度，她作为一个从事会计工作多年的财务人员，非常清楚打借条的法律属性，在一开始也因为自己只是代保管而不愿意出具借条，只有在金祥斌承诺以后动用款项也会给她写借条的情况下，程倩才出具了借条。

上述事实足以证明：无论金祥斌还是周伟，均将借条视为证明债权、债务关系

的重要凭证，证人刘晶的证言也印证了该笔资金流转是借贷行为的事实。

因此，无论从相关人员的主观认识角度，还是借贷关系的客观手续、流转方面，该200万元在法律属性评价上，都应被视为借贷资金，而不是贿赂。

3. 金祥斌未及时归还该笔借款具有客观的原因。

根据被告人金祥斌的供述，“我考虑到我在干道堆工程期间还欠了一些供应商的钱没有归还，应急的时候需要将这笔钱拿出一部分归还材料供应商”。同时，被告人金祥斌在2014年5月初在自己给周伟做出的还款承诺中，也印证了上述事实，该笔借款尚未归还确实存在合理的客观原因。

综上，在国家大力推动以审判为中心的诉讼体制改革背景下，应当以法庭当庭审理过程中查明的事实作为定罪量刑的依据。尤其是周伟当庭所作的无罪证言，是经过控、辩、审三方核实的，在证明力上远远大于办案机关在侦查阶段单方取得、漏洞百出的有罪证言，起诉书关于被告人收受周伟贿送的价值79.9万元别墅一幢和人民币200万元的指控，事实不清、证据不足，依法不能成立。

三、量刑辩护意见

（一）本案量刑基础的涉案受贿数额应为40.72万元

起诉书指控被告人受贿320.62万元，如前所述，其中“收受周伟贿送的价值79.9万元别墅一幢、人民币200万元”事实不清、证据不足，依法不能成立，实际涉案数额应为40.72万元，法庭在量刑时应以该法庭调查阶段查证的数额作为基础。

（二）被告人收受的财物中，存在个人正当劳务报酬的成分，情节较轻，可以酌情从轻处罚

根据证人孙常远的证言，“事实上金祥斌对我工地的施工安全和设施进度都很关心，我工程施工中遇到的问题他都积极帮我协调处理”。根据周伟的证言，“金祥斌这个人人脉比较广，能量也很大，他在退休之后肯定还要干点事情”，给被告人送财物是因为“希望他今后还能关照我”。结合刚才的法庭调查，行贿人之所以贿送财物给被告人，除了因被告人有职务因素外，还有出于在日常工作中，被告人曾利用自己的工作经验、工作技能为他们提供技术指导的因素以及被告人在离职后从事相关行业合作的可能性。从法律性质上评价，被告人所收的财物，一部分是职务行为的对价，应评价为贿赂，另一部分应评价为劳动报酬。但这二者的比例无法区分，主流的观点认为要看哪种因素占主要成分，如果以职务因素为主，可以全额认定为受贿，但考虑存在劳动报酬的因素，应酌情从轻处理。本案中，被告人收受财物的行为与一般受贿罪中纯粹权钱交易的行为相比，情节较轻，在量刑上应有所体现。

(三)被告人涉案情节较轻,未给国家造成实际损失,结合《刑法修正案(九)》及2016年《最高人民法院、最高人民检察院关于办理贪污贿赂刑事案件适用法律若干问题的解释》规定的注重考察职务犯罪情节的精神,应对被告人从轻处罚

1. 本案涉案财物均为事后、被动收受,被告人受贿行为未给国家、单位利益造成经济损失,在刑罚适用上应予以体现,从轻处理。

首先,本案中所有财物都均为被动收受。涉案财物都是他人出于对被告人的感谢而主动给予的,被告人也有多次退还的行为,有的是确实退不掉,有的是出于朋友多年的面子而收下,主观恶性较小,情节较轻,可以从轻处罚。

其次,本案中他人给付财物都是基于事后感谢。事后感谢与事前收受,虽然都是受贿的形式,但两者在情节轻重上有所区别。司法实务中,甚至还曾就事后受贿是否构成犯罪有过争议,现在虽然认识统一了,但一般认为,对于没有事前约定的事后受贿,应当认定其情节轻于其他方式的受贿。被告人与他人并未就事后收受财物进行约定,在量刑上应有所体现。

2. 被告人虽然收受了部分财物,但其履职行为没有给国家、单位利益造成实际损失,相反,被告人的行为实现了船坞公司利益的最大化,达到了船坞公司与其他公司"双赢"的社会效果,与一般案件相比,法益侵害性极小,应酌情从轻处理。

以周伟借别克车给被告人长期使用一事为例,根据周伟证言,"金海二期围堰工程是以最低价中标的","按照船坞公司的施工方法很可能会赚不到钱"。证人施伟的证言也印证,该工程船坞公司是以最低价中标的,本来利润就比较微薄,船坞公司经过论证,如果船坞公司自己施工,可能不但没有利润,而且还可能亏损。金祥斌是在这种情况下,才将该工程转包出去,船坞公司也是由于将工程转包给周伟,从一个可能亏损的项目中赚取了500万~600万元的利润;而周伟则由于是个体经营,用工成本低,施工方式灵活、科学,也获得了相应的回报。因此,被告人所在单位不仅没有因这笔业务遭受任何实际损失,反而因此获得了更大的经济利益,实现了"双赢"的效果。因此,本案中被告人有收受他人财物的行为,但与一般损公肥私性质的受贿犯罪相比,区别明显,在量刑时应予以体现,酌情从轻处理。

(四)被告人系自首,结合其自首情节,应当给予较大幅度的减轻处罚

1. 被告人依法应属于自首

根据《最高人民法院、最高人民检察院关于办理职务犯罪案件认定自首、立功等量刑情节若干问题的意见》(法发〔2009〕13号)第一条之规定:"……犯罪嫌疑人

没有自动投案，但具有以下情形之一的，以自首论：……(2)办案机关所掌握线索针对的犯罪事实不成立，在此范围之外犯罪分子交代同种罪行的……”根据中共L市L区纪委提供的破案经过、情况说明，被告人在“两规”期间，主动向组织交代了之前纪委尚未掌握的受贿事实，应以自首论。

2. 即便金祥斌对自身行为性质的认识存在偏差，也是属于对其行为性质的辩解，不影响自首的成立

结合本案卷宗笔录，金祥斌在本案办理过程中，对自身的国家工作人员身份、职务、与他人的经济往来、财物的处置均作了如实供述，虽然金祥斌就起诉书指控的个别行为的性质在认识上与公诉机关不尽相同，但根据2004年《最高人民法院关于被告人对行为性质的辩解是否影响自首问题成立的批复》（法释〔2004〕2号）之规定：“根据刑法第六十七条第一款和《最高人民法院关于处理自首和立功具体应用法律若干问题的解释》（法发〔2010〕20号）第一条的规定，犯罪以后自动投案，如实供述自己的罪行的，是自首。被告人对行为性质的辩解不影响自首的成立。”因此，即使人民法院最终认定金祥斌的行为性质与金祥斌主观认识不完全一致，也不影响自首情节的成立。

3. 被告人金祥斌成立自首，结合其供述动机、时间、如实供述犯罪的程度等情节，应对其在较大幅度内减轻处罚

根据最高人民法院《关于常见犯罪量刑指导意见》（法发〔2013〕14号）①常见量刑情节的适用第四条规定：“对于自首情节，综合考虑自首的动机、时间、方式、罪行轻重、如实供述罪行的程度以及悔罪表现等情况，可以减少基准刑的40%以下；犯罪较轻的，可以减少基准刑的40%以上或者依法免除处罚……”

（五）被告人平时工作表现优秀，为所在企业的发展做出了巨大贡献，在量刑时可以酌情从轻

金祥斌接手船坞公司时，船坞公司负债1000多万元，是一个资不抵债的小型国企，当时工人工资都发不出来。金祥斌担任企业负责人后，借改革开放的春风，带领全体职工奋发图强，使企业得到长足的发展。到金祥斌离任时，企业的固定资产高达十多亿元，另有流动资金17亿元左右，累计向集团公司上交收入高达60亿元，职工平均工资超过本集团其他子公司1倍以上，应当认为金祥斌为国有企业的发展和国有资产的保值、增值做出了巨大贡献。

---

① 《关于常见犯罪量刑指导意见》已于2017年3月9日修改。

金祥斌在供述中讲道:“很多企业老板想方设法送钱送物,但我都拒绝了。”事实上涉案的后三项指控,都是过年过节的小额礼金往来,并没有具体的请托事项。客观上讲,金祥斌是一个较为优秀的干部,是一个“工作狂”,现因对法律不甚了解而触犯了刑法,虽然有重大贡献,功不能抵罪,但恳请法庭在量刑时充分予以考虑。

综上所述,辩护人认为,按照已经通过实施的《刑法修正案(九)》及《最高人民法院、最高人民检察院关于办理贪污贿赂刑事案件适用法律若干问题的解释》,受贿案件不能唯数额量刑,应同时注重考察行为人主观恶性和给社会造成的危害,综合决定适用刑罚,结合本案存在减轻、从轻情节,且考虑到金祥斌在建设施工方面有较强的专业能力,为使其早日回归社会、回报社会,恳请法庭给予金祥斌最大幅度地减轻处罚,在有期徒刑两年左右适用刑罚。

【裁判要旨】

一、关于别墅的定性问题

公诉机关及辩护人提供的被告人金祥斌供述、证人周伟、金祥生的证言以及费用清单等证据均能相互印证,证实金祥斌在建房期间及建好后多次到场,在建房期间给付了部分费用,装修时购买了部分材料及家用设施,且实际居住、使用过,在建成以后也多次要求周伟提供建房费用清单,并在得知费用为79.9万元后表示要按照80万元付给周伟买下该别墅,因为金祥斌正在开工建设冷库,需要等到资金周转过来以后再支付。对此,周伟也没有明确表示不要该笔款项,能够反映出双方存在委托建房、结算费用的行为,公诉机关提交的证据不能证明被告人金祥斌有想无偿占有该房屋、不支付建房费用的主观故意,周伟也没有明确表示将房屋无偿送给金祥斌的意愿。因此,对辩护人提出的被告人金祥斌和周伟之间属于代建房屋、费用尚未结算完毕,应属于民事法律关系,不构成受贿的辩护意见予以采纳,对公诉机关关于该项事实的指控不予支持。

二、关于200万元款项的定性问题

被告人金祥斌、证人周伟对其以前在侦查机关所作的供述均做了不同的陈述和辩解。

首先,周伟否认了以金海围堰工程盈利为由送200万元给金祥斌的说法,辩解是在纪委、反贪机关编造出来的,未到庭证人施伟作为该工程的具体负责人,也不认为该工程能够赚取400万元,佐证了周伟的辩解理由;

其次,对该200万元的借款理由、借款主体,金祥斌和周伟做了两种陈述,金祥

斌供述称是周伟考虑到其退二线要自己干点事，拿200万元给其作启动资金，自己表示算是借周伟的，周伟当庭证言陈述是程倩通过金祥斌向其借钱的；

再次，无论何种借款理由，金祥斌、周伟的陈述均证实在款项到账后金祥斌要求程倩打借条给周伟，并问过周伟是否收到借条；

最后，关于借条的问题，在案证言均证实程倩给过周伟的儿子周正借条，周正也交给了会计，公司财务上也是作为借款记账的，周伟陈述程倩是在2014年7～8月给其借条，已提交侦查机关，对此借条的形成时间，本院书面要求公诉机关补充侦查，公诉机关书面答复无法鉴定。

因此，本院认为，就目前证据而言，在未对借条时间作出鉴定、程倩未到案予以说明的情况下，以现有证据认定金祥斌受贿200万元证据不足，不足以达到刑法所规定的认定犯罪事实的证据应当确实、充分的证明标准。因此对该项指控事实不予支持，对辩护人的相关辩护意见予以采信。

被告人金祥斌在接受有关机关调查其他违纪违法问题时，自己主动交代了尚未被掌握的受贿犯罪事实，是自首，量刑时依法可以减轻处罚。

【辩护路径】

一、申请污点证人出庭质证，推翻庭前有罪证言

本案中，起诉书指控的受贿人、行贿人在侦查阶段都存在有罪供述和证言，这种侦查阶段的“供证一致”通常经简单的审查起诉后便会直接公诉到法院。在受贿人在后期侦查和审查起诉阶段已经推翻原有罪供述的情况下，申请行贿人作为污点证人出庭作证是彻底否定犯罪指控的最佳路径。在法庭调查发问环节，辩护人从双方认识时间、关系远近等铺垫问题开始发问，在问到办案机关是如何对其调查时，行贿人心生愧疚、痛哭流涕地向法庭陈述了有罪证言系被逼供形成的，并就房屋款项性质和借款真相立体地还原在法庭面前，最终法庭否定了公诉方有罪证据的合法性和真实性，达到了无罪辩护的成功效果。

以庭审为中心的司法改革，内涵之一是定罪量刑应严格以法庭审理中查明的事实作为定案依据，尤其是在供证等言词证据的采信上，对于被告人、证人当庭改变口供且就原有罪供述证言如何形成给出合理解释的情况，应当认定被告人、证人在控、辩、审三方质证下所做出的供述证言的效力，应大于其在侦查阶段对办案机关单方做出供述和证言的证据效力。

二、行为定性，客观性证据和细节比供证更重要

职务犯罪中，常常存在相关人员为国家工作人员垫付费用、国家工作人员借款尚未归还的情形，对于此类行为，在定性时不能只局限于双方在侦查卷宗中如何“说”，更重要的是考察双方在客观上怎么“做”。本案中虽然被告人与公司之间存在大额经济往来且尚未结清，但垫付钱款一方对代建费用进行了详细记载，对相关款项进行了明确的“借贷”记账，也多次明确告知公司其他人员相关款项是借款；从委托建房、借款的国家工作人员角度，明确地索要垫付费用明细和要求实际收款人出具借条，该一系列客观行为均印证了双方并没有形成受贿犯罪中一方“送”、另一方“收”的犯罪合意。至于国家工作人员在日常生活中与他人经济往来虽然存在不规范之处，此时应当结合双方关系远近、交易习惯等多个因素综合评判，谨慎认定。

三、调查取证需谨慎，执业风险要防范

刑事案件中特别是贿赂案件中，行贿人作为污点证人，在庭前往往都已经存在多次有罪证言，也承受着随时可能被刑事追责的巨大压力。在这种情况下，辩护人推翻有罪证据、还原事实真相的第一选择应当是申请证人出庭作证，在控辩审三方发问下将证言内容记入庭审笔录，防止公诉机关再次补侦、行贿人几易证言的同时，也能将辩护律师的执业风险降至最低。在行贿人确实无法出庭的情况下，如行贿人愿意接受律师调查，应先要求其自行书写情况说明介绍案件事实，在此基础上律师再以调查笔录的形式形成书面证言，作为辩方证据提交法庭。此时取证应注意以下几点：(1)由两名律师进行调查取证；(2)调查取证全程录音录像，至少应当录音；(3)调查开始充分告知其应实事求是和作伪证的风险，调查结束再次核实证言真实性，并由证人在每一页上签字确认；(4)调查取证由律师和证人单独进行，被告人家属不得在场，调查取证前后与证人不进行其他接触。

单位之间拆借资金未谋私利不构罪，未经房价评估交易型受贿不成立

——王盛涉嫌挪用公款、受贿部分无罪案

【案情简介】

1981 年,王盛毕业后被分配到东方中学工作,成为一名数学老师。

3 年后,王盛指导的 5 位学生,分别夺得了全国高中数学联赛的一、二等奖,开创了东方中学在全国夺奖登顶的先河。年仅 26 岁的王盛因工作出色被破格升任东方中学副校长。

1996 年 9 月底,王盛带学生参加省竞赛,在刚刚开通的高速公路上发生了重大车祸,王盛伤势最重,抢救了 50 多个小时,在医院住了两个月,虽然保住了性命,却失去了右耳。

因对学校做出的重大贡献和"拼命三郎"的工作态度,1998 年,王盛升任东方中学校长和党委书记。

此后,王盛连续两届被选为全国人大代表。2005 年 10 月,王盛成为享受国务院特殊津贴的专家。

2012 年,王盛当选中共十八大代表。

各种荣誉纷至沓来,王盛的社会影响力也与日俱增,然而就在就任校长的第 17 个年头,这位"明星校长"却突然落马。

"轻轻地我走了,正如我轻轻地来……"2015 年 2 月 27 日,在教职工大会上,王盛一反常态,动情地朗诵起《再别康桥》,又向教职工说了很多对不起,"平时态度不好,做得不好之处,请多包涵"。

让全校师生没想到的是,这是王盛在学校的最后一次给大家开会。

2015 年 2 月 27 日,王盛在去教育局开会的路上被 N 市纪委工作人员带走。第二天,N 市纪委公布:东方中学校长王盛涉嫌违纪,正在接受组织调查。

辩护人接受委托时,本案已经进入法院审理阶段。根据公诉机关指控,王盛涉

嫌挪用公款和受贿两罪,其中挪用公款金额为740万元,受贿金额为88万元。如指控成立,数罪并罚则法院可能会对其判处10年左右的有期徒刑。

经过会见和阅卷,辩护人认为:起诉书关于王盛涉嫌挪用公款的指控中,涉案公款并未在学校与起诉书列明的使用单位丽达房地产公司之间发生直接流转。同时,该资金也是单位与单位之间的借款,而且还有利息支付给学校,王盛从中也未谋取任何私利,依法不构成挪用公款罪;同时,关于受贿罪的指控中,有两笔合计12.8万元的低价购房的交易型受贿指控未进行价格评估,是否以明显低于市场价格购房及受贿的证据不足,指控不能成立。

围绕上述辩点,再结合王盛系到案后主动交代全部受贿犯罪事实,受贿部分构成自首,依法应对受贿一罪最大幅度地从轻量刑。

2016年11月23日,N市中级人民法院作出一审判决,采纳了辩护人的两项无罪和自首从轻的辩护意见,对公诉机关指控王盛犯挪用公款罪和低价购房交易型受贿的两节事实不予认定,只认定被告人王盛受贿75万元,对其从轻判处有期徒刑四年,被告人王盛对辩护人专业、敬业的辩护表示十分感谢。

【控方指控】

被告人王盛,博士研究生,案发前任东方中学校长、党委书记等职。

一、挪用公款

被告人王盛于2005年7~11月,利用担任东方中学校长的职务便利,先后三次个人决定将折柳中学(东方中学初中部)公款共计人民币740万元借给严丽,用于其个人的房地产项目开发。具体分述如下:

1. 被告人王盛于2005年7月,为帮助严丽筹集龙城国际地块的土地竞拍保证金,利用数字化校园工程开工之际,擅自决定将折柳中学公款140万元以工程预付款的形式转至上海富明信息技术有限公司,并安排该公司将上述款项借给严丽使用,后该款冲抵折柳中学应付上海富明信息技术有限公司的工程款。

2. 被告人王盛于2005年8月,为帮助严丽筹集龙城国际地块土地出让金,擅自决定将折柳中学公款400万元以支援地方经济建设为名转至镇人民政府,并安排镇人民政府将该款项借给严丽使用,该款于2006年3月底归还折柳中学。

3. 被告人王盛于2005年11月,为帮助严丽偿还经营用的到期借款,擅自决定将折柳中学公款200万元以支援地方经济建设为名转至镇人民政府,并安排镇人民政府将该款借给严丽使用,该款于2006年1月归还折柳中学。

二、受贿(节选)

被告人王盛于1999～2014年,利用担任东方中学校长的职务便利,在工程建设、新生招录、合作办学过程中,为他人谋取利益,多次收受他人所送的人民币68万元,价值人民币13.5万元的购物卡,美元1万元,合计受贿88万元,其中:

1. 被告人王盛于2006年4月,利用担任东方中学校长的职务便利,以低于市场价人民币3.9万元的价格,在冯一哲处购买金桂小区59幢501室房产。

2. 被告人王盛于2005年5月,以低于市场价人民币8.9万元的价格,在朱晓明处购得豪门广场1801室房产。

【辩护要点】

一、涉案740万元款项是单位与单位之间的拆借,不构成挪用公款罪

(一)涉案740万元款项不是公款

辩护人经过对该起诉书指控的740万元款项流转进行分析,发现所有款项均发生在2005年7月6日至2006年1月的时间范围内,而在此期间,折柳中学是独立于东方中学之外的独立法人,性质上属于民办学校,起诉书关于折柳中学是东方中学初中部的说法是明显的事实认定错误,涉案资金也不属于公款。据此,辩护人提出了如下辩护意见:

1. 根据N市教育局2010年8月18日出具的《清理规范民办改制学校工作情况汇报》中载明,"折柳中学暂按原体制招生,年底按公办规范到位,明年秋季回归公办"。而起诉书指控的740万元款项往来流转的期间,发生在于2011年折柳中学回归公办之前,期间折柳中学在性质上属于民办学校,其款项也不属于公款。

2. 折柳中学与东方中学在性质上是完全独立的法人,折柳中学在人事和财务管理方面均是按照民办学校机制运行的,与东方中学不存在隶属关系,起诉书中折柳中学是东方中学初中部的说法更无从谈起。

(1)在人事管理上,折柳中学有独立于东方中学的决策机制,并不存在隶属关系。根据折柳中学学校章程,折柳中学决策机构为董事会,校长也是由董事会任命,重大事项处理上采用由董事会按一人一票、少数服从多数决策的方式决定。

(2)在财务管理上,折柳中学有着独立的财务核算制度,不受政府财政监管,有独立的核算和审批机制。根据折柳中学学校章程,学校依法设立财务机构,建立会计制度和资产管理制度,聘请独立的财务管理人员。被告人王盛的供述和东方中学会计姜辉的证言均证实,在实际操作中"折柳中学名义上是独立法人,财政是独立核算的,不受财政监管"。因此,折柳中学与事业单位性质的东方中学相比,在财务上并非由市财政局下属的核算中心统一管理审批,是明显的民办学校的财务管理机制,涉案资金也不属于国家管理、控制下的公款。

(3)虽然东方中学曾经向折柳中学拨付了部分资金,但该部分资金只是暂时垫付东方中学借调给折柳中学的教职工工资,是有借有还的借贷关系,而不是出资关系。根据东方中学 2012 年 12 月出具的折柳中学资产清算报告中载明,"东方中学现有借用教师 44 名"。而东方中学会计姜辉证言也证实,所谓的东方中学"拨款",是代为支付"老师的工资、医疗保险、失业保险等费用","一般年底结算之前,折柳中学都要把这些费用还给我们东方中学"。因此,虽然折柳中学中部分教师隶属于东方中学在编人员,但该部分人员是借调到折柳中学工作,属于公办名校对民办学校的师资力量支持,且只是暂时借用,借调人员的主体身份并不影响对折柳中学民营学校性质的认定,向折柳中学拨付部分资金也是垫付该部分借用教师的工资,双方是短时借贷关系,而非出资所有关系。

(4)折柳中学与东方中学的其他资金往来,也印证了二者之间是独立的法人主体,不存在相互隶属关系。根据证人姜辉的证言,除垫付借调老师工资外,结合东方中学与折柳中学签订的房屋租赁合同等其他书证,虽然折柳中学在成立之初基于种种历史原因,与东方中学存在同一工作人员在两所学校兼任不同岗位的现象,但双方的所有资金往来,都是建立在规范化的合同行为所设定的法律关系基础之上,债权债务法律关系十分明确,这也进一步印证了双方均是平等、独立的法人主体,不存在相互隶属关系。

因此,在案卷宗中虽然存在折柳中学是"公办民营"的说法,但这只是被告人及其他学校工作人员因不懂法律而产生的错误认知。而刑事审判的实质,是对一般人眼中的社会事实做出正确的法律评价。本案中,根据 N 市教育局相关文件,结合折柳中学收取高额学费等不同于公办学校的各种细节,应当认定折柳中学在法律性质上属于民办学校。

(二)740 万元款项的使用,系单位间的资金拆借,不是挪用给个人使用,不符合挪用公款罪客观行为要件

除资金性质之外,辩护人经过对相关银行流水凭证的审查,发现涉案 740 万元资金的实际走向与起诉书指控事实并不一致,是以折柳中学名义支出,最终也是给丽达公司这一法人主体使用,既不是起诉书指控的以王盛个人名义进行出借,也不是借给严丽个人使用,王盛更没有谋取任何个人利益。该关键细节反映:涉案行为

并不属于司法解释中挪用资金归个人使用的范围,不符合挪用公款罪的犯罪构成。

根据《全国人民代表大会常务委员会关于〈中华人民共和国刑法〉第三百八十四条第一款的解释》规定:有下列情形之一的,属于挪用公款“归个人使用”:

(1)将公款供本人、亲友或者其他自然人使用的;

(2)以个人名义将公款供其他单位使用的;

(3)个人决定以单位名义将公款供其他单位使用,谋取个人利益的。

起诉书及公诉人庭审中一直指控是被告人将740余万元款项借给严丽使用,但借款流水等书证均证实:借款方是依法成立的丽达公司,严丽只不过是公司股东之一。

因此,涉案资金不是借给严丽这一自然人使用,而是出借给单位使用,结合上述司法解释列明的三种情形,在是否成立犯罪的法律认定上,本案借款方是自然人个人还是单位主体会带来完全不同的定性结果,起诉书对于关键定罪事实的错误认定必然导致错误的法律定性,应予纠正。

另外,根据《全国法院审理经济犯罪案件工作座谈会纪要》(法发〔2003〕167号)第二条之规定:“谋取个人利益”;既包括行为人与使用人事先约定谋取个人利益实际尚未获取的情况,也包括虽未事先约定但实际已获取了个人利益的情况,其中的“个人利益”,既包括不正当利益,也包括正当利益;既包括财产性利益,也包括非财产性利益,但这种非财产性利益应当是具体的实际利益,如升学、就业等。

具体到本案,涉案740万元资金均是以折柳中学的名义转至上海富明技术有限公司或者镇政府,该三笔涉案资金审批决定发生在2005年7月至11月,被告人王盛事先没有就获取个人利益与严丽有过约定,其间也未从中谋取个人利益,不符合司法解释中“谋取个人利益”的情形。

(三)折柳中学与丽达公司之间并不存在钱款往来,涉案款项的往来并未将折柳中学的资金置于风险之中,不存在实质的法益侵害

1.起诉书第一节第一项指控中,折柳中学是向上海富明信息技术有限公司预付工程款,这和上海富明信息技术有限公司向丽达公司提供借款是两个独立的法律关系,不能将这两次钱款往来混为一谈或随意嫁接;同时,多预付工程款的行为在客观上也不可能给折柳中学造成任何损失和风险,没有实质的法益侵害性。

(1)本案中300万元借贷的双方是上海富明信息技术有限公司与丽达公司,该借贷往来与折柳中学向上海富明信息技术有限公司预付140万元工程款不能混为一谈,两笔往来在法律上是两个各自独立的法律关系,不能将折柳中学多支付工程

款的行为等同于挪用公款给丽达公司使用，该节指控明显是定性错误。

在主观上，根据王盛供述和上海富明信息技术有限公司总经理季富明证言，被告人自始至终是希望上海富明信息技术有限公司借300万元给丽达公司周转使用，只不过季富明提出资金困难，被告人才提出多预付给上海富明信息技术有限公司140万元工程款，但主观目的是还是让季富明的公司出借钱款。

在客观上，后续300万元借款的借贷双方是上海富明信息技术有限公司与丽达公司，折柳中学并不是出借方。需要注意的是：折柳中学支付上海富明技术有限公司预付款是基于双方先前签订的数字化校园工程合同，丽达公司拿到300万元是基于与上海富明信息技术有限公司签订的借贷合同，这300万元借款是另外的、独立的法律关系，该借款不能返还等风险也都是由季富明公司自行承担，与折柳中学并无关系，不影响折柳中学140万元预付款的法律性质，二者分别属于不同的法律关系，折柳中学预付工程款并不属于挪用公款的犯罪行为。

（2）该笔资金使用发生于暑假期间，未依学校章程审批存在客观合理理由，在案证据证实该资金使用前已与学校其他分管领导进行了沟通，学校相关领导对此知情且不持异议，并非是王盛擅自决定。

涉案款项适用发生在暑假期间，根据王盛的供述，此时学校一般不召开董事会，在事前已经与分管财务工作的副校长进行商议。结合证人刘卫的证言，“东方中学副校长肖刚，分管学校财务工作”，“2005年7月，肖副校长带着富明信息技术有限公司的人一起来到折柳中学财务办公室，找我办理预付工程款事宜”。因此，该笔资金使用审批发生于学校暑假期间，学校董事会客观上无法召开，且证人刘卫的证言也印证了被告人在资金使用前已与学校分管财务的副校长肖刚等人进行了沟通，虽然没有经过正式的办公会议决定，但相关领导对该情况已经了解且协助办理，并非起诉书指控的“王盛擅自决定使用”。

（3）折柳中学与上海富明信息技术有限公司之间，因签订数字化校园工程合同而产生明确的债权债务关系，折柳中学向富明公司预付140万元工程款的法律效果，使其承担的部分付款义务也相应消失，且上海富明技术有限公司最终也全面履行了该预付款部分所对应的合同义务，被告人的行为并未给折柳中学资金造成任何风险，不具有实质的法益侵害性。

根据王盛供述，“竣工结算后，多预付的钱款直接冲抵了我们学校应付给富明公司的工程款”。本案中，折柳中学与上海富明信息技术有限公司基于数字化校园工程合同而产生了明确的债权债务关系，折柳中学多支付预付款的行为虽然在履行合同程序上存在瑕疵，但基于工程合同对双方的约束力，多预付的140万元款项一经支付，承包方上海富明技术有限公司对折柳中学的部分债权也不复存在，相反使上海富明技术有限公司产生了相应的安装校园数字化工程的履行义务，而且从最终的结果来看，该部分涉案款项也确实与应付给富明公司的工程款进行了冲抵，上海富明技术信息有限公司也全面履行了预付款所对应的合同义务。因此，即便王盛在该笔资金使用时存在程序瑕疵，但该多付预付款的行为并未给折柳中学造成资金无法挽回的风险，客观上也没有给折柳中学造成实际损失，不具有严重的社会危害性，根据刑法的谦抑性要求，不应认定为犯罪行为。

2. 起诉书第一节第二项指控中，丽达公司是从镇政府处取得该400万元款项，取得根据是与镇政府的借贷合同，折柳中学也不是出借方。至于王盛将400万元款项出借给镇政府行为，并不属于刑法及司法解释规定的“挪用公款给个人使用”的情形，其行为客观上也没有使折柳中学面临资金无法挽回的潜在危险，最终也没有给单位造成实际损失，不符合挪用公款罪的犯罪构成。

（1）镇政府通过借用折柳中学的资金支持丽达公司房地产项目开发，主观上是存在以此缓解地方财政压力、促进经济发展的意愿，丽达公司取得的400万元款项是源于镇政府的借款行为，客观上办理了相关借款手续，属于镇政府对丽达公司的扶持行为。

根据王盛的供述，“镇政府领导当时表现得比较积极，因为这个项目也关系到当地经济的发展”。镇政府领导李国正2015年3月19日出具的情况汇报中载明，“做这样的决定是出于公心，镇里当时财政十分困难，欠发教师工资两年多，其他债务也有2000万~3000万元，急于取得土地出让收入，缓解财政困难”。因此，镇政府基于地方经济发展等因素，自始至终对解决丽达公司龙城国际项目资金、收取土地出让金持积极态度，主观上存在借用折柳中学资金来解决丽达公司资金流转困难、以收取土地出让金的意愿，客观上也与丽达公司办理了相关借贷手续，该400万元借贷关系中出借一方是镇政府。因此，该笔指控中实际上存在两个独立的法律关系：折柳中学与镇政府之间的借贷关系、镇政府与丽达公司之间的借贷关系。根据合同的相对性原理，丽达公司取得该400万元款项是基于与镇政府之间的独立的借贷法律关系，与折柳中学无关。

（2）被告人王盛将该400万元资金转借给镇政府的行为也不属于司法解释关于“挪用公款归个人使用”的适用范围，不符合挪用公款罪的客观构成要件。

本案中，折柳中学400万元款项的转入方镇政府是国家机关，不是私有公司或企业。因此,起诉书第一节第二项下的指控行为不符合挪用公款罪的客观构成要件,不成立犯罪。

(3)涉案行为在客观上也没有使400万元资金处于无法挽回的巨大风险中,不具有严重的社会危害性,最终也没有给折柳中学造成任何实际损失。

根据证人李国正2015年3月19日出具的情况汇报,"当时丽达公司已经缴纳了竞拍保证金,400万元土地出让金也是交到市财政上,走向明确,不会出现风险"。根据镇政府工作人员郭涛的证言,"李国正跟我说有一笔钱要汇到我们镇财政所的账上,定向用于借给丽达公司缴纳土地出让金"。同时,镇农村信用社电汇单也印证:该400万元涉案款项已于2006年3月31日由镇会计核算中心归还至折柳中学的银行账户上。

因此,涉案400万元资金转入镇政府之后,定向用于缴纳土地出让金,自始至终未进入丽达公司账户并由镇政府控制,客观上不存在资金流失、无法归还的实际风险,且该400万元在2006年3月31日已经归还,后续也补缴了相应利息,折柳中学客观上并未遭受任何实际损失,根据刑法的谦抑性原则,不应认定为犯罪。

3. 起诉书第一节第三项指控事实中,除上述无罪事实外,折柳中学该200万元资金的出借时间也不足3个月,不符合挪用公款罪的客观构成要件,不成立犯罪。

《最高人民法院关于审理挪用公款案件具体应用法律若干问题的解释》(法释〔1998〕9号)第二条第二款规定:"挪用公款给他人使用,不知道使用人用公款进行营利活动或者用于非法活动,数额较大、超过三个月未还的,构成挪用公款罪……"

根据镇农村信用社的电汇单,2005年11月4日折柳中学将200万元涉案资金转入镇政府会计核算中心,2006年1月5日镇政府以汇款形式归还该笔款项。借款时间为2005年11月4日至2006年1月5日,不足三个月,该行为也不符合挪用公款罪的客观犯罪构成要件,依法不应认定为犯罪。

二、未经评估的12.8万元的低价购房交易型受贿不成立

该罪名指控中,涉案款项多由逢年过节期间的小额往来组成,被告人王盛当庭对该指控不持异议,希望以自首、认罪态度好争取从轻量刑结果。但辩护人在阅卷时发现,该受贿罪部分存在两起以明显低价购房的交易型受贿指控,涉案房产均未依法进行价格评估,经王盛同意、在不影响其认罪态度的情况下,在开庭时辩护人仅就该两起交易型受贿单独提出无罪辩护意见如下:

1. 涉案两处房屋均未进行房地产价格评估，通过行贿人单方言词证据认定的价格差价不具有客观性，起诉书该两节指控存在明显的证据不足。

根据《最高人民检察院、最高人民法院关于办理受贿刑事案件适用法律若干问题的意见》（法发〔2007〕22 号）的规定，“国家工作人员利用职务上的便利为请托人谋取利益，以下列交易形式收受请托人财务的，以受贿论处：（1）以明显低于市场的价格向请托人购买房屋、汽车等物品的……受贿数额按照交易时当地市场价格与实际支付价格的差额计算”。因此，在房产交易型受贿案件中，对于“交易时涉案房屋的当地市场价格”，应由第三方鉴定机构进行专业评估而定，但侦查机关并未委托专门鉴定机构对两处房产进行价格评估，而是根据涉嫌行贿和涉嫌受贿的双方在接受调查的特定环境下的言词证据来认定房产价格，从而计算差价，这种由供证一致认定的受贿金额不具有客观性，不能采信，该两起指控明显证据不足。

2. 起诉书关于王盛购买该两处房产的价格是“明显低于市场的价格”的认定，是明显的事实认定错误。

对于“明显低于市场的价格”，《最高人民法院关于适用〈中华人民共和国合同法〉若干问题的解释（二）》（法释〔2009〕5 号）第十九条有明确规定：对于《合同法》第七十四条规定的“明显不合理的低价”，人民法院应当以交易当地一般经营者的判断，并参考交易当时交易地的物价部门指导价或者市场交易价，结合其他相关因素综合考虑予以确认。转让价格达不到交易时交易地的指导价或者市场交易价 70% 的，一般可以视为明显不合理的低价。

根据该法律规定，本案中即便按照涉案房屋的对外挂牌价为基准，被告人王盛所购房屋价格也均在房市场价格的 80% 以上。同时，结合辩方调查取证及房地产市场的交易惯例，朱晓明所售房屋位于顶楼，漏水严重，部分优惠也是基于开发商本身的调价行为。且涉案两处房产均是开发商所售最后几套房产，依交易惯例还存在最后几套的抛售行为、房屋质量瑕疵、楼层等所引起的降价，公诉机关将“王盛购买价格低于对外挂牌价格”等同于“王盛以明显低于市场的低价购房”，是明显的事实认定错误。

3. 被告人王盛购买两处房屋的价格属于针对不特定人的最低优惠价格。

《最高人民检察院、最高人民法院关于办理受贿刑事案件适用法律若干问题的意见》（法发〔2007〕22 号）规定，“前款所列市场价格包括商品经营者事先设定的不针对特定人的最低优惠价格。根据商品经营者事先设定的各种优惠交易条件，以优惠价格购买商品的，不属于受贿”。而在王盛和朱晓明的房屋交易中，根据辩方提供的书证《豪门广场商品房现房销售汇总表》、案外人的《购房合同》等证据证明：冯一哲、朱晓明所售房屋存在幅度不等的各种优惠，低于王盛购房单价的也不在少数，王盛购买该房屋的价格属于“针对不特定人的最低优惠价格”，被告人该低价购买行为不构成受贿犯罪。

【裁判要旨】

对于被告人王盛的辩解和其辩护人的辩护意见，本院综合评判如下。

一、关于被告人王盛的行为是否构成挪用公款的行为

经查，丽达公司是合法成立的房地产开发公司。被告人三次将折柳中学钱款借给丽达公司使用系个人决定以单位名义将公款借给其他单位使用，因被告人王盛并未谋取个人利益，故其行为不构成挪用公款罪。辩护人的辩护意见成立，本院予以采纳。

二、关于被告人王盛因房屋交易与朱晓明间8.9万元及与冯一哲3.9万元购房差价款性质问题

经查：根据《最高人民法院、最高人民检察院关于办理受贿刑事案件适用法律若干问题的意见》（法发〔2007〕22号）规定，以明显低于市场的价格向请托人购买房屋、汽车等物品的，以受贿罪论处。受贿数额按照交易时当地市场价格与实际支付的差额计算。同时规定所列市场价格包括商品经营者实现设定的针对不特定人的最低优惠价格。根据商品经营者事先设定的各种优惠交易条件，以优惠价格购买商品的，不属于受贿。被告人王盛所购买的两套房产，根据书证在案的销售房屋的价目表看，相同条件的房屋的最低优惠价并非只有被告人王盛才享有，且本案对涉案的房屋的市场价格未出具具体评估意见，不能确定涉案两套房屋交易时当地市场价格。因此，认定被告人王盛以明显低于市场价格购买房屋的证据不足。对公诉机关指控的上述两笔受贿数额不应予以认定。辩护人关于上述辩护意见成立，本院予以采纳。

法院认为，被告人王盛在市党风廉政建设督导巡查组对东方中学进行巡查过程中，因被发现东方中学存在公款外借的情况找其调查时，主动交代了其利用职务便利，收受他人贿赂，并为他人谋利的事实。系主动交代办案机关尚未掌握的犯罪事实，属自首，依法可以从轻减轻处罚。

【辩护路径】

一、单位之间进行资金拆借,未谋取个人利益,不构成挪用公款罪

挪用公款罪是常见的罪名,表面看来该罪名并不复杂,有法条有司法解释,但很多的司法人员和辩护律师对司法解释的理解是很不准确的。根据《全国人民代表大会常务委员会关于〈中华人民共和国刑法〉第三百八十四条第一款的解释》规定,挪用公款“归个人使用”是指以下三种形式的使用行为:将公款供本人、亲友或者其他自然人使用的;以个人名义将公款供其他单位使用的;个人决定以单位名义将公款供其他单位使用,谋取个人利益的。根据该立法解释,在款项以单位名义拆借给其他单位的情况下,如果该拆借动机不是为了谋取个人利益,则不构成犯罪。因此,在部分案件中,如果指控的挪用公款行为发生在单位法人主体之间,拆借所得利息也归单位所有,且拆借行为也没有置公款于不能返还的风险之中,资金安全有所保障,辩护人可紧扣法条和立法解释规定论证此类拆借行为不属于刑事犯罪。

二、交易型受贿应有价格评估才有可能入罪

2007年7月8日,《最高人民法院、最高人民检察院关于办理受贿刑事案件适用法律若干问题的意见》(法发〔2007〕22号),行文第一条首次明确了低买高卖的交易型受贿的问题,规定受贿数额按照交易时当地市场价格与实际支付价格的差额计算。因此,在交易型的受贿罪指控中,证明交易当时标的物的当地市场价格是控方的举证责任之一。鉴于房产、车辆等大宗交易物品往往因开发商销售策略、折旧、市场行情等因素存在各种各样的优惠价,在没有进行客观合理的价格鉴定评估的情况下,也无法计算价格差额,不能认定受贿犯罪成立。同时作为辩护律师,也应积极主动地收集相关交易信息来攻击辩方指控。本案辩护律师就是通过调取相同楼盘销售表及部分优惠销售合同,从而有力地否定了控方指控。

三、部分无罪、余罪罪轻辩护相结合

本案中,辩护人在反复阅卷、与被告人充分沟通的基础上,制定了明确的辩护策略:被告人对全案事实不持异议,但对定性的辩护意见是由法庭裁决,辩护律师针对起诉书指控的挪用公款罪名进行明确的无罪辩护。在挪用公款罪名不能成立的情况下,受贿罪是被告人在办案机关调查挪用公款罪时另外主动交代的,成立自首。在此基础上,辩护人对于受贿罪部分低价购房的交易型受贿进行无罪辩护,同时结合被告人一贯表现等有利情节,作“功不抵罪但可从轻量刑”的罪轻辩护,辩护律师一系列有路径、有调查、有论证的专业辩护,最大限度地维护了被告人的合法利益。

生效判决巧为辩方无罪证据，证人三方核证洗去被告人冤屈

——陆志朝涉嫌贪污、受贿部分无罪案

【案情简介】

被告人陆志朝曾是一名优秀的村党支部书记、村委会主任，在任期间为村里做出了巨大的贡献。但就是这样一位村干部，也陷入了情与法的泥潭之中。公诉机关指控其在担任村党支部书记、村委会主任、经济合作社社长及聘请留用后，负责拆迁工作期间，利用协助政府从事征地拆迁、房屋安置、协调群众矛盾等职务之便，先后收受被拆迁户徐军、包不平等人贿赂，共计人民币19.85万元；此外，利用协助政府从事拆迁征地管理的职务之便，将其已获得政府拆迁补偿的部分厂房进行重复评估，并将道路施工队自行搭建的临时用房作为违章建筑归于其儿子名下进行评估，从而骗取政府拆迁补偿款共计人民币9.8108万元。如果指控成立，根据当时的法律规定，被告人陆志朝将面临14年左右的有期徒刑。

通过阅卷进行证据比对，辩护人从控方的证据材料中挖掘出了有利于被告人的证据材料。在充分论证的基础上，适时向法庭提出，起诉书指控的12笔受贿中，有7笔不符合法定的受贿犯罪的构成要件，依法不能认定为受贿犯罪。特别是最大的一笔涉嫌受贿10万元。辩护人通过会见掌握了原拆迁办主任黄洋的生效判决书中讲到陆志朝已与黄洋讲过徐军的厂已拆迁补偿的事实。该笔指控如不成立，被告人就属于“主动交代办案机关所掌握的不构成受贿犯罪线索以外的受贿犯罪”，对其受贿罪部分亦应认定为自首。

辩护人的辩护意见引起了法庭的高度重视。法庭组织控、辩、审三方对徐军进行三方核证后，采纳了律师的辩护意见，认定起诉书关于收受徐军10万元贿赂的指控不成立。最终，依法认定被告人犯受贿罪，判处有期徒刑2年3个月；犯贪污罪，判处有期徒刑2年6个月，决定执行有期徒刑3年。

本案起诉两罪，通过辩护否定了引起案发的最关键的10万元受贿，进而两罪都

构成自首,从可能要判处14年左右的重刑到依法判处3年有期徒刑,可以说该案是一个很成功的辩护。

【控方指控】

一、被告人陆志朝在担任村党支部书记、村委会主任、经济合作社社长及聘请留用负责拆迁工作期间,利用协助政府从事征地拆迁、房屋安置、协调群众矛盾等职务之便,先后收受被拆迁户徐军、包不平等人贿赂共计人民币19.85万元;二、利用协助政府从事拆迁征地管理的职务之便,将自己已获得政府拆迁补偿的部分厂房进行重复评估,并将道路施工队自行搭建的临时用房作为违章建筑归于其儿子名下进行评估,从而骗取政府拆迁补偿款共计人民币9.8108万元。

被告人陆志朝的行为触犯了《刑法》第三百八十二条第一款、第三百八十五条第一款、第三百八十六条、第三百八十三条第一款第(二)项的规定,应当以受贿罪、贪污罪追求其刑事责任。

被告人在被调查期间,如实供述司法机关尚未掌握的贪污罪行,其贪污罪部分属自首,可以从轻或减轻处罚。被告人归案后如实供述自己的受贿罪行,可以从轻处罚。

【辩护要点】

一、关于被告人陆志朝主体身份的认定问题

《全国人大常委会关于〈中华人民共和国刑法〉第九十三条第二款的解释》明确规定,村民委员会等村基层组织人员协助人民政府从事下列行政管理工作,属于《刑法》第九十三条第二款规定的"其他依照法律从事公务的人员"。也就是说,该《解释》对"其他依照法律从事公务的人员"规定了两个必备要件:第一必须具备"村民委员会等村基层组织人员"这一身份;第二必须是"协助政府从事行政管理工作"。

从刚才法庭已查明的被告人的任职情况及其在任职期间所从事的工作来看,2010年11月28日是陆志朝主体身份产生变化的时间节点。也就是说,在2010年11月28日之前,被告人陆志朝是"依照法律从事公务的人员",属于"国家工作人员";而在2010年11月28日以后,由于他不再担任村民委员会主任,也不是村民委员会的组成人员,已不具备"村民委员会等村基层组织人员"这一身份,因此,根据全国人大常委会的解释,被告人陆志朝就不属于"其他依法从事公务的人"了,他不再是我国刑法意义上的“国家工作人员”。

同时,辩护人也注意到,被告人陆志朝在2010年1月28日以后到12月8日,还担任“汇东村经济合作杜社长”一职。那么,“经济合作社”属于什么性质?成立的根据是什么?对此,辩护人没有查到具体规定,但查到了《农民专业合作社法》①,根据该法第二条的规定,农民专业合作社是在农村家庭承包经营基础上,同类农产品的生产经营者或同类农产品生产经营的提供者、利用者,自愿联合、民主管理的互助性经济组织。该组织以其成员为主要服务对象,提供农业生产资料的购买,农产品的销售、加工、运输、储藏以及与农业生产经营有关的技术、信息等服务。如果“汇东村经济合作社”是依据《农民专业合作社法》成立的,那么从性质上来说,“汇东村经济合作社”就是一个“互助性经济组织”,而不是基层群众性自治组织,法律没有赋予“合作社”协助人民政府从事行政管理工作的职责。

因此,辩护人认为,被告人陆志朝在2010年11月28日到12月8日,虽然还担任“江东村经济合作社社长”一职,但已不属于《刑法》第九十三条第二款规定的“其他依照法律从事公务的人员”。因此,从2010年11月29日起,被告人陆志朝的贪污、受贿犯罪,都失去了必需的主体资格要件,不能认定为贪污罪或受贿罪。

二、起诉书指控的12笔受贿中有7笔不应认定为犯罪

通过阅卷,辩护人发现,被告人陆志朝的交代是非常彻底的,只要是发生过金钱往来的,不管是否构成犯罪,他都一一做了交代。而起诉书指控的这12笔中,也都源自于被告人的交代。但根据本案证据所反映出的事实,辩护人认为,这12笔中有7笔不符合法律规定的受贿犯罪的构成要件,依法不能认定为受贿犯罪。具体辩护意见如下:

1. 起诉书关于“被告人陆志朝明知徐军厂房重复评估未提出异议并收受徐军10万元贿赂”的指控没有事实根据,依法不能认定。

陆志朝没有实施为徐军谋取利益的行为。关于徐军“立达电解厂”重复拆迁补偿的同题,当时的拆迁组长黄洋讲得很清楚,2010年4月底5月初,这个拆迁地块开始进行清点评估时,陆志朝就对黄洋说过“二郎(徐军)的电解厂在2008年建设南路道路拓宽的时候拆迁过”。而且,启东市人民法院(2011)启刑二初字第0082号已生效的刑事判决书确认了这一事实,证实在搬迁动员、调查摸底动员期间,陆

① 本法已于2017年12月27日修改。修改后的第二条为:本法所称农民专业合作社,是指在农村家庭承包经营基础上,农产品的生产经营者或者农业生产经营服务的提供者、利用者,自愿联合、民主管理的互助性经济组织。

志朝就告知黄洋“立达厂在2008年的建设南路道路拓宽的时候拆迁过”。该判决书还确认，是黄洋在明知立达厂已获得拆迁补偿的情况下，滥用职权，才使徐军重复获得拆迁补偿款的。由此可见，被告人陆志朝不仅没有对徐军在重复拆迁补偿上给予帮助，相反，还将徐军的“立达厂在2008年建设南路拓宽时拆迁补偿过”的事实告诉了拆迁组负责人。因此，起诉书的这笔指控没有事实根据，反而更能印证被告人陆志朝没有利用职务便利为他人谋取利益的主观故意，何来受贿的故意。

那么如何解释陆志朝在2010年10月收受徐军贿送的10万元的行为呢?

首先，从徐军送钱给陆志朝，陆志朝再将钱退还的过程来看，徐军确实有“感谢”陆志朝的想法，而陆志朝都没有收受，表明其没有收受贿赂的故意。

这一点，只要我们将徐军和陆志朝之间的三次送钱、三次退还的情形联系起来，就看得十分清楚。第一次是2010年4～5月，徐军送了2万元给陆志朝，陆志朝将钱退给徐军，徐军不肯收，陆志朝就在2010年5月18日，将这2万元加上徐军为其建卫生间的工程款5000元，以徐军女儿的名义存进了建行人民桥分理处(有存单为证)，并打电话告诉了徐军，要他将存单拿回去;而徐军却以为陆志朝是嫌钱少，便再次送了5万元给陆志朝，陆志朝在2010年6月16日，又以徐军女儿的名义将这5万元存进了信用社(有存单为证)。此后，陆志朝就将这两张存单同时退还给了徐军。徐军家人第三次送10万元给陆志朝是在2010年10月，此时陆志朝已从村支书的位置上退了下来，且事前双方既无请托事项，又无约定在先，陆志朝在收了这10万元后，在2011年1月还是如数退还给了徐军。这“三送三退”足以说明，陆志朝在主观上没有收受徐军贿赂的故意。也正因如此，陆志朝在推辞不掉的情况下，将钱收下后，才会想方设法如数退还徐军。

其次，我们了解到，徐军和陆志朝两家关系比较密切，在经济上互有往来和支持。徐军在2009年5月帮陆志朝搭建房子，陆志朝在2010年5月将建筑款还上，就是一个例证。同时，徐军还多次向陆志朝和陆的儿子借钱急用，金额达到70余万元，利息基本都没算，这也可以印证徐军一直要感谢陆志朝是有感情基础的。这10万元，陆志朝因借给女婿而暂时手头紧，因此未及时归还是有原因的。

根据法律规定，行受贿一般都具有明确的请托事项、谋取利益、收受财物等一系列行为和意思表示。而徐军送这10万元时，既无请托事项，双方也无事先约定，完全不具备行贿、受贿的基本特征。基于辩护人庭前已依法申请徐军出庭接受质证，为此，辩护人再次请求徐军能出庭接受质证，或由控、辩、审三方共同对其进行核证，以利于本节事实的查清。

2. 陆志朝收受包不平和陈飞、陈琴夫妇的钱款都已及时退还。

被告人陆志朝虽然在2010年12月收受了包不平送的人民币1万元，但在2011年1月18日，他就以包不平的名义将此款存进了信用社，然后将存单退还给了包不平，而包不平却将钱从信用社取出，再次送给陆志朝，陆志朝在2011年2月6日又以包不平的名义将此款存进信用社。此后，因陆志朝被控制了人身自由，存单最终由陆志朝的家人还给了包不平。

同样，被告人陆志朝在2010年9月收了陈飞、陈琴夫妇送的人民币2万元后，一直想退还给陈飞，但因陈飞、陈琴夫妇在上海帮女儿做生意，联系不便，其便在2011年2月14日，将钱以陈飞的名字存入了信用社，在碰到陈琴后，即将存单退还给了陈琴。

由于被告人陆志朝在收受了包不平的1万元、陈飞、陈琴夫妇的2万元后，能够及时予以退还，因此，辩护人提请法庭注意，根据《最高人民法院、最高人民检察院关于办理受贿刑事案件适用法律若干问题的意见》(法发〔2007〕22号)关于"国家工作人员收受请托人财物后及时退还或者上交的，不是受贿"的规定，对这两笔不予认定为受贿。

3. 陆志朝收受陆礼、杨阳、陈岳等人送的款物均在其离职后。

被告人陆志朝收受陆礼送的现金6000元、杨阳送的现金3000元、陈岳送的3000元购物卡，以及东盛德拆迁有限公司(以下简称盛德公司)杨军成送的现金6000元，都是在2010年11月28日以后。此时，被告人陆志朝已不担任村支书和村委会主任，也就是说，陆志朝收受的以上三笔现金和一笔购物卡，都是在其离职后收受的。

对于"在职时为请托人牟利，离职后收受财物"的问题，在《最高人民法院、最高人民检察院关于办理受贿刑事案件适用法律若干问题的意见》(法发〔2007〕22号)中明确规定，"国家工作人员利用职务上的便利为请托人谋取利益之前或者之后，约定在其离职后收受请托人财物，并在离职后收受的，以受贿论处"。可以看出，对于没有约定在其离职后收受请托人财物，而在离职后收受的，是不能以受贿论处的。由于没有证据证明被告人陆志朝与杨阳、陈岳、盛德公司有在其离职后收受财物的约定，因此，对陆志朝在离职后收受以上三笔现金和一笔购物卡的行为，不宜认定为受贿。

4. 辩护人提交的信用社存单复印件证实，被告人陆志朝将收到的现金用存单形式退还的，共计13人次，金额达214,000元。此外，还有一些是直接退还的。这充分说明,陆志朝根本就没有受贿、索贿的故意。

三、起诉书指控的两笔贪污犯罪不能成立

首先,从时间上看,这两笔拆迁补偿的时间分别是2010年12月15日和12月25日,当时,被告人陆志朝已不是村民委员会组织人员,因为他对本村的社情民意比较了解,也就是协助书记张建军和村委会做一些工作,但他没有得到镇政府的正式聘请,只是新上任的村支书张建军对他比较信任,请他帮忙做些工作,因此不能认定为法律意义上的聘请。陆志朝虽然领了几百元的电话费补助,但这也不能认定为接受聘请协助政府从事行政管理工作。其工作的性质其实就是帮帮忙,并没有任何实际权力。

其次,两处拆迁补偿的房屋,一处是被告人有实际投入,另一处是施工队转交给被告人的。为此,被告人请求给予补偿并得到了补偿,该行为不能硬套国家工作人员利用职务便利,骗取、侵吞公共财物来定性。这两笔拆迁补偿可能违反了拆迁的政策性规定,完全可以通过行政手段来处理。

四、关于对陆志朝量刑情节的辩护意见

1. 被告人陆志朝主动交代办案机关尚未掌握的受贿事实,根据《最高人民法院、最高人民检察院关于办理职务犯罪案件认定自首、立功等量刑情节若干问题的意见》(法发〔2009〕13号)的规定,其受贿应当以自首论。办案机关出具的"发破案经过"证实,办案机关是根据群众举报徐军厂房重复评估、被告人陆志朝涉嫌收受徐军贿赂的线索,对陆志朝进行查处的。而现有证据不能证明陆志朝收受了徐军的贿赂,即办案机关所掌握线索针对的犯罪事实不成立,现在能够认定为受贿的,都是被告人陆志朝主动交代的其他受贿事实。这一情节,完全符合《最高人民法院、最高人民检察院关于办理职务犯罪案件认定自首、立功等量刑情节若干问题的意见》(法发〔2009〕13号)中规定的"办案机关所掌握线索针对的犯罪事实不成立,在此范围外犯罪分子交代同种罪行的"以自首论的条件。因此,辩护人认为,应当依照上述规定,认定陆志朝受贿罪属于自首。

2. 退一步讲,如果法庭认为被告人陆志朝的贪污罪名成立,但因其有自首情节,并有部分资金投入,在量刑时亦应依法减轻处罚。

3. 汇东村村民委员会委员及部分村民联名写的"请求书",以及医院的检查报告等材料证实,被告人陆志朝在2005年曾做过头部手术,身体不好,但他仍抱病为汇东村的"三个文明"建设、构建和谐汇东勤奋工作,且取得了较大的成绩,得到了村民委员会和村民的充分肯定。因此,村民委员及部分村民联名写了"请求书",请求法院在量刑时能考虑陆志朝的工作表现及身体状况，对陆志朝减轻处罚。

归纳起来，辩护人认为：

1. 如果法庭认为被告人陆志朝的行为分别构成贪污罪、受贿罪，其犯罪情节也是比较轻的，尤其是受贿部分，很多都是在推脱不了的情况下，消极、被动地收受的。在扣除 7 笔依法不应认定为受贿犯罪的数额（14.8 万元）后，其实际受贿数额是5.05万元。

2. 被告人陆志朝在犯罪后有自首情节，根据我国《刑法》第六十七条第一款的规定，可以从轻或减轻处罚。在综合考虑被告人陆志朝的主体身份、一贯表现较好、案发后退还了所有的违法所得、群众对其表示谅解等酌定情节后，辩护人建议法庭在对被告人陆志朝量刑时，能依据我国《刑法》第六十七条第一款、《最高人民法院、最高人民检察院关于办理职务犯罪案件认定自首、立功等量刑情节若干问题的意见》（法发〔2009〕13 号）的相关规定，对被告人陆志朝予以最大幅度地减轻处罚，让他能早日回归社会，安享晚年。

【裁判要旨】

公诉机关指控被告人陆志朝收受徐军贿赂 10 万元、包不平贿赂 1 万元。经查，被告人陆志朝第一次收受徐军 2 万元后约 10 天便通知徐军领回，徐军误以为陆志朝嫌少，再次送给陆志朝 5 万元，约半个月后陆志朝将这 7 万元以徐军女儿的名义存入银行，并将存单交给了徐军，系及时主动归还。陆志朝卸任村支书后，徐军在事先未与陆志朝约定，也未有事项向陆志朝请托的情况下，再次送给陆志朝 10 万元。根据相关司法解释的规定，同时考虑二人之间的经济往来情况，本院依法对该节受贿指控予以否定；被告人陆志朝收受包不平钱款后，约 10 天内将钱款以包不平的名义存入银行，并将存单交给包不平，包不平再次送给陆志朝后，陆志朝又在几天内将钱款以包不平的名义存入银行，系及时主动归还，根据相关司法解释的规定，本院对该节受贿指控予以否定。被告人陆志朝在接受调查期间，主动交代办案机关所掌握的不构成受贿犯罪的事实（徐军所送 10 万元）以外的受贿犯罪事实，并如实交代办案机关尚未掌握的贪污犯罪事实，应以自首论，依法均可以从轻或减轻处罚。辩护人的相关辩护意见与事实相符，予以采纳。

【辩护路径】

一、复杂案件要从战略到战术全面谋划

本案起诉了两个罪名,在当时数罪并罚后的量刑为 14 年左右。要想得到有效果的辩护,唯一有效的辩护路径是辩掉大额的受贿指控,从而使受贿罪的指控金额在 10 万元以下。在此基础上,为全案自首创造条件,争取最大限度地减轻处罚情节。经过对案件证据材料的研究,辩护人发现本案公诉机关关于"收受徐军 10 万元"的指控与客观事实不符,被告人缺乏收受贿赂的主观故意。最终,通过对污点证人徐军进行控辩审三方核证,法院采信了辩护人的该辩护意见,也证实了该辩护路径的正确性和可行性。

二、生效判决巧为辩方证据

通常情况下,公诉机关会把关联案件甚至同一案件的多名被告人分别起诉,在获得法院生效判决后用该生效判决作为控方证据指控其他的关联被告人。这种做法事实上严重浪费了国家司法资源,更重要的是,变相剥夺了相关被告人之间当庭对质的权利。本案相反,辩护人通过会见发现关联被告人已判决生效,该判决书认定陆志朝在拆迁之前已经向原拆迁办主任黄洋汇报过徐军的厂房已获拆迁补偿之事。该情节证实陆志朝确实没有收受徐军贿赂并为其谋取不正当利益的故意和行为。辩护人决定以此判决确定的事实作为本案辩方证据,来否定相关指控。

三、污点证人接受三方核证为被告人洗冤屈

本案关键证人徐军不敢出庭接受质证,但愿意小范围内接受控辩审三方的核证。为此,辩护人综合案情和相关证据制定了详尽的发问提纲,通过对徐军的发问,查清了本案中"徐军送给陆志朝 10 万元"的来龙去脉。

事实情况是,徐军确实有送钱给陆志朝表示感谢的想法和行为,这个感谢一方面是出于两家关系较好且陆志朝在日常的经济往来中对其帮助很大,另一方面才是拆迁的事情。而被告人陆志朝却没有收受贿赂的故意。在查明该客观事实的情形下,法院采纳了辩护人关于该 10 万元受贿指控不成立的辩护意见。

揭开虚假债权转让，指控三罪实判其一
——金平涉嫌受贿、私分国有资产、滥用职权部分无罪案

【案情简介】

本案被告人金平曾在发达地区 X 市房产系统长期任职，为人诚恳、做事谨慎，颇受上下级和同僚的肯定。在住房制度改革发展的 10 多年里，金平陆续担任 X 市经济适用住房建设有限公司（以下简称经适房公司）总经理、住房制度改革办公室（以下简称房改办）主任、建设局副局长等关键职务，为 X 市旧城拆迁改造、新城开发建设等工作贡献良多。

2003 年上半年至 2004 年春节前，被告人金平在担任房改办主任期间，利用职务之便，在 X 市新天房地产开发公司（以下简称新天公司）申请政策性贷款一事上给予帮助，先后 5 次收受该公司董事长王卫国所送的金条一根、人民币 4 万元、美元 5000 元。2005 年上半年，被告人金平得知市检察院正在调查在市建设局他人经济问题，由于害怕自身问题暴露而受法律追究，金平退给王卫国人民币 2 万元。2011 年 6 月，王卫国被纪委调查期间，建设局要求相关人员主动自查自纠，同年 6 月 27 日，金平主动向廉政账户缴款人民币 5 万元，并主动向该局党委报告，其多次收受王卫国的财物，并已上缴廉政账户 5 万元的情况。

金平在担任经适房公司总经理期间，为了解决本单位账外支出经费和员工福利问题，自行组织人员设备，借用本市板桥市政建设有限公司（以下简称板桥公司）的施工资质，承接经适房公司开发的该经适房项目中化粪池工程，获取的利润做账外管理。2008 年 10 月，该单位职工李丰、吉乾等人商议后，请示金平将该工程所得利润人民币 19.38 万元私分给职工，金平表示同意。后该单位参与该工程的施工管理的职工将该款平分，金平未参与分钱。案发后，参与分配该款人员已退出全部赃款。

金平在担任经适房公司（经适房公司由市房改办出资成立，与市房改办系两块牌子、一套班子）总经理期间，该公司承接了本市英雄路拆迁改造项目配套的经济

适用房小区工程。因开发方金港房地产开发有限公司(以下简称金港公司)未能将英雄路地块的拆迁补偿资金支付完毕,导致市拆迁办也未能将经济适用房小区建设资金拨付到经适房公司账上。为解决建设经济适用房小区建设资金短缺的燃眉之急,经过书面请示建设局领导、市政府分管领导,经适房公司拟向本市物业管理处暂借资金1200万元,由此产生的利息由拖欠拆迁补偿资金的金港公司最终承担。

及至2008年3月至4月,在经济适用房小区建设工程中,市拆迁办对经适房公司持续拖欠的建设资金,金港公司也一直没有经上述借款利息归还给经适房公司,两笔资金合计约400多万元。为追讨这笔资金,金平多次找到拆迁办总账会计黄天(另案处理),请求其出面帮忙催讨,尽快向经适房公司偿还欠款。但是,黄天不仅没有为经适房公司要回欠款,反而拿来了金港公司盖章的一份"借款协议"和一份400万元的临时借款收据。黄天声称,金港公司愿意偿还借款利息,但是要签一份临时借款协议,将400多万元债务一并转移给金港公司,以后由金港公司直接向经适房公司清偿全部债务。

令人未曾想到的是,就在金平从领导岗位退下来不久,金港公司因经营不善,很快申请破产。经适房公司接任金平的总经理发现借款合同和借据,错误以为经适房公司借给金港公司400万元,遂做债权申报、参与破产程序,但最终有200余万元债权无法清偿。

2012年11月28日,X市人民检察院以金平涉嫌受贿罪、私分国有资产罪立案侦查,并对其采取拘留、逮捕等强制措施。2013年9月10日,X市人民检察院以金平涉嫌受贿罪、私分国有资产罪、滥用职权罪向法院提起公诉。2014年4月3日,该市人民法院一审判决认定:检察机关指控金平涉嫌的滥用职权罪不成立;被告金平犯受贿罪,判处有期徒刑4年;犯私分国有资产罪,免予刑事处罚;数罪并罚决定合并执行有期徒刑4年。

【控方指控】

检察机关指控称,2003年上半年至2005年春节期间,被告人金平利用职务便利为王卫国申请政策性贷款给予帮助,先后5次收受王卫国所送白金条一根,人民币4万元、美元5000元(折合人民币4.1445万元);2008年10月,同意本单位职工私分化粪池工程所得利润人民币19.38万元;2008年3~4月,与X市拆迁办总账会计黄期合谋,滥用职权,违反规定,在无实际资金往来的情况下,采用订立借款协议、收据相互冲抵的形式,将拆迁办对金港房产公司的债权400万元转移给经适房公司,后因金港公司破产,该款无法全部收回,造成经适房公司直接经济损失200余万元。被告人金平的行为触犯了《刑法》第三百八十五条第一款、第三百八十六条、第三百八十三条第一款第(二)项、第三百九十六条、第三百九十七条第一款、第二十五条第一款的规定,应当以受贿罪、私分国有资产罪、滥用职权罪追究其刑事责任,其中私分国有资产罪、滥用职权罪系共同犯罪。被告人金平在案发前自动投案,如实供述自己的受贿罪行,系自首;到案后如实供述自己私分国有资产、滥用职权的罪行,根据《刑法》第六十七条第一款、第三款的规定,对其受贿罪可以从轻或减轻处罚;对其私分国有资产滥用职权罪可以从轻处罚。

【辩护要点】

一、对于检察机关指控的受贿罪的辩护意见

1. 检察机关指控,金平收受新天公司董事长王卫国所送的金条一根,该金条已经灭失,其品质和价格均无法确定,不能仅根据言辞证据认定该笔行贿受贿事实。

2. 检察机关指控,2004年、2005年春节前,金平收受王卫国所送人民币2万元。但事实上,双方供述中并未指明王卫国有何具体的请托事项,王卫国也未向金平提及为了促成或感谢新天公司贷款,因此该笔2万元纯属礼节性的拜访,不宜以受贿论处。

3. 检察机关指控,2005年5~6月的一天,金平在王卫国的办公室收受其所送的美金5000元(折合人民币4.144,5万元)。事实上,在金平和王卫国的供述中均提及,金平在此之前曾提出要向王卫国借一笔美元,以便家人出国之用。而且,金平曾经在2011年底时给过王卫国一幅字和一张工资卡(该卡上有人民币2000元),实际上就是归还这5000美元的借款。该5000美元实系双方借贷,不宜认定为行贿受贿。

4. 金平曾于2005年主动退给王卫国人民币2万元,曾于2011年向廉政账户退出人民币7万元并向局党委主动交代了其收受王卫国财物的事实。金平主动退还或者上交的赃款,应当在受贿数额上予以扣减,其向组织上主动交代其经济问题,应当认定为自首。

二、对于检察机关指控的私分国有资产罪的辩护意见

检察机关指控被告金平、李丰、吉乾等人私分国有资金19.38万元。事实上,金平、李丰、吉乾等人虽借用板桥公司资质承接化粪池工程,但确实另行组织人员和设备依约完成该工程建设并经竣工验收。根据发包方经适房公司和承包方板桥公

司签订的工程建设合同,经适房公司依约应当支付相应的工程款。工程款既已支付完毕,即属板桥公司合法取得,不再属于国有资产,“犯罪对象”并非国有资产,况且,参与分配该笔资金的单位职工均参与了该工程的实际施工和管理,付出了相应的劳动。因此,检察机关指控私分国有资产罪名不能成立。

三、对检察机关指控的涉嫌滥用职权罪的辩护意见

经过对本节事实和证据的梳理,辩护人认为,起诉书对金平犯有滥用职权罪的指控与事实不符,金平有被冤枉、代他人受过之嫌,主要理由是:

1. 由金港公司承担经适房公司的借款利息,是经上级领导批示同意的,并非金平超越职权擅自决定的。

辩护人向法院提交的书证《关于暂借“两房”建设资金的请示》显示,房改办在这份《请示》中明确提出建议,因经济适用房小区建设资金未能及时到位,“从物业管理处暂借 1200 万元,所借利息由市金港国际公司承担”。建设局局长、分管市长均在该请示上做了同意的批示。由此可见,由金港公司承担经适房公司的借款利息,是经过正式书面审批程序,并经各级主管领导批准的,被告人金平并未违背行政程序、超越职权擅自决定。

2. 从被告人金平的主观方面来看,其真实意思是向市拆迁办和金港公司追讨 400 万元的债务。金平请市拆迁办总账会计黄天出面的真实意图,也仅仅是请拆迁办向金港公司追讨经适房公司代垫的借款利息,但是并没有同意黄天提出的将全部债务平移给金港公司的意思,更没有同意借款 400 万元给金港公司。

对金平的主观上的真实意思,其本人供述与证人苏某(经适房公司财务人员)的证言可以相互印证。苏某的证言中有这样一个关键细节:2008 年 3 月,她将一张 400 万元、收款事由为“二期经济适用房房款”的收款收据送给黄天后,拆迁办迟迟没有打款到经适房公司账上;苏某便向金平汇报这一情况,金平立即要求苏某去追要;此后,黄天给了苏某一张金港公司收到经适房公司 400 万元临时借款的收据,并要她在经适房公司账上按照“应收款”记账;苏某将此情况向金平汇报后,金平的反应是“开始一愣”,然后说“黄天怎么拿这个收据给我们”,接着就让苏某继续找黄天,而黄天则仍坚持要苏某按他说的方法记账;由于金平没有同意,苏某始终认为经适房公司从来就没有借过钱给金港公司,所以就一直都没按黄天说的方法记账。直到金港公司破产,为配合清算,经适房公司才在 2009 年 7 月将黄天转交的金港公司的借条作为应收款补记入账,而金平早已在 2008 年 10 月就退居二线了。这些证据足以证明,金平只是请黄天帮忙向金港公司追回经适房公司因借款而付出的利息,并没有同意受让全部债权,更未同意借款400万元给金港公司。

3. 从本案的客观方面来看,黄天向经适房公司、金港公司两头欺瞒,并违背真实情况、擅自更改拆迁办的财务会计账目,以制造拆迁办将其对金港公司的全部债权转让给经适房公司的假象。但是,事实上黄天虚构的所谓"债权转让"并不存在。

将金平的供述、庄某(金港公司工作人员)的证言、黄天的供述、相关书证进行比对分析,就能够相互印证、足以证明事实真相:

其一,被告人金平供述称:2008年春节后,自己到市拆迁办找黄天追讨资金时已明确说了,要求金港公司偿还经适房公司代垫的借款利息;此后,黄天告诉金平,金港公司同意支付利息,但提出要签个借款协议书。金平不明真相,便同意黄天去操作。

其二,证人庄某在2013年1月11日作证称:2008年春节以后,黄天经常到金港公司来要拆迁补偿款,当时由于金港公司资金紧张,庄某请黄天帮助筹集资金偿还欠款。黄天对庄某称,"房改办(亦即经适房公司)有400万元可以借给你们用",并要庄某除按银行同期利息付息外,还要按借款总额的10%支付佣金。于是,庄某按照黄天的要求,将400万元借款10%的佣金40万元打到黄天指定的他人银行卡上。经查,该银行卡所有人为黄天的岳父戚某。黄天为了从金港公司谋取40万元的不正当"佣金",才向金港公司谎称,可以向经适房公司借款400万元。

其三,黄天供述称:其明知拆迁办没有收到金港公司400万元,但仍开了一张400万元的收据给金港公司,并要拆迁办出纳会计王娟按他的要求做两笔账,在和金港公司的往来账上减少400万元应收拆迁补偿款,在和经适房公司往来上减少400万元应付款。由此一来,在拆迁办的账目上就形成了这样的假象,亦即市拆迁办将其对金港公司的400万元债权转让给经适房公司。

其四,证人王娟(拆迁办出纳)在2013年2月24日作证称,拆迁办没有收到金港公司的400万元,也没有向经适房公司支付400万元;但是,黄天仍违反财务纪律,拿了两张收据给她记账,并对她讲"金港公司直接将房款打给经适房公司了,我们也在账上反映一下拆迁办与经适房公司、金港公司之间的往来"。王娟的证言还证实,根据财务管理制度,只有收据没有现金往来,是不能走账的。但因为黄天当时是拆迁办的总账会计兼党支部书记,黄天作为上级领导仍坚持要王娟这样记账。这样,在拆迁办的账上就出现了没有收到金港公司付款,却有收到金港公司400万元的虚假记载;没有向经适房公司付款,却有付给经适房公司400万元的记载的记账凭证。由此可见,对有关400万元的账务处理,都是由黄天谋划并操作所形成的假象。但是,在民事法律关系中,债权转让须在债权出让方(原债权人)与债权受让方(新债权人)之间形成合意,并将债权转让的事实通知债务人。但是,金平和经适房公司并未同意受让拆迁办对金港公司的债权,而且金港公司接收到的并非真实的债权转让通知,仅是黄天为非法获取佣金而编造的"可以向房改办(经适房公司)借款400万元"的谎言。因此,在事实和法律层面并不存在所谓的经适房公司受让拆迁办对金港公司的债权。因此,对虚假"债权转让"承担法律责任的应当是黄天,而不应是受到黄天欺骗的金平。

4. 从本案的损害后果来看,虽然经适房公司在金港公司的破产程序中申报了400多万元的破产债权,但不能由此认定市拆迁办已将其对金港公司的债权转让给了经适房公司,也不能将200万元债权不能清偿的损害后果归因于金平,更不能由此推定金平实施了滥用职权的行为。

首先,案卷材料反映,经适房公司主动申报破产债权400多万元的原因是,经适房公司接任金平职务的领导看到,金港公司账上所谓的"向经适房400万元借款"的记账凭证,在不了解真相的情况下,错误认为经适房公司借给金港公司400万元,所以应申报破产债权。虽然,法院对"佣金"还是"利息"问题做出了民事裁定,但该裁定所依据的金港公司账目在刑事诉讼过程中已被证明是错误和虚假的,因此在本案中不能依据金港公司账目上的虚假、错误记载,就推定借款合同已实际履行,也不能认定经适房公司受让了债权。因为刑、民案件的证明标准完全不同,关键证据已被推翻的民事裁判更不能对刑事案件的事实认定产生"既判力"。

其次,黄天对经适房公司、金港公司"两面欺瞒",制造了拆迁办对金港公司享有的债权转让给经适房公司的假象,但是事实上三方并不存在真实合法的债权转让法律关系。在得知金港公司资产无力清偿到期债务的情况下,经适房公司积极申报400万元的债权,一方面是金平直到退居二线后才听说有400万元的问题,才积极向有关领导汇报,并希望妥善处理;另一方面实际上是配合破产程序,积极挽回黄天违法行为所造成的经济损失,从本质上讲也是在为×市政府挽回损失。虽然拆迁办账目反映经适房公司有对金港公司400万元借款的债权,并申报了破产债权,但本借款实际并未履行,在民事法律关系上也不存在所谓的"债权转让",而只是拆迁办在账面上的。所有的证人证言都明确这样做违反了财务记账规范,在民事借款法律关系都不成立的情况下,举重以明轻,则当然不能追究金平的刑事责任。绝不能因为经适房公司为了维护X市的整体利益申报了债权,就认定经适房公司受让了该债权,更不能以此为由认定金平滥用了职权。

最后,现有证据不能排除400万元已经包含在土地开发储备中心申报的债权中,经适房公司所申报的对金港公司400万元债权是“重复申报”。市政府分管领导杨某的证言证实,因金港公司欠政府的钱,政府已将原先出让给金港公司的两小块地收回,当时金港公司破产时,该两小块地没有纳入资产拍卖的范围,就是准备用于处理政府债券的。这种处理方法其实也是违反破产法的,政府债权并非法定的优先债权。这就说明,X市政府在处理金港公司破产的过程中,有很多做法是很不规范的。黄天也供称:“听原X市建设局局长章某讲过,在金港公司挂牌拍卖时,400万元纳入2.28个亿特殊债权做了申报。”虽然章某的证言说,他什么都不清楚,但从他当时的身份来看,他应当是清楚的,他说“不清楚”,其中必定另有隐情。同时,证人韩某某(国土资源管理局局长)作证称,土地开发储备中心申报了28,124万余元的破产债权,其中就包括了经适房公司英武二、三期的异地安置房808套,总价8875万余元,而这些资料就是由拆迁办汇总提供给土地局的。

综上所述,起诉书对金平涉嫌滥用职权和私分国有资产的指控事实不清、证据不足,指控罪名不能成立。对于受贿犯罪,鉴于金平有自首情节,并退清了全部赃款,有真诚的认罪悔罪表现,根据《刑法》第六十七条第一款的规定,应予减轻处罚,并适用缓刑。

【裁判要旨】

一审法院认定,被告人金平作为国家工作人员,利用职务上的便利,非法收受他人财物,为他人谋取利益,其行为已构成受贿罪。被告人金平在担任X市经适房公司的总经理期间,该公司违反国家规定,以单位名义将国有资产集体私分给个人,数额较大,被告人金平作为直接负责的主管人员,其行为已构成私分国有资产罪,且系共同犯罪。公诉机关指控被告人金平犯受贿罪、私分国有资产罪的事实清楚,证据确实、充分,罪名成立,本院依法予以支持。关于公诉机关指控被告人金平犯滥用职权罪的事实,经查,在经济适用住房建设中,为处理因拆迁补偿金未到位而贷款需要承担相应的利息,被告人金平与黄天之共同商议通过订立借款协议、用收据循环抵冲的方式将拆管办对经适房公司的欠款人民币400万元转化为金港公司对经适房公司的借款,对此,被告人金平虽有一定的违规行为,但该行为与最终造成国家损失之间没有刑法上的因果关系,故上述指控的罪名不能成立,本院依法不予支持。被告人金平在案发前自动投案,如实供述自己的受贿罪行,系自首,依法可以从轻或者减轻处罚。被告人金平到案后如实供述自己私分国有资产的罪行,依法可以从轻处罚。被告人金平判决宣告前一人犯数罪,应当实行数罪并罚。

综上所述,鉴于被告人金平受贿罪具有自首情节、当庭自愿认罪且积极退赃,本院决定对其犯受贿罪减轻处罚。考虑到被告人金平在私分国有资产共同犯罪中只是承担领导责任,并未参与分赃,情节相对较轻,本院决定对其免予刑事处罚。据此,被告人金平犯受贿罪,判处有期徒刑4年;犯私分国有资产罪,免予刑事处罚;数罪并罚决定执行有期徒刑4年。

【辩护路径】

一、精准事实定性,应对刑民交叉疑难案件的挑战

本案中最为困难的问题,也是最为成功的辩护,即对检察机关指控的"滥用职权"的分析和认定。起诉书指控的该项罪行,实因拆迁办向经适房公司"转让债权"行为涉及的法律事实一时难以确定,该法律事实属于刑事法律关系和民事法律关系的分类而造成的疑难型刑民交叉案件。因法律事实的复杂性和办案人员认知能力的有限性,造成同一法律事实存在不同的认识和理解,使公、检、法三部门对案件性质的认识存在分歧,在该案是刑事案件还是民事案件之间把握不定,形成了法律事实跨越刑法和民法两个部门法的疑难案件。本案仅从相关合同、拆迁办的账目等书证来看,似乎是拆迁办将其对金港公司的债权"转让"给经适房公司,用以抵销拆迁办对经适房公司的未付债务。但是,"书证本身不会说话",可靠的事实认定必须结合经适房公司、金港公司、拆迁办相关财务人员的言词证据。涉及"债权转让""债权债务抵销"的经适房公司、金港公司、拆迁办三方相关人员,其言辞证据相互对照即显示了本案的真相,经适房公司和金港公司均无"债权转让"的真实意思,而是拆迁办总账会计黄天采用了"两头欺瞒"的方式,获得了经适房公司、金港公司的两份协议,从而将拆迁办从三方债权债务关系中抽身出来,制造了所谓"债权转让和抵消"的假象,拆迁办的账目记载既不符合真实情况也不符合基本的财务会计规则。被告金平作为经适房公司的总经理,在受到黄天欺骗的情况下所做的决定,显然不能定性为"滥用职权"。本案关于"滥用职权罪"的成功辩护,有赖于辩护人对全案证据的完整把握,以及对"债权转让及抵销"民事行为的精准定性。

二、"分案处理"案件之间的综合把握

至于检察机关指控金平的"私分国有资产罪",辩护人坚持认为该项罪名也不能成立。该项事实争议同样属于同一行为的法律事实牵涉民法、刑法两大部门法的性质认定,系属刑民交织的疑难复杂案件。辩护人认为,疑点难点在于另案处理的被告人李丰、吉乾等人私自分配的工程利润19万余元应当如何定性的问题。李丰、吉乾等人系经适房工作人员，但竟私下借用案外单位新天公司的建设工程资质承接本公司发包的工程项目，并将获取的工程利润自行分配。仅从刑法角度来看，表面上看似属于变相将本单位国有资金转移出去并加以私分。但是，不容忽视的是，李丰、吉乾等人虽以"双方代理"违规获得该工程项目，但确实组织人员进行了实际施工并竣工验收，有合法权利获取并支配相应的工程款，况且经适房公司已经实际支付了工程款至新天公司。"双方代理"承接项目的违规行为，并不导致新天公司不能享有工程款的合法所有权，也不能认定该笔工程款仍属于经适房公司所有的"国有资金"，更不能以此推定李丰、吉乾等人分配的工程利润属于"国有财产"。此外，本案还存在另一重大程序性障碍，即李丰、吉乾等"共犯"分案处理，已先行判决定案。检察机关从而得以将李丰、吉乾的"已决事实"及相关证据材料用以指控本案被告人金平犯有"私分国有资产罪"。由此一来，为本案被告人金平的辩护就又多出一重程序性障碍。这种同一事实"分案处理"的不正常现象，虽出于办案机关效率的需要，但是有碍于被告人正当程序性权利和实体公正的实现。该罪名的相对公正客观的处理有赖于人民法院的秉公执法。

三、阅卷务必细致入微，辩护还须讲究策略

本案系当地集中处理系列职务犯罪案件中的一起，牵涉多家当地企业和国家机关、国有企业，案件事实跨越数年之久并横跨民事、刑事多起案件程序。在接到这起案件时，有些人认为，该案系上级纪检监察机关统一办理的专案，只要采取"认罪求情"的简单轻松的辩护方案，即可安心等待组织上的处理决定。但是，辩护人接受委托后迅速开展会见和阅卷工作，被告人金平坚称"没有想过受让拆迁办的债权"，从这一蛛丝马迹出发，辩护人主动联系关联案件办案单位，申请调阅分案处理的被告人的案卷，大海捞针似的从其他案件材料中发现了能够印证被告人说法的相关证据。在案件审理阶段，辩护人坚持从证据事实出发，勇于坚持滥用职权、私分国有资产两项无罪的辩护意见。尽管本案属于系列案件的一部分，受到上级机关和社会当地的普遍关注，但是法院合议庭仍能秉公执法，支持了主要辩护意见，更是非常难能可贵的。

血样矛盾否定血检报告，一人审讯口供不得采信

——汪明涉嫌危险驾驶、妨害公务部分无罪案

【案情简介】

S县国家工作人员汪明，驾车行驶途中发生交通事故，撞坏护栏。后车停路边未熄火，便睡着了。后执勤交警和辅警将其叫醒，发现其处于醉酒状态。于是执勤交警强行将其带到医院，准备进行抽血检查，全程未进行酒精呼气检测。在医院强制其抽血过程中，汪明强烈反抗，咬伤辅警。次日，汪明被送入看守所刑拘。后汪明涉嫌危险驾驶罪和妨害公务罪被追诉。一方面，本案通过辩护人的深度辩护，加上法庭耐心细致的庭审质证，最终只以妨害公务罪对汪明宣判定罪免刑，保住了其公职；另一方面，通过律师的认真辩护和本案的公正裁判，也及时纠正了部分侦查人员不规范执法的问题。

【控方指控】

2012年3月12日夜，被告人汪明酒后驾驶轿车由南向北行驶至明光家园西大门附近路段时，撞到道路中心护栏后，又撞至道路西侧护栏，致车辆、护栏损坏。同日23时许，县公安局执勤民警王军、戴山接巡逻人员报警后前往现场。在现场勘验检查过程中，因怀疑被告人汪明饮酒后驾驶机动车，便将其带至县中医院急诊室抽血化验。被告人汪明拒不配合处理，将县公安局巡警大队辅警李兵手面咬伤，并殴打民警王军。经县公安局法医鉴定，李兵左手面部损伤构成轻微伤。市公安局物证鉴定所出具的理化检验报告书的结论为：送检的汪明的血中检出乙醇，含量为233 mg/100ml。汪明的上述行为构成危险驾驶罪和妨害公务罪。

【辩护要点】

一、现有证据不能证明汪明饮酒后驾车，起诉书指控的“酒后驾驶”不能成立

本案没有充分证据证明汪明在发生交通事故前喝过大量白酒。用以证明汪明发生交通事故前喝过酒的证据仅有7份笔录，其中1份是杨新的证人证言，这份证言证明汪明当晚只喝了半两白酒。即便仅凭这一份证言认定汪明饮酒后驾车，根据医学常识，半两白酒经过2个小时以上的消化吸收，血液中酒精含量已达不到法定的“醉酒”状态。还有4份是汪明喝过酒的笔录，2份是汪明没喝酒的笔录。对于4份汪明喝过酒的供述，辩护人认为，其中3份即2012年3月13日8:30～9:00汪明询问笔录、2012年3月13日凌晨2:30～3:10汪明的询问笔录、2012年3月20日9:50～10:27在S市看守所的供述不具有合法性和真实性，不能作为证据使用。

法庭系基于证据认定事实，汪明于2013年3月20的笔录中有事故发生后因懊恼才在车上喝酒的辩解，法庭要求辩护人举证证明事发车辆中有酒瓶不符合《刑事诉讼法》的规定。辩护人的职责只是提供被告人无罪、罪轻的材料。该节事实不清的主要原因是公诉机关未提供现场拍摄视频等证据以排除合理怀疑。

二、汪明在医院抽血的表现，以及民警在查处汪明发生交通事故时的状态都不能推定汪明具有酒后驾驶的行为

汪明抽血前，交警出警现场并未表明身份，汪明睡得迷迷糊糊被带到医院，到了医院出警人员就拉汪明的手，准备抽血。试问，谁愿意不分青红皂白地被抽血？民警在查处汪明发生交通事故时其睡着了，既然睡着了，就不可能有驾车的行为，汪明更不具有酒后驾车的故意，也不能据此认定具有抽象危险性。佛山市公安局2013年4月17日的一篇报道，辩护人请法庭予以参考：警方查获了一名醉酒睡在驾驶室里的人，未以危险驾驶罪追究刑责。

三、民警戴山未参加对汪明的询问和审讯，其在笔录上的签名系他人代签，相关笔录不能作为证据使用

根据被告人汪明的陈述，第一次询问时，询问人戴山并未到场，只是民警王军和辅警李兵在派出所询问的。对比本案证据卷第16页“戴山”的签名与证据卷“32～35页戴山”的签名明显不同，系他人代签。2012年3月30日在看守所的提讯单中没有民警戴山的签名。讯问笔录中侦查人员戴山的签字与其真实签名不符，系他人代签。根据《刑事诉讼法》的规定，只有一名侦查人员审讯被告人的供述不能作为证据使用。

四、对被告人抽血化验形成的《理化检验报告》，不具有真实性、合法性和关联性，不能作为定案证据

该检验报告记载的检材和样本是“汪明静脉血约3ml”，而医院《血样提取登记表》记载的血样血量是5ml，二者检材血样血量有明显差异。对此，公诉机关没有补强证据，也没能做出合理解释，仅出具“情况说明”，该“情况说明”不能作为证据使用，缺乏证据效力。辩护人当庭做了“3ml与5ml”是否有可能产生视觉误差的模拟实验，法庭都已明察。所以不经调查即出具“情况说明”予以解释的行为，根本不能作为补强材料使用。

综上，本案只有一名民警出警执法违反《刑事诉讼法》的规定，一人询问和提审的笔录不得作为证据采信，样本不明的血检报告不得采信，因此指控汪明危险驾驶的证据明显不足，另妨害公务罪的情节显著轻微，请求法庭依法宣判被告人无罪。

附：非法证据排除申请书

申请事项：

一、依法排除汪明2012年3月13日8:30～9:00的询问笔录和2012年3月30日9:50～10:27在看守所的讯问笔录；

二、依法排除(2012)88号《理化检验报告》。

事实与理由：

一、上述询问和讯问笔录系一名侦查人员调查取证，依法不能作为证据采信

1. 根据被告人汪明的陈述，第一次询问时，询问人戴山并未到场，只是民警王军和辅警李兵在派出所询问的；

2. 对比本案证据卷第16页“戴山”的签名与证据卷“32～35页戴山”的签名明显不同，系他人代签；

3. 2012年3月30日在看守所的提讯单中没有民警戴山的签名；

4. 讯问笔录中侦查人员戴山的签字与其真实签名不符，系他人代签。

二、《理化检验报告》中载明的鉴定血量与送检委托书中载明的血量不一致，检材来源不明，应予依法排除

该检验报告记载的检材是“汪明静脉血约3ml”，而医院《血样提取登记表》记载的血样血量是5ml，两份检材血量有明显差异。对此，公诉机关没有做出合理解释，仅出具“情况说明”，该“情况说明”不能作为证据使用。根据《刑事诉讼法》第五十四条和第五十七条①的规

① 2018年修订的《刑事诉讼法》第五十六条和第五十九条。

定,向贵院申请排除非法证据。

申请人:薛火根　刘艳龙律师

二〇一二年五月四日

【裁判要旨】

一审判决认定,被告人汪明的讯问笔录存在重大瑕疵,相关机关和办案人员未能予以优先补正或做出合理解释;且关于汪明体内酒精含量的理化检验报告书中载明的鉴定血量与送检委托书中载明的血量不一致,该鉴定结论存在瑕疵,也未能通过调查核实予以排除。对汪明醉酒后驾驶车辆的指控,证据不足。汪明以暴力方法阻碍国家机关工作人员依法执行职务,其行为已构成妨害公务罪,但情节轻微,不需要判处刑罚,判决汪明犯妨害公务罪,免予刑事处罚。

【辩护路径】

一、会见和阅卷,发现案件真相

本案被告人涉嫌两罪,又系国家工作人员身份,如两罪皆定,通常会处以实刑并开除公职,事关被告人人生命运。应该说本案系重大复杂案件,虽然案卷材料不多,但隐藏在案卷中和案卷外的相关事实都是辩护人要全面掌握的,为此深度阅卷和深度会见尤其重要。通过会见,辩护人发现本案全程出警取证都是一名民警带一名辅警,并非两名侦查人员依法执法,因此,相关现场勘验、收集证据的行为不符合《刑事诉讼法》的强制性规定,应予排除。通过会见辩护人也得知侦查民警戴山根本未到看守所提审,但该次提审笔录上却有其签名,再比较戴山的真实签名,发现该次提审签名实为他人代签,还有另一份询问笔录也是如此,所以该两份供述不能被法庭采信。

二、辩护人当庭演示血样数量否定血检报告

检验报告的真实性、合法性和关联性问题,公诉机关做了如下说明:鉴定样本与提取样本数量不一致是"鉴定人视觉误差,导致记录错误"。对此,辩护人庭前已有准备,当庭以"相同刻度的试管分别装上 3ml 和 5ml 可乐"作模拟实验,结论一目了然,两者在视觉上存有巨大差距,鉴定人不可能记录错误。因此本案关键证据《理化检验报告》已无法保证其真实性、合法性和关联性,该鉴定意见没有得到法庭采信,从而否定了公诉机关的指控。

改判篇 2

律师千里取证一剑封喉，多维度辩护五罪去三

——金钢虚开增值税专用发票、挪用资金、职务侵占、非国家工作人员受贿、故意销毁会计凭证一审部分无罪和二审改判案

【案情简介】

夕阳下，川流不息的江阴长江大桥东侧，"东升造船""江苏旭升"的巨大红字伴随着锈迹斑斑的数艘在建远洋巨轮格外刺眼，曾经的繁华喧嚣已今非昔比。

江苏东升造船有限公司（以下简称东升造船），坐落于J市。从一所职工不足百人、资产仅300万元的小造船厂，发展到国内第二家在境外上市的民营造船企业，在相当长的一段时期，东升造船都是我国民族造船行业的佼佼者。

2014年全球造船市场遭遇寒冬，东升造船也经营欠佳，诉讼不断。2015年8月19日，当地警方以东升造船董事长金钢涉嫌犯罪为由，对其指定居所监视居住，随即逮捕，东升造船的经营雪上加霜，深陷困境。

辩护人接受委托时，金钢面临虚开增值税专用发票、挪用资金、职务侵占、非国家工作人员受贿、故意销毁会计凭证5项罪名的指控，其中虚开增值税专用发票数额为3288万元，挪用资金金额为4000万元，一旦指控成立，数罪并罚之下，被告人金钢将面临最高25年左右的有期徒刑。

从侦查到二审宣判，时间长达3年3个月，历经一审、二审，最终法院采纳辩护人意见，对5项指控罪名中虚开增值税专用发票、挪用资金、职务侵占3项罪名不予认定，刑期也由最高的25年有期徒刑降为5年有期徒刑。

起诉书指控金钢罪名、面临刑期和辩护结果见表1。

表1 起诉书指控金钢罪名、面临刑期和辩护结果

<table>
<tr><th>5项罪名</th><th>金额</th><th>面临刑期</th><th>数罪并罚</th><th>辩护结果</th><th>采纳阶段</th></tr>
<tr><td>虚开增值税专用发票罪</td><td>3288万元</td><td>10年以上有期或无期徒刑</td><td rowspan="5">因一审由基层法院管辖，故数罪并罚最高可判处25年有期徒刑，并处没收财产</td><td>无罪</td><td>一审采纳</td></tr>
<tr><td>挪用资金罪</td><td>4000万元</td><td>3～10年有期徒刑</td><td>无罪</td><td>一、二审采纳</td></tr>
<tr><td>职务侵占罪</td><td>141万元</td><td>5年以上有期徒刑</td><td>无罪</td><td>二审采纳</td></tr>
<tr><td>非国家工作人员受贿罪</td><td>80万元</td><td>5年以下有期徒刑</td><td>从轻</td><td>一、二审采纳</td></tr>
<tr><td>故意销毁会计凭证罪</td><td>2137万元</td><td>5年以下有期徒刑</td><td>从轻</td><td>一、二审采纳</td></tr>
<tr><td colspan="6">一审判决：虚开增值税专用发票罪不成立，挪用资金罪第一笔3000万元指控不成立，第二笔1000万元判处有期徒刑4年6个月，职务侵占罪判处有期徒刑5年8个月，非国家工作人员受贿罪判处有期徒刑3年7个月，故意销毁会计凭证罪判处有期徒刑2年，决定执行有期徒刑12年6个月</td></tr>
<tr><td colspan="6">二审判决：第二笔1000万元挪用资金罪不成立，职务侵占罪不成立，撤销原一审判决，改判有期徒刑5年</td></tr>
</table>

【控方指控】

被告人金钢，原东升造船董事长及法定代表人。2006年，东升造船自然人股东在英国维尔京群岛设立JRSO公司，后以该公司名义在新加坡出资收购设立JRS国际控股有限公司（以下简称JRS公司），同年8月，JRS公司在国内出资设立江苏旭升造船有限公司（以下简称江苏旭升）作为该公司的子公司。金钢在担任上述公司总经理、董事长和董事会主席期间，涉嫌如下犯罪事实。

一、虚开增值税专用发票罪

2008～2013年，江苏旭升与鼎丰贸易有限公司（以下简称鼎丰公司）有常年船用钢材贸易往来，2010年，金钢指使鼎丰公司实际控制人孙丰在没有发生真实货物购销的情况下，以鼎丰公司销售钢材的名义，虚开增值税专用发票至江苏旭升，由金钢审批支付对应票面货款给鼎丰公司，再由鼎丰公司扣除一定费用后将余款汇给金钢及其指定的他人账户使用，虚开发票计30份，发票税价合计人民币3288万元，税额合计477万元，后江苏旭升经金钢审批后至当地国家税务局进行了抵扣。

二、挪用资金罪

2011 年 10 月 17 ~ 18 日许，金钢未经董事会研究，擅自安排江苏旭升会计张梅从公司账户分别汇出 953 万元、1019 万元、1028 万元至三家公司，再由金钢及张梅让三家公司配合，将上述共计 3000 万元资金按照金钢的决定，以不同金额分别汇至包括被告人金钢在内的东升造船 17 名自然人股东名下的个人账户，后将上述 17 个账户上钱款以缴纳出资的方式汇至江苏鼎海公司的验资账户。2011 年 10 月 26 日，江苏鼎海公司验资结束后，张梅将上述 3000 万元归还至江苏旭升账户。

2013 年 12 月 10 ~ 11 日许，金钢未经董事会研究决定，擅自安排张梅从江苏旭升账户转出 1040 万元至东升造船账户，又将其中 1000 万元汇至江苏鼎海公司在北京开设的账户，再将其中的 400 万元、490 万元以转账的形式汇至金钢之女金花及朋友李向友名下的个人账户，后金花、李向友、江苏鼎海公司以缴纳出资的方式将上述总计 1000 万元汇至中融鼎海公司的验资账户，中融鼎海验资结束后，2014 年 1 月 2 日，上述 1000 万元返还至江苏旭升账户。

三、职务侵占罪

2011 年 9 月 15 日，金钢利用职务便利，指使张梅从上述账外资金账户汇款 141 万元至广东家具公司，用于其个人购买家具。

四、非国家工作人员受贿罪

2012 年 8 月 24 日，金钢利用其担任江苏旭升董事长和总经理的职务便利，在江苏新能电力器材有限公司（以下简称新能公司）承揽江苏旭升舾装件等加工业务过程中，在江苏旭升办公室内，非法收受新能公司法定代表人王斌为获得结算等方面的关照而给予的银行卡 1 张，内存 80 万元，该 80 万元后均被金钢个人使用。

五、故意销毁会计凭证罪

自 2007 年 1 月，金钢作为江苏旭升董事长，指使出纳张梅将江苏旭升等关联公司部分废钢销售收入作为账外资金，存放于张梅夫妇个人名义所开设的银行账户。

2013 年 10 月，金钢将上述账外资金收支原始资料予以丢弃，涉案金额达 2137 万元。

【辩护要点】

本案案情重大、疑难、复杂，涉及多个罪名，辩护人历经一审、二审，围绕程序、证据、法律适用和刑事政策 4 个方面展开辩护。

一、一审辩护要点

(一)本案侦查程序和相关取证严重违法,已经影响案件公正处理,在案有罪言词证据和书证均不能采信

1. 本案取证主体不具有合法性,实际办案人员与立案的侦查机关严重分离,所取证据是公安机关违反法定程序、滥用侦查权的结果,应当一律排除。根据受案登记表、立案决定书等法律文书,本案在2015年8月17日的立案主体是T市公安局直属分局,在8月19日进行指定居所监视居住的主体也是T市公安局直属分局,后经过近5个月的侦查,直到2016年的1月12日,本案才移送J区公安局。但是,在案笔录及同步录音录像等证据均显示:本案自T市公安局直属分局立案至移送管辖止,讯问被告人、询问证人等实际侦查取证活动,均由郑羽、张定军等J区公安局警官进行,立案的侦查机关与办案人员严重分离,系明显的取证主体违法,所取证据是完全违反法定程序和滥用侦查权的结果,应当一律排除。

2. 本案的专案组完全是J区公安局越权成立的,该侦查主体不具有合法性。首先,在办案人员组成上,根据被告人当庭供述以及讯问笔录、询问笔录客观载明的办案人员身份,本案自始至终均是J区公安局经侦大队张定军等警官在进行取证工作,没有任何一名T市公安局直属分局的警官参与案件取证。同时结合辩方提交的证人江红证言、原辩护律师刘瑜证言以及其与警官张定军的短信往来,被告人在监视居住期间,从会见申请的批准、时间协调到生活用品的送达接收,也均是由J区公安局经侦大队的警官负责,这与公诉人所提出的T市公安局直属分局主办、抽调区级干警参与配合的侦查方式存在本质区别。其次,从对外办案机关名义的角度,如果是抽调到上级办案,那么完全应以T市直属分局的名义办案,正如检察机关如果在系统内部抽调区院检察员到市院办案一样,在出庭时肯定是以市院公诉人的名义出庭公诉。结合在案笔录,在辩护人列举的违法取证列表中,除前两次讯问外,其他所有调查笔录记载的都是"J区公安局",这与上级专案组抽调人员办案也存在本质的区别。且如果是T市直属分局组成专案组、抽调人员,那么应当主要由T市直属分局的警官调查取证,抽调的警员仅是做些配合抓捕、外调等配合性的辅助工作,但根据在案卷宗及法庭调查查明的事实,侦查机关补充出具的《情况说明》中,所列明的T市公安局直属分局的专案组成员从未参与过本案的办理,实际办案人员都是J区公安局的警官,对外也是以J区公安局名义办案。

刑事诉讼法就是用来规范所有诉讼参与人,尤其是用来规范司法人员,保证依法办案的。如果认可本案这种形式的专案组是合法的侦查主体,那么刑事诉讼法、

司法解释所设立的管辖制度、立案制度均会被架空,没有任何实质意义可言,法律的尊严更是荡然无存!

作为人民检察院,既要代表国家出庭公诉,更要代表人民、国家和法律对侦查活动行使监督权,并对非法取得的证据予以排除,但本案J区人民检察院放任滥用侦查权、将非法证据当庭出示举证的行为,更是执法违法!

最后,J区公安局虽然在2016年1月12日接受案件移送、立案侦查,此后在形式上取得了侦查权,但被告人申请回避的问题依然没有解决,所谓移送侦查的办案主体与之前的违规越权办案、滥用侦查权的主体是同一主体,这显然属于《刑事诉讼法》第二十九条所规定的“可能影响案件公正处理的情形”,移送行为本身就是严重违法的,2016年1月12日之后取得的言词证据当然也应作为非法证据坚决排除。

3. 办案机关对被告人金钢、张梅以疲劳审讯、非法拘禁等方式违法取证,相关有罪供述都不应采信。根据金钢讯问笔录记载,“我要求卧床休息,你们这是对我的虐待”,“对我这个将近60岁的老人每天16个小时被锁在笼子里接受讯问是一种虐待”。金钢在2016年7月8日审查起诉阶段的笔录也证实,“监视居住5个月内,每天将我带到办案中心对我有十几个小时的长时间讯问……公安还对我罚站”。结合被告人的当庭供述,在5个月的监视居住期间内,被告人每天早上7点被提到办案点,一直到晚上9点结束。因此,办案人员在取证中,尤其是监视居住期间,存在以疲劳审讯、变相肉刑逼取口供的非法取证行为。

根据被告人张梅的当庭供述,她是在没有任何强制措施手续的情况下,被办案人员带到金钢的监视居住点,长达三四个月,名义上是配合查账,实质上是被非法拘禁,睡觉时有专门的办案人员在场,连日常散步都有两名便衣女民警随身“陪同”。因此,张梅虽然当庭表示是自愿配合,但结合其在庭审当中的言谈举止可以判断,侦查机关完全以非法限制人身自由的方式,对她实施心理强制,进行违法取证。根据最高人民法院、最高人民检察院、公安部、国家安全部、司法部2017年6月27日颁布的《关于办理刑事案件严格排除非法证据若干问题的规定》(法发〔2017〕15号)第四条之规定,“采用非法拘禁等非法限制人身自由的方法收集的犯罪嫌疑人、被告人供述,应当予以排除”,所以张梅在案的有罪供述不能采信。

4. 办案人员在监视居住期间违法限制金钢的辩护权和律师会见权。首先,根据金钢的原辩护律师刘瑜的证言,律师如果不经过申请,根本不能会见到被告人,且会见时一般都有人在门口看管,有时说话声音不大,警官还要提醒声音大一点,甚至在会见时所记录的笔录都在会见结束时必须由警官审查。办案警官张定军虽然当庭对限制被告人辩护权的事实持否认态度，但根据其证言，一般都会在律师提出申请后两三天才安排会见。根据《刑事诉讼法》第三十七条的规定，即便是被采取拘留、逮捕等更为严重的强制措施，安排律师会见的时间至迟也不得超过48小时，张警官的证言本身已经证实了存在限制被告人辩护权、律师会见权的情形。且本案并不属于《刑事诉讼法》规定的三大类必须经审批才能会见的案件，又是被监视居住期间，辩护律师依法应当可以自由会见。

5. 被告人供述、证人证言等言词证据之外的相关财务资料不具有完整性，不能作为定案依据。结合本案在侦查取证阶段存在严重违法情形，在案的言词证据应当一律予以排除。对于侦查阶段所取得的银行流水、账目往来，虽然其作为客观书证不易更改，但是这些财务书证如江苏新能公司、江苏旭升的往来账等书证，均不完整或者根本没有调取，这些证据对于被告人金钢是否构成犯罪的认定具有十分巨大的意义，即便经辩护人多次申请，仍未调取，其完整性难以保障。根据《刑事诉讼法》第五十条①之规定，“审判人员、检察人员、侦查人员必须依照法定程序，收集能够证实犯罪嫌疑人、被告人有罪或者无罪、犯罪情节轻重的各种证据”。因此，在案银行流水、账目往来等证据虽然是客观的，但并不全面，不具有完整性，只有在全面调取有罪、无罪、罪轻证据的情况下，才能作为证据，否则不应采信。

综上，对民众来说，是“法无禁止即可为”，但对司法机关来说，必须是“法无授权即违法”，执法违法是不可原谅也是不能容忍的，执法违法的机关必须承担法律责任，这也正是《宪法》《刑事诉讼法》规范制约公权力机关、防止权力滥用、保障人权的必然要求。

根据最高人民法院、最高人民检察院、公安部、国家安全部、司法部2017年6月27日颁布的《关于办理刑事案件严格排除非法证据若干问题的规定》（法发〔2017〕15号）第三十四条、第三十五条之规定，“经法庭审理，确认存在本规定所规定的以非法方法收集证据的情形的，对有关证据应当予以排除。法庭根据相关线索或者材料对证据收集的合法性有疑问，而人民检察院未提供证据或者提供的证据不能证明证据收集的合法性，不能排除存在本规定所规定的以非法方法收集证据情形的，对有关证据应当予以排除。对于依法予以排除的证据，不得宣读、质证，不得作为判决依据”，“人民法院排除非法证据后，案件事实清楚，证据确实、充分，依据法

---

① 2018年修订的《刑事诉讼法》第五十二条。

律认定被告人有罪的,应当作出有罪判决;证据不足,不能认定被告人有罪的,应当作出证据不足、指控的犯罪不能成立的无罪判决”。

金钢案作为社会广泛关注、影响特别巨大的案件,其不仅涉及金钢等其他三位被告人的人身自由,涉及金钢团队十多年艰苦创业所得的几十亿元资产的去向,涉及国家银行的数十亿元贷款能否收回,更关系到十几家相关企业的生死存亡、数万名企业员工的生活经济来源,在本案现有证据取得存在种种问题、严重违法的情况下,如果不将上述明显的非法证据排除,其得出的判决结果实在难以保证公正合理。据此,辩护人请求合议庭详尽地研究本案的程序问题,对本案在侦查阶段所获取的有罪言词证据和不全面的财务资料一律予以排除,以维护司法公正、保障当事人合法权益。

(二)起诉书关于被告人金钢涉嫌虚开增值税专用发票罪的指控事实不清、证据不足,该节指控不能成立

1. 客观书证作为关键证据,不具有完整性。江苏旭升和鼎丰公司作为买卖双方,存在长期、稳定、巨额的经济往来,虽然开票当时没有对应货物交接,但这只是常年合作伙伴之间在开票付款和送货时间先后顺序上的灵活调整,与待证事实之间不存在必然联系。相反,控方提交法庭的在案票据、送货单和入库单等书证,都只是对双方多年贸易往来的部分调取,并不能反映双方完整的经济往来情况。结合被告人“部分原材料采购先开票后付款、后期补入库”的供述,在未对双方经济往来进行完整、全面清查的情况下,关于被告人金钢涉嫌虚开增值税专用发票的指控,在证据收集和事实的认定上,存在断章取义、人为网罗罪名之嫌。

2. 鼎丰公司负责人孙丰的供述与客观书证之间也供证不一。根据孙丰的有罪供述,在江苏旭升付款后,鼎丰公司扣除 17% 的税费后,通过向金钢个人账户打款归还剩余货款。但指控的虚开票据票面金额和调取的每一笔银行流水金额之间,均不能形成精确或基本一致的一一对应关系,孙丰向金钢个人打款与江苏旭升向鼎丰公司打款之间,在单笔数额上也根本不存在孙丰所谓的“扣除 17% 税费”的比例对应关系。根据孙丰对银行流水的辨认和供述,鼎丰公司共向金钢个人打款 2380 万元,按 17% 的税率计算开票金额应为 2785 万元,江苏旭升向鼎丰公司打款的金额也应当是 2785 万元,但起诉书指控孙丰虚开发票的金额为 3288 万元,且定性“鼎丰公司与金钢个人账户往来”是“虚开增值税专用发票的还款行为”,如果起诉书指控成立,则意味着鼎丰公司在江苏旭升 2785 万元的打款金额之外,还主动亏本地向江苏旭升多开了 503 万元票据,并为此多承担 85 余万元税金,这种做法有违

常理。因此,孙丰有罪供述不仅不能证明起诉书指控的待证事实,反而证明起诉书指控的待证事实之间相互矛盾、漏洞百出。

即便涉案发票开具当时暂无实际交易,但后续货物交易时,也不再另行开票,对先前开票进行抵充,涉案行为也没有造成国家税收损失。根据孙丰的供述,“我开票了,进项的票,我拿到钱之后再送货,应该就是时间差,不存在税款损失”,同时结合法庭调查阶段辩方举证的事实,江苏旭升生产的船舶用于对外销售,购买方国外企业支付船款,根本不需要江苏旭升为其开具增值税专用发票。因此,江苏旭升在纳税申报上不仅不存在虚开增值税专用发票的实际需要,反而每年都存在巨额可抵扣的进项税没有抵扣的情况,涉案行为根本没有给国家造成任何税收损失。

相反,被告人金钢稳定的无罪辩解,得到了在案银行流水的高度印证。根据被告人金钢的供述,调取的银行流水是鼎丰公司与其个人的借贷往来,与开票行为无关,在 2012 年时,金钢已经从其个人的银行账户分五六次归还给鼎丰公司。根据调取的金钢农商银行流水及凭证,金钢确实在 2012 年 6 月 5 ~ 11 日,先后分 6 次向鼎丰公司打款共计 2510 万元,打款时在银行出具的进账单备注一栏,也明确记载该 2510 万元用途为“还款”,这一组书证与金钢的无罪辩解高度印证,证实公诉机关作为指控基础的相关钱款往来,与待证的犯罪行为之间没有任何关联。

综上所述,公诉机关关于涉案票据无真实交易的事实推定未能得到其他客观证据的印证,尤其是在存在反映无罪的被告人供述和客观书证的情况下,起诉书该节指控不能成立。

(三)被告人从公司转出 4000 万元资金都是为关联公司和本公司及全体股东利益,且没有造成任何实质的法益侵害,不构成挪用资金罪

首先,第一笔 3000 万元的资金的所有者是江苏旭升,使用者是东升造船,从形式上看,东升造船为了能够在国外上市,由其股东以同样的股权份额设立 JRS 公司,江苏旭升又是 JRS 在国内的全资子公司,江苏旭升和东升造船之间,实际的自然人股东相同,工作人员相同,办公地点相同,是典型的“两块牌子一套班子”;从实际运营上看,先由东升造船出面承接业务,然后转接委托江苏旭升加工,东升造船与江苏旭升之间是一种深度、封闭的合作关系。两家公司是利益上荣损与共的高度关联企业。

同时,根据辩护人提交的国防科学技术工业委员会《船舶生产企业生产条件基本要求(试行)》(科工三司〔2005〕1220 号)等书证,结合王阳等其他股东的在案证言,一致印证了以下事实:江苏旭升的 3000 万元资金虽然在不同的法人主体间流转

走账，但从公司层面来看，其实际目的是在国家对造船行业进行整顿的特殊背景下，为东升造船保留造船资质，使其得以继续生产经营，在两家公司股东相同、业务相通、利益荣损与共的情况下，为了维护东升造船的自身利益。

退一步讲，即便从个人层面，江苏旭升与东升造船之间股东相同，江苏旭升出资保全东升造船的造船资质，让东升造船得以继续经营，最终也是为资金所有者江苏旭升名下全体股东牟利。

因此，该第一笔3000万元资金的使用，既没有给资金所有者江苏旭升及其各个股东造成任何损失，也没有出现欠付员工工资、影响公司自身经营的情况，更没有损害当时公司对外债权人的利益，反而使江苏旭升的关联公司东升造船保留了经营资质，涉案行为不仅没有社会危害性，反而最终实现了两个公司和股东个人的双赢效果，不构成挪用资金罪。

其次，关于第二笔1000万元资金的使用，成立的中融鼎海国际公司，实际上完全是江苏旭升、东升造船等关联企业的对外融资平台，充当了江苏旭升在北京对外融资的平台公司，是为江苏旭升、东升造船的公司利益而设立，金钢就该1000万元也不构成挪用资金罪。

（四）金钢的借支行为并不违反江苏旭升既有的财务制度，关于其涉嫌职务侵占罪的指控不能成立

首先，从证据上看，根据会计张梅的证言，江苏旭升科长以上级别的，基于工作需要都可以预支款项，可以做个人往来账，可见江苏旭升原本就存在个人从公司借款使用、事后结算的制度，金钢个人与公司存在频繁经济往来，在案证据已经证明金钢个人也有后续还款的行为，在双方债权债务尚未全部厘清的情况下，现有证据不能证实金钢存在非法占有公司资金的行为和目的。

其次，从情理上看，指控的侵占行为发生在江苏旭升经营红火、快速发展的时期，当时金钢作为最大的股东，其个人利益和公司利益高度一致，金钢每年经手资金达几十亿元，根本不存在侵占这笔140余万元款项的实际必要和犯罪动机。

最后，涉案款项所购买的家具就安置在玫瑰园别墅中，该别墅紧邻江苏旭升造船场地，是金钢日常办公的主要场所，购买家具也具有办公使用的目的，起诉书关于职务侵占罪的指控不能成立。

中共中央、国务院在2016年11月4日《关于完善产权保护制度依法保护产权的意见》（中发〔2016〕28号）中强调："要以发展的眼光客观看待和依法妥善处理改革开放以来各类企业特别是民营企业经营过程中存在的不规范问题，准确把握经

济犯罪入刑标准,防范刑事执法介入经济纠纷,防止选择性司法。"最高人民检察院2017年1月9日发布的《关于充分履行检察职能加强产权司法保护的意见》(高检发〔2017〕1号)明确规定"对民营企业生产、经营、融资等经济行为,除法律行政法规有明确禁止外,不以违法犯罪处理,对于正在办理的涉产权刑事案件,法律和司法解释规定不明确、法律界限不明、罪与非罪界限不清的,不作为犯罪处理"。因此,被告人金钢作为我国造船业较早的一批民营企业家,为国家民营造船行业的发展壮大并走向国际市场做出了巨大贡献,争取了荣誉。不可否认,金钢及其企业在摸着石头过河的探索发展过程中,存在不规范之处,但不能机械地一律上升到刑事犯罪程度,简单地以刑罚手段予以惩处。因此,辩护人恳请合议庭综合本案在案证据,同时结合案件特殊的时代背景、社会因素,排除相关单位、人员的非法干扰,以证据为依据,以法律为准绳,以审判为中心,依法宣告被告人金钢无罪。

二、二审辩护要点

本案一审判决虽然支持了辩护人关于虚开增值税专用发票罪和挪用资金罪第一笔3000万元不构成犯罪的辩护意见,但仍然认定起诉书指控的其他犯罪成立。案件进入二审后,辩护人在坚持一审期间提出的关于程序违法、非法证据排除、职务侵占等罪名不能成立的辩护意见的同时,专门针对挪用资金1000万元成立的一审判决进行取证,从南京赶赴北京找到李向友进行取证,结合李向友出具的证言及提供的相关书证,辩护人在二审中补充提供了如下辩护意见:

涉案1000万元资金是用于为公司在北京设立融资平台,是为公司及全体股东谋利,上诉人金钢就该1000万元不构成挪用资金犯罪。

从资金流向上看,虽然该1000万元分三笔打入江苏鼎海公司、金花及李向友个人账户,但江苏鼎海公司是江苏旭升的子公司,金花是江苏旭升母公司JRS公司的董事会主席、江苏旭升董事长金钢的女儿,根据辩方提供的李向友的证言及《江苏旭升有限公司私募债券财务顾问协议》,李向友担任董事长的信投公司是江苏旭升的长期融资战略伙伴,更是江苏旭升母公司JRS公司的投融资顾问,起诉书及一审判决认定"江苏鼎海公司、金花和李向友是与江苏旭升无关的第三方"的论断显然不能成立。

从实际操作上看,会计张梅的供述、金花和李向友的证言也证实,资金支出、如何分配均是由金钢决定,金花、李向友只是提供个人身份证等基础资料,涉案1000万元钱款自江苏旭升支出到归还,始终控制在江苏旭升工作人员手中,不存在任何风险;从使用目的上看,成立的中融鼎海国际公司,实际上完全是江苏旭升、东升造船等关联企业的对外融资平台,充当了江苏旭升在北京对外融资的办事处的角色,金花和李向友只是挂名股东,如果没有江苏旭升等公司的实体企业担保,该公司根本无法开展经营,公司的经营控制权也完全掌握在江苏旭升手中。因此,不能只根据资金流向个人的表象,就片面地认定犯罪,要透过现象看本质,金钢就该1000万元也不构成挪用资金罪。

【裁判要旨】

一、关于虚开增值税专用发票罪指控的认定

针对控辩双方提出的意见,结合本案的证据,就虚开增值税专用发票部分,本院评判如下:

1. 是否有真实货物往来的事实认定

开票方鼎丰公司实际负责人孙丰虽然在庭前存在有罪供述,但后来供述涉案票据均实际供货。且实际在2010年之后,鼎丰公司与江苏旭升仍存在大数目的业务往来。孙丰的供述及其他证人证言均证实当时存在退票的情况,在江苏旭升2013年的用款申请单上,也有记载鼎丰公司欠票1700万元的字样,所以关于被告人虚开增值税专用发票的指控,目前证据达不到确实、充分的证明要求。

2. 被告人金钢是否与鼎丰公司、孙丰构成共同犯罪

就虚开增值税专用发票的行为,证实双方合谋的直接证据只有孙丰的供述,另外,关于入库验收单的填写是金钢指使的,也只有张梅的证言,没有其他证据印证。

3. 是否逃避税款,影响了国家的税收征管制度

虚开增值税专用发票犯罪要以逃避税款为目的,上述增值税专用发票到江苏旭升后,江苏旭升虽然用于申报税款,但其是按照票面的价税合计款支付给鼎丰公司,江苏旭升从未从中获取税收的收益,不能认定金钢有偷逃税款的故意。

综上,本节指控被告人金钢构成犯罪依据不足,本院不予支持,对于金钢及其辩护人提出的与上述相关的辩解和辩护意见,予以采纳。

二、关于挪用资金罪第一笔3000万元指控的认定

成立江苏鼎海是经过江苏旭升股东会通过,江苏鼎海的股东与江苏旭升原始股东相同,成立的目的也是江苏旭升的利益,江苏旭升的资金只是经过原股东的账户转至江苏鼎海用于注册,江苏鼎海实际是在江苏旭升股东的控制之下,与江苏旭升实属关联企业,故被告人金钢利用职务之便授意将江苏旭升的资金转至江苏鼎海的行为,并不符合挪用资金罪规定的给个人使用或者借贷给他人,该部分不应认

定为挪用资金罪。金钢及其辩护人提出的与此有关的辩解和辩护意见,本院予以采纳。

三、二审关于挪用资金罪第二笔1000万元指控的认定

上诉人金钢挪用资金用于中融鼎海国际公司验资的行为,不构成挪用资金罪,理由如下:

从证人金花、李向友、张梅的证言,银行交易记录,工商登记资料等书证和上诉人金钢的供述所反映的涉案资金流转过程、验资等公司成立经过来看,不能排除金钢成立中融鼎海的目的是为了江苏旭升等关联公司在北京融资的可能性,且资金的流转一直在江苏旭升财务人员的操控之下,单位负责人为单位利益,决定挪用资金给个人使用的,不宜认定为挪用资金犯罪,故对上诉人及其辩护人的相关上诉理由和辩护意见,本院予以采纳。

四、二审关于职务侵占罪指控的认定

经查,在案证人张梅的证言及书证转账凭条足以证实:2011年9月15日,张梅通过个人银行卡向家具厂转账141万余元用于替金钢支付家具款。但金钢有无指示张梅直接从废钢账上支出该款,有无非法占有该款的主观故意,尚不能排除合理怀疑。

首先,虽然张梅证言称金钢指示其从废钢账支出141万余元,且计入废钢账,但废钢账经金钢查看后隐匿,该证言与金钢的供述相矛盾,又无其他证据印证。

其次,上诉人金钢辩称141万余元家具款是张梅为其垫付,是其与公司之间的正常往来之一,而现有证据又不能全面反映案发前后金钢与公司之间的往来情况,不能排除合理怀疑。

综上所述,原审判定上诉人金钢职务侵占141万余元的事实不清,证据不足,本院不予支持。对于上诉人金钢及其辩护人提出的"上诉人金钢不构成职务侵占罪"的上诉理由和辩护意见,本院予以采纳。

【辩护路径】

> 本案虽是个案,却极具代表性。当下,民营企业经营管理中存在的种种不规范现象,使得民营企业和企业家成为刑事犯罪的重灾区,一旦涉嫌犯罪,不仅企业家个人身陷囹圄,而且其呕心沥血所创办的企业也将经营停滞,甚至濒临破产、员工失业,会带来一系列的社会问题,这真如金钢在法庭上讲的"厂亡家破人残"。

本案从侦查到二审结束，历时三年多，辩护人在拿到判决书后，回顾辩护工作，从个案中总结了以下4点办案路径：

一、程序辩护动摇控方证据体系

2012年修订后的《刑事诉讼法》对刑事强制措施进行了大幅调整，其中对监视居住定位为逮捕的替代性措施，明确限定了指定居所监视居住的适用条件。违法指定居所监视居住和指定居所监视居住期间带来的非法取证问题十分严重，可以说，10个冤假错案中有6个案件都与滥用指定居所监视居住和非法取证有关。指定居所监视居住一方面把犯罪嫌疑人限制在封闭隔绝的环境中，另一方面取证人员与看管人员同属侦查机关缺乏有效监督，为保证有效辩护，律师在办理案件过程中应当注重对案件管辖、办案主体和指定居所监视居住等进行有效的程序辩护，及时依法围绕非法指定居所监视居住、非法取证提出辩护意见，争取在侦查和移送审查起诉期间将非法证据予以排除，保障犯罪嫌疑人的合法权益。

二、通过证据三性和证明力辩护根本否定控方有罪证据

本案在取证程序上存在严重违规情形，也是当地侦查人员出庭说明情况的第一案，可惜的是相关证据仍未排除。但任何一个案件的辩护都不能单方面寄希望于程序辩护，合法性之外，从证据的关联性、真实性再到证据点线面的证明力，从法条的明确规定到背后的法理依据再到立法的保护法益目的，刑事辩护应当是全方位、多维度的辩护，辩护律师的职责是全面地提出被告人无罪、罪轻的全部意见。

三、进攻是最好的防守

法庭辩护的艺术之一是组织运用证据的艺术，刑事辩护关乎当事人的生命和自由，在分析案卷材料上要精益求精，调查取证更是有效辩护的重要路径。尤其是在发现控方指控内容在证据链上存在断裂时，不能仅简单地提出不足，而是要积极取证，彻底否定犯罪存在。本案在一审、二审期间，辩护人进行了详尽的调查取证，编制了辩方证据目录和证据体系，特别是针对李向友的千里调查，可以说是一份有力的辩方证据，起到了一剑封喉的奇效，在本案中直接决定了挪用资金1000万元指控的无罪结果。

四、注重刑事政策研究

律师在办理企业家犯罪案件时，除了应当熟悉法律条文外，还应当关注研究当下国家对企业家犯罪的刑事政策和最新文件精神，律师对于刑事政策、文件的理解和熟练运用，可以更好地帮助司法机关妥善处理企业发展中存在的不规范现象和历史遗留问题，更全面地维护当事人的合法权益。

私卡公用账不清，二审举证说理改缓刑

——江锋挪用资金二审改判缓刑案

【案情简介】

上诉人江锋原系江苏华山铝业公司(以下简称华山铝业)财务总监，负责该公司资金筹措及协调贷款等工作。江锋与该公司董事长华兴有亲戚关系，一直深受董事长信任。华兴甚至授权江锋，将个人银行卡用于该公司的大额资金往来等。2011年，江锋以公司名义向第三人陆天借款550万元。同年8月将其中的136万元分两次借给蒋林，9月又分三次借给蒋丁山96万元。后江锋因与华兴发生矛盾，被其举报至公安机关。该案一审判决，以挪用资金罪判处江锋有期徒刑4年6个月有期徒刑。江锋不服一审判决提出上诉。该案通过辩护人的充分举证和有力辩护，得以在二审中减少刑期并适用缓刑。

【一审判决】

被告人江锋从陆天处借给公司使用的550万元款项中，擅自于2011年8月19日借款给蒋林50万元，8月31日借款给蒋林86万元，9月1日借款给蒋丁山80万元，9月13日借款给蒋丁山16万元，前述款项合计232万元，目前尚有136万元未归还。

被告人江锋作为华山铝业的财务总监，利用为公司借款及还款的便利，将公司向陆天借款中的232万元擅自借贷给蒋林、蒋丁山进行营利活动，数额巨大，并有136万元至案发时尚未归还，其行为已构成挪用资金罪，应予惩处。被告人江锋犯挪用资金罪，判处有期徒刑4年6个月，尚未追缴的赃款人民币136万元，责令被告人江锋退赔后返还被害单位。

【辩护要点】

一审判决认定，江锋将其个人农行卡用于华山铝业公司对外借款账户，即“私卡公用”。辩护人收集相关证据材料,将未能归还的款项最终扣减为 49 万元;江锋三次借款给蒋丁山,但借款期限均未超过 3 个月,且蒋丁山未将借款用于营利活动,因而江锋的行为不符合挪用资金罪的犯罪构成要件。在二审程序中,辩护人经阅卷发现,一审判决认定的涉案金额明显存在错误,申请法院对涉案金额重新计算。

一、原审判决认定江锋尚有 136 万元至案发时尚未归还,该项事实认定存在明显错误

辩护人认为,根据一审认定的疑点利益归被告人的原则,江锋在华山铝业任职期间,以个人资金多次为公司垫付各类费用累积约 77 万元。华山铝业公司尚欠江锋 2011 年度工资 10 万元。江锋有权主张与华山铝业公司的债权相互抵消,江锋仅需向华山公司归还 49 万元。

经与上诉人家属沟通,其家属向辩护人提供了 2011 年 7 月 15 日至 9 月 29 日,上诉人江锋的银行卡存取款流水明细记录。经比对,江锋用此卡为公司融资垫付招待费约 47 万元。该部分费用都是银行取现金额,辩护人认真比对了银行流水明细,认为既然是私卡公用,在没有证据证明系江锋个人使用的情况下,可以认定上述费用系为华山铝业垫付的各项费用。辩护人在会见江锋时,江锋辩解称,华山铝业尚欠其 2011 年度全年工资约 10 万元。

更重要的是,2011 年 8 月,华山铝业向郑伟借款 30 万元。为顺利取得借款,经华兴再三要求,江锋个人为公司债务承担了连带保证责任。借款期限届满后,华山铝业并未还款。郑伟将华山铝业连同江锋一起诉至法院要求还款。经法院审理后判决江锋与华山铝业承担连带还款责任,后江锋代华山铝业向郑伟偿还了该笔债务 30 万元。江锋作为连带保证人代为清偿主债务后,依法有权向主债务人华山公司追偿。辩护人得知该情况后,及时调取了该(2012)宜商初字第 0550 号判决书和执行裁定书。为此辩护人将收集到的以上相关书证在庭前及时提交二审法院。

综合以上意见,辩护人认为,即便江锋向蒋林借出的 136 万元款项涉嫌挪用资金罪,但至案发未归还的数额理应扣除江锋垫付的款项及应得工资,剩余约 49 万元。

二、本案江锋转借给蒋丁山三次共 160 万元资金,都在 3 个月内归还单位,且江锋并未从中谋取个人利益,不符合挪用资金罪的犯罪构成要件

一审法院认定,2011 年 9 月 1 日,江锋借给蒋丁山人民币 80 万元,2011 年 9 月 7 日蒋丁山归还被告人江锋人民币 80 万元本金,2 万元好处费;2011 年 9 月 13 日,江锋借给蒋丁山60万元,2011年9月23日蒋丁山归还60万元;2011年10月13日,江锋借给蒋丁山20万元,2011年10月21日归还20万元。

综合全案证据,第一笔借款是6天后归还的,还多还了2万元好处费或是利息。对于多转的2万元,江锋借钱时与蒋丁山没有任何约定,是蒋还钱时打过来的,也就是说江锋没有收取好处费的故意,那么有没有作为利息?证据表明,江锋从未作为自己的利息使用这笔款项,全案证据没有证明其用过,该卡中的资金全部用于公司开支和还款了。因此,辩护人认为这2万元不是给江锋的好处费。第二笔借款是10天后归还的,没有利息。第三笔借款是8天后归还的,也没有利息。

根据我国《刑法》和相关司法解释的规定,公司、企业或者其他单位的工作人员利用职务上的便利,挪用本单位资金归个人使用或者借贷给他人,数额较大、超过3个月未还的,或者虽未超过3个月,但数额较大、进行营利活动的,或者进行非法活动的构成挪用资金罪。江锋转借给蒋丁山的资金,蒋丁山都在一周左右予以归还。江锋的涉案卡是私卡公用,也就不存在利用职务之便从公账挪到私账的问题。同样蒋丁山将借款还到该卡上,应该视同还给了华山铝业。其行为未给华山铝业造成任何损失,自己也未获得好处。查阅相关挪用公款、挪用资金罪的法律规定和判例,认定犯罪的依据必须是:利用职权—公账转私账—个人获得好处。张明楷教授[①]在教科书中写道"……营利活动,是指以单位资金作为资本牟取利润的活动"。因此,一审法院对该笔事实的认定适用法律错误。

三、经辩护人多次沟通,法院组织了重新对账。被害单位获得相应赔偿后自愿出具谅解书,请求二审法院对江锋减轻处罚

前述第一条辩护意见已说明,虽一审法院认定至案发未归还的数额是136万元,但江锋在涉案期间为华山铝业垫付资金和工资加起来已有87万元,该部分金额应从涉案数额中扣除,也即认定未予归还的数额应为49万元。对此,上诉人江锋的家属与被害单位签署了《财务确认和刑事谅解书》,对上述87万元做了确认,其主要内容为:尚欠江锋2011年度工资10万元;江锋为公司融资垫付了费用47万元;据(2012)宜商初字第0550号判决书和执行裁定书,江锋代华山铝业偿还郑伟的30万元。三项合计,华山铝业应付江锋款项87万元。鉴于此,我公司对江锋予以谅解,请二审法院能对江锋减轻处罚并适用缓刑。

2013年11月22日,江锋家属将20万元支付至二审法院,申请由二审法院退还

① 张明楷:《刑法学》(第3版),法律出版社2007年版,第748页。

给被害单位。

综上,本案最终因江锋的挪用行为导致未归还的款项实为29万元,符合最大幅度地从轻量刑并适用缓刑的条件,请二审法院根据本案的实际情况予以依法改判。

【裁判要旨】

上诉人江锋作为华山铝业公司的财务总监,利用职务便利,将公司借款中的232万元擅自借贷给他人进行营利活动,数额巨大,并有136万元至案发时尚未归还,其行为已构成挪用资金罪。二审期间,华山铝业公司股东均确认扣除相关金额后,江锋尚应退赔华山铝业公司49万元,并对江锋予以谅解,江锋在二审期间也表示认罪悔过,并退赔20万元给华山铝业公司。鉴于上述新的事实,依法可以对上诉人江锋从轻处罚。结合社区矫正机构的审前调查评估意见,上诉人江锋符合适用缓刑的条件,判处江锋有期徒刑3年,缓刑5年。

【辩护路径】

一、私卡公用,疑点利益归上诉人

辩护人通过仔细研究卷宗和一审判决,发现一审法院在私卡公用和民营企业不规范经营的案情下已认定"疑点利益归被告人",认定上诉人的涉案卡是私卡公用。为此,辩护人要求家属尽最大可能找到案发期间该卡与公司经营有关联的所有票据和银行流水单,收集到上述材料后,经整理在二审开庭前提交法庭,目的是按一审法院认定的,很多无法查明的款项,也应该按有利于上诉人的原则认定。

二、目光在案例与法律规范之间穿梭

上诉人江锋与蒋丁山的对外借款,周期一般都在7天左右。因为存在前述说明的私卡公用情况,在案证据除了对外借款外,不能证实有款项被江锋为谋取个人私利挪用资金的行为。该三笔对外借款中,有一笔借款人在还款时多还了2万元。那么问题来了,这是否认定收取了借款利息,具有营利目的了?

综观全案证据,江锋出借钱款时与蒋丁山没有任何关于收取好处费或利息的约定,即江锋没有收取利息的故意。但蒋丁山还钱时多还了2万元,且蒋丁山在笔录里说给江锋买烟抽的,那么江锋有没有使用呢?全案没有证据可证明江锋使用过这笔款项,也没有取款记录,其自己的供述是未私自使用这2万元,该卡中全部资金都用于公司开支和还款了。基于第一点辩护意见,既然是私卡公用,就无法排除这2万元是为公司开支和使用的。且涉案一共 3 笔借款,其中 2 笔未收取任何利息,就第一笔借款人主动多还了 2 万元,还不能证实是上诉人私自使用了,按有利于被告人的原则,一审对该节事实的认定无事实和法律根据。该辩护意见虽未被二审判决引用,但该法律适用的意见确实有理有据,这也是本案二审能够改判的最重要的原因。

三、重新对账并取得谅解,请求二审改判缓刑

辩护人经与当事人沟通,得知双方有亲戚关系,得到被害单位负责人的谅解并非没有可能,虽然家属认为很难。经二审法院准许,辩护人多次电话与被害单位联系,最终被害单位出具了谅解书,确认 87 万元应从挪用资金总额中扣除,此时只有 49 万元的资金未归还。根据当时的情况,辩护人又建议上诉人在二审开庭前及时退还 20 万元给被害单位,至此未偿还的数额只有 29 万元,这样为二审法院基于本案的特殊性和尚欠款项金额较小,依法可最大幅度地从轻处理铺平了道路。

错误辩护导致一审重判，重新鉴定二审“实报实销”

——张旭东故意伤害二审改判案

【案情简介】

“不要打架，打输住院，打赢坐牢”，该警示标语曾经在网络风靡一时。然而，仍然会有人不惜以身试法，轻则身陷囹圄，重则家破人亡。

夏天的夜晚总是令人陶醉，一轮明月高高地悬挂在天空，淡淡的光像轻薄的纱笼罩着大地。此时的南京紫金山下的西洼子村也本该是一片祥和的景象，出入相友，守望相助，贫病相扶。妇女三五一团叙唠家常，男人则喝点小酒打打牌。然而，2001 年 6 月 13 日晚的一件事却打破了这一祥和的画面。

当晚 10 时许，被告人张旭东在南京市西洼子村 58 号因琐事与田国强发生争执时被田国强持砍刀砍伤胳膊及左手，田国强被制服后离开，约 10 分钟后，张旭东在西洼子村三岔路口看见田国强又拿菜刀来砍他，即迎上去与其发生扭打。张旭东抓住田国强持刀之手，反砍其头部及上身，致田国强左颞、腹部及左肩部损伤，造成田国强大量出血并有休克现象。经法医鉴定，田国强的损伤程度为重伤。一审辩护律师从防卫过当角度进行辩护，但未获法院采纳，最终认定张旭东犯故意伤害罪成立，判处张旭东有期徒刑 4 年。

后被告人不服提起上诉，并委托笔者担任其二审阶段的辩护律师。辩护人会见上诉人时其仍坚持自己属于防卫过当，但经分析研究，本案中的防卫情节只能算是被害人过错，防卫过当的辩护路径很难走得通。此外，张旭东曾因犯盗窃罪于 1985 年 12 月被判处有期徒刑 8 年，当事人要求防卫过当的缓刑辩护，基本没有空间。

辩护人将视线再一次转向了法医鉴定报告。突然，南京市公安局物证鉴定书中的一个词语猛地刺激了辩护人的神经——异丙酚。曾从事过法医鉴定工作的辩护人，知道该药品为烷基酚类的短效静脉麻醉药，通过激活 GABA 受体——氯离子复合物,发挥镇静催眠作用,对循环系统有抑制作用,该品作全麻诱导时,心肌血液灌注及氧耗量下降,外周血管阻力降低,可迅速引起血压下降。被害人的血压是在注射了麻醉药异丙酚后测量的,该血压不能推测其存在大量失血,且造成了重伤。所以辩护人当即决定申请对田国强的伤情重新鉴定,并就拟采取的辩护路径与上诉人进行了充分沟通,得到了上诉人的充分认可。经重新鉴定,被害人田国强构成轻伤。二审法院依法改判,认定张旭东犯故意伤害罪,判处有期徒刑 1 年 4 个月,此时上诉人张旭东也已羁押近 1 年 4 个月之久,宣判后张旭东即被释放回家。

【一审判决】

被告人张旭东故意伤害他人身体,致人重伤,其行为已经构成故意伤害罪。南京市玄武区人民检察院的指控成立,本院予以支持。被害人田国强在本案起因上负有过错责任,可以对被告人张旭东酌情从轻处罚。被告人张旭东辩称其为了保护妻子不被被害人伤害,被迫夺田国强的刀,没有伤害田国强的故意,辩护人提出张旭东伤害田国强具有明显的防卫性质。经查张旭东的行为不符合我国刑法规定的正当防卫,本院对被告人张旭东的辩解及其辩护人的该辩护意见不予采信。被告人及其辩护人申请对被害人的损伤程度重新鉴定的理由不充分,本院不予采纳。本院为保护公民的身体健康不受非法侵害,依照《刑法》第二百三十四条的规定,判决被告人张旭东犯故意伤害罪,判处有期徒刑 4 年。

【辩护要点】

一、本案被害人田国强的过错十分严重,应对本案全部结果负大部分的过错责任

上诉人张旭东致伤田国强是因田国强第一次无故拿砍刀砍伤张旭东,张旭东在夺下砍刀依法等待公安 110 来处理的过程中,田国强又再次拿菜刀来砍杀的危急情况下,与其搏斗而致伤田国强的。在如此危险的状态下,任何人都会进行反抗。被害人的气焰十分嚣张,过错也十分明显,所以公安机关决定对其处以劳动教养一年的行政处罚。可以肯定地讲没有田国强的不断追砍,也绝不会有第二次打架。而且田国强是有预谋地准备好刀子,实施了伤害上诉人的犯罪行为。因此本案田国强不是仅在起因上负有过错责任,而是应对本案的全部结果负大部分的过错责任。

二、一审认定事实有误,原判量刑不当

重新鉴定结果证明田国强的损伤为轻伤,而且是在其不配合抢救的情况下才导致的，上诉人张旭东对田国强的伤害结果是较轻的，田国强对轻伤结果也应就其扩大损失的部分承担相应责任。因此，原审判决事实错误并量刑不当，应依法改判。

三、法律应有温度，综合案情应对张旭东适用缓刑

上诉人家庭特别困难，上有患老年痴呆 75 岁的母亲，下有 2 岁的女儿。这次犯罪也是事出有因，现其对自己的犯罪行为也有了正确而深刻的认识，自愿认罪悔罪、悔过自新，接受法律的惩罚。另外律师通过会见得知，其在看守所监室担任小组长，工作积极肯干，能配合管教干部教育其他人认罪悔罪，这说明上诉人的人身危险性较小，且愿意改过自新。

根据上诉人的犯罪情况，辩护人认为对其判处 3 年以下有期徒并适用缓刑是较合适的。这样的处理对社会不会有新的危害，也有利于对其自身的教育和改造。辩护人找到其所在的钟灵街村民委员会和西洼子村民小组，依法组织对上诉人进行帮教的人员。他们是西洼子村村长、老党员黄样，村民组长万英时，会计张金萍。他们愿意定期找上诉人谈话，教育其认罪悔罪，并及时向公安机关汇报上诉人改造的情况，从而让他早日成为一个守法的对社会家庭都有用的好公民。

附 1：法医学重新鉴定申请书

尊敬的审判长、审判员：

我受上诉人张旭东的委托担任其上诉案的辩护人，经过阅卷、会见并查阅相关法医学资料，辩护人认为原审作为重要证据使用的第 460 号法医鉴定书有误，现提出重新鉴定申请，理由如下：

一、第 460 号法医鉴定书所依据的钟山医院门诊病历中没有诊断为出血性休克的结论，而只是诊断为左颞头部裂伤和腹部皮肤切伤。法医鉴定结论应严格按照当时的病例记录进行，而不能根据推断来判断。

二、根据一审辩护律师王宝的调查，当时一直在现场抢救的外科医生袁荣证实，被害人田国强到医院后拒绝治疗，大概折腾了 20 分钟才由麻醉医生打了一支异丙酚，然后才安静下来接受抢救的，很明显门诊记录的血压是用麻醉药后才测量的。查阅药典，异丙酚的副作用有扩张外周血管而导致血压下降，在用此药时应密切观察血压变化。因此该血压记录不能作为判定因大量出血而造成失代偿期休克的重伤的指标。

三、被害人心跳较快的原因应是其喝酒和情绪激动造成的，因为被害人一直在大喊大叫，拒绝治疗，这与休克无关。

四、关于门诊记录的失血约 1000ml 只是医生大概的估计。认定刑事责任应做到事实清楚，证据确实充分，不能用估计的事实定罪量刑。临床抢救医生在病历记载中只会写得重些而不会轻些,因为没人能去正确测量,因此该数目也不能作为休克的一个指标。从案情看,被害人受伤到医院后又在医院拒绝治疗的时间长达一小时左右,被害人的出血从法律上讲是其扩大损失的结果,这应由其自身负责。

综上所述,根据《人体重伤鉴定标准》第八十七条及司法部法医研究所吴军主编的《人体重伤鉴定标准释义》对该条的解释,被害人的出血达不到休克状态,退一步讲就是达到休克那也只是到失血性休克的代偿期,其损伤程度只构成轻伤而非重伤,为此本着对法律负责和对当事人负责的态度,特申请贵院批准对被害人的伤情重新进行鉴定。

申请人:薛火根律师

二〇〇二年十二月十九日

附2:

《江苏省南京市中级人民法院法庭科学技术鉴定书》

法医鉴(2002)第8号

关于田国强伤情程度法医鉴定意见书

2002年1月9日,本院第二刑事审判庭送来伤者田国强的伤情资料若干及案卷二册,委托我处评定伤者田国强的伤情伤残程度。

一、简要案情

伤者田国强,男,33岁,住本市钟灵街西注子48号。2001年6月13日10时许,被他人用菜刀砍伤头部及躯干。当晚被及时赶到现场的民警送至南京市钟山医院治疗。到了医院后,未能及时采取止血等治疗措施。经过十余分钟,使用异丙酚静脉麻醉后,才采取检查、清创缝合等治疗措施。

二、文证资料

1. 南京市钟山医院门诊病历对田国强的伤情记载:

2001-06-13 11:00 左额部、腹部被刀砍伤半小时。患者半小时前因酒后打架致左颞部、上腹部多处被刀砍伤,出血约1000ml,无明显昏迷、呕吐史,现有躁狂表现。

PE:P124次/分,BP75/45mmHg,神志欠清,双侧童孔等大等圆,对光反射灵敏,耳鼻无异常分泌物,左颚部有一长约10cm的裂口,有两处活动性出血,底部见帽状腱膜裂口,颈软,心肺听诊(一),叩诊清音,腹平、软,无肌卫,肌肉紧张,脐上见一长约8cm的裂口,左腋中线见一长约3cm的裂口,左锁骨后侧见一长约2cm的裂口,深均约0.3cm,创面渗血,四肢关节活动良好,余(一)。Imp:1. 左颞头皮裂伤,2. 腹部皮肤切割伤。

处理：

(1)异丙酚静脉麻醉后建立两处静脉通道快速补液，同时迅速止住左颞部活动性出血后，逐层清创缝合后头部以绷带加压包扎，后将其余几处伤口清创缝合。

(2)予吸氧并监测血压、心率、脉搏，同时备血800mL。经救治后01:30测血压90/62mHg、P102次/分、血氧9%。

(3)查头颅CT：右额部脑挫裂伤可能。上腹部CT：未见异常。

……

2. 南京市公安局物证鉴定书(2001)公刑物鉴法检字第460号记载：

损伤检查：伤者神清，一般情况可，查体合作。

检见：左颞部见一长度为8.5cm的缝合创口，腹部正中见长度为5.3cm的缝合创口，腹部左侧见一长度为2.5cm的缝合创口，左肩部见一长度为1.5cm的缝合创口。体表余未见明显损伤及异常。

3. 咨询首诊医生认为田国强失血性休克程度为代偿期。

三、分析说明

伤者田国强被菜刀砍伤头部及躯干，造成四处创口，头左部创口长度为8.5cm，腹部创口长度为5.3cm和2.5cm，左肩部创口长度为1.5cm。被送到医院后因故未能及时进行止血等治疗措施。在采取异丙酚静脉麻醉后，测量血压为75/45mmHg。由于异丙酚麻释后血压下降幅度较大。异丙酚静脉麻醉在自然呼吸时，主要的心血管作用是动脉压降低，有时可达30%以上；对中枢神经系统有镇静、催眠作用，可消除记忆。在此种情况下测量的血压不能真实、完全地反映为损伤、失血所致。另外，田国强的血压的脉压差大于20 mmHg。因此，临床诊断伤者失血性体克，但认定田国强失血性体克为失代偿期的依据不充分。故按照《人体轻伤鉴定标准(试行)》第六条、第四十九条的规定，伤者田国祯的伤情程度为轻伤。

四、结论

伤者田国祯的伤情程度为轻伤。

鉴定人：戴安民　郑成才

二〇〇二年三月六日

【裁判要旨】

二审期间，经江苏省南京市中级人民法院和江苏省高级人民法院法医重新鉴定，被害人田国强的损伤程度为轻伤。上诉人张旭东及其辩护人关于被害人田国强重新鉴定伤情为轻伤，且被害人有过错应对上诉人张旭东减轻处罚的辩护意见，本院予以采纳。

【辩护路径】

一、错误辩护带来错误判决

本案中，一审辩护律师的辩护路径有两个：一是物证鉴定书的重伤鉴定结论存在瑕疵。主要包括鉴定依据不足、鉴定意见和现有证据不能相互印证、被害人自身过错导致延误救治时机，进而建议结合法庭调查中出现的所有证据重新进行鉴定。二是被告人的行为属防卫过当应减轻处罚。具体而言，被告人防卫时具有现实的不法侵害，且侵害正在进行、防卫时机适当。但事实是被告人在控制局面、夺下菜刀后又反砍，因此其上述辩护意见未被一审判决采信，重新鉴定的意见也因没有实质性理由而未获批准。错误的辩护路径不仅不能实现有效辩护的目的，反而可能会造成辩护时机的丧失，且这一时机往往是不可逆的。本案二审辩护则从药理学和鉴定标准的视角提出了重新鉴定的充分理由，并实事求是地做罪轻辩护，从而得到了法庭的采信。

二、注重对鉴定意见的实质审查

《最高人民法院关于适用〈中华人民共和国刑事诉讼法〉的解释》（法释〔2012〕21号）第八十四条规定："对鉴定意见应当着重审查以下内容：（一）鉴定机构和鉴定人是否具有法定资质；（二）鉴定人是否存在应当回避的情形；（三）检材的来源、取得、保管、送检是否符合法律、有关规定，与相关提取笔录、扣押物品清单等记载的内容是否相符，检材是否充足、可靠；（四）鉴定意见的形式要件是否完备，是否注明提起鉴定的事由、鉴定委托人、鉴定机构、鉴定要求、鉴定过程、鉴定方法、鉴定日期等相关内容，是否由鉴定机构加盖司法鉴定专用章并由鉴定人签名、盖章；（五）鉴定程序是否符合法律、有关规定；（六）鉴定的过程和方法是否符合相关专业的规范要求；（七）鉴定意见是否明确；（八）鉴定意见与案件待证事实有无关联；（九）鉴定意见与勘验、检查笔录及相关照片等其他证据是否矛盾；（十）鉴定意见是否依法及时告知相关人员，当事人对鉴定意见有无异议。"第八十五条规定："鉴定意见具有下列情形之一的，不得作为定案的根据：（一）鉴定机构不具备法定资质，或者鉴定事项超出该鉴定机构业务范围、技术条件的；（二）鉴定人不具备法定资质，不具有相关专业技术或者职称，或者违反回避规定的；（三）送检材料、样本来源不明，或者因污染不具备鉴定条件的；（四）鉴定对象与送检材料、样本不一致的；（五）鉴定程序违反规定的；（六）鉴定过程和方法不符合相关专业的规范要求的；（七）鉴定文书缺少签名、盖章的；（八）鉴定意见与案件待证事实没有关联的；（九）违反有关规定的其他情形。"

对于鉴定意见，既要对鉴定机构、鉴定人员的资质等内容进行形式审查，更要对鉴定意见认定的内容进行实质审查，审查鉴定方法的合理性、鉴定意见的科学性。此时就需要辩护律师具有相应的背景知识，能够看出可能存在的问题，进而可以申请鉴定人出庭、求助于专家辅助人出庭说明情况或申请重新鉴定。此外，需要关注鉴定意见的时效性。如故意伤害案件中，损伤程度往往是侦查时鉴定的，到开庭时损伤可能有所恢复，因此对轻伤和重伤的意见要认真审查，特别是轻伤结论，有可能不构成轻伤则直接不构成刑事犯罪。

三、注重关联学科知识的学习掌握

刑辩律师不同于民商事律师，民商事律师执业过程中涉及的专业领域一般相对固定。而刑事案件则涉及社会生活的方方面面，甚至同一个罪名下都可能涉及千差万别的背景知识，仅仅依靠《刑法》《刑事诉讼法》等法律知识远远不能满足处理案件的需要。特别是涉及医疗、环保、金融、财会等专业性较强的领域，没有相关背景知识的积累，可能连专业术语、行业规范、鉴定意见、审计报告都看不懂。此时想要有效地辩护也只能是心有余而力不足。背景知识的积累，不仅仅对辩护律师来说不可或缺，而且对法官、检察官、侦查人员等司法人员处理案件也同样至关重要。

刑民交叉巧抓辩点，刑期改判罚金部分撤销

——杨新财职务侵占、行贿二审从轻改判案

【案情简介】

随着经济的发展，国家对民间借贷的政策放宽已是大势所趋。早期的民间借贷主要发生在熟人社会下的亲朋之间，带来的多是借款不能归还的民事风险。进入信息社会以后，中介服务在使陌生人之间的借贷成为可能的同时，也因操作方式的不规范，给中间人带来了新的刑事风险。

本案上诉人杨新财有着21年的银行从业经历，他在辞职之后，成立了融资中介公司，即泰兴市新财技术开发有限公司（以下简称新财公司）并利用掌握的金融信息资源为他人提供融资居间的服务。

2010年底，泰兴海川药业集团有限公司（以下简称药业公司）开始将企业资金对外出借，并成立泰兴市聚鑫投资有限公司（以下简称聚鑫公司），以该公司名义对外从事放贷投资业务，杨新财开始为其提供相关企业融资信息，在药业公司审查借款企业、同意放贷后，再让杨新财以自己公司名义从药业公司将资金借出，随后转借给借款企业。两次借贷之间的利息差作为杨新财提供居间服务的报酬。

2011年上半年，杨新财得知当地白云置业有限公司（以下简称置业公司）资金紧张，在与该公司经理赵明远的商谈中得知，赵明远有1亿元的资金需求，并同意由杨新财联系贷款方，条件是年利息不能超过19%。杨新财随即与药业公司财务部经理张绣联系，药业公司审查后，要求该巨额借款由南京银行某支行作为中间方委托贷款，利率为15%。杨新财为促成该笔融资业务，提出本次赚取的4%的利息差由杨新财、置业公司财务副总方子华以及药业公司工作人员张绣、朱德超一起分掉。事后，杨新财从4%的利息差中拿出30万元送给原南京银行某支行行长徐航表示感谢，剩余钱款打入杨新财、张绣、朱德超、方子华私人账户。

2015年，因徐航职务犯罪案发，聚鑫公司随即以被害人身份向公安机关报案，控告杨新财等4人合谋职务侵占公司支付的4%借款利息差390万元。

一审法院判决认定:杨新财就该390万元构成职务侵占罪,判处有期徒刑5年8个月,并处罚金6万元;行贿罪名成立,判处有期徒刑1年11个月,并处罚金18万元;数罪并罚,决定执行有期徒刑6年,罚金24万元。

杨新财不服一审判决,提出上诉,案件进入二审程序。辩护人接受委托后,在反复阅卷和多次会见杨新财的基础上,仔细梳理了借、贷和中间人杨新财三方的法律关系,围绕4%利息差归属定性、聚鑫公司报案人资格、真实有效的法律关系和杨新财涉案行为有无社会危害性4个方面作无罪辩护。同时,为了最大限度地维护杨新财的合法权益,辩护人在罪与非罪问题之外,还单独提出了针对一审判决量刑过重、应予纠正量刑的辩护意见。

2017年8月7日,二审法院作出终审判决,采纳了律师的部分辩护意见,撤销原职务侵占罪一审判决,改判有期徒刑5年,决定执行有期徒刑5年6个月,罚金6万元。上诉人杨新财在刑期减短半年的同时,罚金刑也减少了18万元。

【一审判决】

药业公司1999年由国有企业改制为民营企业,注册资金为人民币3亿元,主要经营药品的生产及销售。

2010年,药业公司为盘活公司账上的闲余资金,开始对外开展借款业务。

2011年,药业公司董事长刘兆丰以其夫妇名义设立了聚鑫公司,专门负责对外借款业务。聚鑫公司具体业务由药业公司财务部工作人员兼任负责。

张绣,系药业公司财务部经理兼投资管理部经理。

朱德超,系药业公司投资管理部副经理。

杨新财,系新财公司实际经营者。

方子华,系置业公司财务副总。

(一)职务侵占

1.2011年7月初,被告人杨新财分别与聚鑫公司财务工作人员张绣、朱德超以及置业公司财务经理方子华合谋,非法占有聚鑫公司借款给置业公司的部分借款利息,被告人张绣、朱德超利用负责聚鑫公司财务工作等职务便利,向聚鑫公司隐瞒真实借款利率,被告人方子华以虚开发票等方式,将置业公司支付给聚鑫公司的借款利息中的人民币195万元套现,并汇至杨新财指定账户。被告人杨新财、张绣和朱德超各分得人民币39.5万元,被告人方子华分得人民币34.5万元。

2.2011年9月初,被告人杨新财、张绣、方子华、朱德超采用上述方式,非法占有置业公司支付给聚鑫公司的借款利息人民币195万元。被告人杨新财分得人民币51.1万元，被告人张绣和朱德超各分得人民币39.4万元，被告人方子华分得人民币50.1万元。

（二）行贿

2011年7~10月，被告人杨新财、张绣、朱德超为促成聚鑫公司借款给置业公司，从而达到非法占有部分借款利息的目的，合谋向原南京银行某支行行长徐航行贿，先后三次送给徐航合计人民币30万元。

1. 2011年7月初，被告人张绣、朱德超至徐航家中送给其人民币15万元；

2. 2011年9月23日，被告人张绣指使徐淳进（另案处理）将人民币5万元存入徐航妻子的银行账户；

3. 2011年10月12日，被告人张绣再次指使徐淳进将人民币10万元存入徐航妻子的银行账户。

综上，被告人张绣、朱德超身为公司工作人员，利用其职务上的便利，伙同被告人杨新财、方子华将本单位财物占为己有，数额巨大，其行为已经构成职务侵占罪，均应依法惩处；被告人杨新财在职务侵占罪中起主要作用，系主犯。被告人杨新财、张绣、朱德超为谋取不正当利益，给予国家工作人员钱财，其行为均已构成行贿罪。

【辩护要点】

一、一审判决认定杨新财构成职务侵占罪事实不清，证据不足

该390万元是上诉人提供融资居间服务的合法劳动报酬，并非聚鑫公司的利息收入；上诉人的涉案行为不仅没有任何社会危害性，反而因其居间融资服务使多方受益，不构成刑事犯罪。

1. 聚鑫公司对涉案利息不具有所有权，一审认定聚鑫公司系被害人明显错误

首先，根据辩方提供的工商登记资料，药业公司是由湖北海川药业股份有限公司出资设立，而湖北海川药业股份有限公司系由荆州市国有资产管理局、荆州市洪泰置业投资有限公司等4家公司出资及社会公众投资的上市公司。结合张绣的供述，聚鑫公司是以药业公司董事长刘兆丰夫妇个人名义设立的，把药业公司账上的闲余资金以聚鑫公司的名义对外出借，通过盘活资金获利，其本质是将上市公司的资金挪至其他公司出借获利，涉案放贷行为本身已经严重违反证监会对上市公司资金监管的规定。按照一审判决认定的事实，湖北海川药业股份有限公司、药业公司的行为将面临证监会巨额罚款且涉嫌挪用公款等刑事犯罪，该1亿元资金根本不

具有合法性。而就该1亿元所签订的贷款合同,也违反国家关于民间借贷的强制性法律规定,属无效合同。

其次,从借款方聚鑫公司角度,15%的利息约定是聚鑫公司实地考察后主动提出的,是聚鑫公司的真实意思表示。而对于另外4%的利息约定,合同上虽然加盖了聚鑫公司的公章,但该公章是原审被告人张绣、朱德超私自加盖,并不是聚鑫公司的真实意思表达,聚鑫公司签订合同、对外放贷的目的在于获取15%的年息,该目的已经实现,在主观上对涉案4%的利息没有真实有效的约定行为,也不存在取得该款项的意思表示,且在客观上该4%利息款是置业公司直接打入上诉人杨新财个人账户,也从来没有被聚鑫公司实际占有过,聚鑫公司不是该款项的所有人,不享有所有权。

再次,从借款方置业公司角度,根据其财务副总方子华的当庭供述,公司老总赵明远对19%的点数如何组成、支出根本不关心,只是要求杨新财能以19%的点数借到1亿元即可。且在实际操作中,该390万元大额款项打款时除了要提供银行账号外,还要提供开户人姓名信息以备核实,无论如何也不可能将杨新财一个非聚鑫公司工作人员的私人账户认定为聚鑫公司小账;方子华的当庭供述也证实公司总经理赵明远作为证人,其关于不知道4%归属和被骗的证言是在侦查人员"只能说不同意给他"的要求下做出的,不具有真实性;退一步讲,方子华作为置业公司的副总、财务总监,在与杨新财就借贷利率事宜协商,是代表置业公司的职务行为而非个人,在杨新财明确告知方子华4%的点数作为居间好处费的情况下,上诉人杨新财也不存在对置业公司有欺骗、隐瞒行为。职务侵占作为财产犯罪,在置业公司主动提出可以支付19%的点数、对支付金额没有任何认识错误的情况下,不存在被骗取、侵占财物的损失。

最后,《最高人民法院关于审理民间借贷适用法律若干问题的规定》(法释〔2015〕18号)第十四条规定,"具有下列情形之一的,人民法院应当认定民间借贷合同无效:……(二)以向其他企业借贷或者向本单位职工集资取得的资金又转贷给借款人牟利,且借款人事先知道或应当知道的"。同时,最高人民法院民事审判一庭编著的《最高人民法院民间借贷司法解释的理解与适用》中明确指出,"如果企业从事经常性放贷,依据《银行业监督管理法》《商业银行法》等法律规定,未经国务院银行业监督管理机构批准,任何单位或者个人不得设立银行业金融机构或者从事银行业金融机构的业务活动,否则即视为'非法金融业务活动'。这种行为损害了社会公共利益,必须对从事经常性放贷业务从效力上作出否定性评价"。因此,即便聚鑫公司以公司名义对涉案4%的利息约定合同进行事后追认,该合同也因违反国家强制性法律规定而无效。所以聚鑫公司不是涉案390万元款项的所有人,也不可能成为刑事案件的被害人,杨新财不存在非法侵占他人财物的行为。

综上,本案是起因于融资借贷和居间费用支付的民事纠纷,是明显的刑民交叉案件,因此理清民事法律关系、确定涉案款项所有权及转移过程是正确定性的关键。即便是在民事审判中,聚鑫公司对涉案4%的利息也不享有所有权,怎么可能到了一审刑事判决中就认定被侵占了4%的利息,成了刑事案件的被害人呢!同时,鉴于出借方聚鑫公司是主动提出了15%的利息要求,而且其也获得了预期收益,借款方置业公司主动提出可以接受19%的年息,并如愿以该能够接受的利率借得资金,合同双方签订合同的目的均得以实现,本案不存在所谓的被害人,更不存在职务侵占他人财物的行为。

2. 涉案款项是上诉人杨新财提供借贷居间劳务的合法报酬,不构成职务侵占犯罪

首先,上诉人杨新财及其公司从事融资居间服务,与聚鑫公司和置业公司进行借贷事宜的沟通,本身就是市场经济下不同商业主体之间的商谈,且杨新财与聚鑫公司和置业公司此前也都存在其他融资居间服务往来先例,涉案行为的定性必须放在这个背景下来审查判断。

根据上诉人杨新财的供述,新财公司经营事项原本就涉及资金借贷,也存在为药业公司及相关企业借贷进行居间服务的先例,日常居间活动收取0.3‰的日利息差(年息10.8%),远高于本案4%的点数,且杨新财答应帮置业公司借款后曾先后联系北京两家融资公司,只不过利息较高而未能成功。原审被告人张绣的供述也印证,聚鑫公司、药业公司在2010~2011年就与杨新财公司存在放贷合作,累计金额超过1亿元。原审被告人方子华的供述、置业公司老总赵明远的证言也证实,置业公司在涉案款项之外,在2012年10月还就其他融资需要与杨新财签订过居间服务合同。因此,杨新财为聚鑫公司联系借款人、为置业公司寻找可出借资金的行为,不是一般好友熟人之间的帮忙,而是市场经济下不同商业主体之间的商事行为,涉案行为应该以该背景为前提进行考察。

其次,杨新财提供居间服务的事实清楚,虽然没有与借贷双方签订书面居间合同,但这是受聚鑫公司刻板规定所限导致,并不能因此否认居间服务性质,上诉人杨新财涉案行为只是为了付出劳动后能够获得合法居间报酬,不存在职务侵占的犯罪故意和行为。

根据原审被告人方子华的当庭供述，在确定向聚鑫公司融资前，杨新财和他几次前往北京寻找资金出借方，也数次接待北京公司前来考察，甚至委托机构进行了专门的风险评估。在确定向置业公司融资过程中，杨新财就是中间人，自己从不认识聚鑫公司张绣和朱德超等人，贷款前期也一直由杨新财居间为两家公司进行对接工作，甚至到二审开庭时他都不知道聚鑫公司地址在哪里，如果没有杨新财的居间努力，根本不可能以15%的年息借到钱。原审被告人朱德超、张绣的当庭供述也证实，他们在并不认识方子华，融资信息也是由杨新财提供的，方子华也是由杨新财介绍引荐的。杨新财在该借贷中确实付出了居间服务，这是涉案行为定性的客观事实前提。

同时，根据杨新财的供述，“聚鑫公司张绣、朱德超就找到我，希望我能够提供融资信息……我也能够从中赚个利息差”，“置业公司赵总也说不管从哪里找资金，只要年利息不超过19%就行……这笔借款金额太大，而且和置业公司借款周期比较长，要一年的时间，以我们公司的名义从海川药业借款，再以我们公司的名义出借给置业公司，药业公司的老总刘兆丰肯定不同意”，而朱德超在案“（聚鑫公司）小额可以直接出借，1000万元以上、一年期的要银行委托贷款”的供述也印证了上诉人杨新财的说法。杨新财为海川药业提供融资信息，以转贷方式赚取介绍费，在应置业公司请求为其寻找资金出借方后，确实为涉案借贷合同双方提供了融资居间服务，其获得对应的居间报酬合理合法，只不过基于该笔资金出借数额较大、时间较长而不能按之前惯例以转贷的方式获取介绍费用，在已经提供居间信息、服务的情况下，为了防止聚鑫公司与置业公司另行协商、避免自己陷入劳而无获的境地，转而以涉案行为方式获取居间介绍费。因此，上诉人杨新财虽然没有与借贷双方签订居间合同，但这是受聚鑫公司内部刻板规定所限，其向张绣、朱德超允诺好处也只是为了保住自己合法的劳动报酬，不存在合谋侵占公司财物的职务侵占故意和行为。即便张绣、朱德超等人作为企业工作人员，收受杨新财应得的部分利息差的行为不当，但在依法获取居间费用、无不正当利益的情况下，也不能认定杨新财构成犯罪。

再次，张绣和朱德超在案最原始的言词证据均证实，杨新财只有给他们“好处费”的想法，而没有合谋侵占公司财产的故意。

本案中，张绣在人民检察院第一次接受调查时，将涉案390万元明确界定为“居间费用”，而在第二份询问笔录中，张绣也证实杨新财只是说“业务谈成大家都有好处”，在之后的第一份讯问笔录中，张绣证实她、朱德超经杨新财引荐和方子华见面时也从没有谈到利息差的事情,而至于张绣所谓的“好处费”是他们四个人“共同侵占”4%的利息差的供述,完全是其个人在接受轮番调查后的单方主观推测,这是其关于所谓犯罪合意最原始的言词证据。

与之相印证,朱德超在人民检察院第一次接受调查时,也证实杨新财只说过生意做成后会有好处费,好处费的来源是“这笔借款成功了置业公司给的中介费”,这是朱德超关于涉案资金性质在案最原始的表述,并没有涉及合谋侵吞利息差的内容。另一方置业公司方子华当庭供述也证实,侦查机关明确告知他“只能说分钱,不能说好处,否则在这里过夜”。至于侵占公司财物的有罪供述,根据其在案笔录中“我一直以为:……”的表述方式,证实这只是其个人单方的主观臆测。

最后,上诉人杨新财的涉案行为不仅没有任何社会危害性,反而因其居间融资服务使多方受益。如果按一审判决认定其构成职务侵占犯罪,则杨新财为本次融资行为所提供的居间服务劳而无获,而借贷双方则在没有任何付出的情况下都获得了融资利益,明显有违市场经济规律,显失公平。根据刑法的谦抑性原则,涉案行为有益无害,不构成刑事犯罪。

从聚鑫公司角度,根据朱德超的供述,“(聚鑫公司)刘总讲这笔借款15%的利息已经不低了”,其同事张绣的当庭供述也证实,“我们都很高兴,通常只有9个点,15个点已经很高了”;而从置业公司角度,根据总经理赵明远证言,“和杨新财谈的要求是年利率不超过19%,请他帮忙融资”,置业公司财务副总方子华的供述也证实,“当时市场融资的行情年利率是20%”。因此,上诉人杨新财的行为不仅没有造成任何实质危害结果,反而使出借人聚鑫公司获取了远高于其正常借贷的年利息收益,使借款人置业公司以远低于其他融资机构的融资年利率解决了资金短缺的困难,更使委托贷款银行南京银行某支行获得了借款金额1亿元1%的手续费,使多方受益。

相反,当今信息社会下,信息资源具有市场价值,通过合法手段获得有效信息资源并加以利用的主体,当然有获得报酬的权利。聚鑫公司在没有任何损失、索要不属于自己的款项未果的情况下,人为地将本案复杂化为刑事案件。本案作为刑民交叉的案件,一审法院关于上诉人提供融资居间服务后构成犯罪的判决,不仅使上诉人在提供融资信息、付出居间服务、忙前忙后却不能获取正当报酬,还让上诉人在没有造成任何损失、使多方受益的情况下面临牢狱之灾,有违刑法的谦抑性,更严重违背了市场经济规律、显失公平,对当下类似融资市场的良性发展产生了消极影响,与国家引导市场经济发展的大趋势相左,明显错误,应予纠正。

二、如果合议庭认为上诉人杨新财构成犯罪，提请法庭注意一审判决还存在认定杨新财系主犯等事实错误和量刑过重的问题

1. 一审判决依据同案犯张绣的单方指证认定杨新财的主犯身份，明显错误

在案受贿人徐航、置业公司总经理赵明远等人的证言均证实，给徐航送钱和合同签订等客观行为的主体均是张绣，杨新财并未参与，这是本案事实认定的客观基础。同时，根据朱德超的供述，“张绣在我办公室的时候跟我说，杨新财告诉他……”“张绣在我们向公司汇报的前后还告诉我，杨新财跟他说……”因此，在案关于上诉人杨新财是主犯的指证，均来自于同案被告张绣的供述及其传来证据，考虑到张绣作为同案被告，对于案件事实认定尤其是提议、策划等细节上具有直接利害关系，其关于杨新财是主犯的供述也与在案证据反映的基本客观事实相悖，一审判决仅依据该单方言词证据就认定杨新财是主犯，存在明显错误，应予纠正。

2. 上诉人杨新财不存在职务便利，系从犯，可以从轻、减轻处罚

职务侵占罪是刑法针对具有职务便利的工作人员设立的罪名，立法在于打击惩处利用职务便利损害公司利益的行为。本案中，原审被告人张绣、朱德超系药业公司、聚鑫公司部门负责人，方子华是置业公司副总、财务总监，他们对于涉案借贷评估考察、利息协商、合同签订具有职务便利，即便是相关公司法人存在认识错误，也是由其公司工作人员的不实汇报所致，而上诉人杨新财在两家公司没有任何任职身份，既没有实际参与对于风险评估、利息审核、合同协商等具体活动，对于涉案借款合同订立也没有任何建议权、决定权，作用较小，系从犯，可以从轻、减轻处罚。

3. 上诉人杨新财行为动机与其他同案人员具有明显区别，主观恶性较小，可以从轻、减轻处罚

即便是在共同犯罪中，各行为人行为动机不同，决定了其主观恶性不同。本案中，张绣、朱德超、方子华均为公司工作人员，对涉案借贷合同进行的相关工作没有超出职责范围，其在已经领取相关工资报酬的情况下另行获利没有合法依据，甚至涉嫌非国家工作人员受贿。但上诉人杨新财作为借贷双方的居间人，在提供相应融资居间服务后，即便行为存在不当，也是出于避免劳而无获、取得应有报酬的动机下进行，主观恶性较小，与一般职务侵占行为相比具有明显的区别，可以从轻处罚。

【裁判要旨】

关于辩护人提出的量刑方面的辩护意见，经查，一审已经确认的量刑情节在量

刑时已经予以充分虑及，鉴于上诉人杨新财虽是本案的犯意提起者、组织者、策划者，但本案主要是利用张绣、朱德超的职务便利，上诉人杨新财系非身份犯，根据罪责刑相适应原则，依法对上诉人杨新财的量刑予以调整：

撤销一审判决主文关于杨新财的量刑部分，即职务侵占罪量刑由5年8个月改为5年，与行贿罪数罪并罚，决定执行有期徒刑5年6个月，罚金由24万元改为6万元。

【辩护路径】

一、刑民交叉案件应从专业的角度论证当事人的行为有无侵害到刑法保护的法益

当下，部分原本属于民事纠纷的案件，往往因一方借用权势地位动用刑事手段插手民事纠纷，被人为地复杂化，最终转变为刑事案件。此时所谓的刑民交叉案件，是一个不折不扣的伪命题。在办理此类案件时，要注重对民事法律的分析审查，不能仅着眼于生活事实，应当将案件中涉及的民商事法律关系梳理明确，如果报案人即便是在民事诉讼中，对涉案财物都不享有所有权，那么也就不可能成为刑事案件的被害人。遇到复杂的刑民交叉案件，辩护人可以咨询相关法律专业的资深律师，从民商角度去查清和论证相关法律主体、法律关系，从刑民两个角度论证当事人行为不能入罪的理由。

二、有社会危害性未必入罪，无社会危害性一定出罪

“罪刑法定”是现代刑法的基本原则，而“社会危害性”则是我国刑法学的核心概念之一，甚至一度被视为犯罪的本质特征。司法实务中，经常存在侦查机关、公诉机关以行为人手段情节恶劣、造成重大负面影响为基点，论证行为具有社会危害性，进而得出构成犯罪的指控思路，其实质是将社会危害性概念置于罪刑法定原则位阶之上，背离了刑法对人权保障的基本精神和初衷。辩护人应明确，罪刑法定之下，刑法中所讲的社会危害性与一般社会学意义上的社会危害是两个概念，一种行为的社会危害性只有在被立法者认可，并通过立法类型化，才是犯罪，换言之，社会危害性的入罪功能只能通过立法环节体现。进入司法环节后，社会危害性概念只能是司法者对于犯罪行为进行实质审查、进行出罪的依据。具体到本案，如果被告人的行为不仅没有给借贷双方和委托银行造成任何损害，反而以更低利率解决了借款方的资金困难，盘活了出借方企业的闲置资金，促成了银行一笔收费业务，是使多方受益的行为，不具有实质的社会危害性，更不应作为刑事犯罪处理。

三、量刑意见单独提，二审辩护要全面

2012 年 11 月 5 日《最高人民法院关于适用〈中华人民共和国刑事诉讼法〉的解释》第二百三十一条第二款明确规定，“对被告人不认罪或者辩护人作无罪辩护的案件，法庭辩论时，可以引导控辩双方先辩论定罪问题，后辩论量刑问题”。这不仅是对法官主持庭审提出的要求，更是对律师刑事辩护工作全面性提出的要求。在现有法律司法解释将定罪和量刑作为两个程序单独分开的情况下，辩护人在办理无罪辩护案件时，可以在无罪辩护之外，单独提出量刑意见。尤其像本案这种二审案件，一审判决在定罪的同时，还判处了一定刑期和罚金，本着对案件负责、对当事人负责的态度，辩护人在提出无罪意见的同时，要全面审查一审判决，就量刑部分的事实认定和法律适用存在的明显错误提出意见，努力为当事人提供更为全面的法律服务，最大限度地维护其合法权益。

探索法益保护内核，全案无罪辩护判缓刑

——魏强滥用职权、受贿发回重审部分无罪案

【案情简介】

2008 年国家成品油价格和税费改革后，燃油补贴成为公交等使用燃油的公益行业维持正常经营的主要经济来源，当然也会成为一些人觊觎的目标。2015 年，江苏淮安昆仑公司（以下简称昆仑公司）也卷入骗取成品油补贴的旋涡之中，某县运管所所长魏强因此被指控滥用职权罪、受贿罪，昆仑公司负责人乌剑成为滥用职权罪的共犯。魏强坚称自己无罪。一审以魏强犯滥用职权罪、受贿罪，分别判处有期徒刑 3 年和 6 个月，决定执行有期徒刑 3 年 3 个月，并处罚金 10 万元。魏强上诉后，二审撤销原判发回重审，重审判决魏强犯滥用职权罪，判处有期徒刑 3 年缓刑 3 年，犯受贿罪免予处罚。辩护人全程为魏强提供辩护，在被告人被指控滥用职权造成国家损失 834 万元已构成“情节特别严重”、受贿 68,821 元，且其不认罪的情况下两罪判处 3 年有期徒刑并适用缓刑，一定是极为少见的轻判。该案通过有力的无罪辩护赢得了两罪最大幅度的从轻判决，虽有遗憾，但在实践中已算是有效果的辩护，相关路径值得借鉴。

【控方指控】

2010 ~ 2014 年，魏强在担任某县运管所所长，负责城乡道路客运成品油价格补助资金申报和发放工作期间，违反城乡道路客运成品油价格补助专项资金管理的相关规定，未严格把握燃料消耗数据基层审核关，明知昆仑公司虚报公交车全年行驶里程和燃料消耗量的情况下，仍同意其申报和补贴资金拨付申请。致使 2010 ~ 2013 年度昆仑公司骗领成品油价格补助专项资金 834 万余元，构成滥用职权罪。

2009 年以来，魏强利用担任运管所所长、新客运站筹建工作领导小组成员等职务之便，收受他人现金、购物卡等财物共计 6.8821 万元，构成受贿罪。

【辩护要点】

一、指控魏强犯滥用职权罪不成立

1. 指控昆仑公司诈骗燃油补助专项资金证据不足

根据《刑法》第三百九十七条的规定，滥用职权罪是国家机关工作人员滥用职权，致使公共财产、国家和人民利益遭受重大损失的行为。其客观构成要件包括国家机关工作人员滥用职权行为以及公共财产、国家和人民利益遭受重大损失的结果。指控认定昆仑公司在2010～2013年度骗领国家城乡道路客运成品油价格补助专项资金8,344,565.89元为重大损失，因此，昆仑公司这一诈骗行为的成立是魏强构成滥用职权罪的基础。辩护人认为即使昆仑公司存在虚报实际燃油消耗量的情况下，也不能认定昆仑公司存在诈骗行为。理由：一是昆仑公司依据“重点指标参考值”和“上年度用油量为基础，考虑增减变化因素”确定的申报数据不属于虚构事实、隐瞒真相。二是本案中主管部门不存在错误认识。诈骗燃油补助的相对方应为承担燃油补助审核职能的市级、省级交通运输管理部门和财政部门，只有该部门由于昆仑公司虚报燃油消耗数据导致其误认为该数据为实际消耗数据时才构成认识错误，公诉机关需要对该认识错误承担证明责任。然而，本案中公诉机关没有任何诈骗对象产生错误认识的证据，而是自说自话，越俎代庖。事实上主管部门也不存在认识错误，在申报燃油消耗百公里平均值接近审计报告认定的实际消耗两倍（专项审计报告：4年申报百公里油耗平均值21.5升，实际百公里油耗12.88升），专业的主管部门能够认识不到诈骗可能吗？三是涉案油补本应就是国家对昆仑公司的公交补助，不存在国家损失。根据专项审计报告，昆仑公司在2010～2013年累计亏损高达6,018,684.85元，证明原县政府未执行国家规定的公交扶持政策。在政府无公交亏损补贴的情况下，油补资金是其保证正常经营的唯一途径；否则，财政也应支付亏损补贴。

2. 运管所并无核实实际燃油消耗数据的职能

根据起诉书指控，被告人魏强不正确履行职权的表现是明知昆仑公司虚报燃料消耗，但仍同意该公司数据申报及财政资金拨付申请，这一认定是强加给被告人魏强对燃油消耗申报数据中实际油耗予以核实并进行审核的履职内容。根据《城乡道路客运成品油价格补助专项资金管理暂行办法》①（以下简称《暂行办法》）第

① 本办法已于2015年5月11日被《财政部、工业和信息化部、交通运输部关于完善城市公交车成品油价格补助政策加快新能源汽车推广应用的通知》（财建〔2015〕159号）废止。

九条,道路运输管理机构履行职能的内容为:建立健全城市公交企业、农村客运和出租汽车经营者车辆及燃料消耗量的基础档案和数据库,完整、准确地填报各项基础数据,科学准确地核算燃料消耗,并编制报表。显然《暂行办法》要求的是依据建立的基础档案和数据库核算燃烧消耗,没有任何核实实际油耗的要求。省交通厅运输管理局在交通部将江苏省 2009 年度上报数据返回后,作出《关于进一步做好 2009 年度城乡道路客运燃油消耗复核工作的通知》(苏运传〔2010〕30 号,以下简称《通知》),提出的复核要求为复核营运车辆、营运线路、燃油消耗量(主要核查车辆基本信息、行驶里程、油耗等关键指标的申报信息)、运营天数及相关指标数据。对于数据超标问题提出:交通运输部组织专家研究确定一些重点指标参考值。数据超过参考值的,应做必要修正;确需超过参考值的,可如实填报。根据该通知,所谓复核的内容也不是实际燃油消耗。即使省运管处在 2011 年曾要求采取"深入企业查台账,坐进车内查里程,走进车站查记录"的方式"严格把好燃油消耗数据基层审核关",对"申报数据的真实性负责"的通知,也并不意味着要求申报消耗数据与实际消耗一致,因为从"台账""里程""记录"中无法核实真实的燃油消耗,而且,相关通知中明确审核主体为县级管理部门,而非道路运输管理机构。此外,在燃油消耗数据申报的过程中,从未有要求运管所在申报单位申报数据的资料中盖章、签字,相关上报表格根本没有运管所盖章、签字的栏目,表明实际操作中也没有运管所审核的要求。省交通运输厅运输管理局在《关于洪泽县人民检察院申请协查相关问题的复函》中指出,"城乡道路客运经营者是燃料消耗信息申报工作的责任主体,并承担相应的法律责任,县级道路运输管理机构负责相关核算工作",这一复函实质上对运管所职能做出了权威解读,即道路运输管理机构的职能只是"相关核算",也就是对经营企业上报数据是否与基础数据相符,是否超过重点指标参考值进行核算,而不是核实实际燃油消耗数据。

3. 申报"重点指标参考值"和申报以"上年度用油量为基础,考虑增减变化因素确定"的规定证明国家并不要求按实际油耗申报

苏运传〔2010〕30 号通知提出的复核要求为复核营运车辆、营运线路、燃油消耗量(主要核查车辆基本信息、行驶里程、油耗等关键指标的申报信息)、运营天数及相关指标数据。同时规定数据超过城市公交重点指标参考值的,应做必要修正;确需超过参考值的,可如实填报。《暂行办法》第 12 条规定"补助用油量以上年度补助用油量为基础,考虑增减变化因素确定",《财政部、发展改革委、监察部、交通运输部、农业部、审计署、国家林业局关于成品油价格和税费改革后进一步完善种粮

农民部分困难群体和公益性行业补贴机制的通知》(财建〔2009〕1号)规定“2009年补贴用油量以2008年补贴用油量为基础,考虑增、减变化因素计算确定,以后年度依次类推”。上述规定表明,财政部、发改委等部门的申报要求不是按实际油耗申报。

相关证言证明,淮安市运管部门从来没有对申报燃油消耗数据采取核实实际油耗的抽查方法,而仅是对基础数据的核实。即使省运管处相关文件曾有按实申报的说法,显然与上级规定存在无法排除的矛盾和无法解释的疑问。而且,如果按实申报,仅需提供燃油消耗数量即可,为什么还要申报里程呢?依据存疑有利于被告人的原则,不应采信按实申报的说法。

4. 认定损失的“专项审计报告”不但不具有证明力,证据能力也有致命缺陷

除非法律推定,任何证据都应该凭借经验和逻辑推理,综合其他证据对其真实性、关联性进行审查,以判断其对证明对象的证明力。指控证据“专项审计报告”计算的昆仑公司公交车平均百公里油耗约为12.88升,仅相当于昆仑公司车辆平均出厂油耗指标的50%左右,这严重背离科学和常识性结论,不具有真实性;就关联性而言,审计报告以“实际油耗”为统计口径,而申报要求是“重点指标参考值”和“上年度用油量为基础,考虑增减变化因素”,即使有要求以“三查”审核的要求,均与审计口径不同,因此审计结果与需要证明的所谓虚报没有关联性;就证据能力而言,“专项审计报告”不符合刑事诉讼法规定的证据形式,审计单位和人员不具有相应的鉴定资质、资格。审计人员作证称不能确认提供审计的“加油日报表”的完整性。上述情形证明审计报告不具有证据能力。

5. 昆仑公司即便存在非按实申报,获得额外燃油补助的行为,该行为也不具有违法性

城市公共交通作为公益事业,国家应当给予扶持。《国务院办公厅转发建设部等部门关于优先发展城市公共交通意见的通知》(国办发〔2005〕46号)规定:“对公共交通实行经济补贴、补偿政策。建立规范的成本费用评价制度和政策性亏损评估制度,对公共交通企业的成本和费用进行年度审计与评价,合理界定和计算政策性亏损,并给予适当补贴。”根据专项审计报告,昆仑公司在2010~2013年累计亏损高达6,018,684.85元(运输收入4,151,235.08元-运输支出8,311,863.23元-管理费用1,858,056.70元),证明原县政府未执行国家规定的扶持政策,这实质上是政府凭借公权力对民营企业产权的侵害,变相掠夺民营资产。昆仑公司在无法获得政府亏损补贴的情况下,通过申报超过实际油耗的燃油消耗数据获取国

家燃油补助，只是为取得其本应享有的亏损补贴，维持公司正常经营的自救行为，该行为不具有违法性。

二、指控魏强犯受贿罪不成立

针对指控的11起、总价值6.882,1万元的受贿事实，辩护人从被告人未利用职务便利、证据不足等角度提出辩护意见。就其中数额最大一笔指控被告人之妻取得昆仑公司出租车保险返点费3.682,1万余元，辩护人提出了被告人之妻从保险公司取得的费用源于获得出租车保险代理这一"商业机会"取得的佣金，不属于受贿罪中的财物。

1. 该笔保险代理佣金是保险公司支付的劳务报酬，不是昆仑公司支付的行贿款

关于保险佣金，《保险法》第一百一十七条、第一百一十八条将保险经纪人、代理人的中介业务报酬统称为"佣金"；国家工商总局《关于禁止商业贿赂行为的暂行规定》第七条规定："本规定所称佣金，是指经营者在市场交易中给予为其提供服务的具有合法经营资格的中间人的劳务报酬。"此保险佣金是由保险公司根据合同和保险代理相关规定支付的，不是行贿款。若将佣金认定为行贿款，不符合行贿、受贿罪的基本犯罪构成要件。本案付出对价的不是行贿人，保险佣金与被告人的职务行为之间根本不存在对价关系，因此不是行贿款。

2. 被告人之妻从保险公司取得的费用具有不确定性，不具有刑法上"财物"的属性

《最高人民法院、最高人民检察院关于办理贪污贿赂刑事案件适用法律若干问题的解释》（法释〔2016〕9号）第十二条规定，贿赂犯罪中的"财物"，包括货币、物品和财产性利益。财产性利益包括可以折算为货币的物质利益如房屋装修、债务免除等，以及需要支付货币的其他利益如会员服务、旅游等。上述财物在提供时均具有确定价值，或能够计算出确定的价值。然而，被告人之妻取得挂靠在昆仑公司的出租车保险代理，不在上述"财物"范围内，也不能确定保险公司实际支付其"返点费"比例或金额。因此，该"返点费"仅是基于保险代理这一商业机会下的可能利益，在被告人之妻取得保险代理资格时不能确定具体金额或比例，甚至是否会有也不确定，不具有刑法上"财物"的属性。

3. 权威专家认为商业机会不宜认定为受贿罪

原上海市人民检察院第二分院陈新民在《中国检察官》2010年第14期发表的"商业机会可否认定为受贿罪中的财物"一文，和原中纪委案件审理室副处长赵煜在《法治研究》2014年第12期发表的"受贿罪认定疑难问题及立法完善"一文中，均

论述了商业机会不能等同于财物或者财产性利益，不是我国刑法规定的受贿罪的犯罪对象，对取得商业机会的行为不能认定为受贿罪的观点。

4. 司法实践中取得保险代理佣金并不属于"以其他形式收受贿赂"的情形

2007年《最高人民法院、最高人民检察院关于办理受贿刑事案件适用法律若干问题的意见》（法发〔2007〕22号）（以下简称《意见》）第一条第三款规定"以其他交易形式非法收受请托人财物的"，以受贿论处。此条款中的"其他交易形式"是司法解释在没有办法穷尽交易形式的情况下，防止对第一款、第二款未规定之外的情形打击不力而留设的补救性措施。最高人民法院、最高人民检察院有关负责人就《意见》答记者问时明确说明《意见》规定了10种受贿行为的定性处理问题，其中并不包括本案的情形，并且强调要依法、稳妥，根据刑法规定和受贿罪权钱交易的本质特征，对当前查办受贿案件各方面认识比较一致的相关法律界限予以明确，争议较大和拿不准的问题，暂时搁置。因此这里的"其他交易形式"，应该是与第一款、第二款规定类似的其他情形，否则此条款的规定就有"口袋罪"的嫌疑。辩护人承办的某国税局长刘国中涉嫌利用职务之便代理保险业务收取的保险佣金并未被法院认定为受贿犯罪（此案例已提交法庭），证实了司法实践中已对此达成了共识。

【裁判要旨】

被告人魏强作为国家机关工作人员滥用职权，致使国家利益遭受损失，情节特别严重；另利用职务便利，非法收受他人财物，为他人谋取利益，其行为分别构成滥用职权罪、受贿罪。被告人魏强到案后如实供述办案机关未掌握的受贿犯罪事实，应当以自首论，可以从轻或减轻处罚。指控被告人授意被告人乌剑将该公司的投保出租车保险业务交由其妻代理，收受该公司投保的保险返点费3.6821万元构成受贿证据不足。归案后被告人如实供述自己滥用职权的罪行，系坦白，可以从轻处罚；被告人犯滥用职权罪的犯罪动机涉及昆仑公司这一公益企业的经营，主观恶性较小，可酌情从轻处罚。被告人魏强犯滥用职权罪，判处有期徒刑3年，缓刑4年；犯受贿罪，免予刑事处罚，决定执行有期徒刑3年，缓刑3年。

【辩护路径】

一、厘清政策脉络，突破控证体系

滥用职权罪构成要件中国家工作人员的“职权”，即被告人的职责和权力应由公诉机关举证加以证明。在被告人国家工作人员的身份不存在异议的情况下，其在特定事项下的职责、权力应根据相应行政规范进行判断。因此，辩护人将运管所在燃油补助申报工作中的职权作为核心辩护要点。相关燃油补助行政规范、文件对于道路交通管理部门与运输管理机构的职责显然是不同的，在履职要求上，是否由运管所对申报燃油消耗按实审核的规定也不一致，国家财政部、交通运输部相关的规定与江苏省的相关规定中存在严重冲突。因此，这成为质疑有关“职权”控证的有力武器，该路径可为同类犯罪辩护提供思路。

二、探究法益保护内核，动摇有责基础

本案仅针对指控职权、损失证据进行反驳显然是不够的。犯罪的社会危害性在于对法益的侵害，法益被侵害是构成犯罪的实质要件，因此具有可归责性。从形式上看，如果认定损失的证据被采信，国家损失（侵害法益）则必然认定。再进一步分析则发现，政府相应年度未对昆仑公司给予公交经营企业亏损补贴，昆仑公司可能获得的额外燃油补助与该亏损补贴相当，因此，实质上看国家并未损失，这为昆仑公司行为正当化寻得理由，此辩护观点实际上得到了法庭认可，并在对被告人量刑时予以考虑。

三、逆向数据分析，审计缺陷凸显

类似鉴定意见的审计报告是专业会计机构作出，非专业人员、未进行原始数据核实难以发现其中的问题、缺陷。本案中辩护人逆向思维，以审计的总里程、总油耗计算审计单位油耗，然后收集昆仑公司当期全部车辆出厂油耗值进行对比。通过对比发现审计油耗大大低于出厂油耗，甚至低于普通小型客车的市区行驶油耗，从而使审判人员对审计报告真实性产生怀疑，即使不能全部否定效力，亦会成为量刑时考虑的因素。

四、保险佣金非贿款，司法解释、答记者问、判例、学术观点助力无罪心证

《最高人民法院、最高检察院关于办理刑事受贿案件适用法律若干问题的意见》将贿赂犯罪中的“财物”列举为：货币、物品和相关财产性利益，被告人之妻从保险公司取得的费用显然属于货币，然而该所谓货币并非确定支付，也非确定数额，只能归属于商业利益，应排除在“财物”之外。然而，辩护人基于自己的理论分析并不容易让审判人员接受。此时，辩护人通过提交自身办理的刘国中受贿案保险佣金不认定为受贿的生效判决书，为法庭对被告人定性提供了有效参考。此外，在没有现成案例运用的情况下，检索学术著作、文章也是必不可少的路径。本案中辩护人检索到不少相关文章，从中选择了较高层次的检察官、纪委专家的学术文章提交法庭，这显然对判决扣除该笔数额产生了很大作用。

罪轻篇

3

深入剖析法理法益，换偶行为应否入罪

——马小海聚众淫乱从轻处罚案

【案情简介】

2010年发生在南京的某高校计算机系副教授马小海涉嫌聚众淫乱罪的审理和辩护在全国乃至全世界范围都产生了巨大而深远的影响。该案促使人们更深入地研究刑法所保护的法益究竟是什么，多么严重的危害行为才需用刑法规制，破坏伦理风尚或极少数人群特别的嗜好是否一定要用严苛的刑事法律来制裁。全社会对本案的广泛讨论必将推动刑法的规范化和科学化发展。此案也将在我国的性科学史和法制史上记下浓重的一笔。

本案案件事实非常清晰，即马小海等多人通过网络结识后，分别结伙先后在马小海家中或宾馆中，聚集多人先后多次进行淫乱活动。争议焦点在于对这种多名成年人自愿、封闭、隐秘的性聚会，是否侵犯了聚众淫乱罪所保护的法益，而必须以聚众淫乱罪予以刑事处罚。

本案案发后，广大网民和60多家境内外新闻媒体对此案做了大量的报道，凤凰网开展的网络民意调查结果显示69.4%的网民认为马小海的行为不构成犯罪，该类在家中和宾馆客房中几个男女自愿发生的性行为没有侵犯到社会的公共秩序，这与同性恋有类似之处，这种行为的恶劣程度比卖淫嫖娼行为还要轻；有20%左右的网友认为这种事与自己无关；只有不到20%的网民认为该行为有伤风化，应该惩处。

对于换妻，中国第一位研究性的女社会学家李银河指出："它没有伤害任何人。换偶活动是公民中极少数人喜爱的性活动方式。"换偶只是"少数成年人自愿选择的一种娱乐活动或生活方式"，既不违反婚姻道德，也没有违反性学三原则（自愿、在私密场所、当事人均为成年人），它是公民的合法权利，应当受到保护。

学术界大多数学者也都主张此类行为不宜用刑事法律规制。笔者为被告人马小海从案件事实、刑法规定、刑事立法、法学理论等方面对案件做了充分的辩护，也取得了较好的从轻量刑结果。

该案因影响巨大而被评为2010年中国五大刑事案件之一，笔者的辩护词也被评为2010年度最佳辩护词二等奖。

【控方指控】

起诉书指控，2007年夏天至2009年8月，马小海等22名被告人通过网络结识后，分别结伙先后在南京市秦淮区、鼓楼区、玄武区等处聚集多人共计35次进行淫乱活动，其行为触犯了《刑法》第三百零一条的规定，公然藐视国家法纪和社会公德，聚集男女多人集体进行淫乱，其行为构成聚众淫乱罪（仅限于首要分子和多次参与者），犯罪事实清楚，证据确实、充分，应当以聚众淫乱罪追究刑事责任。

【辩护要点】

一、被告人马小海主观上没有扰乱公共秩序的故意，不具备侵犯公共秩序的主观要件

三年前马小海创建“夫妻旅游交友群”，主旨是旅游和交友，后因群友规模不断壮大，有部分来自换妻、换偶俱乐部的群友开始提议进行换偶活动。马小海作为创始人，对群友的活动进行了明确的规制：不允许有金钱交易，不允许发淫秽图片或传播淫秽物品。从马小海为该群制定的规则可以看出，马小海不想此群的言论和活动触及犯罪，不想侵害任何刑法等法律法规所保护的法益。《刑法》对构成“聚众淫乱罪”的主观方面要求为直接故意，即明知会发生危害社会的结果，并希望这种结果的发生。法庭调查查明马小海主观上根本就没有想故意扰乱社会公共秩序，同时从马小海的客观行为也可以得出结论，其不具备通过性聚会侵犯公共秩序之故意。

二、被告人马小海参与的性聚会并未侵犯《刑法》所保护的任何法益，不具有社会危害性

《刑法》第三百零一条第一款规定，“聚众进行淫乱活动的，对首要分子或者多次参加的，处五年以下有期徒刑、拘役或者管制”。从我国的刑法体系来看，罪名的编排主要是按照罪名所侵害法益的种类。《刑法》第六章所保护的法益是“社会管理秩序”，其第一节保护的是“公共秩序”。也就是说，聚众淫乱罪侵犯的刑法所保护的法益应为“公共秩序”。《辞海》（新编第6版）第719页显示，“公共秩序”是指维护社会公共生活所必需的秩序，主要包括生产秩序、工作秩序、交通秩序和公共场所秩序等。公共生活具有开放性和透明性，对他人和社会的影响具有直接性和广泛性，而相对于公共生活的私人生活则具有一定的封闭性和隐秘性，本案被告人所进行的性聚会是在自己家中或宾馆客房内，人员相对熟悉并固定，具有封闭性和隐秘性，且各被告人均为成年人，具有完全认知能力和辨认能力，自愿且不涉及金钱交易，还有数人是真实夫妻。故此类性聚会不涉及公共生活和公共秩序，未侵犯《刑法》第六章第一节所保护的法益。《刑法》如同“双刃剑”，用之不当，则国家与个人两受其害，故刑罚之界限应该只能是内缩的，而不是外张的。刑罚是国家为保护法益与维持法秩序的“最后手段”，能够不使用刑罚而以其他手段达到维护社会公共生活秩序及保护社会与个人法益的目的时，则务必放弃刑罚的手段。因此，本案涉及的性聚会应属于私人生活范畴，不应用刑法来规制和处罚。

三、被告人马小海的客观行为不符合当前社会现实对聚众淫乱罪客观要件的界定

构成聚众淫乱罪的客观要件应随着时代的变迁不断赋予新的内容和做出新的界定，聚众淫乱罪是我国《刑法》1997 年修订时增加的罪名，在此之前聚众淫乱行为的刑罚是通过流氓罪来实现的。1979 年《刑法》第一百六十条第一款的流氓罪规定，“聚众斗殴，寻衅滋事，侮辱妇女或者进行其他流氓活动，破坏公共秩序，情节恶劣的，处七年以下有期徒刑、拘役或者管制”。该罪名讲的也是破坏公共秩序，没有讲破坏伦理道德，流氓罪是一个“口袋”罪名，事实上在 20 世纪 80 年代初，许多现在看来最多违反《治安管理处罚法》，甚至不违反任何法律法规的行为均以该罪的“其他流氓活动”判处了 3 年以上的重刑。随着时代的变迁，民主法治的发展，1997 年《刑法》修订时取消了该罪，而分离出了聚众斗殴罪、寻衅滋事罪和聚众淫乱罪等，这不能不说是民主法治的一大进步。聚众淫乱罪在现在是否具备修订或取消的基础，我们没有进行系统的社会学和法学方面的调研和论证，无法给出确定意见，但有一点应当明确，对三人以上聚众的性行为一律以聚众淫乱罪进行刑罚处罚肯定是有失偏颇的。“流氓”和“淫乱”这样的词语含义，是随着社会的发展、时代的变迁而不断变化的，且主观性很强。20 世纪 80 年代初，拉手可能就是流氓，跳贴面舞可能就认为是淫乱。因此，那个年代因为谈恋爱、跳舞被判刑的屡见不鲜。20 余年前，著名艺人迟志强在南京就因流氓罪被判处有期徒刑 4 年，西安马燕秦因为跳舞牵连 300 多人被抓，3 人被判处死刑，这样的案例不胜枚举。实践证明上述公权力特别是刑罚权对私权利和私人生活的过度干预使国家陷入重刑时代，广大公民私权利受到了严重侵害。具体到本案，各成年被告人自愿、封闭、隐秘的性聚会，是否是淫乱？又是否要以聚众淫乱罪处罚？

事实上从1997年《刑法》修订至今的14年里，社会大众对性行为的认识和观念发生了巨大的变化。对此类性聚会，广大网民中有相当一部分人群不认为是犯罪（中国人民大学性社会学研究所2007年发布的《中国人的性行为与性关系：历史发展二〇〇〇——二〇〇六》显示，被调查者中近2/5的人并不认为"聚众淫乱"是犯罪，近3/5的人认为现行法律的处罚过重。凤凰网2010年4月2日进行"应该对马小海的行为进行法律审判吗？马小海的行为违反道德吗？"网络调查，调查结果显示69.4%的网友认为不应对马小海进行审判，46.8%的网友认为马小海的行为并未违反道德），现实生活中换偶活动和换偶俱乐部大量存在，社会学、性学专家、政协委员、人大代表等经对各类性行为多年的研究而向立法部门提交了废止提案。故从上述社会现实和调查统计来看，这种成年人之间的自愿、封闭、隐秘的性聚会已经被相当多的人群所默许，虽然大部分人群不会参与，但从性的情感上讲并不排斥，并不认为它是罪恶的。因此将此种性聚会仍归类为不道德性行为或淫乱行为而予以刑罚处罚，缺乏社会现实生活的必要基础。法律规范虽然具有不可避免的滞后性，但公平、正义也应与时俱进，通过司法实践、司法政策和解释仍然可以使得部分法律规范跟上时代和社会现实的发展，如许霆案的改判就是鲜活的案例。因此辩护人认为，本案被告人所进行的自愿、封闭、隐秘的性聚会不构成聚众淫乱罪，不应予以刑罚处罚（陕西礼泉县女警官苏某开设换偶网站，2004~2006年两年间注册会员达67,955名，其参与换偶活动并可能有牟利也并未受到刑罚处罚或行政处罚）。

四、"换偶"或性聚会并不一定是聚众淫乱犯罪，只有当该行为具体侵犯到社会公共秩序并情节严重时才可考虑定罪处罚

我国《宪法》第三十七条规定"中华人民共和国公民的人身自由不受侵犯"。《刑法》第一条规定："为了惩罚犯罪，保护人民，根据宪法，结合我国同犯罪作斗争的具体经验及实际情况，制定本法。"国家应尊重和保障人权，宪法是国家的根本大法，当刑法从立法解释和法理解释不明确时，必须按照宪法的规定和精神来解释；当公权力与私权利有冲突的时候，公权力应给私权利保留足够的空间；当涉嫌被告人有罪或无罪而刑法总则与分则不协调不明确时，应对被告人作有利的无罪解释，换偶行为或在秘密场所的性聚会不符合犯罪构成的4个要件，实际上该行为在主观、客观、客体上都不符合聚众淫乱罪的构成要件。这种现象只是社会群体中极少数人群中存在的一种非常特殊的生活癖好，通常对社会秩序没有多大的破坏。

查询资料显示,国外对聚众淫乱罪要追诉的话一般要在公共场所发生的才定罪,大部分国家和地区对此类行为不予管制,我国台湾、澳门地区只对此类行为进行行政管制。国内自1997年《刑法》修订后14年内没有追诉过一起因换偶或在秘密场所的性聚会引发的聚众淫乱罪,而本案人数众多,大多是普通的社会民众,在主观上没有想破坏社会秩序,客观上也没有破坏社会管理秩序的情况下,辩护人认为执法部门应科学合理地理解和适用法律,人民法院应坚持独立行使审判权,从科学发展观和构建和谐社会的角度,充分发挥刑法的谦抑原则,给予本案被告人宽容的处理。

【裁判要旨】

《刑法》所保护的公共秩序不仅仅指公共管理秩序,公共生活也不仅仅指公共场所生活,《刑法》将聚众淫乱罪归类在扰乱公共秩序罪这一大类中,说明聚众淫乱侵害了公共秩序,此种行为的故意已经包含在行为之中;无论聚众淫乱行为发生在私密空间还是在公共场所,都不影响对此类行为的认定,当达到刑法所规定的程度时,即构成犯罪;聚众淫乱罪所涉及的行为本是行为人自愿的行为,如果其中有强迫或者胁迫的情形,就可能触犯刑法规定的其他罪名,所以自愿参加不是构成该罪的否定性条件或因素。为维持社会管理秩序,依照《刑法》第三百零一条第一款,第二十五条第一款,第六十七条第一款,第七十二条第一款,第七十三条第二款、第三款的规定,判决被告人马小海犯聚众淫乱罪,判处有期徒刑3年6个月。

【辩护路径】

一、法律适用的辩护应从法条、立法原意、法益保护等多方面展开

本案辩护词获得人民网法治频道与全国律协宣传联络委员会共同举办的"2010年度最佳辩护词(节选)"评选二等奖,评审委员会在本案获奖评语中写道:"对一个备受关注的案件进行了全面辨析,对一种有争议的现象表达了一种理性,体现了一位学者律师的求实、严谨精神与勇气。"本案影响之大,毋庸赘述。如何在该类社会影响极大的案件中坚持理性辩护、有效辩护,从国法、天理、人情等多方面有理有据有节地提出自己的辩护意见,妥善实现社会效果与法律效果的有机统一,是每个律师都应当具备的基本素养,这不仅包括系统全面的法律素养,还应当包括涵盖社会生活方方面面的人文素养。作为辩护人,首要任务是维护当事人的合法权益,无论是辩护路径的选择、

辩护方案的拟订，还是最终辩护词的撰写，都必须以此为目标。

二、敏感案件中律师如何应对舆论舆情

马小海涉嫌聚众淫乱一案的审理和辩护在全国乃至全世界范围都产生了巨大而深远的影响。境内外60多家新闻媒体对此案做了大量的报道。在该类社会热议且众说纷纭的案件中，律师应当如何处置应对？面对该情况，有的律师会选择有理有据地“活磕”，有的律师会选择无理闹三分式地死磕，甚至有些律师会选择向媒体披露案件详情，以此达到引起社会轰动，利用舆论造势的目的。《律师办理刑事案件规范》等相关文件规定，律师参与刑事诉讼获取的案卷材料，不得向犯罪嫌疑人、被告人的亲友以及其他单位和个人提供，不得擅自向媒体或社会公众披露。因此，律师在该类案件中应坚持两个原则：一是要依法辩护，慎重接受新闻媒体的采访，绝对不能披露案件材料等与案情有关的细节，对于相关法律适用的看法也应谨慎发表；二是敢于辩护，不能因为该类案件影响大就畏首畏尾，不敢依法维护被告人合法权益，必须紧紧围绕证据采信、事实认定、法律适用等内容，求真务实，最大限度地为被告人进行有效辩护。

视听资料比对推翻证人证言，鉴定意见质证揭示有利结论

——周华中故意伤害改为过失致人死亡缓刑案

【案情简介】

2012 年农历正月廿九（2 月 20 日），在带着春节的喜庆气氛返乡回城的人流中，泰州市姜堰区某中学老师周华中也正送家人返城，然而，厄运突然降临到他的身上。就在他送亲返城的姜堰汽车站大客停车场，车站管理人员误认为其将私家车停在停车场而与其发生争执，其间，车站线路承包人张强突然倒地，后送医不治，周华中被随后赶来的张强的一帮兄弟打伤，其亲属亦受到伤害。警方随后将周华中作为故意伤害犯罪嫌疑人，予以羁押。此事件很快轰动了姜堰乃至泰州市，双方线上线下同时进行较量，政府不得不紧急应对。张强亲友要求严惩杀人凶手，周华中家人和师生则要求释放无辜的周华中，抓捕对方行凶人员，双方剑拔弩张。

尽管周华中供述中一直否认其对张强有过暴力行为，但是检察机关还是以故意伤害（致死）罪向姜堰区法院提起了公诉，2012 年 10 月 18 日，该案在姜堰区人民法院开庭审理，当地人大代表等被邀请旁听。辩护人在征得法庭同意的情况下带上一人头骨模型，以便于向法庭形象化地说明本案被害人头部损伤机理。公诉机关指控证据主要是法医学尸体检验鉴定书（以下简称尸检鉴定书）、证人杭贵宝的证言和若干监控录像。由于监控录像没有中心现场的影像，使事实真相扑朔迷离。然而，辩护人通过对多个监控视频的综合分析研究，排除了证人杭贵宝证言的证明力，辅之对尸检鉴定书的分析排除了被害人头部遭受过拳击的指控事实，提出了本案证据不足的无罪辩护意见。最终法院以所谓“疑情从轻原则”判决周华中犯过失致人死亡罪，处有期徒刑 3 年，缓刑 5 年。

【控方指控】

被告人周华中于2012年2月20日12时30分许，在姜堰汽车站19号检票口处与许光（值班站长）发生纠缠，受到被害人张强的指责后，与张强发生口角并拳击张强头部，致其倒地后头部受伤，后张强经抢救无效于2012年3月4日死亡。据此认定周华中故意伤害他人身体，致人死亡，应当以故意伤害罪追究刑事责任。指控证据主要有证人杭贵宝证言、证人许光证言、尸检鉴定书、若干监控录像等。

【辩护要点】

1. 周华中故意伤害案证据比较表

表1 周华中故意伤害案证据比较

证据 / 事实	周华中	许光	杭贵宝	袁林	法医鉴定	视频影像
是否拳击	没打	（1）拳击太阳穴附近 （2）手打上半身，具体部位没看到	拳击，打在眼睛上，但是哪边的眼睛我当时没有注意	拳击左耳那一部分	左眉弓外上方有7cm×5cm皮肤挫伤，周围有少量斜行细梳齿状痂皮	案发现场监控仪损坏，无视频影像
倒地原因	自己绊倒	拳打倒	拳打后往后退倒地	拳打后往后退了几步，头往客车上一甩	对应的左颅前窝后侧见3cm缝状骨折，相对侧右颞叶有片状脑挫伤	视频时间同步校准后，发现杭贵宝正在35米外的远处卖萝卜
倒地方式	不清楚	瘫倒地上	人就往下瘫，人坐到地上	额头着地，瘫在地上	对冲伤致右后脑重度脑损伤	无视频影像
倒地位置	苏州班车的前面车轮附近地上	倒在苏州班车东侧后轮旁	不清楚	倒在要进车位的客车左后轮上	左眉弓外上方接触地面	无视频影像

2. 证人杭贵宝未目击被害人倒地前双方的纠纷过程，其证明周华中打被害人脸上一拳不真实，该证言系伪证

杭贵宝是本案唯一无利害关系的关键证人，其在多份询问笔录中称：看到周华中与站长许光纠缠，被害人上来拉架的时候，周华中就用拳头朝被害人眼睛上打了一拳……过了两三分钟，不知道从哪来的三四个男的，上来把周华中围起来，拳打脚踢。该证言不仅讲得具体，而且似乎很客观，其还捡拾有周华中遗留在现场的皮带。辩护人为还原事发场景，对全部监控录像进行了同步、关联分析，并将该证人是否在第一时间到达事发中心现场作为核心目标。令辩护人吃惊的是，分析结果竟然得出了证人杭贵宝在被害人倒地前并未到达中心现场，其不可能看到双方冲突场景的结论。首先，辩护人校准全部十多个监控录像中的显示时间，将时间调整到同步。校准方法采用场景关联分析法，选择其中一个录像的时间为基准时间，然后将其他录像中特定场景与该录像中特定场景吻合的场景出现时间确定为与基准场景时间相同，以此类推，确定了全部录像中的时间误差后进行校准。其次，根据录像对证人进行定位。由于录像中没有中心现场，因此，不可能从录像中看到证人在所谓周华中拳击被害人时的位置，但从杭贵宝在录像中出现的唯一画面，分析被害人倒地时杭贵宝可能出现的位置，最终得出被害人倒地时杭贵宝不可能看到中心现场的结论。公诉人在辩护人解释分析方法和结论后，向法庭提出放弃该证人证言，即承认了该证言不具证明力。另一证人许光由于是纠纷当事人，其孤立证言中的相关周华中拳击被害人的行为无法得到其他证据印证，自然不能成为认定事实的依据。

3. 被害人头面部受钝性外力伤不是拳击导致的，而是撞击地面造成

尸检鉴定书分析说明张强“左眉弓外上方见 7cm × 5cm 表层痂皮脱落后色素改变，周围见细斜行梳齿状痂皮，对应颅内颅前窝线状骨折、蛛网膜下腔出血、左额叶脑组织片状挫伤伴实质血肿，对侧颞叶有片状挫伤伴实质内血肿，结合现场情况及案情分析张强头面部损伤符合钝性外力作用形成”。辩护人对于被害人头面部损伤符合钝性外力作用形成的意见本身并无异议，但认为认定被害人头部是一次外伤还是多次外伤，是拳击伤，还是撞击伤，对于认定本案事实十分重要。因为，没有拳击伤就不能认定被告人有拳击被害人的行为。然而，尸检鉴定书对此没有进一步说明。辩护人认为，无论从常识性分析，还是从损伤机理分析都能够排除周华中拳击被害人头部的指控。从常识性分析来说，如果被害人头面部受到拳击，一般会在头面部相应部位留下瘀青、肿胀或破裂的外伤痕迹，不可能出现挫擦伤。被害人头面部的挫擦伤只能是与粗糙的硬质物体撞击而形成，而事发现场停车场正是硬

质粗糙水泥地面。从损伤机理上分析,拳击伤和撞击伤是两种不同性质的外伤,拳击伤属于冲击伤,撞击伤属于对冲伤,两种外伤造成脑内结构、组织的破坏特征是不同的。尸检鉴定书分析说明被害人"对应颅内颅前窝线状骨折、蛛网膜下腔出血、左额叶脑组织片状挫伤伴实质血肿,对侧颞叶有片状挫伤伴实质内血肿"符合被害人头面部左眉弓撞击地面后在颅内形成的、相对应部位的损伤和对侧大脑的对冲伤的特征。辩护人申请鉴定人到庭作证,经过周密的发问设计,鉴定人确认了被害人仅是受到一次对冲伤。因此,排除了被告人拳击被害人头部的可能。

【裁判要旨】

公诉机关指控被告人用拳头打被害人的事实,只得到证人袁某的证言支持,且无论是证人袁某证言还是许光证言均证实被告人只是情急之下打了被害人一下,并无其他加害行为,故不足以认定被告人对被害人有伤害的故意。结合案发现场的场景,被害人撞击到苏州班车车身并反弹倒地头部受伤,被告人应当预见却因疏忽大意未能预见。故从疑情从轻的原则出发,宜认定被告人对被害人只有一般殴打的意图,构成过失致人死亡罪。判处周华中有期徒刑 3 年,缓刑 5 年。

【辩护路径】

在辩方无法提供证据以推翻控方证据或建立不同事实主张的情况下,对控方证据的真实性、关联性、合法性进行审查,以发现关键证据不具有证据能力或证明力,进而提出指控事实证据不足或存在合理怀疑的辩护意见,也是成功辩护的路径。本案中辩护人对鉴定意见的质证取得了否定被害人头面部存在拳击伤的可能,对关键证人证言的质证取得了否定该证言证明力的结果。随着指控两大支柱性证据的瓦解,判决被告人无罪应该是情理之中。尽管最终法院未判决被告人无罪,但以苍白的理由变更罪名为过失致人死亡罪已属不易,否则周华中至少会判处 10 年有期徒刑,该案实现了律师的辩护价值。

一、视频资料的深度分析审查

(一)同步、关联审查

随着社会安全防控水平的提高,在公共场所、道路交通、商业区域、经营办公空间等的视频监控越来越多,大量事发上述空间的案件往往有影像资料。该类证据作为直接、客观证据对认定案件事实可以起到很大的作用。但是,这类证据也常常存在清晰度差、视角局限、碎片化、基准时间误差等问题。本案中有一镜头显示证人杭贵宝挎着篮子在车站停车场卖萝卜,不进行仔细分析会产生该证人在案发现场的印象,从而忽视对其证言真实性的审查。然而,当辩护人把全部相关视频录像的时间同步调整后,发现证人杭贵宝只能在被害人倒地40秒后到达案发中心现场,由于停车场车辆较多,在其到达案发现场前不可能看到事发经过。通过视频播放和对杭贵宝的出庭质证,公诉人当庭接受对该证人证言证据效力的否定。对本案视频录像的同步、关联还离不开对现场的勘察。辩护人多次勘察车站内环境和车站外相关地点(如汇丽地板店),制作了多份现场示意图,拍摄照片固定了车站安装的全部监控探头,以申请调取全部监控录像。辩护律师需要对视频资料进行分析时,在有多份视频资料证据的情况下,应进行同步、关联分析,视频清晰度差可以通过清晰化软件程序进行处理,或申请办案机关委托专业机构进行视频增强处理,以提高清晰度,对位置、空间关系可以申请法院委托专业鉴定机构进行鉴定。

(二)经验判断

辩护人利用生活经验和常识对视频资料的分析也十分重要。在辩护人承办的与本案类似的陆明故意伤害案中,公诉机关提供的KTV录像在连续播放的情况下,可能给人感到被告人陆明的右脚踢到被害人头面部。然而,在辩护人将该时段全部31帧画面顺序检视、单帧重点反复检视后却得出了不同的结论,那就是被告人陆明没有踢中被害人头面部,而是胸部。理由为,首先,截屏18~23帧可见被告人陆明在被害人倒地后抬起右脚踢中被害人,根据生活常识可知,在人的头部受到外力作用时,一定会有顺着力的方向的移动,上述6个连续截屏中被害人陈兵头部位置一直没有发生变化,故可判断其头部未受到外力作用;其次,从截屏21帧陆明右脚接触被害人身体时的腿部姿态看,其小腿并未伸直,如果踢中被害人头部,腿部一定会是伸直的,因为头部没有足够的支撑力以抵抗脚踢的力量;最后,在截屏21帧陆明右脚接触被害人身体的画面中我们看不到其穿着黑白相间运动鞋的右脚,很显然是由于踢中胸部,该脚被胸部以上的身体遮挡所致。最终,该辩护意见被法院采信。

(三)真实性审查

辩护人除了要对视频资料的关联性进行分析外,真实性的审查也极为重要。当今的视频资料基本上都是电子数据,易于修改、编辑,且手段越来越高超,修改痕迹也越来越难以被传统手段所检测,凭借人的感官无法辨别真伪。因此,在确定视频资料有证据能力的情况下,对其真实性应当进行审查,改变“眼见为实”的观点,必要时申请对视频资料的完整性进行司法鉴定。对此,《最高人民法院、最高人民检察院、公安部关于办理刑事案件收集提取和审查判断电子数据若干问题的规定》中对电子数据的完整性鉴定已作出具体规定,也可以申请专门的电子影像鉴定机构进行鉴定。

二、鉴定意见的专业分析及对鉴定人的质询

鉴定意见以科学名义出现在刑事证据中，往往给人以客观、科学的印象。其实对鉴定意见的质疑不亚于对证人证言的质疑，律师应当抛弃对鉴定意见的迷信、恐惧。当然如果辩护人不具备相应的技术背景知识，就会给审核带来困难，本案辩护人恰恰具有法医学专业知识。辩护人通过分析尸检鉴定书中的描述，以及外伤机理有力地论证被害人头部没有被拳击伤这一事实。在辩护律师没有相应专业知识而面对鉴定意见作为定案依据的案件中，通过检索背景知识、向专家咨询、申请专家辅助人出庭、与专业律师合作等方式也能够对鉴定意见的审查核实起到重要作用。本案由于鉴定意见中没有被害人头面部外伤形成的具体原因，申请鉴定人出庭对被害人头面部外伤形成原因进行分析说明对法庭认定事实非常必要，因此该申请得到法庭的采纳。同时，出庭法医也明确了被告人头部确无拳击伤。

三、"证据裁判""疑罪从无"原则有待司法实践的进一步强化

本案控方的两大支柱性证据就是杭贵宝证言和尸检鉴定书。在杭贵宝证言的证明力被否定、鉴定人排除被害人头部拳击伤的情况下，指控事实已不能成立，至少可以遵循"疑罪从无"原则作出无罪判决。因此判决认为"从疑情从轻的原则出发，宜认定被告人对被害人只有一般殴打的意图，构成过失致人死亡罪"的理由显然不妥。

录像笔录对比否定关键事实，改变定性被告人获最轻判决

——邵智丽共同受贿改变定性从轻处罚案

【案情简介】

被告人范成宇，任原W市城市重点工程建设办公室（以下简称重点办）党委书记、主任，曾任W市建设局副局长、重点办副主任，市大剧院工程建设指挥部总指挥。

被告人邵智丽，原智丽物资有限公司、丽致物资有限公司、鼎丰建筑咨询服务有限公司实际控制人。

邵智丽与范成宇曾供职于同一家建筑设计院，期间逐渐发展成情人关系，后因范成宇不愿离婚而分手。随后邵智丽从原单位辞职，下海经商。

随着一大批城市文化产业工程项目纷纷上马，邵智丽此时经商已近十年，在取得巨大成功的同时也认识了一批国内建筑或设计领域顶尖公司的知名企业家。与此同时，范成宇已升任W市建设局副局长、重点办主任，分管部分项目的招标和建设。

从2007年开始，邵智丽与5家建筑或设计公司开展合作，以签订招投标咨询服务合同或口头约定介绍费的形式，为5家公司参与相关工程招投标提供信息，或者介绍相关老板与范成宇认识，中标后收取一定的介绍费用。

经侦查部门调查，认定邵智丽在2008～2015年，伙同范成宇先后13次收受5家公司给予的人民币632万元，在此之外，范成宇单独收受他人贿赂80.5万元；据此公诉机关就上述632万元介绍费的相关事实，以共同受贿为由向法院提起公诉。

一旦指控成立，则意味着邵智丽和范成宇均面临10年以上有期徒刑的刑罚；同时，涉嫌行贿的5家公司大多系全国建筑设计领域的特级资质单位，既有国有企业也有民营企业，这些企业当时都被刑事立案并已到审查起诉环节，一旦邵智丽构成受贿罪，则5家企业肯定也会被判处单位行贿罪，在三年内将不能参与公共投资项

目的招投标,企业将会经营困难甚至破产。

辩护人接受委托后,在仔细研读案卷的基础上,认为两被告人是否成立受贿共犯是案件定性的关键,现有在案证据能够证明有受贿共谋的只有两被告人在侦查阶段互有矛盾的有罪供述,这些笔录是否合法真实成为案件辩护的突破口,辩护人向法庭提出了调阅两被告人所有审讯的全程同步录音录像的申请,在全面观看录音录像的基础上,在否定两被告人在案笔录证据能力的同时,结合调查取证、法律适用分析等其他辩护意见,辩护人彻底推翻了控方关于两被告人合谋共同受贿的指控。

2017 年 10 月 16 日,W 市中级人民法院作出一审判决,采纳辩护人关于两被告人不存在受贿合意和行为的辩护意见,改判被告人邵智丽犯利用影响力受贿罪,判处有期徒刑 7 年,同案起诉的范成宇则只因单独受贿 80.5 万元被从轻判处有期徒刑 4 年。

本案最大的受益者是相关联的 5 家企业,因为《刑法修正案(九)》第四十六条规定的对有影响力的人行贿罪是从 2015 年 11 月 1 日开始实施,而本案 5 家企业的涉嫌对有影响力的人行贿行为都是发生在该罪名生效前,按法无明文规定不为罪的原则,5 家企业虽然刑事立案,终因邵智丽和范成宇不构成共同受贿而免遭刑罚,企业从而得以继续经营。本案有效果的辩护,可谓为一人辩护,两人受益,5 家企业得以重生!

【控方指控】

被告人范成宇利用其担任 W 市建设局副局长兼重点办副主任、主任,W 市大剧院工程建设指挥部总指挥等职务便利,应被告人邵智丽(系被告人范成宇的情妇)的请求,为江苏兴明建设有限公司、上海苏茂工程有限公司等单位承接工程提供帮助,于 2008 年 7 月至 2015 年 2 月,伙同邵智丽先后 13 次收受上述单位贿赂的人民币共计 632 万元。具体事实如下:

1. 被告人范成宇利用其担任 W 市建设局副局长兼重点办主任等职务便利,应被告人邵智丽的请求,为江苏兴明建设有限公司承接市博物馆、革命陈列馆、科技馆三馆合建(以下简称三馆合建)的装饰工程提供帮助,于 2008 年 7 月至 2011 年 1 月,伙同邵智丽先后 4 次收受该公司法定代表人周知铭贿赂的人民币 88 万元。

2. 被告人范成宇利用其担任 W 市建设局副局长兼重点办副主任等职务便利,应被告人邵智丽的请求,为上海苏茂工程有限公司承接三馆合建、大剧院的相关景观绿化工程提供帮助，于 2008 年 12 月至 2015 年 2 月，伙同邵智丽先后 3 次收受该公司项目经理褚世康贿赂的人民币 100 万元。

3. 被告人范成宇利用其担任 W 市重点办副主任、W 市大剧院工程建设指挥部总指挥等职务便利，应被告人邵智丽的请求，为浦江设计有限公司承接大剧院设计项目提供帮助，于 2009 年 7 月至 2010 年 5 月，伙同邵智丽先后 3 次收受该公司贿赂的人民币 99 万元。

4. 被告人范成宇利用其担任市重点办主任、大剧院工程建设指挥部总指挥等职务便利，应被告人邵智丽的请求，为河源重工股份公司承接大剧院外装饰工程的金属屋面系统工程提供帮助，于 2010 年 9 月 10 日，伙同邵智丽收受该公司法定代表人张晓强贿赂的人民币 105 万元。

5. 被告人范成宇利用其担任市公建中心主任等职务便利，应被告人邵智丽的请求，为江苏钊阳建设集团有限公司承接市环境监控中心工程、太湖饭店改造工程提供帮助，于 2011 年 6 月至 2012 年 1 月，伙同邵智丽先后 2 次收受该公司董事长吕钊阳贿赂的人民币 240 万元。

【辩护要点】

在本案的侦查阶段，邵智丽家属经当地律师介绍，请求笔者担任其辩护人。在前期进行接待咨询的过程中，辩护人根据家属提供的信息，认为邵智丽与相关企业和老总的经济往来客观存在，有银行流水等客观书证可查，案件最终处理的关键在于对其涉案行为的定性。

本案进入审查起诉阶段，在案卷宗反映的相关事实也印证了辩护人的最初判断，是否成立共同受贿成为决定本案最终走向的关键问题。

辩护人认为邵智丽和范成宇是否成立共同受贿，其焦点在于：两人是否存在共同受贿的合意和行为。具体来讲，即范成宇作为国家工作人员，对涉案 632 万元的存在是否知情，双方是否就该 632 万元形成了共同占有关系，双方是否就该款项存在后续分配的约定。

通过仔细研究在案卷宗、法律法规及相关判例，辩护人发现本案与普通共同受贿案件有 4 个本质区别：

一是两名被告人一官一民，两种主体身份；

二是一个家庭完整始终没离婚，另一个异地征婚向往正常家庭生活；

三是一个帮忙不拿钱，另一个获利没共享，两种客观行为；

四是632万元涉案款一方不知不要，另一方也未告知多少金额。

基于以上4个特点，辩护人提出，在这种情况下，审查判断双方是否构成共同受贿，必须查清下列三大问题：

一是被告人邵智丽和范成宇的讯问笔录中，所记载的有罪供述是否合法真实？

二是邵智丽和范成宇是否具有共同收受和占有涉案财物的合意与行为？

三是邵智丽和范成宇的行为在法律适用上如何定性，是构成共同受贿还是涉嫌其他罪名？

一、关于第一个问题，庭前有罪供述是否合法、真实

辩护人在阅卷后发现，能够证实两被告人共同受贿的直接证据，只有侦查阶段互有矛盾的模糊供述。范成宇的在案笔录反映其对632万元款项存在并无明确认识；邵智丽在案的25份笔录中，只有8份笔录涉及钱款归属问题，而在这其中，又只有2份笔录中存在告知范成宇“自己挣了点钱、退休后分给他点”的有罪供述。

再进一步比对，在邵智丽这2份笔录中，关于范成宇听到分钱承诺后有何反应的供述，又分为“退休以后再说”和“退休以后可以”两种作答。因此，邵智丽该两份有罪供述是否真实合法成为案件辩护和行为定性的关键。

为查明两名被告人接受讯问时的真实情况，辩护人申请调阅了侦查人员审讯邵智丽和范成宇的全部录音录像，经过反复观看、与讯问笔录进行详细比对后发现，真实的作答内容与笔录记载有罪供述完全是南辕北辙，办案人员明显地存在有话不录、无中生有的情形，尤其是邵智丽上述两份关于承诺退休后分钱的有罪供述，完全是侦查人员将自己诱供的话语作为被告人的供述进行记载的结果，不具有真实性和合法性，法庭不能采纳。

辩护人结合同步录音录像中反映出的严重问题，向一审法院提出了如下辩护意见。

根据同步讯问录音录像，邵智丽讯问笔录中的有罪供述是在侦查人员诱供、骗供下形成的，侦查人员无视邵智丽提出的核对、修改笔录的合法请求，不仅对于无罪辩解未如实记载、有话不录，甚至将邵智丽没说过、讯问人员自己的诱供言语记为有罪供述，完全是无中生有。办案人员在制作讯问笔录的过程中，既没有忠实于原话，也没有忠实于原意，不符合讯问笔录制作最基本的要求。现有笔录根本不能反映邵智丽接受讯问的真实情况，因不具有合法性、真实性和完整性而根本不具备证据资格，应当排除；同时，被告人范成宇的有罪供述也是在侦查人员威胁、引诱下做出的，且对其讯问活动没有全程同步录音录像，违反了法律的强制性规定，也应予以排除,本案只能以两被告人的当庭供述为准。

1. 根据同步录音录像,侦查人员在讯问中存在明显的诱供、骗供行为

在范成宇对涉案财物是否知情的问题上,侦查人员诱导邵智丽"这么多年经商、靠他赚了不少钱,你一定是要向他这么样表示才对嘛"(第5次讯问18时25分)。

在谈及回扣点数问题时,讯问人员也是以"他(范成宇)以前在这行业工作过"为由,诱导邵智丽承认"应该知道回扣,具体多少不一定清楚,但终归要知道点好处的嘛"(第5次讯问18时56分)。

在后续讯问涉及范成宇案发后的退赃行为时,侦查人员又一次强调"他知道你有那么多钱,还不让你去退,很不好,你也跟他提过的,对不对"(第5次讯问19时41分47秒至8时整)。

在涉案老板是否知道两人情人关系、钱款的给付对象等问题上,侦查人员在邵智丽已经明确否认钱是通过自己给范成宇的情况下,多次以"是你觉得他不知道吧""一开始估计不知道,后来可能知道了吧""看出的是不一般的关系"等言语对邵智丽进行诱供(第16次讯问1时8分24秒)。

在涉案财物的归属占有上,侦查人员将"他只是先把你稳住,占有你了就占有钱了,是不是?你也为他离婚了"这种有罪推定的个人逻辑强行灌输给邵智丽(第5次讯问19时41分47秒)。

因此,邵智丽在案讯问笔录中,关于与范成宇存在犯罪合意、共同占有涉案财物的有罪供述,完全是侦查机关以明显诱供、骗供的违法方式取得的,应当全部排除。

2. 根据同步录音录像,侦查人员存在无中生有的违规违法行为,笔录中部分有罪供述与实际内容严重背离

在与周知铭的涉案往来回扣点数问题上,侦查人员无视邵智丽"不可能是7%回扣"的辩解,以"账目上记载的就是7%,最后付的是5%"这种明显进行数额倒推后点供的方式来认定犯罪和金额(第4次讯问1时24分34秒)。

在范成宇对邵智丽收取介绍费的行为有无认识的问题上,侦查人员无视邵智丽"他不知道"的辩解,自己推断"他帮你去打招呼,就是让你去赚点钱,经济上的补偿,感情上的弥补"(第16次讯问0时58分47秒),并作为邵智丽作答内容记入笔录。

在涉案财物的归属占有问题上,侦查人员先是以"还是讲得不够透啊,你和他

说退休以后再分是不是?"对邵智丽点供、诱供,在邵智丽明确回答"没说要分啊用啊"之后(第6次讯问22时23分41秒),侦查人员听而不闻,在后续的讯问过程中仍坚持要求邵智丽承认"你的意思是,范成宇是公务人员,现在拿钱不安全,容易被查,知道你不乱花钱,钱先放你这,等他退休以后就可以收这个钱了,是这个意思吗?"(第16次讯问0时58分47秒),属于明显的无中生有。

更为严重的是,根据同步讯问录音录像,讯问时甚至存在被告人邵智丽一言不发、侦查人员自行研究讯问笔录如何记录的情形(第5次讯问19时31分)。

因此,邵智丽在案关于涉案款项具有贿赂性质、会与范成宇事后分钱的有罪供述,均不是出自邵智丽本人之口,而是侦查人员将自己的诱供话语直接作为回答记入笔录,庭前有罪笔录根本不具有合法性和真实性,这种无中生有的行为已经严重到违规违纪的程度,如果对于这种证据不坚决排除,那么不仅有损《刑事诉讼法》第二条保障人权的立法目的,也严重背离了刑事诉讼法准确查明事实的要求!

3. 侦查人员在讯问中无视邵智丽的辩解,有话不录,而且明确拒绝邵智丽提出的修改笔录的合法请求,行为明显违法

在范成宇对于涉案财物是否知情的问题上,邵智丽回答:"江会计每次和我对账,好处费的单子从来没给我看过,所以我自己都不清楚拿了多少,我怎么和范成宇讲"(第14次讯问3时27分50秒),该事实辩解均未被如实记入笔录。

在范成宇对于介绍费是否知情问题上,邵智丽的"没讲过""没有跟他说过"等辩解均未被如实记录(第4次讯问录像15分48秒、22分47秒)。

在涉案财物的最终归属问题上,邵智丽在讯问中明确表示"我的钱不会给他"(第4次讯问22分47秒)、"我不会和范结婚"(第5次讯问19时41分),"没有心软,不会和他结婚一起过的"(第7次讯问23时12分45秒),说自己"和其他人在一起是名正言顺的,想过正常的生活"(第5次讯问20时7分30秒)。上述无罪回答本是证实双方不存在共同受贿的关键证据,却被侦查人员以"说是那么说,女人嘛,情人关系终归是没有断"为由,均未如实记入笔录(第7次讯问23时12分45秒)。

同时,邵智丽向讯问人员提出的核对、修改讯问笔录的请求,也被侦查人员以"哎呀无所谓的"为由拒绝(第5次讯问18时25分)。

4. 被告人范成宇接受讯问时被逼供、诱供、疲劳审讯,且对其讯问活动没有全程同步录音录像,其有罪讯问笔录不具有合法性和真实性,应当排除

根据范成宇的当庭供述,在监视居住期间,每天早上6点起床被带到办案点,办

案人员手拿同案人员供述和证人证言帮他“回忆”相关案情，到晚上提示他要开始录音录像，命令他对白天“回忆”的内容进行复述，整个讯问过程存在明显的疲劳审讯、点供诱供的违法取证行为。结合侦查阶段的笔录记载，范成宇在案监视居住期间的讯问笔录均形成于深夜、凌晨，这也印证了上述违法取证事实的客观存在。

同时，根据辩护人提交的同步录音录像汇总，办案人员在讯问过程中以“为妻子着想，不要把她牵扯进来”“不要让老母亲难堪”“再这么说保证比七八百万数额的案子判的重”等威胁言语逼供。

在2005年11月《最高人民检察院关于人民检察院讯问职务犯罪嫌疑人实行全程同步录音录像的规定》已经颁布实施12年的情况下，范成宇接受讯问时的录音录像仍然没有全程同步进行，且可能存在事后剪辑的情况。因此，范成宇在案的有罪笔录不具有合法性和真实性，应予排除，被告人范成宇的当庭辩解合情合理，应予采信。

综上所述，被告人邵智丽庭前虽然存在有罪供述，但也是在讯问人员以“我们只调查公务员，不是针对你一个普通老百姓，你配合就可以回家”的骗供方式取得的，范成宇的讯问笔录更是在讯问人员“态度很重要，我们给你自首，可以判缓刑”的明显欺骗引诱下作出的。两被告人在案讯问笔录根本不能完整和真实地反映讯问内容，相反会在事实认定、法律适用等问题上对控、辩、审三方形成严重误导，其有罪供述应予全部排除，不能作为证据采信。

二、关于第二个问题，两名被告人是否有共同受贿的合意和行为

辩护人分为两个层次进行讨论：一是根据现有案卷材料，两被告人之间不存在共同经济利益关系，也没有共同占有涉案款项；二是根据辩护人的调查取证情况，两名被告人的情人关系早已结束，邵智丽也已经开始了新的生活，双方没有分配涉案款项的想法和计划。具体如下：

邵智丽与范成宇事前事中不存在收受财物的共谋，事后更没有共同占有、分配涉案财物的想法和行为，两人始终不存在受贿的共同故意和行为，不构成受贿罪共犯。

1. 邵智丽在范成宇面前对于介绍费一直是刻意回避的态度；范成宇庭前关于有介绍费的供述都是单方猜测，两被告人不存在收受介绍费的共谋

(1)邵智丽从未明确告知范成宇收取了介绍费。邵智丽2016年4月25日的自书材料证实，她和吕钊阳在饭店吃饭时商议回扣点数，等范成宇一到，她和吕钊阳对这个话题就不再谈论；吕钊阳的证言也印证了该事实。结合邵智丽同步讯问录

音录像,“范成宇不问的,很谨慎的,我没有说,怕他觉得我太贪”(第5次讯问18时56分),“我们吃饭不谈事情的,就是聊一些轻松开心的事”(第5次讯问18时17分)。因此,邵智丽在介绍费约定、取得等问题上一直对范成宇采取刻意回避的态度。

(2)范成宇笔录中所谓的“好处”也只是一种单方猜测,对于是何种“好处”和“好处”的价值更是完全没有认识,更不可能有共同占有的故意。范成宇在案笔录中不存在回扣、介绍费的表述,关于是否知道介绍费的最原始供述是“可能有好处”,而且也只是基于“建筑行业存在的潜在行规”的一种单方推测;对于何种“好处”,是一般礼品、节日馈赠还是大额回扣,更是完全没有认识。

(3)范成宇在案发后、被调查前的反应及退赃等客观行为也证实他对涉案钱款根本不知情。根据证人张晓强的证言,直到案发后、接受调查前,范成宇才问自己与邵智丽是否存在经济往来,在被告知自己给了邵智丽100万元的事实后,范成宇当时的第一反应是“怎么会这么多,你把我害死了”,这种言语反应也证实了范成宇此前对于指控的事实一无所知。且范成宇在得知被他人举报后,对于老同学钱宁等人的小额钱款都是积极退还,如果真的如起诉书所指控的,是“伙同”邵智丽共同受贿600余万元,却没有任何退还行为或打算,也是严重违反常情常理的。

2. 范成宇只是念于旧情帮忙,根本没有伙同邵智丽收受大额财物的受贿故意,两人之间也不存在权钱交易的犯罪合意

(1)范成宇没有一笔是就具体工程项目、以回扣点数的方式收受的大额钱款。起诉书中的老板和公司在招投标过程中,也曾向范成宇贿送大额钱款或礼品,如吕钊阳在饭局后曾给过范成宇一张银行卡,范成宇误认为是购物卡而收下,在发现是银行卡后即时退回;张晓强也送过贵重的鸟巢纪念品,范成宇当面拒绝未收。且起诉书关于范成宇单独受贿的指控中,相关不当往来均发生于逢年过节期间,且都是小额礼金,对于老同学钱宁等相识多年的人的小额礼金都是推脱不成后才勉强收下的。

(2)根据邵智丽的供述,“开始还好,后来范成宇有些反感,也对我说过,你不要一直插手这些事情……不要和老板多啰嗦”,“范成宇对我说……他就是想帮帮我,其他不管”,双方的这些言语和范成宇的态度转变也证实,范成宇自始至终并没有就涉案工程收受大额贿赂的故意和行为。

因此,范成宇主观上最多可能存在收受小额过节费、购物卡的想法,这些在中央八项规定之前,都是作为一般违纪行为处理的,范成宇虽然因念旧情为邵智丽帮

忙,但绝对没有收受他人几百万元钱款的犯罪故意,两人之间更是根本不存在受贿的犯罪合意。

3. 在案"退休以后再分"的有罪供述不具有合法性和真实性,两被告人没有任何经济往来,更不存在共同占有、支配财产的想法

(1)邵智丽讯问笔录中"退休以后分可以"的有罪供述,是侦查人员无中生有的自说自话。邵智丽在案 25 份笔录中有 8 份涉及钱款归属,在其中 6 份笔录中,都证实范成宇只表示自己"还蛮有良心的"(第四次、第五次、第十四次、第十五次、第十六次、第二十四次讯问笔录),1 次表示"退休以后再说吧"(第二十次讯问笔录),只有第六份讯问笔录中出现了"范成宇说退休以后可以的"的有罪供述。但是根据该次讯问 22 时 23 分 41 秒的同步录音录像,该唯一的有罪供述记载是出自讯问人员的诱导性问话,邵智丽当即表示"没有说分啊、用啊",该笔录记载的有罪供述与实际供述完全背离,实际上是源于办案人员制作笔录时无中生有的违法行为,不能作为证据采信。而另一被告人范成宇在案的 25 次讯问中,从没有共同占有或者指定邵智丽收受涉案财物的有罪供述,也没有任何分配涉案财物的后续行为和想法。

(2)邵智丽自己也曾向范成宇贿送过小额礼金,这也印证了邵智丽并没有与范成宇共同占有 632 万元的受贿合意。根据邵智丽的供述,2016 年春节后的一天,她曾专门到范成宇的办公室拜年,并要送给范成宇 1 万元现金,范成宇都没有收下。如果邵智丽、范成宇之间存在共同收受涉案 600 余万元款项的受贿合意,邵智丽就根本没有必要再向范成宇贿送 1 万元的小额现金,这一细节从根本上印证了邵智丽也不存在与范成宇共同受贿的犯罪故意。

(3)范成宇不存在占有涉案款物的行为和故意。本案中,范成宇从未问过邵智丽是否收受好处、什么好处,在对好处种类、款项数额都缺乏最基本认识的情况下,更不可能产生共同占有、分配涉案钱款的故意。根据邵智丽的供述,自 2008 年下半年至 2016 年春节后,邵智丽至少 6 次向范成宇表示感谢,数额从 1 万元、2 万元、5 万元到别克车、600 万元,范成宇都不肯接受;结合范成宇的供述,在案发前自己手头拮据,甚至以分批次的方式来退还他人钱款,在这种情况下,范成宇都没有从邵智丽处支取过一分钱款项。这些行为都印证了两人之间不存在共同占有涉案财物的想法和行为。

(4)邵智丽与范成宇也不存在后续再行分配该 632 万元的想法和计划。本案中的两名被告人,一方范成宇家庭完整,始终没有离婚,另一方邵智丽在同步录像中也明确表示"我不会和范成宇结婚"(第 5 次讯问 19 时 41 分),"没有心软,不会

和他结婚一起过的”（第7次讯问23时12分45秒），相反邵智丽表示自己“和李玉忠在一起是名正言顺的，想过正常的生活”（第5次讯问20时7分30秒）。同时结合辩方证据，邵智丽自2009年年底至2015年年底已经离开老家，在异地通过婚介征婚，先后与李玉忠、卢松两人交往，其间恋爱关系公开，介绍彼此与对方家人认识，两人共同生活，也都发展到谈婚论嫁、准备婚礼的程度，并为此在当地购买了房产、车辆，这也印证了邵智丽想过正常生活、不会与范成宇再有瓜葛的供述。

另外，涉案632万元均用于邵智丽个人炒股、理财、在异地购置房产和车辆，邵智丽与范成宇双方不仅至今没有任何经济往来，后续也不存在共同生活、使用分配涉案款项的可能。

三、关于第三个问题，邵智丽的行为如何定性

辩护人主要围绕国家法律、司法解释及刑法关于贿赂双方对合犯罪的学术理论展开剖析，具体意见如下。

1. 被告人邵智丽、范成宇及相关老板和企业之间根本不存在以职权、钱款互为筹码的犯罪合意

本案中，对于两被告人之间的关系，相关老板和企业负责人最多只是认为“比较好”，至于好到什么程度并不清楚。吕钊阳虽然存在两人是情人关系的证言，但也是基于最终顺利拿到工程的反向猜测；对于两人之间是否共同占有、分配涉案钱款，褚世康、张晓强及企业负责人的证言都非常一致：既不清楚也没必要关心。张晓强、吕钊阳更是明确表示是感谢邵智丽、给邵智丽好处；相关老板也从未与范成宇谈及涉案钱款。

相反，根据起诉书单独受贿部分的指控，周知铭、张晓强、褚世康等人均是在涉案632万元指控之外，另行向范成宇表示过感谢，礼金数额在5000元到1万元。如果涉案老板真的存在通过邵智丽向范成宇行贿的想法，完全没有必要再另行贿送范成宇小额现金。

受贿罪的核心本质在于权钱交易，行贿、受贿双方以对方互为对象，以职权、金钱互为筹码，基于对方的对向行为成立犯罪。在起诉书中的老板及企业一方根本不存在行贿故意的情况下，作为对合犯罪的受贿行为的成立更无从谈起。

2. 根据《刑法》三百八十五条的规定，受贿罪名的成立，要符合国家工作人员利用职务便利“为他人谋取利益”和“非法收受他人财物”两个客观要件

根据从旧兼从轻的刑法、司法解释适用原则，两被告人的行为不符合司法解释规定的“非法收受他人财物”的情形，不构成受贿罪共犯。即便根据2016年4月18

日《最高人民法院、最高人民检察院关于办理贪污贿赂刑事案件适用法律若干问题的解释》(法释〔2016〕9 号)的规定,两被告人的行为也不构成受贿罪共犯。本案中,起诉书指控的涉案行为发生 2008 年 7 月至 2015 年 2 月,根据“两高”2001 年 12 月 17 日《最高人民法院、最高人民检察院关于适用刑事司法解释时间效力问题的规定》(高检发释字〔2001〕5 号)第三条之规定:“对于新的司法解释实施前发生的行为,行为时已有相关司法解释,依照行为时的司法解释办理,但适用新的司法解释对法罪嫌疑人、被告人有利的,适用新的司法解释。”因此,邵智丽涉案行为是否构成犯罪,应根据《刑法》及 2015 年 2 月之前的司法解释进行认定。

涉案行为时有效的司法解释是 2000 年《最高人民法院关于国家工作人员利用职务上的便利为他人谋取利益退休后收受财物行为如何处理问题的批复》(法释〔2000〕21 号),该批复明确,“国家工作人员利用职务上的便利为请托人谋取利益,并与请托人事先约定,在其离退休后收受请托人财物,构成犯罪的,以受贿罪定罪处罚”。本案中,被告人范成宇与涉案老板间不存在任何事先约定,关于邵智丽、范成宇共同受贿的指控不能成立。

即便根据 2016 年 4 月 18 日《最高人民法院、最高人民检察院关于贪污贿赂刑事案件适用法律若干问题的解释》的规定,邵智丽涉案行为也不符合受贿罪犯罪构成。《刑法》第三百八十五条规定成立的受贿罪,应当满足“为他人谋取利益”和“收受他人财物”两个客观要件。

2016 年 4 月 18 日《最高人民法院、最高人民检察院关于办理贪污贿赂刑事案件适用法律若干问题的解释》(法释〔2016〕9 号)第十三条规定:“具有下列情形之一的,应认定为‘为他人谋取利益’,构成犯罪的,应当依照刑法关于受贿罪的规定处罚……(三)履职时未被请托,但事后该履职事由收受他人财物的……”因此,该司法解释新增的“履职时未被请托、事后基于履职事项”只是对“为他人谋取利益”的解释说明,至于行为人是否存在“收受他人财物”的行为,仍要根据《刑法》及其他司法解释另行认定,具体依据应是最高人民法院 2003 年的《全国法院审理经济犯罪案件工作座谈会纪要》(法发〔2003〕167 号),该纪要第三条第(五)项关于共同受贿犯罪认定的规定是:“近亲属以外的其他人与国家工作人员通谋,由国家工作人员利用职务上的便利为请托人谋取利益,收受请托人财物后双方共同占有,构成受贿犯罪共犯,国家工作人员利用职务上的便利为他人谋取利益的,并指定他人将财物送给其他人。构成犯罪的,应以受贿罪定罪处罚。”本案中,邵智丽既不是因为范成宇的指定而获取涉案钱款,也没有与范成宇形成对涉案钱款的共同占有,其涉案行为不符合《刑法》及司法解释规定的受贿罪犯罪构成。

受贿罪的核心本质在于权钱交易,《刑法》第三百八十五条明确规定国家工作人员需要同时满足"为他人谋取利益"和"收受他人财物",才成立受贿犯罪。根据罪刑法定原则,司法解释只是对刑法条文的细化而非更改和突破。2016 年 4 月 18 日《最高人民法院、最高人民检察院关于贪污贿赂刑事案件适用法律若干问题的解释》规定的"履职时未被请托、事后基于履职事项"只是对"为他人谋取利益"要件的解释,如果以偏概全地将这一解释作为受贿犯罪成立的全部要件标准,忽略国家工作人员是否收受占有财物的事实判断,无疑是错误地将该解释置于突破刑法条文、违背罪刑法定原则的境地,属于明显的法律适用错误。根据刑法的谦抑性原则,不应对《刑法》和司法解释的规定进行过度的扩大解释,无限制地扩大刑罚处罚范围,如果认定两被告人成立共同受贿,甚至会出现一名被告人一分钱未拿,却要被判 10 多年有期徒刑并处几十元甚至上百万元金额的罚金刑,这样的判决是显失公平的。

综上所述,本案实际上是侦查机关在有罪推定思维下推测出来的案件,本案的判决不仅将决定两名被告人的命运。也将决定其他几家国有大型企业和本地知名企业的命运,如果认定共同受贿罪名成立,涉案企业也构成单位行贿犯罪,这些业内一流的龙头企业可能因此而退出市场,必将影响国家及当地的经济发展,这与现今党和国家、最高人民法院、最高人民检察院的一系列刑事政策也是相左的。

回到本案的三个争议焦点问题,侦查机关对邵智丽在案讯问笔录制作过程中有话不录、无中生有、严重违法,这些供述不具有证据资格,所记载的有罪供述均是侦查人员刻意诱供、骗供的结果,不具有真实性,其不仅不能帮助法庭查明事实,反而会在事实认定、行为定性上对法庭产生严重的误导;被告人邵智丽既不是国家工作人员,也不存在与范成宇合谋受贿的故意和行为,其涉案行为在法律适用上不属于《刑法》和司法解释规定的共同受贿行为;根据罪刑法定的基本原则和从旧兼从轻的刑法适用原则,被告人邵智丽的行为虽然存在不当,但不构成受贿犯罪。因此,公诉机关关于被告人邵智丽构成受贿罪的指控不能成立。

【裁判要旨】

关于辩护人提出的范成宇、邵智丽不构成受贿罪共同犯罪的辩护意见,经查:被告人范成宇对邵智丽接受相关单位请托,利用其职务为上述单位在工程招投标等方面提供帮助,并收取好处费的事实,两人事前并无通谋,事后邵智丽也未明确告知范成宇其收受请托人贿赂及具体金额的情况。因此,被告人范成宇、邵智丽的上述行为不符合国家工作人员与特定关系人构成受贿罪共犯的构成要件。故该辩护意见成立,本院予以采纳。

【辩护路径】

一、同步录音录像不仅是证明侦查合法性的证据,更是证明笔录内容真实性的证据,笔录记载与录音录像存在实质性差异的,应以同步录音录像内容为准

2005年11月《最高人民检察院关于人民检察院讯问职务犯罪嫌疑人实行全程同步录音录像的规定》颁布后,同步录音录像在证据法上如何定位,成为广受争议的问题。实务中,同步录音录像作为证据使用时,多局限于解决证据的合法性问题。直到2017年2月21日,最高人民法院出台《关于全面推进以审判为中心的刑事诉讼制度改革的实施意见》(法发〔2017〕5号),其中第二十四条明确指出:讯问笔录记载的内容与讯问录音录像存在实质性差异的,以讯问录音录像为准。本案从侦查到审查起诉,从审查起诉再到法院审理,整个诉讼活动横跨了以审判为中心的刑事诉讼制度改革文件颁布的前后。辩护人认为,同步录音录像与讯问笔录作为被告人接受讯问、证人接受询问的内容载体,在本质上并无不同。相反,同步讯问录音录像基于客观、直观的特点,更加全面完整地反映了被告人接受讯问、证人接受询问的整个过程,在证据效力上更具优先性。本案中,辩护人围绕两被告人是否存在共同占有钱款的受贿合意这一焦点问题,由两名律师用10天左右的时间耐心调阅了两名同案被告人的录音录像,仔细比对讯问笔录与同步录音录像的不同之处,将差异部分制成表格,时间精确到第几次讯问的几时几分几秒,使法庭对在案笔录中存在的有话不录、无中生有以及骗供诱供的非法取证行为一目了然,最终否定了在案讯问笔录中有罪供述的合法性和真实性,为案件改变定性奠定了坚实基础。邵智丽讯问同步录音录像问题节录见表1。

表1 邵智丽讯问同步录音录像与讯问笔录不一致问题节录

序号	讯问次数	时间	录音内容	笔录内容	证明内容
1	第6次 4月17日	22:23:41	讯问人员:你还是讲的不够透啊,你和他说退休以后再分是不是? 邵智丽:没说要分啊,用啊。	办案人员:有何补充? 邵智丽:我说那我等你退休之后再给你,范成宇说好的。	笔录称"我说那我等你退休之后再给你,范成宇说好的"不客观,不是邵智丽本人的真实供述。

续表

序号	讯问次数	时间	录音内容	笔录内容	证明内容
2	第 16 次 4 月 27 日	00:30:20	讯问人员：你的意思是，范成宇是公务人员，现在拿钱不安全，容易被查，知道你不乱花钱，钱先放你这，等他退休后就可以收这个钱了，是这个意思吗？ 邵智丽：沉默……	办案人员：你要给钱范成宇是否接受？ 邵智丽：范成宇说我是公务员，这些钱现在不好拿，还是放在你那吧。	邵智丽关于退休后给范成宇财物的有罪供述出自讯问人员的诱供言语，并非其本人亲述。
3	第 16 次 4 月 27 日	00:58:47	讯问人员：他帮你去给打招呼，就是让你去赚点钱，经济上的补偿，感情上的弥补。 邵智丽：没有。	办案人员：范成宇为什么帮你？ 邵智丽：他没离婚和我结婚，有愧疚，让我拿点好处，算对我补偿。	范成宇通过帮忙让邵智丽收受财物的供述出自讯问人员之口，邵智丽当场否认，该无罪辩解未如实记入笔录。

二、司法解释是对刑法具体某个条文的解释，而不是犯罪成立的新规定，在效力上适用从旧兼从轻原则

2016 年 4 月 18 日，“两高”联合发布《最高人民法院、最高人民检察院关于办理贪污贿赂刑事案件适用法律若干问题的解释》（法释〔2016〕9 号），其中第十三条“履职时未被请托，但事后基于该履职事由收受他人财物”的规定，曾被部分司法实务人员视为对受贿行为类型的扩大解释。但事实上，如果仔细研究其行文表述，不难发现：该条司法解释所列情形只是对“为他人谋取利益”这一个要件的列举解释，受贿罪的本质仍是权钱交易，要求具备“收受他人财物”和“为他人谋取利益”两个行为要件，该司法解释的条文只是解决了“为他人谋取利益”的行为要件，要成立受贿犯罪，还需要“收受他人财物的”要件。在是否收受财物的判断认定上，虽然刑民判断标准不同，刑事审判往往不局限于物权是否变更的形式要件，但仍要对被告人尤其是国家工作人员是否知情进行实质判断，在国家工作人员对特定关系人收受财物不知情的情况下，更谈不上共同占有支配财物的收受贿赂故意，不能成立受贿罪共犯。

三、供证一致的贿赂案件还要用常情常理审查当事人的主观心态

职务犯罪中，对于国家工作人员是否具有受贿故意以及经济往来是否正当的定性判断，不能简单地根据其讯问笔录中的有罪供述这种单一的言词证据来判断，更不能基于涉案工程属于国家工作人员的职务管辖范围就进行单方揣测定罪。任何一个被告人都是鲜活的普通人，有自己的性格、习惯等。判断是否知情，要结合其案发前后的客观行为综合判断，例如本案中，在案起诉书指控的内容和卷宗证据反映：范成宇其他违纪违法行为多为逢年过节期间的小额往来，且均在案发后接受调查前进行积极退还，对于起诉书共同受贿部分中突然出现的明显反常的个人或者与他人共同收受巨额贿赂的指控，应当就该大额指控事实进行全面审查，判断被告人对该笔贿赂是否知情。更重要的是，邵智丽曾先后6次送财物向范成宇表示感谢，数额从几万元到几百万元，均被范成宇拒绝，这种多次拒绝的行为也反映了范成宇不具有共同受贿的故意和行为。

律师涉罪身陷囹圄，审前辩护改变定性

——赵秋云职务侵占改为伪证从轻处罚案

【案情简介】

赵秋云系Z市某律师事务所资深合伙人，执业近20年间主办过大量重大复杂的民商事案件，担任了当地多家机关单位、企业集团的法律顾问。赵秋云正值攀登事业高峰之际，一时不慎、犯下大错，使多年的辛劳付之东流。本案不仅是较为典型的刑民交织的疑难复杂案件，也是对律师行业具有普遍警示意义的执业风险案例。

2012年12月的一天下午，Z市聚金典当有限公司（以下简称聚金公司）的大股东、法定代表人赵东（同案被告人）突然来访，一定要赵秋云想想办法，为聚金公司“纾困解难”。赵秋云和赵东系多年好友，赵秋云作为法律顾问又常年为聚金公司提供法律服务，赵东对赵秋云也是信任有加。但是，这几年聚金公司在经营上左支右绌，且时有纠纷。这一次的纠纷更让赵东头疼，聚金公司持股比例仅2%的小股东黄某与赵东发生矛盾，黄某在协商不成后一怒之下起诉公司，主张解散公司并申请诉讼保全，冻结聚金公司账上600余万元资金。时值岁末年终，正是聚金公司急用资金之际，赵东认为，黄某就是想通过“恶意诉讼”冻结公司资金，逼迫大股东和公司让步，达到其非法要求的巨额赔偿。

赵秋云与赵东私交甚笃，又有长期业务合作关系，实在难以拒绝多年好友兼合作伙伴赵东的请求。二人与公司财务经理余丽经过商量，决定“将计就计”，来一招“明修栈道暗度陈仓”，通过虚假诉讼造成因黄某的恶意诉讼而导致公司财产的损失，从而找机会要求黄某赔偿或收回其股权。2012年12月，先是与公司外人员刘明商定，虚构刘明与聚金公司之间的借款合同，并在借款合同中约定了高额违约金。接着，因600余万元资金被黄某恶意诉讼冻结而无款可放，从而造成违约的虚假事实。然后，赵秋云安排本所律师代理刘明的诉讼事务，向法院起诉聚金公司违约。最后，2013年年初，聚金公司在该案诉讼过程中自认违约，致使法院判令赔偿刘明违约金和诉讼费合计60.49万元。对赵秋云来说，这一整套“诉讼”并非难事，彼时刑法尚未增设“虚假诉讼罪”的相关规定，但执业风险的阴影却一步步向赵秋云逼近。

该判决生效后，赵东又指使财务经理余丽以“履行生效判决”为名，从聚金公司向“原告”刘明个人银行卡（由余丽实际控制）转账60.49万元，同日又从刘明卡上取现存入赵东个人银行卡上。直到2016年4月，赵东得知公安机关对上述情况开展调查后，遂将人民币60.49万元存入聚金公司账户。

2016年5月，公安机关以涉嫌职务侵占罪对赵东、赵秋云等人立案侦查，2016年5月26日赵秋云被刑事拘留，7月1日被逮捕。同年9月，该案侦查终结移送审查起诉。在审查起诉阶段，辩护律师明确提出赵秋云不构成职务侵占罪。公诉机关接受了此辩护意见，但是仍以法定刑较轻的伪证罪对赵秋云提起公诉。辩护律师认为赵秋云也不构成伪证罪。最终，一审法院用“实报实销”的方式判决赵秋云构成伪证罪并判处有期徒刑11个月。

【控方指控】

一、在本案侦查阶段，公安机关认定赵东、赵秋云等人的行为构成了职务侵占的共同犯罪，《起诉意见书》认为：

2012年12月，犯罪嫌疑人赵东利用担任聚金公司法定代表人、总经理职务之便，与赵秋云、余丽合谋，使用刘明的名义，虚构了与古都公司签订的钢材买卖合同以及刘明与聚金公司的借款协议，并故意让聚金公司不在合同规定的期限内放款，造成违约的虚假事实。然后赵东又指示其法律顾问赵秋云安排他人，以刘明的名义起诉聚金公司违约。聚金公司在答辩状中主动承认违约，致使法院判决其赔偿违约损失和诉讼费合计60.49万元。其后赵东又指使余丽以执行判决为由，从聚金公司向刘明个人银行卡（由余丽实际控制）转账60.49万元，后又提现存入赵东个人账户。及至2016年，赵东得知公安机关对上述情况开展调查后，遂将人民币60.49万元存入聚金公司账户。赵东、赵秋云、余丽等人共谋，假借刘明的名义，虚构借款协议，在诉讼中主动承认违约，并借履行判决的名义将相关资金转入赵东个人账户，归其占有使用，其行为触犯了《刑法》第二百七十一条第一款之规定，构成职务侵占罪。

二、在本案审查起诉阶段，经辩护律师的有效辩护，检察机关接受了赵秋云不构成职务侵占罪的辩护意见，但仍以伪证罪对赵秋云提起公诉，《起诉书》指控：

2013~2016年，在公安机关就被告人赵东因上述事实涉嫌职务侵占罪进行侦查期间,赵秋云、余丽、刘明等人受赵东的指使,多次故意向公安机关提供虚假证词,干扰公安机关的侦查活动,企图隐瞒事实真相,帮助赵东逃避公安机关的调查。赵秋云等作为证人,在刑事诉讼中对与案件有重要关系的情节,故意作虚假证明,意图隐匿罪证,其行为均触犯了《刑法》第三百零五条之规定,应当以伪证罪追究其刑事责任。

【辩护要点】

一、在审查起诉阶段,辩护律师明确提出,赵秋云并不构成职务侵占的共同犯罪,检察机关也采纳了这一辩护意见

(一)赵东的行为并不构成职务侵占罪

按照《刑法》第二百七十一条的规定,职务侵占罪是"公司、企业或者其他单位的人员,利用职务上的便利,将本单位财物非法占为己有",并达到"数额较大"标准的行为。按照我国刑法理论的通说和司法实践的普遍观念,本罪在客观方面表现为利用职务上的便利,侵占本单位财物,数额较大的行为。具体而言包括以下三个方面:

其一,行为人必须是利用自己的职务上的便利。这里的"职务便利",不能只是工作上能接触到单位财物的一般性机会,而必须是行为人的职务上所具有的自我决定或者处置单位财物的权力、职权。

其二,必须将本单位财物非法占为己有。所谓非法占为己有,是指行为人将基于职务或业务所管理的单位财物非法占为己有(侵占)。

其三,必须达到数额较大的程度。根据《最高人民法院、最高人民检察院关于办理贪污贿赂刑事案件适用法律若干问题的解释》(法释〔2016〕9号)第一条、第十一条的规定,侵占单位财物金额达到人民币6万元以上,符合"数额较大"的标准,判处5年以下有期徒刑或者拘役;侵占金额达到人民币100万元以上的,符合"数额巨大"的量刑标准,判处5年以上有期徒刑,可以并处没收财产。

本案首先遇到的争议焦点是,赵东是否"将本单位财物非法据为己有"。被告人赵东作为聚金公司的大股东及法定代表人,安排公司法律顾问律师赵秋云、公司财务经理余丽等人,通过虚构借贷关系并虚假诉讼的方式,将公司资金转移到"原告"刘明账户,接着又取现转移到赵东个人账户。如果仅从表面来看,似乎已完成了公司资金转移至个人账户的全过程,业已实现了赵东将公司资金非法据为己有的目的和故意。但是,辩护人发现,本案证据材料中的一些关键细节,足以证明检察机关职务侵占的指控并不成立。

首先,聚金公司自设立以来就存在“私卡公用”的不规范现象。不仅是赵东一人,自公司设立之初就有4位股东的个人账户用于公司的资金往来,后来甚至公司业务经理也开设个人银行账户供公司使用。从涉案的赵东个人账户的流水来看,结合被告人供述、公司财务的证言综合分析,该账户虽有赵东个人的收支,但更多是用于公司资金的出入,仅自2013年至2014年5月,除涉案60.49万元资金外,先后有9笔聚金公司与他方借贷往来,分13次走账共计1712万元。聚金公司资金经常性地经由股东个人账户“体外循环”,甚至后期出现了聚金公司业务经理以其个人账户供公司资金流转的现象。中小企业股东和经理人“私卡公用”、公司资金“体外循环”虽并不合法合规,但显然不能将这类行为一律认定为“将公司资金非法据为己有”。

其次,聚金公司其他几位股东的证言均能证实,虽未形成明确的股东会书面决议,但是他们均已知道,赵东通过将公司资金转入个人账户,其目的是规避黄某的恶意诉讼导致公司资金周转困难。公司财产的最终享有者系公司股东,且聚金公司的股东直接参与公司的经营管理,赵东既已告知股东其转移资金的真实情况并获得其同意,则足以证明,其没有将公司资金非法据为己有的目的。

最后,赵东曾多次从涉案个人账户向公司汇入资金用于公司经营,几年内累积已达100多万元,并且这些资金公司一直未归还。这进一步证明,涉案的赵东个人账户确实主要用于公司的资金往来。而且,赵东有正当权利主张其向公司提供的股东借款与该笔60.49万元资金相互抵消。因此,如果仅凭涉案资金进入赵东个人账户,就认定赵东将公司资金非法据为己有,那么又如何解释,赵东多次经由涉案账户向公司汇入资金100多万元?

综观这些证据关键细节所展现的事实真相,聚金公司在其经营中一直存在股东“私卡公用”、公司资金“体外循环”的违规行为,公司股东并未将公司财产与股东个人财产进行明确区分。为避免小股东黄某恶意诉讼导致公司资金冻结的困境,赵东将公司资金转移至其个人账户。被告人赵东已将此情况告知其他股东并获得同意,则显然不能认定赵东存在将资金非法据为己有的意思。从涉案资金的流向来看,被告人赵东的涉案个人账户都为公司资金走账之用,其本人也以股东借款等形式通过该账户向公司多次输入运营资金,积累达100多万元,并且一直未获公司偿还。如果仅凭该笔涉案资金进入赵东个人账户,即认定其存在非法占有的目的和行为,则明显与上述证据事实相违背。因此,辩护律师认为,依本案现有证据不能认定赵东构成职务侵占罪。

（二）即便认定被告赵东职务侵占，也不能认定赵秋云与赵东构成职务侵占的共同犯罪

共同犯罪的认定向来系实务中的难点、痛点。在法学理论界，共同犯罪被称为刑法理论的“绝望之章”。笔者无意在此对共同犯罪的理论争议进行全面梳理并评析，而是仅就本案事实认定中的争议和困难，阐明个人在刑辩实务中积累的基本经验，简单概括为“唯有行为之共同和意思之共同兼备，方能认定犯罪之共同”。

首先，从“行为之共同”来看，赵秋云在共同犯罪中的参与行为，仅仅是在赵东指示下参与实施了“虚假诉讼”的行为，并非直接控制、占有公司资金的实行行为。赵秋云实施“虚假诉讼”行为时，刑法尚未规定“虚假诉讼罪”，这些行为本身并不应当受到刑法的责难。

其次，就“意思之共同”而言，赵东对诉讼后该笔公司资金进入赵东账户毫不知情，不存在职务侵占的共同的犯罪故意。被告赵东有供述：“赵秋云当时还跟我说这个钱打到刘明账上是走个形式，这个钱还是要打回公司账上。赵秋云当时就是想帮我们公司一个忙，也不想让公司有损失。”赵秋云供称：“这个 60.49 万元我没有拿一分钱，我也没想拿这个钱，我觉得这是典当行的钱，我当时觉得赵东也不会碰这个钱。”二人供述能够相互印证，赵秋云个人并不知道诉讼后该笔资金进入赵东个人账户，没有职务侵占共同犯罪的故意。

最后，行为人参与了他人“共同行为”的部分，并不意味该行为人构成共同犯罪，更不意味着对该行为人必须与他人认定相同罪名、科以同等处罚。被告人赵秋云的主观意思和客观行为仅限于“虚假诉讼”，对赵东的“转移资金”有帮助，但赵秋云并不知道诉讼后公司资金经由“原告”刘明的账户转移给赵东。因此，即便法院认定赵东构成职务侵占罪，也不能认定赵秋云构成职务侵占的共同犯罪。

综上所述，赵秋云不知道涉案款项转入赵东个人账户，主观上没有职务侵占的共同犯罪故意，客观上没有参与控制、转移涉案资金的实行行为。即便认为赵秋云实际参与实施的“虚假诉讼”行为，可能对赵东等人的非法占有公司资金有帮助，但是依照我国刑法“主客观相统一”基本原则的要求，本案不能直接认定赵秋云构成职务侵占的共同犯罪，而仅能对其实施的“虚假诉讼”行为单独评价。

二、检察机关变更罪名提起公诉后，辩护律师明确提出，赵秋云的行为也不构成伪证罪

如上所述，被告人赵秋云参与实施的“虚假诉讼”行为，发生于 2013 年，《刑法

修正案(九)》于2015年才将之纳入犯罪,依罪刑法定的基本原则、从旧兼从轻等刑法原则,显然不能以此罪名对赵秋云定罪量刑。

检察机关指控赵秋云犯伪证罪,根据《刑法》第三百零五条之规定,伪证罪是指,"在刑事诉讼中,证人、鉴定人、记录人、翻译人对与案件有重要关系的情节,故意作虚假证明、鉴定、记录、翻译,意图陷害他人或者隐匿罪证的"。辩护律师对此提出了以下几点意见:

首先,侦查阶段的立案决定书、起诉意见书等法律文书证明,赵秋云系作为本案的犯罪嫌疑人接受侦查,显然不符合伪证罪所要求的"证人、鉴定人、记录人、翻译人"的主体身份要件。

其次,赵秋云在事后才由他人处听说涉案款项打入赵东个人账户,并在历次笔录中对其所知道的涉案资金流转过程做了如实陈述,对于赵东涉嫌职务侵占案件有重要关系的情节未做任何虚假证明,不符合伪证罪的客观构成要件。

最后,公安机关在本案之前曾以涉嫌合同诈骗罪对"原告"刘明进行侦查,但前案并未侦结,而是在本案中以包庇罪对刘明立案侦查。在前案的侦查过程中,嫌疑人刘明曾经明确向公安机关承认了,所谓"违约赔偿金"60.49万元实际上进入了聚金公司大股东、法定代表人赵东的账户。公安机关在侦查前案过程中,赵秋云虽然没有明确承认其实施了"虚假诉讼"行为,但是赵秋云的不实陈述对"刘明涉嫌合同诈骗罪"一案并无实质影响。赵秋云的不实陈述显然也未达到追诉标准。

综上所述,被告人赵秋云在本案的侦查过程中,对于资金流转去向等涉及赵东职务侵占行为成立与否的关键问题均做了如实陈述。在2013年的"刘明涉嫌合同诈骗罪"一案当中,虽然赵秋云对"虚假诉讼"行为进行了部分不实陈述,但办案机关已通过对刘明的讯问确定了涉案款项真实去向的关键事实,赵秋云的不实陈述对于公安机关侦查前案并无实际影响。因此,赵秋云并不构成伪证罪。

【裁判要旨】

一、职务侵占

2012年12月10日,聚金公司小股东黄某向法院起诉聚金公司,要求解散公司并申请保全公司财产。2012年12月12日,法院冻结了聚金公司的银行账户。被告人赵东认为依据黄某所占股份2%无权要求解散公司并申请保全。赵东与赵秋云共谋后,安排刘明虚构购买钢材之事向聚金公司借款600万元,并将借款日提前至2012年12月10日。

同年12月22日，因聚金公司无法履行借款合同，刘明遂提起诉讼，后获得胜诉判决，判决聚金公司损失60万元及承担诉讼费4900元。次年3月8日，赵东安排余丽依判决向刘明银行卡转账60.49万元，后又从该银行卡取现存入赵东个人账户。2016年，赵东得知被调查后，又将该笔款项存入聚金公司账户。

二、伪证

2013～2016年，在公安机关侦查赵东涉嫌职务侵占罪期间，被告人赵秋云、余丽、刘明受被告人赵东等人的指使，多次故意向公安机关提供虚假证词，干扰公安机关的侦查活动，企图隐瞒事实真相，帮助赵东逃避公安机关的调查。

被告人赵东身为公司人员，利用职务上的便利，将本单位的财物占为己有，数额较大，其行为已构成职务侵占罪. 被告人赵秋云作为证人，在刑事诉讼中对与案件有重要关系的情节，故意作虚假证明，意图隐匿罪证，其行为均已构成伪证罪。被告人赵秋云存在坦白情节，可以从轻处罚。判处赵秋云有期徒刑11个月（已羁押10个月23天）。

【辩护路径】

一、审前辩护推翻职务侵占罪

在诉讼过程中，辩护律师和法官及检察官的沟通十分重要。辩护律师有必要把证据材料、查明事实、法律适用的基本观点传递给检察官和法官，这样在一定程度上可以影响他们的思维方式和案件走向。有些特殊案件在交流过程中，辩护律师还要审时度势，并适当保留。在和法官、检察官的沟通时要讲求方式和策略，能当面交流的要当面交流，不能当面交流的采用书面形式直陈辩护意见的要点。就交流的时机而言，以本辩护律师的多年经验来看，与检察官、法官的交流以尽早为宜。检察官、法官的工作特点可以概括为“来料加工”，每天须处理大量类似案件，工作方式主要是以案卷审查为主。尤其对承办检察官而言，不同案件的案情大多数可以分为“要件事实”的抽象思考，不同犯罪嫌疑人/被告人之间的个性特点、发案背景、动机目的等个别因素，很难让检察官产生直观印象。对检察官而言，积压案件数量和办案期限压力是首要的，其次则是错捕错诉的风险。在这种情况下，律师与公诉人的沟通，首先要观点明确，以理服人，以情动人，书面辩护意见必须直接指明关键证据、主要事实及存在的问题。其次要以简略准确的辩护意见为切入点，要求直接向公诉人陈述案情和辩护意见的机会，以专业的意见和敬业的态度使公诉人对这个案件能另眼相看，能尊重律师意见，也能拿出更多的精力来研究案件。再次，要平等以待、换位思考，不要指望所有的辩护观点都能说服公诉人，辩护律师的基本目标是争取公诉人多关注案件，审慎做出定罪量刑意见。最后需要强调的是，不宜搞证据的突然袭击，手头有一些可能对定罪量刑有重大影响的证据，在审查起诉阶段应及早与公诉人沟通，避免公诉人在起诉之后才发现错漏，不得不通过两院之间的协调避免带病判决。从本案的辩护经验来看，辩护律师及时明确地向检察官提出了本案主犯赵东和赵秋云均不构成犯罪的观点，并且直指案件证据材料中隐藏的有利于两被告的细节“反证”，结果是辩护律师的辩护意见大部分获得检察官的首肯。虽然最终出于现实的“捕后必诉”的案件考核压力，检察机关选择变更起诉罪名——实际上也变更了针对被告赵秋云的指控事实，选择法定刑明显较轻的“伪证罪”起诉被告人赵秋云。但是，这次辩护争取到了更轻的起诉罪名和“实报实销”（判处刑期和审前羁押期限基本一致）的判决。

二、关注证据细节，搜寻有利“反证”

西谚有云，“天使在想象中，魔鬼在细节里”。控方的思维习惯是抽象性、构造性的，在纷繁芜杂、头绪众多的证据材料中发掘事实经过的主线，简化和略去对事实主线不甚重要的旁枝错节，逐渐构造事实认定的大厦。辩护律师的任务则恰恰相反：反复质疑每一项证据，以及由证据事实建构案件事实的推导过程的可信性，能够击中要害的“合理怀疑”，则能击破控方搭建在沙地上根基不稳的整个“大厦”。因此，作为刑事辩护律师，除了要不断提高理论修养外，还必须学会从案件事实的抽象思维中跳出来，从社会生活的一般习惯、案件发生背景的具体情况出发，去发掘看似应予“化约”“略去”的证据细节，向法庭展现证据材料中所隐藏的另一面事实真相。

辩护律师在接受委托初始，便接触到这样一个重要背景信息，即聚金公司“私卡公用”、公司资金“体外循环”的不正常现象。这一背景信息立刻提示辩护律师，中小企业经营者普遍缺乏区分股东个人财产和公司法人财产的法律观念，将公司资金转入个人账户并不一定意味着存在“非法据为己有”的目的。在阅卷过程中，辩护律师发现这样两个关键疑点：其一，财务人员在证言中称，赵东已经告知该笔资金转出公司，账目不平可以先暂挂；其他公司股东作证称，赵东在2012年年底已经告知，要对目前黄某恶意诉讼造成的资金困境“想想办法”，后来又明确称刘明提起诉讼“是我安排的”；其二，从涉案的赵东个人账户流水来看，聚金公司与其他企业之间多笔借款及其他资金往来均经由该账户移转，且赵东也从该账户向公司多次汇款以供公司经营之用。前后两个重要的客观细节相互连接，与聚金公司“公私不分”的资金状况相互印证中可以认定，赵东的行为仅仅是将公司资金暂时转移，以规避黄某恶意诉讼导致的公司运营困境。在个人账户“私卡公用”、公司财产与个人财产难以区分的情况下，赵东既已将转移资金的情况如实告知其他股东，则当然不能认定赵东存在“非法占有”的目的和故意。

况且,赵东向公司输入的资金已远超涉案资金金额,这更证明了赵东没有非法占有的目的。

三、律师永远不能放松"风险防控"这根弦

赵秋云是一位拥有20多年执业经验的成功民商事律师,他由于没有绷紧执业风险防控这根弦,一时不慎招致刑罚,将多年心血付之东流。辩护律师认为,律师执业风险有伪证罪、行贿罪、扰乱法庭秩序罪、泄露不应公开的案件信息罪等。按照社会的一般理解,律师执业风险主要来自《刑法》第三百零六条规定的"辩护人、诉讼代理人毁灭证据、伪造证据、妨害作证罪"——俗称"律师伪证罪"。事实上,律师执业风险远不止"律师伪证罪",对律师执业行为的监管是一个涵盖了刑法、行政法、行业自治规范在内,相互连接的完整的监督体系。律师最为熟知的行业内除权处罚,来自《律师法》第四十九条的规定,律师在执业过程中,有不当影响案件裁判和仲裁,行贿、介绍贿赂或者唆使当事人行贿,作伪证或者妨碍合法取证,扰乱法庭秩序,泄露国家秘密等9类不当行为,由司法行政部门给予停止执业、罚款、没收违法所得等处罚;情节严重的,由省级司法行政部门吊销律师执业证书。律师因故意犯罪受到刑事处罚的,由省级司法行政部门吊销其律师执业证书。《刑法修正案(九)》中新增的"虚假诉讼罪"等内容,实际上进一步扩大了律师执业的"红线"和"高压线"。防控律师执业风险不仅需要依靠完备的法律知识和经验积累,更重要的是提高个人的道德素质和职业操守。在律师的整体素质中,能力是形体,道德是灵魂。律师的优良素质不是与生俱来的,而是在长期的执业实践中锻炼而成的。只有自觉加强专业修养和实践磨砺,才能有效防控执业风险,才能成为德才兼备的对社会有贡献的人才。

准确区分此罪彼罪，起诉阶段改变定性

——胡俊保险诈骗辩为妨碍作证从轻处罚案

【案情简介】

2005年7月12日15时许，被告人胡俊无证驾驶他人轿车行至Y市某大型超市附近靠边停车，同车乘客夏军下车时未注意后方情况即打开车门，致使驾驶电动车路过的袁兰未及躲闪撞到车门，造成受害人袁兰重伤的保险事故。胡俊因担心自己无照驾驶将自行承担巨额赔偿责任，于是找到朋友吴明（同案被告人）商量，共同指使王家俊（同案被告人）冒充该肇事车辆的驾驶员接受事故处理。根据交警部门出具的《事故认定书》，人民法院于2006年2月23日判决保险公司赔偿受害人袁兰人民币24万余元。事后，胡俊请王家骏、吴明吃饭，以表示感谢，并向王家骏支付了人民币2000元的“感谢费”。2009年2月11日，胡俊等人主动向该市公安机关投案，如实供述了自己的犯罪事实，并退还了全部交通事故保险赔偿金。

【控方指控】

公安机关在起诉意见书中认为，犯罪嫌疑人胡俊伙同王家俊、吴明以非法占有为目的，诈骗保险公司的保险赔偿金人民币24万余元，数额特别巨大，其行为已经触犯了《刑法》第一百九十八条，涉嫌保险诈骗罪，并向检察机关移送审查起诉。

辩护人介入后，很快向检察机关提出书面意见，胡俊的行为虽妨害了司法机关依法公正处理保险案件，涉嫌妨害作证罪，但是明显不构成保险诈骗罪。特定身份是保险诈骗罪犯罪主体的必备要件，不具备投保人、被保险人和受益人等特定身份就不能构成该罪；保险诈骗罪须行为人以非法占有为目的，亦即使自己或者第三者成为保险金的不法所有人的目的。但本案受害人的对保险赔偿金的占有，是基于保险公司承担无过错的保险理赔责任，其占有是合法有效的。检察机关接受了此辩护意见，将侦查终结认定的保险诈骗罪变更为法定刑明显较轻的妨害作证罪，并向人民法院提起公诉。

【辩护要点】

在本案审查起诉阶段，辩护人明确提出，胡俊的行为并不符合公安机关所认定的“保险诈骗罪”的构成要件。胡俊错误地认为自己将因无证驾驶而承担巨额赔偿责任，故而指使他人“顶包”，在民事诉讼中作伪证，以获得自己预想的判决结果，其行为更接近于妨害作证罪。

一、胡俊不具备保险诈骗罪的主体资格

特定身份是保险诈骗罪犯罪主体和犯罪构成的必备要件，不具备该身份就不能构成该罪。胡俊不是投保人和被保险人，其也不是受益人。其与投保人（车主）陆某在案发前后没有任何共同的意思表示，也没有共同犯罪的可能。与此相比较，妨害作证罪的主体是一般主体，从司法实践的情况来看，本罪的主体多为与案件有利害关系的人，如犯罪嫌疑人、被告人的亲戚、朋友；或者民事、经济案件的当事人等。但是，被告人/犯罪嫌疑人自己采取非法手段妨害证人依法履行作证义务的，也应当以妨害作证罪追究其刑事责任。

二、胡俊主观上没有非法占有的直接故意

保险诈骗罪中的非法占有为目的，是指不法所有的目的，即永久性地剥夺对保险金的所有权，使自己或者第三者成为保险金的不法所有人。依据《道路交通安全法》及《江苏省高级人民法院关于审理交通事故损害赔偿案件适用法律若干问题的意见》的规定，对2006年4月1日之前受理的案件，保险公司应在保险责任限额范围内承担赔偿。因为依照《道路交通安全法》的规定，保险公司承担的是无过错赔偿责任，指无论交通事故当事人是否有过错，保险公司都应予以赔偿。这说明无论交通事故当事人是否有过错，保险公司都应予以赔偿，只要机动车方投保了第三者责任险，保险公司无论在何种情况下，均应在保额范围内承担赔偿责任，在这里即排除了保险合同设置的免责事由即机动车方醉酒肇事、无证驾驶等情况，因为作为受害方在第三者责任险中也是被保险人，机动车方违反了相关的免责事由，不能对抗对第三者受害人的救济和保护。除非受害人出于故意，保险公司可以免责。本案中，被告人胡俊在其无证驾驶发生交通事故后，认为保险公司不会予以理赔，是其一种认识错误。保险公司支付的24万余元的保险赔款是由保险公司直接支付给受害人，受害人的占有是基于保险公司承担的无过错的保险理赔责任，其占有是合法的。即使保险公司发现了胡俊无照驾驶的事实，也不能以保险合同约定的拒赔条款对抗《道路交通安全法》第七十六条的规定予以拒赔，仍然应该在保险限额内予以赔偿。被告人胡俊害怕“无照驾驶肇事后无法获赔”的心理,充其量是他找人“顶包”的一个动机,完全不能仅此认定他有诈骗保险金的直接故意,更无从谈起以非法占有为目的。被告人胡俊找人顶包,其动机、目的是通过这种手段使他人作伪证,让本人逃避、减轻法律责任。

三、胡俊行为所侵犯的客体并非国家保险管理制度

保险诈骗罪的客体是国家的保险管理制度。从表面上看,胡俊的行为虚构部分事实、侵犯保险公司财产。但从本质上看,他没非法占有保险赔偿金,更没有因此所得任何财产利益。况且即便是侵犯了保险人的财产,而没有侵犯国家有关保险管理制度,依然不成立保险诈骗罪。胡俊唆使他人作伪证的行为,破坏的是交警部门处理交通事故的管理程序以及人民法院对这起交通事故案件的审理秩序。因此,从胡俊的违法行为损害的客体来看,不应定性为保险诈骗行为。

四、关于本案的刑罚适用

1. 被告人胡俊构成自首

2009 年 2 月 11 日,公安机关侦查员在询问胡俊时,胡俊称是来自首的。其在公安机关未采取强制措施的情况下,如实交代了相关事实,符合自首成立的要件。依据刑法规定,可以从轻或减轻处罚。

2. 被告人认罪态度较好,自愿接受处罚

根据《最高人民法院、最高人民检察院、司法部关于适用普通程序审理“被告人认罪案件”的若干意见(试行)》①(已于 2013 年 4 月 8 日被废止),对自愿认罪的被告人,酌情予以从轻处罚。在案件审理过程中,被告人当庭表示认罪、悔罪,其认罪态度诚恳。

3. 被告人胡俊积极退赃

被告人在案发后被采取强制措施前,自愿退出 24 万元保险赔款,挽回了保险公司的经济损失,可酌情从轻处罚。

综上所述,被告人胡俊犯罪情节轻微,后果较轻,社会危害性较小,犯罪后有自首、退赃等从轻、减轻处罚情节,并且一贯表现良好,不致发生社会危险性,建议对胡俊从宽处罚并适用缓刑。

---

① 本意见已于 2013 年 4 月 8 日被《最高人民法院、最高人民检察院关于废止 1997 年 7 月 1 日至 2011 年 12 月 31 日期间制发的部分司法解释和司法解释性文件的决定》(法释〔2013〕6 号)废止。

【裁判要旨】

法院判决认定，保险事故发生后，被告人胡俊在诉讼活动中采用贿买的手段，指使王家俊作伪证，根据《刑法》第三百零七条之规定，其行为已经构成妨害作证罪，被告人胡俊在犯罪后主动到公安机关投案并如实供述了自己的犯罪事实，系自首，根据《刑法》第六十七条第一款之规定，依法可以从轻处罚；被告人胡俊已退还了全部交通事故保险赔偿金，可酌情从轻处罚。一审判决被告人胡俊犯妨害作证罪，判处有期徒刑1年6个月。

【辩护路径】

一、认真阅卷，全面了解案情事实

对刑事辩护人而言，详细认真阅卷，全面了解案件事实是案情调查阶段的最基本要求。公安、检察机关移送的大量证明被告人有罪的证据，可以全面客观地反映案件事实，但是难免也存在一些瑕疵缺漏。律师应当通过详细阅卷，发现这些诉讼材料中可能存在的瑕疵缺漏，这需要耐心地阅读大量诉讼材料，详细分析其中的逻辑关系，找出存在矛盾之处。有效利用这些瑕疵，会对犯罪嫌疑人的定罪量刑产生很大影响，甚至会直接关系到案件的处理结果。同时，对有关犯罪嫌疑人自首、立功等这些有利情节，也应及时总结并向法院提出。通过对案件情况的全面了解，有助于律师归纳总结出一个全面的办案思路，从而提出有针对性的高效辩护意见。如本案中，胡俊向公安机关自首，并积极退赃的情节，经辩护律师在辩护词中提出以后，法院的判决就充分考虑到了这一点，并在量刑中适度从轻判处刑罚。

二、准确区分此罪彼罪，提出具有针对性的辩护意见

最初本案由公安局移送检察院之时，将犯罪嫌疑人定性为涉嫌保险诈骗罪。保险诈骗罪是指以非法获取保险金为目的，违反保险法规，采用虚构保险标的、保险事故或者制造保险事故等方法，向保险公司骗取保险金，数额较大的行为。个人犯保险诈骗罪，数额较大的，处5年以下有期徒刑或者拘役，并处1万元以上10万元以下罚金；数额巨大或者有其他严重情节的，处5年以上10年以下有期徒刑，并处2万元以上20万元以下罚金；数额特别巨大或者有其他特别严重情节的，处10年以上有期徒刑，并处2万元以上20万元以下罚金或者没收财产。由此可见，保险诈骗罪的法定刑起点较高，按照本案情况，若胡俊被定为此罪，面临的刑罚必然较重。

通过对案情的详细分析，承办律师向检察机关出具了法律意见书，其中重点提出对犯罪嫌疑人所犯罪行定性的法律意见，认为本案犯罪嫌疑人胡俊不构成保险诈骗。公诉机关采纳了承办律师的意见，在起诉时更改罪名为妨害作证罪。妨害作证罪的量刑为：犯妨害作证罪的，处3年以下有期徒刑或者拘役，情节严重的，处3年以上7年以下有期徒刑，辩护人的辩护意见成功达到了减轻犯罪嫌疑人量刑程度的目的。庭审阶段，法院也同样采纳了该意见，最终做出了一个合理合法的判决，胡俊被判处有期徒刑1年半。

三、与办案法官、检察官加强沟通，充分及时表达有利观点

律师在公诉中和法官及检察官的沟通十分必要，律师可以把自己对案件的认识传递给法官和检察官，这样可以在一定程度上影响他们的思维方式。同时，通过阅读案卷、与法官及检察官交流以及沟通，可能会发现新的有利于当事人的证据线索。本案中正是在与检察官充分沟通的基础上，承办律师提出了案件中存在的定罪瑕疵，并及时表达了自己的观点，从而使该意见得到检察机关的采纳，在公诉时改变了相应罪名，从而达到了减轻刑罚的目的。

四、寻找法定的从轻、减轻或免除处罚的情节，力求在定罪量刑上取得较轻刑罚

刑法中规定了各种法定的从轻、减轻或免除处罚的情节，律师在承办案件过程中，应当在正确翔实掌握了案件事实的基础上，结合法律相关规定，准确归纳出辩护理由。本案中，犯罪嫌疑人胡俊在公安机关未采取强制强制措施的情况下，主动前往公安机关投案，并如实交代了相关事实，符合自首成立的要件。同时，胡俊在案发后还积极退赃，退还了全部交通事故保险赔偿金，从客观上挽回了保险公司的损失，这些有利情节在最终的庭审判决中，亦被法院采纳，成为从轻处罚的情节之一。

在刑事案件中，律师辩护对于维护被告人的合法权益起到了不可替代的作用。一方面，律师在侦查阶段为被告人提供法律帮助，在审查起诉阶段和法院审理阶段为被告人进行辩护，客观上促使侦查机关、检察机关和审判机关更加注重程序和细节，从而尽可能使审讯和审判符合法律的要求；另一方面，优秀的辩护律师往往能够发现案件中的许多问题，并说服法官、检察官采纳自己的观点，从而使案件的处理结果更加合法合理。

证词物证抓疑点，强奸未遂获缓刑

——徐兵强奸缓刑案

【案情简介】

2015年下半年，被告人徐兵和被害人王琳在某婚恋交友网站上结识，二人通过多次接触约会后互相建立了好感，初步确立了恋爱关系。2015年11月底的一天晚上9时许，二人外出约会后一起来到被告人徐兵家中。当晚10时许，徐兵见夜色已深，遂主动提出送王琳回家。王琳表示想继续逗留。于是二人又聊到深夜11时许，徐兵送王琳出门打车回家。二人在小区门口等候多时仍不见出租车路过，徐兵向王琳提出一起回家，王琳遂同意当晚留宿徐兵家中。当晚，二人同睡在徐兵床上并发生了性关系。第二天早上，王琳起床后，并无异常反应，还由徐兵送其上班。

后二人在相处过程中，王琳发现徐兵并非以结婚为目的与其交往，遂在社交软件上拉黑了徐兵。徐兵要求继续交往不成，在网上发布了王琳的裸照。2015年12月8日，王琳因发现徐兵拍摄并散布其裸照，一怒之下向公安机关报案。次日，公安机关对徐兵涉嫌强奸罪采取了刑事拘留的强制措施，12月24日对其执行逮捕。2016年3月4日，检察机关指控徐兵涉嫌使用麻醉方法实施了强奸行为，以强奸罪提起公诉。

辩护人接受委托之后，迅速开展阅卷、会见和调查工作，发现被害人陈述自相矛盾，物证的提取及鉴定意见疑点重重，被告人供述前后矛盾，在案证据不足以证明徐兵违背妇女意志实施了强奸行为，经与被告人充分交流并征得其书面同意，辩护人对本案作无罪辩护的同时也做了有效的量刑辩护。经过艰苦细致的辩护工作，2016年10月28日，人民法院一审判决认定被告人徐兵强奸未遂，以强奸罪判处徐兵有期徒刑2年6个月，缓刑3年。

【控方指控】

起诉书指控，被告人徐兵与被害人王琳通过某婚恋交友网站认识。2015年10

月左右,被告人徐兵通过网络购得具有催眠效果的迷药"弥漫之夜"和催情效果的迷药"恶魔"。同年11月的一天21时左右,被告人徐兵将被害人王琳约至家中。其间被告人徐兵让王琳喝了半杯红酒,又趁王琳不在场之际将"弥漫之夜"掺入牛奶中,并让王琳喝下。后王琳药力发作,陷入昏睡,被告人徐兵在其家中床上与其发生了性关系并拍摄了王琳的裸体照片。

【辩护要点】

辩护人对起诉书指控的部分事实表示认可,即双方通过某婚恋交友网站认识的事实;被告人网购"迷药"的事实;本案发生在被告人"家中"的事实;"王琳喝了半杯红酒"的事实;被告人"趁王琳不在场之际将"弥漫之夜"掺入牛奶中,并让其喝下"的事实;被告人拍摄王琳"裸体照片"的事实。但是,这些事实的客观存在并不足以证明被告人徐兵的行为违背了被害人的意志,更不足以证明被告人迷奸了被害人从而构成刑法意义上的强奸罪。

一、公诉机关提供的证据根本不足以证明被告人徐兵实施了强奸犯罪行为

(一)被害人王琳关于其被"迷奸"的控告陈述不客观,不足以采信

1. 王琳报案时称其被"迷奸",与其同意留宿男方家中并且搂抱男方的陈述互相矛盾,也与其第二天早上醒来时的自我感觉——"没注意身上有什么异常的情况"——完全不符合,更与她在本案的表现不符,"对男方有好感",进而提出到男方家中"洗澡",并且继续留宿,与男方同睡一床互相亲吻抚摸等。显然,被害人的迷奸控告可信度令人怀疑。

2. 王琳的陈述中关于当晚同意留宿后回到徐兵家中的陈述明显前后不符,存在"选择性失忆"。王琳的报案笔录记录当晚同意睡在男方家中后,"回到他家后,他就放水给我洗澡,当时我记得我是把外套脱了坐在沙发上的……"第二次笔录中的陈述就变成"只晓得是先坐到他家里的沙发上的",甚至"有没有坐在他家的沙发上我都不能确定了";第三次笔录更是变成"回到他家后,我只记得换了鞋,以后的事情什么都记不得了"。对照被告人关于双方当晚回到家中亲吻和讨论洗澡的细节可以明显看出,王琳同意留宿并与徐兵一起搂抱着回家,王琳当时的意识是清醒的,对之后发生的事情的细节是有记忆的,对于其回到徐兵家中后发生的事情存在隐瞒的情况。

3. 被害人陈述:"对他有好感,但是我一直至今都没有和他确定有恋爱关系,也只是有想和他交往处对象的意思。"该陈述结合王琳在徐兵家中自愿互相亲吻、抚

摸以及留宿等事实,已经远远超出男女一般交往的限度。王琳事后说“没有和他确定有恋爱关系”明显不符合实际情况。

4. 被害人陈述:“对他有点好感,也想和他继续交往,就是和他继续联系,有可能主动提出到他家去的,他喊我到他家去洗澡的,我也同意,但没有其他意思,不是说我就想到他家和他发生性关系什么的。”虽然被害人讲“没有其他意思”,但是她那天晚上在明显感觉男方表现出“态度冷淡”之后仍然同意留宿男方家中、与男方亲吻抚摸共处一床的客观事实,不难看出女方该陈述明显口是心非。其旨在通过行为积极主动地想和男方发展关系、实现其交友结婚的意图昭然若揭。女方和男方继续交往的事实能够印证案发当晚女方对双方发生关系的真实意愿,其事后的谎言无法改变其当时同意甚至主动追求的真实想法。

5. 被害人陈述反映,案发后还曾到男方家中洗完澡一起上床之后,两人互相亲吻抚摸,当徐兵想进一步发生性关系之际女方加以拒绝,并自行离开的事实,姑且不论双方发生矛盾的真实原因何在(双方对此细节表述有明显不同),但从徐兵没有采用强制手段强行与其发生性关系,而让其回家而言(当时,两人在一个被子里,外衣都脱了,还互相亲吻抚摸了,徐兵要有企图当不难实现),徐兵在与被害人交往的过程中根本就没有强奸女方的意图和行为表示,双方关系的逐渐深入发展更符合你情我愿、两情相悦的正常情感交流模式。被害人心智正常,既非未成年人,也非精神病人,孤男寡女同房同床又裸体,按生活常理即使发生两性行为,本身裸体接吻、拥抱抚摸性敏感区就是现代生理学上的性行为。

综上所述,仔细分析被害人的陈述,并与其他证据进行比较分析,双方发生性关系是在王琳的主观意愿范围内,被害人前后三次陈述笔录存在多处前后矛盾,无法相互印证,其事后报案控告被“迷奸”明显与事实和情理不符,可信度令人怀疑,根本不足以采信。

(二)关于被告人徐兵的供述,是公诉机关指控被告人强奸犯罪的主要依据,需要比照被害人陈述以及其他证据进行客观公正的分析,以明辨真伪

比对双方的笔录,双方关于当晚所谓迷奸事件的叙述相互印证的多达十几处,能够在证据上确定基本的事件进程,双方约会时,女方先是要求男方在家中烧饭。当晚双方一起在饭店吃了晚饭,并一起回到徐兵家中。男方用酸奶、红酒、鲜牛奶招待女方,男方有晚上喝鲜牛奶的习惯,女方看见了也提出要喝。当晚 10 点多钟,徐兵主动提出要送王琳回家。女方主动提出不想离开,二人又继续聊到当晚“将近 11 点”。徐兵送王琳下楼打车回家,出门时王琳主动抱了徐兵。二人在楼下等了许

久,在没有等到出租车的情况下,徐兵提议当晚在其家中留宿,王琳明确表示同意。双方一起搂着(男方供称"我搂着她")或者搭着肩膀(女方述称),回的男方家中的事实。女方进屋换鞋后坐在男方家里的沙发上。第二天早上醒来,王琳发现二人同睡一床、一个被子里,其并无异常反应,并由徐兵送其去单位上班。在此后不久,王琳再一次来到徐兵家中,并主动与其同房同床亲吻抚摸。

辩护人认为,综合全案的言词证据,关于当晚双方交往的整个过程被告人供述除"王琳昏迷了,不清醒了"和"是否插入"细节,其他方面的细节均十分稳定,很多细节也能够与被害人的陈述相印证,而被害人的陈述矛盾较多,对一些细节无法说清,且事后表现反常。故被告人供述的真实性、可信度远大于被害人的陈述。

(三)关于被告人徐兵"插入"的供述系诱供、逼供取得的非法证据,同时不符合情理,依法应当予以排除

徐兵的供述笔录共有6次。其中第三、四、五次笔录承认当时双方在床上,徐兵的生殖器"插入"了女方身体。第一、二次笔录一直说当时生殖器不硬了,没有插进去,早泄了。第六次笔录澄清前面所说的"插进去"是办案机关找其谈话,非要其承认,还说否则司法机关不会相信。辩护人通过阅卷,核对讯问录像,与徐兵会见核实,综合全部到案证据进行认真分析后,发现被告人徐兵在第一、二次笔录均详细描述当晚两人回家之后的行为细节,第一次笔录相比第二次笔录只是省略了使用"弥漫"的情节。其后的笔录除了在是否"插入"问题上与第一、二次笔录有出入以外,其他地方也基本稳定,并在很多地方与被害人的陈述相印证。综合比对并结合本案相关证据,辩护人认为徐兵在第一、二次笔录特别是第二次笔录中其关于双方发生关系过程中的细节符合实际,其关于因生理、时间等因素导致早泄的供述可信度更高,也基本符合本案的实际情况;第三次笔录中关于插入的供述与常理不符,存在明显的诱供、逼供情形。

1. 本案前三次笔录形成于徐兵到案后的24小时内,显然是通过连续审讯获取的笔录。通过讯问录像以及笔录可以看出,第一次笔录从当天12:45开始到15:31结束,其间有近1小时的时间警方在做徐兵的思想工作,要求徐兵在笔录上签字。第二次笔录在当晚22:10之后开始到23:40结束。第一、二两次笔录之间的当天晚上徐兵带警方到辨认现场指认药物所在。结合徐兵的"举报"以及第六次供述,可以看出,在第一、二两次讯问之间的6个多小时的时间内,办案警察将徐兵吊铐在羁押室铁栏杆上意图逼供的事实是符合实际情况的。

2. 第三次讯问笔录形成于当晚23:48到次日00:16。录像开始长达7分钟的时

间之后徐兵才被办案警察带进来，显示徐兵在做笔录之前已经被带出讯问室做过工作。显然是办案机关在掌握裸照和迷药的情况下，不相信徐兵一直坚持的没有“插进去”的供述，不排除将徐兵带出进行指供、诱供、骗供和逼供的可能。

3. 从第三次笔录集中针对案发当晚徐兵是否“插入”情节的讯问内容，再比照当时的同步讯问录像可以看出，办案警察明显存在按自身主观臆断制造徐兵已经“插入”的诱供意图和行为。“我记得就八九下的样子，每次都有我生殖器的2/3深的样子”，对照讯问录像，徐兵的相应供述开始只是说拍过照片之后，状态不行了(不硬)，“在外面顶了半天，顶进去一点，想顶进去的……顶了几下”，可以明显看出该处存在警方明显诱导的情节。讯问时直接问徐兵，“那你自己好好回忆下，究竟是几下，十下？八下？还是十几下？”“你准确地讲插了几下？”“插得有多深？”“1/3还是2/3？”于是，才有了徐兵的第三次笔录。可以看出，徐兵的供述——当时其生殖器不太硬因而用“顶”的方式试图插入(实际上没有插入)——符合客观情况。而其第三次笔录中关于插了几下、有多深的供述则完全是在警方诱导下为争取好的态度而迎合警方的失真供述。其供述更不符合常识，男女性交中哪有只插入1/3或2/3的，更何况两人已有性前戏，又戴套，套子表面又有润滑剂，如真插入哪有1/3、2/3之说？

4. 办案警察按自身主观臆断进行诱供的行为能够和徐兵后来的笔录印证。徐兵第六次供述对自己前面为什么交代“插进去”的供述进行了解释：“我开始交代的时候是说的我的生殖器不怎么硬了我就在她的下身蹭了几下，并没有插进去。后来你们之后和我谈话，非要我承认，还说否则司法机关不相信，所以我才说的我总共把生殖器插入到王琳阴道内有八九下的样子。”

5. 办案警察诱导徐兵做出“插入”供述也被徐兵的“举报”证实。被告人徐兵举报信中陈述了其到案当天被骗供、诱供、骗供的经过。2015年12月9日第一次审讯，其交代“当时戴套拍照之后”因生理原因阴茎不硬，蹭了几下后早泄，没有插进去；后被带到羁押室吊拷、虐待，办案警察将其“双手以最大幅度张开用手铐挂在铁栏杆上”不能动弹、身心痛苦，时间长达6小时之久。当晚在医院体检过程中，办案人员在医院走廊这种公共场所当众对其训斥羞辱，使其人格遭受践踏。回到派出所之后被带到讯问室，有办案人员称：“我已经将王琳的详细信息发给你家人，你家人已经去找王琳道歉，你跟王琳是恋爱关系，又不是在大街上随便拉一个人，你这个是小事，只要王琳谅解你就好，明天你就可以回家。”“你这个案子再查下去就要把你打靶(这一术语如果不是警察告知，被告人是不可能知晓的)了，我愿意给你个机会,但你要好好配合,我要看你的态度。”当晚做完第二次讯问笔录之后,徐兵又被带到办公室,当晚值班领导说徐兵“态度不够好”,“年纪轻轻的,一晚上怎么也得干好几次,没插进去就射了这种说法没人信”,“讲的话”要让检察院、法院相信,还要让警察觉得态度好,才能给被告人机会放其回家。

综上所述,在经历长时间吊拷、当众训斥羞辱,被告人生理、心理已经崩溃是符合常理的,再经过警察对其表示态度好就可以回家否则就打靶的欺骗引诱之下,被告人按照警察的主观推测在凌晨做了其插入的第三次笔录应当不难理解,特别是关于插入几下、插进去多大比例通过查阅同步录像显示存在明显的诱供、逼供的“制造”痕迹,已被录像所佐证。

(四)关于涉案物证药水的提取、鉴定、药理作用问题

本案中的关键物证及其鉴定意见等证据,在取证和送检程序、检测过程等方面存在程序错误,并且鉴定意见中关于药理作用的认定存在错误,不足以指控所称的“迷奸”。

1. 公安机关物证鉴定所出具的理化检验报告,从物证来源、扣押物证未当场签字,物证移交、检验描述都严重违规和不客观,现场提取物证、送检物证与检验物证非同一物证,该理化报告应作为非法证据予以排除。侦查机关在现场提取该涉案4小瓶药水时没有按照《公安机关刑事案件现场勘验检查规则》(公通字〔2015〕31号)第52条规定,“提取现场痕迹,物品应当分别提取,分开包装,统一编号,注明提取的地点、部位、日期和提取人……”本案侦查人员提取物证时未予分开包装,提取物证与送检物证可能非同一物证,因此存在程序违规情形。同时现场见证人戴方也系办案单位人员,怎能作为独立见证人呢?

2. 现场提取物证4瓶药水系塑料瓶装,而检验报告中描述送检可疑液体即2~5号检材为“玻璃瓶”装。容量“各约4ml”也不正确,因为其中有两瓶未拆封,一瓶只有一半,还有一瓶,即已拆封的经被告人当场指认是给被害人服用的标注为“弥漫之夜”的这一瓶容量只用了1/5,怎么是容量“各约4ml”呢?!因此,该涉案物证与被告人供述、现场扣押清单、检验报告描述、法庭出示的物证都不一致,该理化检验报告应作为非法证据予以排除。

3. 被害人王琳服下的药量十分有限,不致昏睡昏迷。氯硝安定的药理作用,口服初始量为0.75mg~1mg,注射为1mg~4mg,1~2小时血药浓度达峰值。通过分析卷宗和庭审调查可以看出,本案被害人在晚上10点左右喝了含有涉案药物的牛奶,但在长达一小时左右的时间段谈兴甚浓,情绪高涨,按药理分析,如用药量大,早

就嗜睡了,但被害人没有,等到一小时后,被害人又说什么都不知道,这种选择性失忆,既不符合情理也不符合药理!

4.按照被告人的供述和物证,只用了瓶中的1/5,即涉案药水用量在1ml左右,又是网上所购的非标产品,如果不进行定量分析,便无法确定涉案药水使用1ml的氯硝安定含量,进而也无法准确判断被害人服用涉案药水之后的药理反应。根据本案情况,辩护人认为被害人服下的氯硝安定不可能超过0.5mg。药品说明只能表明该药的药理具有一定的催眠和嗜睡的作用,并非反应强烈的麻醉药。因没有进行定量分析,故无法得出当晚被害人所服剂量是否足以导致其达到嗜睡并且没有任何反应的程度,仅凭被害人事后关于其“什么都不知道”的陈述不足以采信。

5.关于被告人使用“迷药”的情节:并不能证明被告人实施了迷奸的行为。现有物证不足以证明用量和药效,退一步分析,即使案发当时药物能够产生药理效果(嗜睡),也因为在起效之前近两小时的时间内女方主动迎合甚至追求的行为表现——搂抱、同意留宿、亲吻互摸甚至提出先洗澡再那个等——使双方对于性关系的发生形成合意和明确的预期。由此不难推断,男方用药之后的行为符合女方的暧昧期待,在女方的主观意愿范围内,男方没有实施“违背女方意愿”的犯罪行为。

二、从法律适用分析,本案徐兵的行为不构成强奸犯罪

根据我国《刑法》第二百三十六条的规定,所谓强奸罪,是指违背妇女意志,使用暴力、胁迫或者其他手段,强行与妇女发生性交的行为。强奸罪的法益是妇女对自己性的自决权,其基本内容是妇女按照自己的意志决定性行为的权利。这说明构成强奸罪必须要同时满足两个法定要件,一是要违背妇女意志,二是要使用了暴力、胁迫或者其他手段使被害人达到不能、不敢、不知反抗的程度。

(一)本案徐兵的行为没有违背妇女意志,没有侵犯我国刑法所保护的法益

违背妇女意志和使用暴力、胁迫或其他手段是强奸罪的本质特征,也是构成强奸犯罪的最关键的要件。因此,准确把握和认定是否采用强迫、威胁或其他手段,违背妇女意志进行性交行为,是客观公正地确定案件性质,正确适用法律的前提和基础。

意志是一种心理状态,而不是具体的行为模式。本案发生在徐兵家中,又是深夜,并且没有第三人在场,对于被告人徐兵的行为是否违背被害人意志,必须结合双方交往目的、发生时间和场合、环境、女方前后表现以及告发原因等情况进行全面分析和判断。

本案男女双方基于交友结婚为目的进行交往,女方是在深夜自己意识完全清

醒的情况下自愿同意到一个单身成年男人家中同居过夜的。这充分说明被害人主观意识里对性的一种开放态度，对与徐兵发生性关系持默示、放任甚至是追求的意愿和态度。所以，起诉书指控被告人违背妇女意志与王琳发生性关系不符合本案的事实和情理，更没有确实、充分的证据加以证明。

（二）徐兵的用药行为不构成对妇女性的自决权的侵犯，不构成起诉书认定的“其他手段”

徐兵用药行为是事实，其本人也承认是不道德的行为，事后也十分后悔，但客观分析，徐兵用药行为与本案双方发生性关系没有关联性，不构成起诉书认定的“其他手段”。

如前所述，药物为网购非标产品，检验报告也只有定性分析而无定量分析，无法证明被害人所服剂量的药理实效，因而无法得出当晚被害人所服剂量是否足以导致其达到嗜睡没有任何反应的程度。如果说徐兵用药当时具有犯罪意图，但这种意图已经被女方其后在意识清醒之际明确表示的性暗示——同意与男方一起回家上床睡觉——所抵消，双方发生性关系的性质已然发生根本转变。

国内主流学说认为，即使行为人以为自己的行为违背妇女意志，但实际上妇女完全同意或者自愿的，也不应认定为强奸罪。我国刑法中规定的强奸罪所保护的妇女性的不可侵犯的法益因为女方的默示同意甚至是主动追求而不存在，所以徐兵的用药行为在本案的特定条件下不构成对妇女性的自决权的侵犯，因而也不符合强奸犯罪“其他手段”的特性。

综上所述，辩护人认为，被告人主观上没有强奸的故意，而客观上也得不出“违背妇女意志”的结论，更没有强奸既遂的行为。本案的证据存在诸多不足，难以达到确实、充分的证明标准，被告人徐兵的行为不应按强奸对待，公诉机关的指控不能成立。

三、本案侦查程序违法，存在非法取证行为

本案办案机关在查办本案的过程中除了前已述及的被告人到案当天诱供、骗供、逼供的非法取证行为之外，在本案的侦查阶段还存在违反《刑事诉讼法》和《公安部刑事诉讼规则》的其他非法取证行为。

1. 对被告人的6次讯问笔录均无侦查人员签名，违反了《刑事诉讼法》第一百二十条[①]和《公安机关办理刑事案件程序规定》第二百零一条关于侦查人员“应当在

① 2018年修订的《刑事诉讼法》第一百二十二条。

笔录上签名”的强制性规定。如果不能确定适格侦查人员参与了对被告人的讯问,那么依据这些严重违反法定程序取得的供述,就不能用以认定被告人构成强奸犯罪。

2. 被告人的第四次讯问录像不完整,与讯问笔录不对应,不排除办案机关存在诱供、骗供甚至逼供的可能。笔录讯问时间是从 12 月 10 日 15:45 至 16:55 分,显示讯问持续 70 分钟时间,而同步录像时长只有 27 分零 9 秒。同步录像仅记录第四次讯问笔录第 4 页一半和第 5 页,其他部分没有。在涉及是否“插入”的问题上,被告人讲“硬度有点不行了,蹭了半天,后来又有点硬了,不怎么硬了,抽插了几下就射了”,笔录记成:“把生殖器插入她阴道内抽插了几下”,笔录没有如实反映被告人供述,办案人员关于“插入”的主观推测意图明显。被告人反映办案人员在本次讯问中做其工作,要求其“按之前讲的再做下口供”“女朋友原谅就没事了”,无法排除被告人为争取好的态度按办案人员的主观推测进行供述的可能性。《刑事诉讼法》第一百二十一条第二款①规定,录像应当全程进行,保持完整性。本案被告人的第四次讯问录像不完整,不排除办案机关为隐瞒其诱供、骗供、逼供的讯问内容而对录像进行了剪辑,因此,辩护人认为在完整的录像视听资料呈示法庭审查之前,被告人的该次笔录不具有证明力,应当加以排除。

3. 关于物证即所谓“迷药”的提取程序违法,只有辨认笔录,没有搜查笔录,不符合有关规范要求。辩论笔录见证人戴方系办案机关工作人员,不符合公安部刑事诉讼规则关于见证人应当为与案件无关的公民的规定。《最高人民法院关于适用〈中华人民共和国刑事诉讼法〉的解释》第六十七条也规定行使勘验、检查、搜查、扣押等刑事诉讼职权的公安、司法机关的工作人员或者其聘用的人员不得担任刑事诉讼活动的见证人,由于客观原因无法由符合条件的人员担任见证人的,应当在笔录材料中注明情况。

四、本案的源起

辩护人还要强调的是,本案从表面上看是徐兵拍了两人上床的裸照而被女方控告迷奸,结合现有证据可以很明确地看出,是被害人要求赔偿但没有得到满足之后而报的案。这一点可以从双方笔录中谈到赔偿的问题中得到印证。

从根本上分析,本案的发生是女方带着结婚的目的与男方进行交往,感觉男方条件符合自己的期待,从而行为举止轻浮随便、主动迎合男方(深夜不愿回家、同意睡在男方家中、互相亲吻抚摸等)由情生性,所以不难推断女方对案件的发生持有

---

① 2018 年年修订的《刑事诉讼法》第一百二十三条第二款。

默示同意的开放态度。

五、关于本案的量刑辩护

被告人在庭审过程中表示,自己一时糊涂,不应该给被害人用药和拍裸照并发裸照,应当受到道德谴责,至于是否构成犯罪,则尊重法庭裁决。辩护人在坚持无罪辩护之外还想就本案的量刑提出几点意见,供法庭参考。

1. 结合本案查明的事实以及双方的陈述,如果法庭不采纳本案被告人无罪的辩护意见,认定徐兵的行为违背了妇女意志,建议法庭考虑以强奸未遂对本案定性处理。被告人在床上关于因为时间和紧张的原因,其生殖器不太硬,顶了几下没有插进去即泄了的陈述符合客观实际,真实可信。故被告人当晚在床上因为自身原因没有完成性交行为,符合刑法关于因为意志以外的原因而没有得逞的强奸未遂的规定。同时公诉机关无任何物证和有力的符合客观性、合法性的其他证据来证明插入的事实,不能仅凭被告人矛盾和非法取证的口供认定。

2. 本案发生后,被告人家属对被害人进行了赔偿,徐兵一时糊涂的行为取得了被害人的谅解。被害人出具了谅解书,对徐兵行为自愿谅解并请求司法机关对徐兵从宽处理(同意适用缓刑)。

3. 现有证据不能排除被害人对案发当晚发生性关系持有默许的开放态度。在案发时及双方相处过程中,在客观上被害人对被告人表现出了暧昧迎合的诸多举止,能够体现其主观上对发生性关系所持的开放态度。当晚如果其能在清醒之际听从被告人劝告,即先行离开,本案就根本不可能发生。

4. 被告人平时一贯表现良好,无任何前科、劣迹,此次犯罪系初犯;归案后能够如实供述,主动交代药物去向,其供词比较稳定,与案件其他证据材料也基本吻合。

综上所述,辩护人认为本案现有证据根本不足以证明被告人徐兵违背妇女意志实施了强奸犯罪行为,依法应当宣告徐兵无罪。退一步分析,如果辩护人无罪辩护意见不被采纳,请法庭酌情考虑事情已经发生,应该给做错事的年轻人一个机会,本案被告人徐兵已经被羁押半年左右,根据我国罪行相适应以及"宽严相济"的刑事政策,结合本案大量证据存疑、非法取证现象严重、相关事实不清的客观情况,建议对被告人减轻处罚并适用缓刑。

【裁判要旨】

一审判决认定,被告人徐兵违背妇女意志,采用下迷药的方法欲奸淫妇女,其行为已构成强奸罪。被告人徐兵由于意志以外的原因而未得逞,系犯罪未遂,依法比照既遂犯减轻处罚,被告人徐兵当庭自愿认罪,酌情予以从轻处罚,被告人徐兵亲属积极赔偿被害人并取得谅解,酌情予以从轻处罚。公诉机关指控被告人徐兵犯强奸罪的事实清楚,证据确实、充分,指控的罪名正确,予以采纳。公诉机关仅依据被告人徐兵的供述及裸照照片认为被告人徐兵构成强奸罪既遂,因未能提供其他充分的证据予以佐证,故本院依法认定被告人徐兵系犯罪未遂。

对于辩护人提出"被告人徐兵不构成犯罪"的辩护观点,经查,被告人徐兵将迷药掺入牛奶中让被害人王琳服下,被害人王琳服用牛奶后昏睡,后处于不能反抗、不知反抗的状态,被告人徐兵也当庭供述欲与被害人王琳发生性关系的事实,以上足以说明被告人徐兵当时产生了趁其昏睡欲行奸淫的故意,虽不是采用暴力或胁迫的手段,但用下药的方式让其昏睡,显然违背了妇女的意志,只是由于意志以外的原因未得逞,被告人徐兵的行为符合强奸罪的犯罪构成要件,故对辩护人提出的被告人徐兵不构成犯罪的辩护意见不予采纳。

辩护人同时提出被告人徐兵具有坦白的情节,经查,被告人徐兵的前后供述多次反复,虽当庭供述了基本犯罪事实,但不能认定为坦白,可认定为当庭自愿认罪,故对辩护人提出被告人徐兵系坦白的辩护观点不予采纳。对于辩护人提出的其他辩护观点,经查,事实存在,理由成立,予以采纳。鉴于被告人徐兵当庭自愿认罪,其犯罪行为亦取得被害人的谅解,可依法对其适用缓刑,并给予相应的缓刑考验期限。

根据《刑法》第二百三条第一款,第二十三条,第七十二条第一款,第七十三条第二款、第三款,第六十四条之规定,被告人徐兵犯强奸罪,判处有期徒刑 2 年 6 个月,缓刑 3 年。

【辩护路径】

一、"约会强奸"/"熟人强奸"概念的澄清

在西方女权主义思想影响之下,社会学领域出现了一类新型概念,即"约会强奸"或称"熟人强奸"。在人际交往中的亲密关系包括许多类型,如友谊关系、约会关系、婚姻关系以及其他需要长时间维系的关系。其中,男女之间的亲密关系最为人所熟知,它是以两性间的相互吸引为基础而逐渐发展起来的。女权主义将处于这种"熟人"关系状态下发生的强制的性行为定位为"熟人强奸"(亦称"约会强奸")。1982 年,美国《妇女》(M. S)杂志首次表述了这种普遍的但还未讨论过的强奸形式:约会强奸(date rape)。从那时起,约会强奸或涵盖更广的名词——熟人强奸(acquaintance rape),被用以特指对非陌生人进行的强奸。关于"约会强奸"的界定存在两种不同的观点,即狭

义的熟人强奸与广义的熟人强奸。前者指发生在有恋爱关系的两性之间的强迫性的性交行为。后者指凡男女双方在聚会期间发生强迫性的性交行为都属于熟人强奸，双方可以是恋爱关系、朋友关系、同事关系、同学关系、一般相识关系，甚至是初次相识关系。不可否认的是，社会学中的“约会强奸”/“熟人强奸”概念，在某种程度上将“强奸罪”的核心构成要件“暴力、胁迫或者其他强制手段”，扩张至“女性不同意的性交”（类似于国内所称“违背妇女意志”）的内涵边界，更大程度上保护了女性的性自由决定权。但是，这种法律概念内涵的悄然扩张，在实务上不可避免地扩大了打击面，极大地增加了强奸罪的认定难度。尤其是，强奸罪是在我国刑法规范中最为严厉的罪名之一，该罪法定刑的起点即为 3 年以上 10 年以下有期徒刑，情节严重的或者造成严重后果的，甚至可以判处 10 年以上有期徒刑、无期徒刑直至死刑。因此，主流理论仍将强奸行为视为“复行为犯”，一方面行为人须存在“暴力、胁迫或者其他强制手段”，另一方面被害人须对性交行为持反对态度（“违背妇女意志”）。因此，坚持重视强奸罪中行为人手段、被害人意志的两大要素，全面查明“暴力、胁迫或者其他强制手段”以及“违背妇女意志”的基本思路，在此类案件的辩护中非常重要。

本案是一起较为典型的“约会强奸”案件，被告人和被害人之间正在建立恋爱关系，双方当晚在被告人家中约会至深夜，被害人自愿留宿并与被告人共睡一床。现代恋爱中部分男女不再保有对性贞操的矜持，恋爱中的男女熔断理智防线、发生性关系的情形时有发生。很多强奸案件的被告人坚称自己被冤枉：双方发生性关系是在双方有默契的情况下发生的，但由于女方未达到预期目的或其他原因便告发被强奸。而对司法机关而言，须查明的事实当然不能仅限于是否“违背妇女意志”，因为被害人陈述的主观性很强，真实性和稳定性又常常存在疑问。在“熟人强奸”案件中，尤其要通过双方的平时关系、发生性关系的时间、地点、环境、女方事后的态度、告发原因等多重事实因素，查明行为人在发生性关系时有无使用“暴力、胁迫或其他手段”“违背妇女意志”与女性进行性交。在本案的辩护过程中，辩护人正是基于对强奸罪本质的认识，在错综复杂的案件事实中准确抓住了“被害人的主观意志”“行为人所采取的手段”这两大疑点从而得以破题。

二、言词证据之辩，准确查明被害人意志

一直以来，与发生在陌生人之间的强奸案相比，发生在熟人之间、恋人之间乃至同居伴侣、夫妻之间的强奸行为的认定总是困难复杂得多。两个异性当事人之间已经建立了某种被社会认可的特殊关系，如恋爱、婚姻等，随着当事人之间的关系越来越密切，被害人有可能会同意与被告人发生性关系，特别是基于国民普遍的含蓄表达习惯，女方半推半就、不置可否的态度，可能隐含着同意发生性关系的真实意思。从本案的证据来看，双方经由婚恋交友网站结识，并以恋爱为目的多次接触，案发当晚二人约会后到徐兵家中，在徐兵表示要送其回家的情况下，王琳仍主动要求逗留至深夜 11 时许。因打不到车回家，在徐兵建议之下，王琳又同意留宿其家中。及至第二天早上，王琳醒来发现二人共宿一床并且“睡在一个被子里”，衣物和下身均无异常，王琳并无任何异常表示，而是坦然接受徐兵送去上班。从双方言词证据对比的一致中可以看出，在当晚环境之下，双方是否进行性交，王琳的主观意志如何，显然不能仅靠王琳的陈述这一单方主观证据予以确定，更不能排除王琳对双方发生性关系持有开放态度。

三、物证鉴定之辩，否定“采取暴力、威胁或其他手段”

除了言词证据之外，控方指控徐兵实施强奸行为的关键证据还有：徐兵家中存放的有催眠效用的迷药“弥漫之夜”（经鉴定，含有氯硝安定成分），徐兵拍摄的案发当晚裸照。但是，法谚有云“物证不会说话”，物证的证明作用具有间接性，无法直截了当说明案件的主要事实，通常只反映案件事实的某个片段，必须与其他证据相结合才能证明案件事实。况且，物证本身的合法性、真实性必须先通过质证鉴别判定。根据徐兵的供述，公安机关从徐兵家中搜出具有催眠效果的迷药“弥漫之夜”和含有催情效果的迷药“恶魔”。所谓“催情效果”的迷药，一般是指精神兴奋剂，服用者个人自愿与特定人发生性关系，才会产生所谓的“催情效果”。况且，无任何证据表明徐兵使用了迷药“恶魔”，因此该份物证与本案没有关联性，依法应予排除。至于公安机关查获的迷药“弥漫之夜”，经鉴定含有可能致人昏睡的氯硝安定成分。但是，在提取物证及检测鉴定过程中，未能关注该物证的定量分析和药理作用问题。根据现场勘验检查笔录结合被告人供述，只能粗略地推断徐兵使用了“弥漫之夜”瓶中的 1/5，即涉案药水用量在 1 毫升左右，因涉案药水系网上所购的非标产品，不进行定量分析，无法确定使用 1 毫升的氯硝安定含量，无法准确判断被害人服用涉案药水之后的药理反应，也就无法证实指控所称的趁被害人昏睡与其性交。进一步综合其他证据可见，从当晚 9 时许二人到徐兵家中，直至当晚 12 时许王琳自愿和徐兵返回并留宿其家中，在长达 3 个多小时的进程内，王琳自愿逗留、最终留宿，并与徐兵共睡一床这一系列客观事实，难以排除王琳对发生性关系不反对的开放态度的可能性。本案中对涉案物证——“弥漫之夜”“恶魔”等药水的取证程序存在重大瑕疵，以及对药水的物质成分鉴定意见未做定量分析，与言辞证据形成的证据事实存在重大矛盾，无从排除被害人不反对发生性关系的合理怀疑。在“约会强奸”案件当中，此类物证和鉴定意见表面上看来真实可信，足以作为定案证据证实“迷奸”的指控，但是，辩护人在全面掌握精确分析各份证据材料后，发现了物证和鉴定意见的证据效力证明力存在重大缺陷，与其他证据之间无从相互印证，甚至存在矛盾。这一物证之辩的思路，也许能为同类案件的辩护提供一种借鉴。

刑事侦查可以大胆推理，精准辩护必须小心求证

——张磊交通肇事减轻处罚案

【案情简介】

“司机一杯酒，亲人两行泪”的警示尽人皆知，酒后驾车一旦发生事故，带来的往往是两个家庭的悲剧。

2014年的深秋，时任启海市某村村书记、市人大代表的张磊因家庭琐事心情郁闷，在长辈家中饮酒后驾车回家，恰逢杨玉莲骑自行车载着年幼外孙黄小江占用机动车道前行，两方相撞，导致杨玉莲外孙黄小江颅脑重伤。

张磊随即拦车，将黄小江送往医院救治，但黄小江最终还是于次日死亡。

花甲之年，外孙逝去，杨玉莲深受打击，事发后一直精神恍惚，对于事故发生后送外孙抢救的细节记忆模糊，而公诉机关则以张磊将被害人送往医院后自行离开为由，认定其构成交通肇事逃逸致人死亡，提起公诉，并建议法院在有期徒刑5～7年判处刑罚。

被告人张磊一杯酒成千古恨，在已经赔付100余万元并与被害人家属达成谅解的情况下，仍要面临5年以上的牢狱之灾。

辩护人接手案件后，仔细研究了案卷材料及法律法规后认为，本案被告人应构成自首而非逃逸，本案被害人过错明显，且黄小江死因不明，被告人也主动赔偿对方已达成刑事和解，辩护人围绕上述辩点提出了辩护意见。法院最终全面采纳了辩护人的意见，依法较大幅度地从轻判处被告人张磊有期徒刑1年。

【控方指控】

被告人张磊于2014年11月5日19时30分许，饮酒后驾车，沿启海市华山中路（限速40km/h）由北向南行驶至汇龙小学东侧路段时，该车车前部右侧与由东向西驶入华山中路后向南行驶的杨玉莲驾驶的自行车（后载外孙黄小江，男，7岁）车尾部发生碰撞，致杨玉莲、黄小江均跌地受伤。事故发生后，路人拦下王志斌汽车，

被告人张磊与杨玉莲乘坐该车将黄小江送至启海市人民医院抢救。

在此期间，被告人张磊未向公安机关报警，也未向在场的医护人员或被害人亲属表明自己的身份就离开了医院。出警民警通过停在事故现场的肇事车辆获取车主是被告人张磊的信息后，多次打电话、发信息联系被告人张磊，又到其住所查找，均无果。

同日22时后，启海市公安局“110”指挥中心接到了被告人张磊要求投案的电话，后在市人民医院急诊大楼将其查获。

黄小江经抢救无效于次日死亡，经启海市公安局法医鉴定，被害人黄小江符合交通事故致颅脑损伤死亡。被告人张磊负本起事故主要责任。经市公安局物证鉴定室鉴定，被告人张磊血液中检出乙醇成分，含量为145.1mg/100ml血液，经苏州大学司法鉴定中心鉴定，张磊驾驶车辆事故发生前的行驶速度约为71km/h。

张磊违反交通管理法规，醉酒后驾驶机动车超过限速标志标明的最高时速上道路行驶，对前方路面动态未注意观察，造成一人死亡的严重后果，负事故主要责任，且将被害人送至医院后逃逸，应以交通肇事罪追究其刑事责任。

【辩护要点】

一、交通肇事与死亡结果之间因果关系不明，基本事实不清

本案中，被告人家属委托的初衷有两点：一是不认可起诉书关于肇事后逃逸情节的指控；二是认为公诉机关量刑建议过重。

辩护人阅卷后发现：黄小江经过当地医院抢救之后，存在生命垂危时其家人强行长途转到上海某医院治疗，路途颠簸可能是造成死亡的重要原因，且在案卷宗中并没有黄小江转院后的病历和具体死亡原因的相关证据。

经过会见，辩护人在与被告人及其家属充分沟通的基础上，确定了对于公诉机关指控的“交通肇事致死”这一基础指控事实，提出事实不清、证据不足的辩护意见，即便被告人酒后驾车致人重伤已经符合入罪标准，但面对死亡原因不清的事实，疑罪从轻的实务思维会是被告人得到从轻处理的有效路径，具体意见如下：被害人黄小江死亡时间、地点和死亡原因事实不清，肇事行为与死亡结果存在直接因果关系证据不足。

在启海市公安局物证鉴定室出具的法医学尸检报告中，有如下记载事实：“被害人黄小江家属要求对其进行转院治疗，在医院已告知黄小江生命体征不稳定、不适宜转院的情况下，其家属依旧坚持转院，并表示愿意承担转院途中的风险。”交通

肇事罪是过失犯罪,犯罪行为所造成的直接结果对最终的定罪量刑具有十分重要的意义。具体到本案,死亡结果发生于何时何地、转院行为是否异常、是否作为独立存在的介入因素阻断了肇事行为与死亡之间的因果关系、转院行为与肇事行为是否共同作用导致了最终死亡结果的发生,这些都属于本案应当查清的基本事实。而在案卷宗材料中,仅有尸检报告中笼统地提及被害人的转院行为,对于被害人何时转院、何时死亡以及在何处死亡等基本问题,并没有转院后的病历记录、主治医生证言等相关证据予以证明,更没有按公安部关于尸体检验规范做详细的尸体解剖检验。本着维护法律的严肃性、对案件负责的基本态度,辩护人恳请法庭对上述事实问题予以查明。

二、起诉书关于张磊交通肇事后逃逸的指控,事实不清、证据不足,法律适用错误

在明确案件因果关系存疑之后,辩护人将辩护重点放到了"交通肇事逃逸"的指控情节上,在立法存在 3 年以下和 3 年到 7 年两档法定刑的情况下,起诉书指控的逃逸情节成立与否,直接决定了被告人的最终量刑幅度,这是本案的焦点问题,也是辩护的重中之重。

辩护人在仔细研究在案证据、法律规定、司法解释及江苏省高院的文件后,从案件事实、证据证明力以及法律理解适用等角度,向合议庭提出如下辩护意见。

根据《最高人民法院关于审理交通肇事刑事案件具体应用法律若干问题的解释》(法释〔2000〕33 号)第三条规定,交通运输肇事后逃逸,是指交通事故发生后,为逃避法律追究而逃跑的行为。因此,认定交通肇事后逃逸,必须证明行为人在主观上具有逃避法律追究的故意,客观上实施了妨碍案件办理、增加侦办难度的客观行为。结合上述主客观相一致的归罪原则,辩护人认为被告人张磊的行为不属于交通肇事后逃逸。

1. 被告人张磊在事故发生后,有主动联系警方、配合办案的意愿和行为

根据证人成平的证言,"张磊把手机塞给我让我报警",警察到达医院时"我当时就在旁边看着,也没有和警察讲话",因为"怕家属情绪激动,现场不好控制"。同时启海市公安局接处警系统也显示:张磊于案发当日 22 时 17 分、22 时 25 分两次主动报警,表明自己身份及肇事事实。

上述证据可以证实:被告人在案件发生后,始终有联系警方、配合办案的意愿和行为,即便因筹措医疗费等紧急情况暂时离开医院,在离开前也主动委托成平留在医院等候警方到达、配合办案,只不过因其意志之外的、第三人成平的个人原因,

未能第一时间与警方取得联系。因为张磊分管当地的拆迁工作，为了防止有人打扰，晚上均将电话设置了陌生人来电阻止模式，因此未及时接到民警来电也是事出有因。张磊在回到医院后，又第一时间主动联系当地警方，并按指示留在原地，积极配合警方的案件侦办活动。

2. 被告人张磊在事故发生后，自始至终未对自己的身份及肇事事实予以隐瞒，不存在逃避侦查和法律责任的行为

根据《江苏省高院关于办理交通肇事刑事案件适用法律若干问题的意见》（苏高法〔2011〕135 号）第十二条第一款的规定，"虽将被害人送至医院，但未报案或者无故离开医院，或者向被害人、被害人亲属、医务人员谎报虚假的身份信息和联系方式后离开医院的"，一般认定为交通肇事后逃逸。根据上述规定，认定交通肇事后逃逸，必须证明被告人在案发后，有刻意掩饰或者编造虚假身份信息和联系方式，使他人无法准确认定肇事者身份的行为。而本案中，被告人自始至终并未采取任何欺骗、谎报手段掩饰自身身份及肇事事实，与此相反，行为人的身份信息在案件处理的各个阶段，早已通过不同方式向外界表明。

首先，根据张磊的供述，"我在那个区域做过几年副社长，认识我的人很多，当时事故现场就有认识我的，一个男的还叫我张书记"。在场证人施令奇的证言也证实，"当时我听边上人讲，刚才车祸是张磊开的汽车"。因此，在本案的肇事现场，张磊的身份在客观上已经为人所周知，因此无须进一步表明身份。

其次，根据张磊的供述，"我跟她（杨玉莲）说先不要着急，我叫张磊"，"我打电话给医院副院长，跟他说我出车祸撞人了"，虽然杨玉莲在证言中称对该告知行为没有印象，但回到案发当时的情景之下，外孙重伤，生命危在旦夕，此时杨玉莲在惊恐焦急的情绪下，整个人已经处于心神恍惚、绝望麻木的状态，对外界信息失去了基本的感知能力，这是可以理解的。根据在案笔录，她连陪同自己将外孙送往医院的张磊和司机王志斌是男是女都分不清了！相反，根据医院副院长的证言，张磊明确告诉自己撞倒了一个小孩。同时，将被害人送往医院的王志斌的证言也证实，张磊在车里给别人打电话的时候，自己听他说"我出车祸了"。因此，在将被害人送往医院途中，被告人已经向被害人、同车人及医院副院长表明了自己的身份及肇事事实。

最后，根据证人成平等人的证言，被告人在离开医院筹款过程中，也从未对他人刻意隐瞒自身的肇事事实。

3. 被告人张磊离开医院的目的是去筹措医疗费，其行为性质是履行对被害人的

救助义务

根据江苏省高级人民法院《关于办理交通肇事刑事案件适用法律若干问题的意见(试行)》第十三条第(三)项的规定,“行为人将被害人送到医院后,确因筹措医疗费用需暂时离开医院,并经被害人、被害人亲属或医务人员同意,或者留下本人有效信息,在合理时间内及时返回的”,一般不予认定为交通肇事后逃逸。

根据张磊的在案供述,离开医院是因为“我没有多想,当时比较急,就怕人民医院没有钱就不给抢救伤者”,张磊离开医院后,证人黄坚、张强、钱宁的证言均证实:张磊一进门就提出借钱。因此,被告人因先前肇事行为产生了救助被害人的义务,因被害人重伤、家属未至,在医生忙于展开抢救的情形下,被告人以平和方式离开医院、四处筹钱的行为,属于履行自身救助法律义务的后续组成部分。虽然被告人离开医院时间过长,且去过多个地点,但是通过阅卷及法庭调查,我们可以得知,在此期间被告人行为并非以躲避侦查、逃避法律责任为目的,客观上也没有任何证据证明被告人在此期间有过人为解酒、串供和叫人顶包等非法行为。

同时,根据司机王志斌的证言,“我希望你们能把我这个闯红灯记录给消掉,我当时也是为了救人”,结合法庭调查,事故发生后,无论是被告人张磊,还是司机王志斌、被害人杨玉莲,一心只想对重伤的被害人黄小江进行救治,王志斌闯红灯的行为也表明了黄小江亟须救治的紧迫性,在这种紧张焦躁的状态下,即使被告人行为上存在一些瑕疵,也是在紧急事态下的应激反应。如果忽略对被告行为主客观方面的具体考察,仅根据其将手机留给他人、离开医院等表面现象,就主观推断这是逃逸行为,是难以令人信服的。

综观全案,公诉机关对张磊构成交通肇事后逃逸的指控,都是建立在办案人员大胆推测的基础之上,客观上并没有任何 8 大类 12 种法定证据之一的有效证据予以印证,本案 13 份证人证言,5 份被告人供述,6 份鉴定意见和 8 份书证中,都没有能够证明张磊逃逸的证据,该指控不仅远远达不到证据确实、充分的证明标准,也有违主客观相一致的归罪原则。

三、被告人张磊构成自首,应当从轻处罚

一个完整有效的辩护应当是“破后而立”,在否定公诉机关对于张磊具有逃逸情节指控的同时,辩护人进一步提出了张磊不仅没有逃逸、反而成立自首,具体意见如下。

1. 被告人张磊是自动投案

根据立案决定书,公安机关是在 2014 年 11 月 6 日才对本案进行立案侦查,而案发时间为11月5日晚8时许。启海市接出警系统证实,“2014年11月5日22点15分,嫌疑车辆驾驶人自己来电称,在人民医院急救中心门口,转至事故中队值班室”。根据《最高人民法院关于处理自首和立功若干具体问题的意见》第一条第三款之规定,交通肇事后保护现场、抢救伤者,并向公安机关报告的,应认定为自动投案;交通肇事逃逸后自动投案,如实供述自己罪行的,应认定为自首。本案中,被告人于2014年11月5日晚主动拨打“110”,在公安机关立案(11月6日)、对其采取强制措施(11月22日)前,主动将自己置于办案机关的控制之下,其行为与逃逸后归案相比,具有更明显的主动性,依法当然更应当认定为主动投案。

2. 被告人张磊归案后如实供述犯罪事实

根据《最高人民法院关于处理自首和立功若干具体问题的意见》第二条第一款之规定:“《解释》第一条第(二)项规定如实供述自己的罪行,除供述自己的主要犯罪事实外,还应包括姓名、年龄、职业、住址、前科等情况。犯罪嫌疑人供述的身份等情况与真实情况虽有差别,但不影响定罪量刑的,应认定为如实供述自己的罪行……”本案中,被告人归案以后,对于自己姓名、年龄、职业、住址等基本情况如实供述,对于自己酒后驾车、撞人等主要犯罪事实供认不讳。虽然在拘留前的两次笔录中,对饮酒时间、地点等部分事实供述存在不尽之处,但主要是基于避免给一同饮酒的同事长辈带来舆论谴责,该部分事实对被告人定罪量刑并无影响。在之后的历次笔录中,被告人对自己犯罪行为的供述全面、稳定且能与其他证据相印证,应认定为如实供述主要罪行。

四、本案中被害人一方存在明显过错,在量刑时应当充分考量

辩护人根据在案交通事故认定书的记载,发现杨玉莲一方也存在交通违章行为,虽然张磊因酒后驾驶承担了事故的主要责任,但杨玉莲违章驾驶应承担次要责任,是双方严重违章违法才导致了惨剧的发生,为协助法庭全面查清案件事实、正确量刑,辩护人就该辩点提出辩护意见供法庭参考,具体如下。

被害人之一杨玉莲也存在严重过错,她也是肇事者,所以不应让被告人张磊承担全部责任,根据罪责刑相一致的基本原则,在对张磊量刑时应有所体现,从轻处理。

根据启海市公安局交警大队出具的交通事故认定书,“杨玉莲骑自行车驶入道路后,未在非机动车道内行驶,是本起交通事故发生的次要原因”。因此,虽然被告人张磊存在酒后驾驶等违规驾驶,但被害人杨玉莲骑自行车进入机动车道的违规行为,也是事故发生的原因之一。虽然交警部门因张磊酒驾,认定其承担事故主要责任，但这只是依据行政法所作的认定，在案件进入刑事司法程序后，对被告人定罪量刑时，还应当从刑事角度，对因果关系、双方过错程度和责任的承担进行实质审查。根据信赖原则，如果被害人杨玉莲严守交通规则，本次交通事故惨剧也就肯定不会发生。杨玉莲也是肇事者，其对黄小江的死亡结果也具有原因力，在这种情况下刑事审判不应将所有责任归咎于张磊，在量刑时应当有所体现，对被告人张磊减轻处罚。

五、关于本案的具体量刑辩护意见，恳请法庭在有期徒刑一年左右适用刑罚

辩护人在否定逃逸指控、详述对被告人有利量刑情节的基础上，进一步就被告人的刑罚适用提出详细、具体的辩护意见，具体如下。

根据 2014 年《江苏省高级人民法院〈关于常见犯罪的量刑指导意见〉实施细则》第四章第一条第一款的规定，死亡一人，负事故全部责任的，量刑起点为 2 年有期徒刑；负主要责任的，量刑起点为 1 年 6 个月有期徒刑……交通肇事后保护现场、抢救伤者，并向公安机关报告构成自首的，可以减少基准刑的 20% 以下……对于被告人积极赔偿被害人经济损失的，应当综合考虑被告人交通肇事犯罪情节、伤亡人数、违章的原因及严重程度、赔偿数额以及被害人谅解程度等情况确定从轻幅度。

根据上述量刑细则，张磊的起点刑为 1 年 6 个月，有上述细则中自首情节，可减轻 20% 左右即 3 个月，余 1 年 3 个月；积极赔偿达成谅解，可再从轻处罚，则其基准刑在 1 年左右。被告人虽因一时过失而触犯刑法，但已经通过努力赔偿被害人家属损失，竭尽全力抚平被害人家属所受伤痛，其行为造成的社会矛盾已经化解，恳请合议庭充分考虑本案中主次责任、自首、积极赔偿等事实情节，在有期徒刑 1 年左右对被告人适用刑罚。

【裁判要旨】

关于公诉机关认定被告人张磊构成交通肇事后逃逸的公诉意见，经查，被告人张磊在事故发生后将肇事车辆停留在现场，后陪同被害人亲属将被害人送至医院抢救，并联系熟识的医院领导安排抢救事宜，在离开医院外出筹钱时，委托朋友报警并让朋友留在医院协助处理抢救事宜，后张磊拿钱回至人民医院，上述事实得到了未到庭证人成平、钱宁等人证言的证实。综合上述事实，本院认为，被告人张磊离开医院逃避法律责任追究的主观故意并不明显，公诉机关认定被告人张磊交通肇事后逃逸的证据不足，本院不予认定。对辩护人提出的有关辩护意见，本院予以采纳。

被告人张磊在肇事后主动投案，如实供述自己交通肇事的犯罪事实，是自首，可以从轻处罚。

关于辩护人提出的被告人张磊有自首情节、能自愿认罪、与被害方达成刑事和解,建议对其从轻处罚的意见,与查证事实和法律规定相符,本院予以采纳。依法判处被告人王磊有期徒刑1年。

【辩护路径】

一、刑事侦查可以大胆推理,精准辩护必须小心求证

作为侦查机关,可以基于合理怀疑,根据相关线索"大胆推理",通过推理寻求更有力的定案证据,这并无不妥。但刑事案件涉及人的自由乃至生命,法院判决认定犯罪事实则是"小心求证"的过程,要严格区分侦查思维和定罪思维,司法人员要严格区分经验相关性的怀疑和法律相关性的刑事证据。定罪量刑的事实应当是有证据证明的法律事实,作为有责任有担当的辩护律师,更应小心求证每份证据和每个法律事实,全力为维护当事人合法权益、维护法律正确实施和社会公平正义进行辩护。

二、刑事辩护无小案,顶级辩护看细节

根据国家安全监管总局和交通运输部联合发布的2017年道路交通运输安全发展报告,我国交通事故年死亡人数仍高居世界第二位,事故起数和死亡人数分别占全国重特大事故总量的70%和80%。截至2018年10月,裁判文书网公开的5,284,945起刑事案件中,交通肇事案件344,934起,危险驾驶案件634,017起,合计占全部刑事案件总量的18.5%,已经成为司法实务中最为常见的刑事案件。虽然与毒品、杀人等刑事案件相比,交通肇事罪刑期相对较轻,但对于律师来讲,刑事案件无论大小,都事关被告人的自由,无论是定罪还是刑期,都对被告人的人生和家庭的生活具有重大的影响。在办理交通肇事案件时,应当从程序证据、法律、法理、量刑规则和刑期计算等多个角度为当事人提供精细化的辩护。

三、辩点审查全面化,超越客户满意度

辩护人接手案件时,被告人及家属最大的诉求在于否定逃逸情节,最终刑期能够在3年以下量刑。接受委托后,辩护人在阅卷时,除了研究与逃逸情节认定有关的事实、证据和法律法规外,还对其他案件事实进行了全面审查,在尸检报告不起眼的附件行文中,发现了被害人黄小江在颅脑重伤、病情不稳的情况下,被家属强行要求转院的事实。继而进一步发现了死亡时间、地点、原因不明的新的辩点,结合赔偿取得谅解等情节,为张磊争取到了最大幅度的从轻处罚,张磊最终被判处有期徒刑1年,辩护人在被告人和家属诉求之外提供了更加满意的法律服务。

管辖异议缩短羁押，简易程序从轻处罚

——张健非法持有枪支缓刑案

【案情简介】

毫无疑问，我国是枪支管理最为严厉的国家，在我国对枪支、弹药、爆炸物实行严格管控的政策，禁止任何单位和个人非法制造、买卖、运输、邮寄、储存和持有枪支、弹药。以枪支、弹药为犯罪对象或犯罪工具的各种犯罪行为，一直是司法机关长期以来严厉打击的对象。

张健非法持有枪支案系重大案件的"案外案"。2004 年 12 月底的一天，南京市发生了震惊省内的持枪抢劫银行的恶性案件，被告人韩兵等人使用自制手枪实施抢劫，作案后携带枪支悄悄潜回其泰州老家，并经由其"小弟"沈虎找地方藏匿作案用枪支。被告人张健，案发时刚满 18 周岁，初中毕业后一直在家务农。因碍于二位"大哥"的情面，不知深浅的张健竟然同意将枪支藏其家中的地下室内。被告人韩兵被抓获后，得知消息的张健在家中心神不宁、坐卧不安。2005 年 1 月 22 日，张健在父亲陪同下，主动向当地公安机关投案并如实交代了其罪行。因韩兵持枪抢劫案情极其严重，张健也被带至南京市羁押，以进一步查明其是否事前参与共谋、事后协助销赃等犯罪行为。

2005 年 2 月 7 日，张健被南京市白下区检察院批准逮捕。辩护人接受委托后迅速开展工作，发现现有证据能够证明张健不知道韩兵等持枪抢劫的行为，其未有事前共谋、事后帮助销赃等行为，张健并非韩兵持枪抢劫案件的共犯，其藏匿枪支的行为不宜并案处理，否则张健的审前羁押将随着韩兵案的处理而漫漫无期。于是辩护人向办案机关提交变更管辖的书面申请，张健藏匿枪支行为地及其居住地均在泰州市海陵区，根据《刑事诉讼法》①第二十四条及相关法规的规定，本案应当由泰州市海陵区公安分局管辖。

---

① 2018 年修订的《刑事诉讼法》第二十五条。

2005年4月15日，南京市白下区公安分局将本案移送泰州市海陵区公安分局，4月22日本案侦查终结并移送审查起诉。因本案事实清楚，证据确实、充分，嫌疑人张健的罪行并不严重并有自动投案、如实供述的自首情节，因此辩护人经与被告人协商后，选择了简易程序的“罪轻辩护”方案，被告人张健自愿认罪，争取适用简易程序从轻处理。同年5月13日，海陵区人民检察院提起公诉并建议适用简易程序；5月27日，海陵区人民法院经简易程序审理，判决被告人张健犯非法持有枪支罪，因有自首情节，自愿认罪悔罪并适用简易程序，当庭判处张健有期徒刑1年并适用缓刑1年。

【控方指控】

泰州市海陵区青年韩兵（另案处理）伙同他人2004年12月26日于南京市实施持枪抢劫后，逃至泰州市海陵区。韩兵在泰州市金康旅社喊来被告人张健和沈虎（另案处理），并向他们展示自制手枪一支，同时提出将该枪支藏于被告人张健家中。被告人张健表示同意，随后三人一起来到张健家中，将该枪埋在张健家中的地下室内。2005年1月22日，被告人张健主动向公安机关投案后，该枪支被公安机关依法收缴。

被告人张健违反枪支管理规定，非法持有枪支，其行为触犯了《刑法》第一百二十八条的规定，应当以非法持有枪支罪追究其刑事责任。案发后，张健自动投案并如实供述自己的犯罪事实，根据《刑法》第六十七条第一款的规定，系自首，可以从轻或者减轻处罚。

【辩护要点】

一、程序性辩护

1. 巧用“管辖异议”，缩短羁押期限

所谓“程序性辩护”是指以刑事程序法为依据，辩护人指出刑事办案人员在侦查、起诉或审判过程中存在违反有关程序法的规定，或者在办案过程中有严重侵犯被告人基本权利的行为，从而否定某一证据的有效性或某一诉讼行为的合法性，排除非法证据、阻却犯罪指控；或者争取适用有利于被告人的诉讼程序制度，为被告人争取有利的程序性权利和实体上从宽处罚的权利，最大限度地维护被告人的合法权益。本案辩护的特色亮点就是在刑事诉讼过程中巧用“管辖异议”，争取将张健与其他重罪案件相分离，避免因重罪案件漫长的侦查、审查起诉和审判而久拖不决,尽力为被告人争取大幅缩短审前羁押期限。通过采用程序性辩护手段,为被告人减轻了程序性负担和争取了实体上的从轻处罚。

2005 年 1 月 22 日,张健主动投案并如实供述自己的罪行,后被移送至韩兵持枪抢劫行为地的南京市白下区公安分局侦查。同年 2 月 7 日,由该区人民检察院批准逮捕。辩护人通过会见犯罪嫌疑人、与承办人交流,在掌握案情的基础上,迅速向检察机关、公安机关递交了对该案变更管辖地的书面申请。当时的《刑事诉讼法》第二十四条明确规定:“刑事案件由犯罪地的人民法院管辖。如果由被告人居住地的人民法院审判更为适宜的,可以由被告人居住地的人民法院管辖。”《公安机关办理刑事案件程序规定》(1998 年修正)第十五条也明确规定:“刑事案件由犯罪地的公安机关管辖。如果由犯罪嫌疑人居住地的公安机关管辖更为适宜的,可以由犯罪嫌疑人居住地的公安机关管辖。”现有证据证明,犯罪嫌疑人张健仅实施了将枪支藏匿于家中的行为,对韩兵持枪抢劫行为完全不知情。因此,张健并非韩兵持枪抢劫案件的共犯,不应当与韩兵同案处理。而且,张健违反枪支管理法规持有枪支的行为,发生在其居住地泰州市海陵区。因此,本案依法应当移交泰州市海陵区的公安分局管辖。

辩护人在递交书面意见后,又与办案机关进行了多次有效沟通并据理力争,提出本案应当与韩兵案分案处理,依法移送至有管辖权的泰州市海陵区公安分局管辖。经过办案单位的研究讨论,接受了辩护人的程序性辩护意见。2005 年 4 月 15 日,南京市白下区公安分局将本案移送泰州市海陵区的公安分局管辖。本案移送后很快侦结,同年 5 月 13 日提起公诉,在审判阶段适用简易程序审理,5 月 27 日即形成一审判决,判处被告张健有期徒刑 1 年并适用缓刑 1 年。

众所周知,我国刑事诉讼法中并无统一的“羁押期限”制度,在犯罪嫌疑人被逮捕之后,其羁押期限即完全附从于公检法机关的办案期限。而且,犯罪嫌疑人/被告人在逮捕后羁押过程中,并无正式的制度能够保障其通过正式程序申请变更强制措施。如果本案依然被视为韩兵持枪抢劫案的“关联案件”,甚至张健仍被作为韩兵案的“同案犯”进行并案处理,在韩兵案的处理极有可能旷日持久的情况下,虽张健所涉罪行并不严重,有可能被判处较轻刑罚,但其仍将面临很长的审前羁押,这将极大地加重犯罪嫌疑人、被告人的人身自由被剥夺的痛苦。因此,在刑事诉讼过程中巧用“管辖异议”,将本案移送管辖、独立处理,缩短办案周期和羁押时间,减轻犯罪嫌疑人、被告人的程序负担,正是本案中程序性辩护的可取之道。

2. 主动准备帮教材料，争取适用简易程序快速结案

本案事实清楚，证据确实、充分。发案时张健刚满18周岁，因年少无知犯下大错，其主观恶性不大，行为的社会危险性较轻。案发前张健在其居住地表现良好，没有任何违法犯罪行为，其人身危险性较低。案发后张健有主动投案并如实供述的自首情节。综合这些因素，辩护人判断，如能继续保持认罪悔罪态度，其居住地社区又愿意协助帮教，被告人张健有可能获得缓刑的处理结果。于是，辩护人主动来到其居住地，与村委会工作人员及当地居民交流沟通。他们普遍反映，被告张健性格内向、表现良好，都没有想到其涉嫌犯罪。经过辩护人耐心解释法律知识，村委会明确同意为张健提供社区帮教并组织了专门的帮教小组。村委会正式出具了张健表现良好和同意帮教的书面证明材料。辩护人积极主动准备的这些帮教材料，为办案机关加快案件办理进程以及同意适用缓刑创造了有利的条件。

二、实体性辩护——罪轻辩护，请求缓刑

所谓"实体性辩护"，是指主要从事实和法律的角度寻找根据为被告人做无罪或罪轻的辩护。传统意义上对辩护的理解就是"实体性辩护"。本案证据充分、事实清楚，被告人张健有自动投案、如实供述的自首情节；而且本案移送管辖后处理进程加快，审前羁押期限大大缩短。为进一步争取适用简易程序和缓刑的处理，从最大化有利于被告人的角度，辩护人选择为被告人作罪轻、应当减轻处罚的"罪轻辩护"。

1. 被告人辨别是非能力较弱，主观恶性也较小

发案时，被告人张健年龄仅有18岁4个月零5天，是非判断能力较弱，酌情可以从轻处罚。被告人非法持有枪支，既不是为了谋财害命，也不是为了贩卖牟利，只是在认知不清的情况下实施的触犯刑法的行为，因此其主观恶性不深。

2. 被告人的犯罪行为社会危害性和人身危险性较小

被告人张健所藏的自制枪支尽管有杀伤力，但性能较差，数量仅有一把。在其存放期间，并未给社会安全造成任何危害。被告人系初犯、偶犯，此前并无任何违法违纪的前科，因此其人身危险性较小。

3. 被告人存在自首情节

被告张健在得知韩兵被抓获后，在其父亲劝说下，主动投案并如实供述了自己的罪行，根据《刑法》第六十七条第二款之规定，系自首，可以从轻或者减轻处罚。

综合以上因素，并事先主动准备了相关帮教材料，辩护人明确提出，被告人张健犯罪情节轻微，社会危害性和人身危险性较小，请求法院依法对其减轻、从轻处

罚，并考虑适用缓刑。

【裁判要旨】

一审判决认定，2004年12月26日，被告人在泰州市海陵区金康旅社应韩兵（另案处理）的要求，与韩兵、沈虎（另案处理）一起，将韩兵携带的一支自制手枪埋在被告人张健家中的地下室内。2005年2月22日，被告人张健向公安机关投案，当日该枪支被公安机关依法收缴。被告人张健在开庭审理过程中对犯罪事实并无异议，并有相关证据予以充分证实。公诉机关的指控事实清楚，证据确实、充分，定性准确，应予认定。

被告人张健违反枪支管理规定，非法持有枪支，其行为已构成非法持有枪支罪，依法应予惩处。案发后，张健自动投案，并如实供述自己的犯罪事实，系自首，依法可以从轻处罚。被告人张健自愿认罪，有悔罪表现，依照"两高"和司法部《关于适用简易程序审理公诉案件的若干意见》①第九条的规定，可酌情从轻处罚并给予一定的考验期限。辩护人提出的被告人张健系初犯、主观恶性较小，建议对其从轻处罚并适用缓刑的辩护意见，本院在量刑时已予以采纳。依照《刑法》第一百二十八条第一款、第六十七条、第七十二条第一款之规定，判决被告人张健犯非法持有枪支罪，判处有期徒刑1年，缓刑1年。

【辩护路径】

一、关注"管辖异议"辩护的空间

本案在跨市、区两级的不同公安机关之间的移送，看似按部就班、安适如常，但事实上，辩护人历经艰苦努力方才争取到案件的成功移送，办案机关在执法观念上也历经重大改变。其中的原因不难理解，我国刑事诉讼法并未建立所谓的"管辖异议"制度。虽然《刑事诉讼法》专设了"管辖"一章，但只是规定了不同机关的"职能管辖"，上下级法院的"级别管辖"，不同地区的"地域管辖"，以及上下级法院的管辖权变通和法院的移送管辖、指定管辖等内容，对于当事人不服法院管辖时的"异议"制度却只字未提。学界主流观点认为，所谓"管辖异议"是在刑事诉讼中，当事人在司法机关违背管辖的规定，管辖了其无权管辖的案件或者认为其他司法机关更适合管辖的情况下，在法定期限内向有审查权的法院提出要求该司法机关将案件移送有管辖权或更适合管

① 已于2013年3月1日被废止。

辖的司法机关管辖的主张。根据《刑事诉讼法》第二十四条至二十七条①的明文规定，学界普遍认为，犯罪嫌疑人、被告人及其辩护人提出的“管辖异议”一般仅指在案件审判阶段对管辖错误的异议及其处理。

辩护人接受委托时，本案正处于逮捕后的侦查阶段。时值2004年、2005年前后，综观当时公检法三家的基本程序性规则，《公安机关办理刑事案件程序规定》(1998年第35号公安部令)、《人民检察院刑事诉讼规则》(高检发释字〔1999〕1号)、《最高人民法院关于执行〈中华人民共和国刑事诉讼法〉若干问题的解释》(法释〔1998〕23号)(2013年1月1日失效)均未对“管辖异议”作出规定，甚至对如何解决管辖错误、管辖争议、管辖不适宜等问题，也没有做出明确规定。事实上，时至今日，保障犯罪嫌疑人/被告人正当程序性权利的“管辖异议”的具体规定仍付之阙如。甚至可以这样说，刑事诉讼中的管辖制度的功能性目标，主要是排除办案干扰，保障办案机关的公正、迅速办案。在面临案件当事人、参与人提出本案“管辖错误”“管辖不适宜”等异议的情况下，并无明确的法定要件、程序裁判制度来解决此类管辖问题。也正是因为这一点，实践中很多辩护人忽略了犯罪嫌疑人/被告人正当程序性权利，没有意识到“管辖异议”等程序性辩护手段的重大意义。在此情况下，实现“管辖异议”等有效的程序性辩护，一方面需要辩护人具有完备的专业知识、丰富的办案经验；另一方面还有赖于办案机关及办案人员的职业操守和专业能力。本案成功的程序性辩护，也要感谢南京和泰州两地办案机关和办案人员的专业能力和公正执法水平。

在立法上，我国《刑事诉讼法》目前还未确立“管辖异议”制度，更没有一系列完善的程序性裁判规则保障实施；在实践中已经实际产生了一定的弊端，损害了刑事诉讼当事人的合法权益，影响了社会公众对程序正义和案件公正性的信仰。是否应当保障犯罪嫌疑人/被告人在刑事诉讼程序中享有提出管辖异议的权利，是否应在管辖制度中进一步实现程序正义，公检法三家在面对管辖异议、管辖错误(或“管辖不适宜”)等问题有无专门程序性制度予以解决？这正是亟待理论界和实务界共同思考解决的问题。

二、简易程序对被告人从宽处罚的意义

我国1996年《刑事诉讼法》第一百七十四条至第一百七十九条规定了刑事诉讼中的简易程序。简易程序是为解决不断增长的案件数量与有限的司法资源之间的矛盾而设置的一种特殊程序，主要适用于自诉案件以及事实清楚、证据充分并依法可能判处三年以下有期徒刑刑罚的简单公诉案件。在程序上，须经人民检察院事先建议或者同意，法院应当在受理后20日以内审结。在审理过程中可以不受普通程序关于送达期限、讯问被告人、询问证人、鉴定人、出示证据、法庭辩论等诸多规定的限制。实践

① 2018年修订的《刑事诉讼法》第二十五条至第二十八条。

中，适用简易程序虽然并非法定从轻、减轻情节，但被告人一般都会获得一定程度的从轻处罚。显然，简易程序之“简”建立在被告人认罪认罚、放弃庭审部分诉讼权利的基础之上，因此，在简易程序审理案件中辩护人庭前的精心准备显得尤为重要。

从本案成功辩护的经验来看，首先，辩护人通过成功的“管辖异议”，使本案与韩兵持枪抢劫的重大案件区分处理并移送至犯罪地管辖，已经向办案机关明确传递了这样的信息，即本案张健并非持枪抢劫案的同案犯，案情简单、证据充分，被告人的罪行并不严重。其次，辩护人主动走访张健居住地村委会，调查了解其平时表现，并取得了证明其一贯表现良好的书面证明以及村委会同意帮教的材料。这些证据材料一方面能够证明被告人主观恶性不大，人身危险性很低；另一方面也为办案机关节约时间，加快了办案进程。再次，在接受委托之后，辩护人迅速开展工作，准备了明确、精准的书面辩护意见递交办案机关，并坚持与办案人员当面沟通，坦陈交流本案的管辖问题和定罪量刑意见。最后，辩护人选择了“罪轻辩护”的正确路径，为案件迅速、平稳、公正审理做好了充足准备，最终为本案被告人争取到了最轻的判决结果。

专家辅助人质询司法会计鉴定，控方证据存疑法庭“实报实销”

——蒋良产受贿从轻处罚案

【案情简介】

1996 年，时任 C 市人防设计所长的蒋良产顺利通过资格考试，成为 C 市第一批一级注册建筑师。

2005 年，王杰与葛志兵等人成立龙城豪林建筑设计有限公司（以下简称豪林公司），为取得公司资质需要有一级注册建筑师和一级注册结构师，王杰与葛志兵找到蒋良产，希望其入股公司共同经商，蒋良产虽然拒绝了加入公司的邀请，但同意将一级注册建筑师证挂在豪林公司，同时提出自己的妻子陆英即将从原单位离职，希望妻子能够到豪林公司从事行政工作。因王杰与葛志兵等其他股东均为设计专业的技术型人员，专注于业务而不擅长行政管理，便欣然同意陆英加入公司，并同意陆英入股，成为占公司出资比例 19% 的股东。

2015 年 5 月，C 市信城区人民检察院在查办其他案件过程中，发现蒋良产与其妻子涉嫌收受他人干股的情况，随即以受贿罪立案。

2016 年 2 月 4 日，信城区人民检察院提起公诉，指控被告人蒋良产犯受贿罪，其中与妻子陆英合谋收受豪林公司赠送的干股和分红 145.48 万元，另外指控蒋良产单独收受其他公司赠送的香烟卡，价值人民币 1.375 万元。

在蒋良产与妻子共同收受豪林公司赠送的股份及分红的指控中，陆英始终坚持 9.5 万元就是自己入股豪林公司的出资款。但侦查机关委托 C 市人民检察院司法鉴定部门对该存入豪林公司的 9.5 万元钱款的来源进行了鉴定，根据鉴定部门出具的鉴定书，认定该 9.5 万元来自豪林公司，是豪林公司对于自有备用现金的解缴，并非陆英本人出资。

辩护人经过阅卷和会见认为，被告人蒋良产是否构成受贿，关键在于 2005 年 9 月 12 日陆英存入豪林公司的 9.5 万元是否来源于其家庭自有资金。在案证据中，C

市人民检察院出具的鉴定书虽然认定该9.5万元出自豪林公司备用现金,但在案供述及证言均反映豪林公司存在小金库,该部分账外账的账册已经丢失,侦查机关也未能提供保管该部分资金的私人银行卡流水,豪林公司先前提取的备用金是留在公司还是进入小金库不得而知。公诉机关关于被告人蒋良产及其妻子陆英未出资收受干股的受贿罪事实不清、证据不足。

因本案移送法院时正值《刑法修正案(九)》及贪污贿赂司法解释出台前后,起诉书关于蒋良产收受香烟卡的指控中,涉案金额小于一般受贿犯罪3万元的入罪标准;如果起诉书第一部分收受他人干股不能成立,则本案可能全案无罪。结合被告人蒋良产在律师会见时始终否认犯罪存在并要求律师进行无罪辩护的坚决态度,辩护人在法庭质证阶段申请了南京审计大学审计学章教授作为专家辅助人出庭,对在案司法会计鉴定书发表意见,并提出有罪指控系主观臆断得出、被告人有实际出资行为的辩护意见。

本案自辩护人2015年5月接受委托以来,历时近三年,尤其是2016年8月23日第一次开庭后,法庭围绕辩护人提出的无罪意见,先后组织控辩双方对证人王杰、陈忠及司法鉴定人进行三方质证,也通知了辩方的专家辅助人出庭质证(专家辅助人意见附后)。

2017年12月28日,鉴于辩护人提出的无罪意见及在案证据存在的种种问题,已被羁押2年7个月零2日的陆英在元旦前被取保候审。

2018年5月11日,在被告人蒋良产被采取强制措施3年时,信城区人民法院作出一审判决,认定被告人蒋良产犯受贿罪,判处有期徒刑3年,并处罚金人民币20万元;被告人陆英犯受贿罪,判处有期徒刑2年7个月零2日,并处罚金人民币10万元。

被告人蒋良产刑期与判决前羁押时间相互折抵"实报实销",其妻子陆英早已取保候审,夫妻二人均恢复了人身自由。

本案指控的受贿金额为145.48万元,虽然一审法院认可了检方指控,但终因控方证据有待推敲,辩护意见确有合理之处,故法院最终以最轻的量刑审结了此案。

【控方指控】

2005~2014年,被告人蒋良产在担任C市民防局(人防办)副局长、副主任、总工程师期间,利用其负责人防工程的行政执法、行政审批的职务便利,与其妻子被告人陆英共谋,收受豪林公司赠送的干股价值人民币132万元及分红13.48万元,

共计人民币 145.48 万元,为该公司在承揽民防工程上谋取利益。具体事实分述如下:

1.2005 年上半年,被告人蒋良产、陆英和豪林公司总经理王杰、副总经理葛志兵经预谋后,在未实际出资的情况下,收受由王杰、葛志兵贿送的新成立的豪林公司 19% 的股份,并由妻子陆英持有。2005 年年底,因担心持有股份对被告人蒋良产产生不良影响,王杰、葛志兵经与被告人蒋良产、陆英商议后,将该 19% 的股份分别由王杰代为持有 11%,葛志兵代为持有 8%。

2.2008 年 11 月,豪林公司增资扩股,王杰、葛志兵经与被告人蒋良产、陆英商议后,由被告人陆英将实际持有的 19% 股份转让出 14% 给豪林公司新股东,被告人蒋良产、陆英实际获得股份转让金人民币 32 万元。被告人陆英实名持有增资后的豪林公司股份 5%。

3.2014 年 3 月,被告人蒋良产、陆英将实际持有的豪林公司 5% 的股份转让给葛志兵,获得股份转让金人民币 100 万元。

4.2005~2014 年,被告人蒋良产和陆英因其在豪林公司的股份利益分配权,于 2007 年获得分红利润人民币 9.88 万元(税后),2012 年获得分红利润人民币 3.6 万元(税后)。共计人民币 13.48 万元。

【辩护要点】

辩护人经过阅卷、会见以及组织专家论证后认为,本案的争议焦点主要有两个:

一是公诉机关能否确实充分地证明陆英 2005 年 9 月 13 日解缴的 9.5 万元源于豪林公司的库存现金;

二是豪林公司股东的真实出资情况及法律后果。

围绕上述争议焦点,结合在案证据及法庭审理阶段已查明事实,辩护人向法庭提出了被告人蒋良产涉嫌受贿罪的指控不成立的辩护意见。具体如下。

一、公诉机关指控被告人蒋良产存在受贿犯罪事实不清、证据不足

(一)公诉机关指控被告人蒋良产涉嫌收受豪林公司 145.48 万元事实不清,在案证据不能证明陆英名下股份属于干股

1.C 市人民检察院举证的《常检技鉴(2015)7 号鉴定书》不具有证明力

(1)该鉴定意见所依据的送检材料不具有完整性。公司有权使用的资金有三种存在形式,即银行存款、提取备用现金以及违规设立的小金库中的现金。根据王

杰、葛志兵、王文明的证言，无论是豪林公司还是元景公司，都存在账外小金库。但办案机关在侦查、委托鉴定过程中，对王文明名下用于管理小金库的银行卡流水明细没有调取，更谈不上移送鉴定部门。即便公诉方在法院审理阶段补充调取了王文明部分银行流水明细，但该部分流水涉及单笔交易金额最多不过4000元，不仅不能证实“豪林公司成立之初王文明从小金库支取过20万元用于注资”的控方主张，相反证实了王杰、陈忠关于20万元注册资本源于小金库的证言的虚假。在原账外小金库账本已经灭失的情况下，送检的财务会计资料都是用于应付税务部门检查的门面工程，不能完整和全面地反映豪林公司、元景公司的全部资金流动与结余状况，故作为鉴定意见基础的检材不具有完整性。

(2)已送检的账目记载违背客观事实，不能同步反映豪林公司的资金流动状况。根据陈忠的证言，“6月16日验资完毕后，我将50万元转入了豪林公司的基本账户……同年6月21日、29日，分两次先后从豪林公司的账户上以备用金的形式提取了一笔20万元、一笔30万元的现金”，“上述两笔共50万元，在记账凭证里把入账日期做到9月，就是为了避免工商部门查我们抽逃注册资金才故意把日期填到9月”。因此，豪林公司前期借资注册后，为掩饰抽逃出资行为，公司账务处理存在大量的人为跨期调整，账目记载与客观事实不具有同步一致性。

(3)鉴定意见所依据的送检材料具有明显的虚假成分，不具有真实性。豪林公司会计资料中存在多处造假现象，以8月0022号凭证中的“2005年8月8日现金解缴5000元”为例，该缴款单标注5000元资金来源为“收入”，但根据财务账册及三方核证时的王杰证言，豪林公司自开业以来第一笔收入是5.43万元，入账时间为8月19日(详见8月0021号凭证)，且是以银行转账的方式入账，并非现金结算支付，所以8月8日解缴的这5000元只能来源于公司备用金，而非账目凭证载明的“收入”。因此，豪林公司的财务资料存在造假、虚假的成分，作为鉴定基础的送检材料不具有真实性。

(4)鉴定意见中涉案9.5万元存款来源于公司库存现金的意见是明显的主观臆断。《会计法》第四十一条第一款规定：“会计人员调动工作或离职，必须与接管人员办清交接手续。”而鉴定意见在“分析论证(三)”中将“库存现金”表述为“存放在单位保险箱里的货币资金”，但根据公诉方在审理阶段提供的补充侦查证据及三方核证下的王杰、陈忠的证人证言，已经证实当时豪林公司并没有保险箱，结合专家辅助人章教授的当庭质证意见，检材中也没有单位库存现金的盘点和交接记录，鉴定人根本不具备对豪林公司当时的现金资金进行鉴定的条件。同时，考虑到从6

月21日提取了20万元现金到9月13日陆英银行缴款，其间豪林公司现金提取和解缴共计5笔，再加上因报销而发生的现金支出41笔，现金收支都比较频繁。因此，豪林公司6月21日提取的这20万元备用金的实际去向、如何保管、由谁保管、9月13日存款当时该20万元备用金有无剩余、剩余数额等问题均没有会计财务凭证等客观书证证明，更没有陈忠与陆英的交接清单证明该20万元由陆英管理保管。9月13日陆英存入银行的9.5万元现金与6月21日提取的20万元之间，不具有必然关系。鉴定意见中关于该9.5万元来源于豪林公司库存现金的意见没有事实依据，明显属于按照有罪推定的案情在主观臆断下得出的结论，不符合鉴定意见必须具备真实性、关联性以及合法性的证据要求。

(5)鉴定人在三方核证时的笔录也充分反映该鉴定意见检材不全，财务资料本身存在白条抵库等财务造假和违规行为，备用现金的实际存在只是鉴定人员没有根据的推定，整个鉴定意见是在公司股东实际出资到位的错误前提下做出的，该鉴定意见根本不具有可采信性。

第一，鉴定前提条件错误。鉴定人承认该鉴定意见是在没有考虑股东未实际出资、公司借资验资以及存在小金库等情况，是在考虑不周、事实欠缺的前提下做出的。

第二，部分鉴定依据是推定出来的。鉴定人承认2015年鉴定时根本不能通过盘库盘出2005年的现金状况，20万元备用金实际上是鉴定人没有任何根据地推断出来的，鉴定意见是在假定的基础之上作出的。

第三，鉴定人三方核证时的证言与王杰三方核证时的证言共同证实：陆英存入银行的9.5万元资金不是出自公司备用现金。鉴定人在三方核证时承认：豪林公司存在白条抵库的情况，20万元备用金究竟被谁领取、由谁保管不得而知，如果股东再出资的话，财务记账也不可能做股本金账目，只能做其他应收款。这与王杰在三方核证时“借的钱肯定要还，不会留在豪林做备用金或流动资金”的说法印证一致，共同证实了涉案9.5万元不可能来自公司20万元备用现金。

综上所述，根据《最高人民法院关于适用〈中华人民共和国刑事诉讼法〉的解释》第八十四条之规定，“对鉴定意见应当着重审查以下内容：……(三)……检材是否充足、可靠”。本案中，豪林公司无资金交接资料，小金库账本缺失，账目有虚假记载和人为跨期调账，在这些情况下作出的该份《常检技鉴(2015)7号鉴定书》，完全是建立在鉴定人员忽视客观实际和毫无根据的主观臆断之上，是自侦自鉴、全面配合侦查的产物，其结论意见不能采信。

2. 被告人蒋良产和证人王杰的有罪供述和证言系非法取证获得，均不应采信

(1)根据被告人蒋良产的当庭供述，其之前有罪供述是侦查机关非法取证获得的。被告人自5月9日被传唤直至5月13日被执行刑事拘留，办案机关每天只允许其休息两小时，睡眠严重不足，且根据公诉机关举证的被告人第二次讯问笔录上的时间记载，被告人曾于2005年5月11日19时10分至20时5分接受调查，但在案文书卷中却没有相应的询问通知书或者传唤证，在案笔录也未标注页码、第几次讯问等具体信息，不能如实反映被告人蒋良产接受讯问的具体情况。同时被告人蒋良产视力衰退，老花眼250度，在接受调查期间多次提出要求佩戴老花镜，该合理要求均被办案人员拒绝，导致其阅读困难，所应享有的对讯问笔录进行阅读、核对、修改的诉讼权利流于形式。因此，被告人蒋良产的有罪供述是办案机关以疲劳审讯、变相剥夺核对笔录权利的方式取得，不具有合法性，应予排除。

(2)关于是否实际出资的问题，根据在案笔录，蒋良产最原始的表述是“我听陆英讲好像是付过钱的，具体有没有付钱以调查的为准”，虽然后续讯问中出现了可能没有出资的供述，但这种有罪供述的最原始表述是：“家里的钱都是我老婆管的，我的工资卡都是给她的……我平时花销都是向我老婆要的，我在我老婆到豪林公司工作后，嘱咐过我老婆，让她补缴出资款，后来陆英没有跟我提过她补缴出资款的事情，也就是说我老婆实际上没有补缴出资款。”因此，被告人蒋良产虽然曾存在部分有罪供述，但是其在家庭生活中并不掌管财务，对于家中资金的存取、使用情况并不了解，对于豪林公司的财务账目更是毫不知情，其所作的有罪供述只是在对家中财产资金状况不了解、受《常检技鉴(2015)7号鉴定书》误导的情况下的一种主观猜测推断，不应采信。

(3)王杰在案证言前后矛盾、反复多变，且其在三方核证下出具的证言推翻了原有罪证言，其在案有罪证言不应采信。

第一，关于注册资金的来源问题，王杰2015年5月8日证言中说是来自元景公司大账和陈忠调拨的资金，在5月9日的证言中又说还有一部分来自王文明管理的小金库，而在2016年9月27日的证言中又说是只来自元景公司大账和王文明管理的小账。到现在为止，王杰就注册资金来源问题三次回答有三种答案，也反映了其有罪证言根本不具有客观真实性。

第二，关于陈忠和陆英的工作交接问题，根据公诉机关补充侦查卷中王杰出具的证言，王杰对于陈忠、陆英两人的交接工作既没有事中参与，事后也没有过问整个交接过程，对于是否交接了备用金及数额等重要问题也一无所知，但在同一页证

言中,王杰却作证证明两人没有任何交接手续清单,明显自相矛盾。

第三,关于公司的财务状况,根据王杰的证言,“我们公司的财务都是陈忠具体负责的,我平时不怎么关注的”,“我们公司的陈忠最清楚,他是公司会计”。

因此,证人王杰虽然在侦查阶段存在蒋良产未实际出资的有罪证言,但结合客观情况,2005 年豪林公司刚刚注资成立时事务繁多,王杰作为技术业务出身的老总,对于公司财务管理并不关注,尤其是其所作证言中也承认对于公司财务账目没有详细的了解,因此该有罪证言是一种主观猜测、推断。

更重要的是,证人王杰是元景公司、豪林公司的主要负责人,存在私设小金库、抽逃出资还款、涉嫌行贿的行为,且系办案机关办理的另一起涉嫌受贿案的污点证人,在接受询问调查的过程中承受着巨大压力,尤其是法院审理阶段三方核证下,王杰已经明确表示出资的 20 万元钱无论是来自小金库还是从其他途径借得,都一定按原路径返还,不可能让陈忠作为公司备用金使用,也进一步印证了先前在案有罪证言不具有客观真实性,不应采信。

(二)侦查机关在取证过程中,在有罪推定的思维下刻意收集有罪证据,忽视无罪证据

1. 侦查机关先后 5 次对豪林公司总经理王杰进行询问,前四次询问中只了解豪林公司的资金来源及 2005 年 6 月提取的 30 万元备用金的去向,对于 20 万元备用金去向这一关键事实未进行全面调查。在 2016 年 2 月 2 日的第五次询问中,王杰明确证实“豪林公司注册以后,这 50 万元分别回到了元景公司的小金库和元景公司的大账”,但侦查机关在后续办案中却无视该无罪证言,依然认定该 9.5 万元来源于 2005 年 6 月提取的 20 万元。因此,侦查机关无论是在证据收集还是司法会计鉴定中,均刻意收集被告人有罪证据,忽视无罪证据。

2. 证人陈忠关于 20 万元备用金去向、如何保管的证言与客观事实严重不符。根据陈忠证言,“这笔现金是我负责保管的,我平时放在公司的保险箱里”。但根据被告人陆英的当庭供述,其 2005 年 9 月到豪林公司上班时,豪林公司办公场所尚未确定,公司仅给陆英在常明大厦租用了一个小房间用于临时办公和晒图,该办公场所没有点钞机、保险箱,甚至连防盗门都没有,陈忠三方核证时也承认是在常明大厦与陆英进行的交接,此时陆英根本不存在清点交接十几万元现金的交接条件,更没有使用、保管该十几万元现金的安全条件。陈忠关于将十几万元备用金交付给陆英的证言不仅不能举证证明,更严重违反逻辑常理。

3. 证人陈忠在豪林公司库存现金交接操作中严重违背会计准则。根据的陈忠

证言,“大概还剩余十几万元,我都给了陆英”,“没有交接清单或者其他交接手续”。本案中,陈忠关于将十几万元移交陆英保管的证言,既不能与其他在案言词证据相印证,也没有相应的交接清单等客观书证,系孤证。且根据正常的一般生活常识,现金交接当时必然出具收条,或计入账册,不管是大账还是小金库账本。更何况根据《会计法》第四十一条之规定,会计人员调动工作或者离职,必须与接管人员办清交接手续。因此,出纳工作交接需要双方当面盘点现金、编制移交清单并签名确认,这是《会计法》的基本要求,也是会计工作的基本规范。同时,根据公诉方在法院审理阶段补充提供的证人王杰、陈忠的证言,陈忠、陆英在王杰办公室经介绍认识,在几天后即进行交接,陈忠自1994年起从事会计工作,同时代理龙城化工设计院、豪林公司、元景公司在内的多家公司的账务工作,当时作为一名有10余年从业经验的会计人员,在涉及十几万元的大额现金的交接过程中,尤其是交接对象是仅认识几天而又不是专业会计出纳的陆英,却没有任何书面交接手续,不仅有违生活常识,更严重违背了会计从业准则。因此,陈忠应当对实际移交的现金数额、是否包括20万元备用金等事实不清问题负全部责任。同时,结合2005年6月抽逃的50万元注册资本中30万元归还元景公司的事实,剩余20万元抽逃款项按常理也应该同样归还给王杰或者管理小金库的王文明等借用处。因此,证人陈忠关于该20万元余款10多万元交付给陆英的证言根本就是不真实的。

4.陈忠证言自相矛盾且明显违背财务常识。根据陈忠2015年5月25日的证言,“两笔共50万元取款,在记账凭证里把入账日期做到九月,就是为了避免工商部门查我们抽逃注册资金,所以才故意把日期填到九月”。但是,公司自有资金一般有三种表现形式,即银行存款、提现备用金以及小金库中的资金,其中银行存款及备用金均系公司资金的正常合法形式。本案中,如果20万元的用途是备用金,那么提取该20万元只是公司资产形式由“存款”转化为“现金”,不属于抽逃出资的行为,根本不需要违规调整入账时间。且根据陈忠的证言,“如果是这样的情况(陆英自缴出资),在账务上我应该将她的出资计入实收资本增加”。但是,豪林公司注册验资工作在2005年5月就已经结束,在此之后根据公司法和公司登记的有关规定,陆英补缴出资款无论如何不可能以“实收资本”或“股本金”的名义入账,这是最基本的公司财务常识。而陈忠在承认人为跨期做账以规避抽逃资金行为被查处的情况下,却坚持如果陆英2005年9月13日9.5万元系个人出资,一定是以“股本金”“实收资本增加”名目记账的说法,甚至在审理阶段公诉方提供的新的证言当中,陈忠仍旧坚持这种严重违背法律和会计常识、前后自相矛盾的说法,以此否认陆英实际出资,该证言不仅严重违背财务会计常识,也与其先前刻意做假账、规避工商查处的证言相互矛盾。

因此,本案中公诉机关认定陈忠将20万元中余款10多万元交付给陆英的证据,只有证人陈忠漏洞百出的孤立证言,且陈忠至今拿不出客观证据来证明与陆英就涉案10多万元款项进行了实际交接,其证言不能得到任何客观书证的印证。同时考虑到陈忠作为会计,存在违背公司法律抽逃注册资金、伪造账目的行为,且作为20万元备用金的唯一直接经手人,与本案存在特别重大的利害关系,在法院三方核证时陈忠对关键问题的回答也是含混不清,多以不记得、不知道应答,在案陈忠所作的对陆英不利的有罪证言显然因背离客观事实而不应采信。公诉机关关于涉案9.5万元来源于豪林公司库存现金指控的证据显然不足,带有明显的主观有罪推测成分,根本达不到证据确实、充分的证明标准,合理怀疑无法排除。

(三)陆英稳定一致的言词证据、银行缴款单等客观的书证证明被告人实际出资入股而非收受干股

1. 被告人陆英作为2005年9月13日9.5万元出资款的直接经手人,在前后共计7次讯问中,始终坚持已经对豪林公司股份进行了实际出资,该供述稳定一致,客观上存在银行缴款单这一书证相印证。同时,结合被告人蒋良产的供述以及证人王杰的证言,蒋良产在陆英到豪林入职后曾表示要实际出资,并多次催促陆英补缴出资,而且蒋良产在2015年5月11日第一次讯问中"我听陆英讲好像是付过钱的"的供述和王杰三方核证下"听陆英说过要出资"的证言也印证了陆英供述的真实性。因此,陆英2005年9月13日出资的供述不仅稳定一致,同时能够与本案其他言词证据、客观书证相互印证,合情合理,应予采信。

2. 陆英所缴纳的9.5万元出资款并不是来源于豪林公司6月21日提取的20万元备用金。根据王杰的证言,"豪林注册以后,这50万元分别回到了元景公司的小金库和元景公司大账",法院审理阶段三方核证下王杰也坚持20万元一定是归还了出借处,应该从哪里来到哪里去,不可能作为备用金交给陈忠。因此,陆英2005年9月13日缴纳的9.5万元出资款与豪林公司该20万元备用金没有任何关系。

3. 陆英2005年9月13日缴纳出资款时,豪林公司现金科目下根本不存在9.5万元备用金供陆英使用。根据陈忠的证言,"到了这个时候因为王杰、葛志兵费用大概还剩余十几万,我都给了陆英,没有交接清单或者其他交接手续,因为当时一共也没有多少资产就是那么多钱,也没有什么清单"。如果该20万元备用金如陈

忠证言所述存放在公司，那么豪林公司自开业以来至2005年8月底，现金科目贷方发生额合计只有1.9万元，该20万元现金足以支付现金开支。但是，根据豪林公司2005年8月30日第0001号记账凭证，豪林公司在8月25日当日提取2万元备用金，该提取行为恰恰说明豪林公司备用金不足，甚至连2万元支出都需要从银行账户提取，更不会存在所谓的十几万元备用现金。因此，陆英2005年9月13日补缴的9.5万元股本金时，根本不可能来源于豪林公司的备用现金。

4. 本案中，被告人陆英无论是在原单位还是豪林公司，均是从事行政工作，没有任何财务会计知识，2005年9月13日缴纳出资时，如果不是按陈忠指示，陆英本人根本不可能准确填写出“备用金”这样的会计专业词汇。豪林公司的出资验资工作在2005年5月已经完成，陆英在9月入职后补缴出资款时，如果该9.5万元款项以股本金的名义入账，必然会导致无法入账和公司账目不平、自相矛盾，豪林公司借资注册、抽逃出资的违法行为存在被发现并查处的风险。相反，将该9.5万元以解缴备用金的形式入账，不仅能够避免被查处的风险，更能够进一步冲平抽逃资金的账目，为之前抽逃出资的行为扫除财务痕迹。因此，陆英关于该9.5万元存款虽然名为豪林公司备用金，但实为个人补缴出资款的供述符合情理、真实可信，应当予以采信。

5. 陆英出资的9.5万元来源一直是侦查、公诉、审判和辩护人想要查清的问题，辩护人认为，陆英的出资款有几个来源，即文化宫的退休补偿和工资、家中的自有资金等，本案相关事实的认定必须考虑到出资行为至今已长达10年、时间久远的因素。在经济发达的C市，9.5万元并不是一个特别大的数目，要求陆英对该9.5万元自有资金具体出处记忆完全清晰有很大难度，但她又不能胡编乱造。陆英从决定入股、公司注册到去公司上班、实际出资有半年左右的准备期，9月到公司上班后10天左右就交了9.5万元的出资款，还有收据和相应的入账凭证印证。因此，虽然陆英不能完全准确地回忆出该涉案9.5万元自有资金的具体出处，但公诉机关更没有足够的证据证明9.5万元是出自豪林公司的备用金，更不能否定这9.5万元是陆英的自有资金。

二、本案中不存在刑法意义上的“干股”概念，涉案股份及分红都有法律依据，不具有贿赂性质

1. 干股是指未实际出资而由他人代为出资后赠与的股份，本案中豪林公司成立时注册资本均是从元景公司外借而来，用以应付验资，所有在册股东除陆英外均未实际出资，涉案股份不属于贿赂犯罪意义上的干股概念，后续分红原本就是陆英应当独享的权利,也不具有贿赂性质。

首先,根据2007年《最高人民法院、最高人民检察院关于办理受贿刑事案件适用法律若干问题的意见》(法发〔2007〕22号)第二条之规定,干股是指未出资而获得的股份。本案中,豪林公司的注册资本均是从元景公司处暂时借用的,且根据元景公司工商登记资料,除王杰等9名股东外,当时元景公司还有持有15%股份的龙城化工设计院作为股东存在,根据《公司法》第三条之规定,"公司是企业法人,有独立的法人财产,享有法人财产权"。元景公司作为公司法人,享有用于豪林公司注资的50万元的所有权,该50万元作为公司资产与王杰等人的个人资产在法律上不是等同概念,不能混为一谈。结合验资结束后的抽逃行为,王杰等其他9名股东也均未进行公司法意义上的个人出资或补缴出资款,本案中只有被告人陆英进行了实际出资。因此,被告人虽然在豪林公司成立之初就持有股份,但该股份不是由王杰等人代为出资后赠与的,不是司法解释所规定的以转让股份为名、贿送财物为实的更加隐蔽的变相贿赂行为。

其次,根据《公司法》第三十四条之规定,股东按照实缴的出资比例分取红利。结合本案股东出资的实际情况,如其他股东未补缴出资,则豪林公司除陆英外的其他股东则不存在领取分红的法律基础,而陆英因实际出资行为成为唯一的依法能够享有分红权利的股东,涉案股权分红不具有贿赂性质。

2. 退一步讲,即便涉案9.5万元不是被告人陆英个人出资,豪林公司是借用元景公司50万元验资,王杰等其余9名股东也没有进行法律意义上的实际出资,且被告人陆英同其他股东一样,自公司成立起投入时间精力实际参与公司的经营管理,为豪林公司的发展壮大、资产积累付出了辛勤劳动,涉案股权也不属于干股概念,涉案股份及分红更不具有贿赂性质,被告人的行为也不构成受贿犯罪。

3. 再退一步讲,即便涉案9.5万元款项系来源于豪林公司的库存备用金,涉案19%股份的实际价值仅为1.8万元,不符合受贿罪3万元的立案标准。

首先,股份本身是一种经营性的资产,被告人陆英持有股份后,既可能因经营有方而获取利润,也可能因为公司亏损而无利可分,甚至分文不值,如果豪林公司经营不善、资产为负,按照起诉书中指控数额的计算方式,被告人就不涉嫌受贿罪了。因此,公诉机关关于涉案数额计算方式的实质是,忽视持股行为发生时点这一法定计算价值的时间节点,而将被告人是否涉嫌受贿及数额的问题,根据不确定的未来经营状况、市场风险来决定,是明显的法律适用错误。

其次,2007年《最高人民法院、最高人民检察院关于办理受贿刑事案件适用法律若干问题的意见》(法发〔2007〕22号)第二条规定,"进行了股权转让登记,或者相关证据证明股份发生了实际转让的,受贿数额按转让行为时股份价值计算,所分红利按受贿孳息处理"。"两高"相关负责人就该司法解释答记者问中的表述为:"在股权没有进行登记或者事实上转让的情况下,所谓的干股,只是名义上的干股,受贿人真实得到的是以赢利名义给付的红利,故应当以实际得到的好处即分红来计算受贿数额。"因此,本案中,涉案股份在公司成立时即登记在陆英名下,且陆英作为豪林公司唯一负责行政管理的股东,实际参与了豪林公司的重要经营管理,与在没有实际持有股份前提下参与公司分红这一纯粹的获利存在本质区别。

王杰的证言为,"工商登记章程上所记载的具体出资额仅仅是按照50万元注册资金结合股东各自所占比例反推出来的,每个股东所持有的股份的实际现金价值与公司章程的出资款是不对等的"。因此,豪林公司以借资注册的方式成立,注册资本50万元在验资结束后均已归还元景公司,不属于豪林公司资产,豪林公司本身也不属于资本型企业,运作模式更类似于律师事务所、会计师事务所,公司的经营成本仅包括最基本的办公场所以及人力资源成本,涉案股份价值不能以公司注册资本为基数计算,该股权价值对应的是持股当时豪林公司的净资产,可以肯定地讲,除去陆英交付的9.5万元外其他资产基本不存在,办公房屋是租的,账上也没有流动资金,第一笔收入入账为公司成立后8月的5万余元,即陆英9月入职前只有1笔收入入账。即便涉案9.5万元是豪林公司的资金,结合在案证据豪林公司的实际资本也只有该9.5万元资金,涉案19%的公司股份实际价值仅为1.8万元。

最后,根据蒋良产的供述,"我没有主动(为豪林公司)打过招呼的","我不参与图纸审核,由相关工作人员送给专家,专家看完了回到人防办,也不需要我签字,我也没有和专家打过招呼"。证人王晓刚的证言也证实,"公司单经理介绍给我,他认为豪林公司在地下建筑这块比较专业,就向我推荐豪林公司来做我们地下人防设计业务"。单经理的证言为,"我和王杰合作的时候比较早,那个时候王杰并没有成立豪林公司"。冯益新的证言为,"当时筑森公司的副总张伟跟我说豪林公司的地下人防设计比筑森公司更专业","我当时也不认识王杰,他到底在人防系统有没有人脉关系我也是没底的"。结合法庭调查阶段被告人陆英的供述及证人王杰的证言,陆英在豪林公司负责行政管理工作,且陆英系蒋良产配偶的身份仅限于几个股东知道,被告人蒋良产不存在利用行政执法和行政审批的职务便利对豪林公司通融照顾的行为。豪林公司自2005年成立以来业务规模不断发展壮大存在多种因素:一是从2005年起C市房地产行业蓬勃发展的时代背景;二是王杰等人原本就是龙城人防设计院的专家和领导，业务过硬且敬业，在业界有很好的口碑和影响力；三是筑森公司与王杰早在元景公司时期已建立的良好业务合作与信任，筑森及其他合作公司的业务愿意转交豪林公司承接。被告人蒋良产并没有主动为豪林公司招揽业务，在接受其他地产公司老板咨询时，也只是就豪林公司具有业务资质等情况进行客观介绍，不存在利用职务便利为豪林公司在承揽民防工程上谋取利益的行为。

根据2016年4月18日《最高人民法院、最高人民检察院关于办理贪污贿赂刑事案件适用法律若干问题的解释》（法释〔2016〕9号）第十三条之规定，"国家工作人员索取、收受具有上下级关系的下属或者具有行政管理关系的被管理人员的财物价值三万元以上，可能影响职权行使的，视为承诺为他人谋取利益"。本案中，被告人蒋良产不存在为豪林公司谋取利益的行为或承诺，且涉案股权实际价值1.8万元低于司法解释规定的3万元起刑点，被告人蒋良产的行为不成立受贿罪。

4. 退一万步讲，即便假设豪林公司50万元注册资本是实际出资，被告人蒋良产主观上不具有收受干股的故意，客观上不存在接受请托或者为他人谋取利益的行为，不构成受贿犯罪。陆英行为也不构成犯罪。

首先，结合被告人蒋良产的供述以及证人王杰的证言，蒋良产在陆英到豪林入职后曾表示要实际出资，并多次催促陆英补缴出资，而且蒋良产在2015年5月11日第一次讯问中"我听陆英讲好像是付过钱的"的供述证实被告人蒋良产根本没有收受豪林公司干股的故意。虽然蒋良产在案发后向他人打借条的行为，表面看似是掩饰犯罪的行为，但根据被告人蒋良产的供述，"王杰被检察机关找过之后，葛志兵就到我办公室找我，让我告诉陆英写个借条给王文明，当时我还说没有必要，后来葛志兵坚持要这样做"，"王文明说不这样做的话，纪委、检察院会认为我拿了股份和钱要变成受贿的"。该补借条的行为实质上是受王杰、葛志兵等人错误影响、考虑到党员干部家属不应经商情况下产生的错误认识和画蛇添足的行为。即使该被告人该事后行为不当，也不能因此对被告人作有罪推定。相反，被告人蒋良产自2009年起，在历年的《领导干部个人有关事项报告》中，对妻子陆英持有豪林公司股份的事实均进行了主动申报，没有任何刻意的掩饰隐瞒行为，也印证了蒋良产在陆英回复已经缴纳出资的情况下，自始至终没有收受豪林公司干股的共同犯罪故意。

其次，被告人陆英系非国家工作人员，即便收受了涉案干股和分红，但该行为发生在2009年《刑法修正案（七）》设立利用影响力受贿罪之前，且陆英实际参与了豪林公司的管理经营,也不存在通过蒋良产为豪林公司请托、谋取利益的行为,不符合受贿罪和利用影响力受贿罪的构成要件,不成立犯罪。

综上所述,辩护人认为,起诉书关于被告人蒋良产涉嫌收受豪林公司干股的指控证据不足,涉案金额计算方式适用法律错误,现有在案证据不仅不能证明被告人陆英名下股份系无偿取得的干股,反而确实充分地证明被告人蒋良产、陆英已经实际缴纳股本金的事实。公诉方举证的鉴定意见、证人证言等都经不起推敲,本案的指控连民事诉讼要求的优势证据证明标准都达不到,更不用说刑事案件要求的"事实清楚、证据确实充分,排除一切合理怀疑"的证明标准。因此,公诉机关关于被告人蒋良产涉嫌受贿犯罪的指控不成立。

【裁判要旨】

对辩护人所提供的相关证据,经查,有专门知识的人当庭对本案专门性问题作出自己的分析判断意见,相对于有法定资质的鉴定机构的鉴定人员依法定程序作出的分析鉴定意见,具有不同性质。经审查,分析鉴定意见符合法律规定,且有相关证人证言笔录等相关证据予以印证。有专门知识的人对专门性问题提出的分析判断意见无其他证据相印证,不得作为定案根据,本案不予采信。

《领导干部个人有关事项报告》中被告人陆英所持的豪林公司股份,是被告人蒋良产的错误判断所致。《领导干部个人有关事项报告》中所报告的被告人陆英持有豪林公司股份,其实质是以合法形式掩盖受贿犯罪事实。

对于股资收款收据的来源等情况被告人陆英不能作出合理解释,且无其他任何证据相印证,不得作为定案根据。

被告人蒋良产作为C市民防局(人防办)副局长、副主任、总工程师,为有职务关联的公司,由请托人出资分得股份,妻子被告人陆英代持股份,权与利的交易已经完成,具有贿赂性质,其实质是权钱交易,即使补缴所谓股资,但没有退还收受的股份。没有被告人蒋良产的职权,补缴出资也得不到所收股份及基于股份产生的利润,况且没有证据证实被告人蒋良产、陆英实际补缴了出资,收款收据反而印证了合作开办公司时未实际出资。

被告人蒋良产没有参与公司管理、经营,被告人陆英虽然在本单位工作,但没有作为股东参与公司管理、经营,被告人蒋良产和陆英没有正当理由获取股份及股份的利润,获取的股份转让款及分红利润属于变相受贿行为,应以受贿罪论处。

【辩护路径】

一、送检财务资料不真实、不完整,则司法会计鉴定意见必将不客观

经济犯罪和职务犯罪案件中,控方在涉及犯罪金额认定、经济往来及债权债务梳理等问题时,往往送交司法会计鉴定部门或聘请专门的会计师事务所对在案账目进行审计分析,出具报告意见解决专门性的事实问题。此时,送检财务凭证是否完整真实成为最终结论意见能否采信的关键。具体来讲,首先要审查送检财务资料的完整性。部分民营企业因为管理不规范,设立小金库和私卡公用现象较为普遍,如果委托鉴定审计的侦查机关只提供了公司用于税务申报、应付检查的账面财务资料,而对于私卡走账、小金库对应银行卡中的流水明细没有调取移送,那么送检财务资料便不具有完整性,作为司法会计鉴定基础的检材则不能完整地反映公司资金流动及结余状况,得出的结论意见必然也不客观,不具有证明力;其次是要审查财务资料的真实性。民营企业无论是在注册时虚假出资、抽逃出资,还是后期设立小金库,都必然存在对相关财务科目进行虚假冲账和跨期人为调账的行为,此时账面记载的资金账目与客观真实收支之间不具有一致性,根据不真实的财务基础资料所得出的结论意见必然也是不客观的。同时,鉴定意见只能对相关财务数据做定量分析说明,不能对涉案款项作定性分析,因为案件定性分析是司法人员综合全案证据才能得出的司法裁决结论。因此,本案司法会计鉴定超过职权得出,涉案9.5万元来源于库存现金的定性鉴定意见是错误的。

二、在涉及公司股份转让的交易型受贿案件中,是否成立犯罪及受贿金额的认定应当以行为当时作为价值时点,根据受让时公司净资产状况对应的股权价值计算

2007年《最高人民法院、最高人民检察院关于办理受贿刑事案件适用法律若干问题的意见》(法发〔2007〕22号)第二条规定,“进行了股权转让登记,或者相关证据证明股份发生了实际转让的,受贿数额按转让行为时股份价值计算,所分红利按受贿孳息处理”。“两高”相关负责人就该司法解释答记者问中的表述为:“在股权没有进行登记或者事实上转让的情况下,所谓的干股,只是名义上的干股,受贿人真实得到的是以赢利名义给付的红利,故应当以实际得到的好处即分红来计算受贿数额。”因此,国家工作人员从他人处受让股份,如果该股权交易进行了物权登记,根据罪责与行为同在原则,应当以交易当时的股权价值来认定是否构成犯罪。在现实实务中,部分民营企业常常存在注册资本金出资不到位的情况,此时就不能根据注册资金来计算相应的股份价值,应当以该时间节点的公司净资产为基础,结合行为人受让的股权份额来计算认定涉案金额,至于股权变更后所分取的红利,只能作为犯罪孳息认定,否则就是重复评价。

三、用好专家辅助人，控辩才能相对平衡

2012年《刑事诉讼法》进行的修正中，第一次明确了专家辅助人出庭制度，第一百九十七条明确规定：法庭审理过程中，当事人和辩护人、诉讼代理人有权申请通知新的证人到庭，调取新的物证，申请重新鉴定或者勘验。公诉人、当事人和辩护人、诉讼代理人可以申请法庭通知有专门知识的人出庭，就鉴定人作出的鉴定意见提出意见。根据该法律规定，有专门知识的人同鉴定人一样，只是根据现有证据材料对涉及专业性的事实问题发表意见。且有专门知识的人出庭质询是辩护权衍生出来的权利，未来的法庭将会是更加科学审判的法庭。庭审实质化的目的就是尽量查清案件事实，而控辩审三方往往对某些专业性的问题不甚了解。此时专家辅助人可助辩护人一臂之力，让法庭更容易采信辩护律师有理、有利、有节的辩护。

附：关于蒋良产涉嫌受贿案的专家辅助人意见

本人受薛火根律师的委托，担任蒋良产涉嫌受贿案的专家辅助人，经审阅案卷和详细查阅豪林公司和元景公司用作司法会计鉴定的财务资料，为配合辩护律师和法庭全面查清本案相关事实，现对C市人民检察院针对蒋良产涉嫌受贿案出具的《常检技鉴(2015)7号鉴定书》《常检技鉴(2015)1号分析意见书》《常检技鉴(2015)2号分析意见书》发表如下意见。

一、关于《常检技鉴(2015)7号鉴定书》的质疑

(一)豪林公司会计资料存在明显的虚假成分，不具有真实性和完整性

首先，2005年9月，陈忠与陆英交接出纳工作时未办理交接手续，违反了《会计法》第41条的规定："会计人员调动工作或者离职，必须与接管人员办清交接手续。"现因两人未能明确交接了什么，从而导致现金科目的账实一致性无法得到有效验证。

其次，豪林公司的账务处理存在大量的人为跨期调整，违背了"日清月结"的现金管理规定和及时性会计原则，存在刻意隐瞒会计事项来龙去脉的现象。如：2005年6月21日和29日分别以现金支票提取现金20万元和30万元，2005年6月没有入账，2005年7月没有入账，2005年8月也没有入账，直到2005年9月26日才编制记账凭证，登记账簿。

再次，豪林公司的会计资料存在多处造假现象。试举两例：

——2005年6月21日和29日分别提现20万元和30万元，支票存根注明资金用途为"备用金"，实为抽逃资金归还虚假出资借款。

——2005年8月8日现金解缴5000元(8月第0022号凭证)，缴款单注明资金来源为"收入"，事实上，豪林公司开业以来的第1笔收入54,300元的开票时间虽然是7月25日(7月第0001号凭证)，但资金到账时间却是8月19日(8月第0021号凭证)，且是以银行转账方式入账，此前并未以现金方式结算收入款项，因此，8月8日解缴的5000元不可能是收入。

最后，豪林公司存在账外小金库问题，现有的会计资料不能完整、全面地揭示豪林公司的资金流动和结余状况。

（二）鉴定书内容超出检材证明的范围，鉴定意见依据不充分

——鉴定书在“分析论证（一）”中表述：豪林公司账面“现金”科目明细账余额与实际库存数额不符，相差30万元。但是，在送检材料中，我们并未发现豪林公司2005年6月至9月的现金盘存表或由出纳人员登记的现金流水（日记）账。因此，所谓的“实际库存数”也只能是一种主观臆断，无法得到有效验证。

——鉴定书在“分析论证（二）”中表述：豪林公司2005年9月13日存入其中行3556350账户的现金9.5万元来源于豪林公司于2005年6月21日提取的现金20万元。根据豪林公司截至2005年9月13日的账面记录，分析、整理现金提取和现金解缴银行情况如表1所示。由表1可知，从6月21日至9月13日，现金提取和解缴共计5笔，再加上因费用报销而发生的现金支出41笔业务，现金收支较为频繁。因此，不能断定9月13日解缴的9.5万元现金与6月21日提取的20万元现金之间存在必然的联系。

表1 截至2005年9月13日的现金提取和解缴明细

2005年	现金提取	现金解缴银行	凭证号
6月21日	20万元		9月第0005号
6月29日	30万元		
8月8日		5000元	8月第0022号
8月25日	2万元		8月第0001号
9月13日		9.5万元	9月第0006号

正如鉴定书在“分析论证（三）”中所表述的：“库存现金是存放在单位保险箱里的货币资金。”而鉴定人并不具备对当时该单位保险箱里的货币资金进行检验鉴定的条件，检材中也未见该单位库存现金的盘点或交接记录，所以“豪林公司2005年9月26日第0006号记账凭证记载的存入豪林公司中行3556350账户的现金玖万伍仟元整（95,000.00元），来源于豪林公司库存现金”的鉴定意见没有依据。

（三）关于陆英9.5万元现金解款资金来源问题

——20万元提现的去向存疑，9.5万元现金解款来源于公司备用金的结论不可靠

根据会计陈忠的陈述和银行流水记录可知，豪林公司注册时所需50万元的来源，其中30万元系从元景公司账上划取，20万元系由王杰从元景公司小金库中支取。关于这50万元的去向，其中30万元已于2005年6月29日归还元景公司，剩下20万元的去向（本案的关键点）存在三种可能性，其一，验资手续已完成，由陈忠交付王杰（作为从元景公司小金库提

款的归还);其二,作为豪林公司备用金留用;其三,流入豪林公司小金库。

相对而言,基于以下三方面考虑,我们认为,第一种可能性更大,即20万元已还给王杰:

其一,从元景公司小金库中挪用的资金终需归还。

其二,从豪林公司的业务开展对备用金(现金)的需求来看,20万元作为备用金数额太大,属于现金置存过度。豪林公司成立之后5个月因开展业务需要而发生的现金支出可以佐证,见表2。

表2 豪林公司2005年6~10月业务现金开支

月份	业务现金开支(元)	计算依据
6	—	
7	—	
8	14,006.00	8月现金科目贷方发生额*19,006元,减去现金解款5000元
9	29,729.70	9月现金科目贷方发生额124,729.70元,减去现金解款95,000元
10	60,152.02	10月现金科目贷方发生额,金额较大是因为包括24,000元租赁费(当月第0032号记账凭证)

注:*现金科目贷方发生额表示"现金减少数"。

其三,截至2005年8月底,豪林公司自开业以来的现金科目贷方发生额合计只有1.9万元(含5000元现金解缴)。6~7月完全无开销。如果6月21日提取的20万元备用金还在豪林公司(当时陆英还未到豪林公司报到),这个数额应当足够应付业务所需现金开支,而不需要在8月25日再次提取2万元备用金(2005年8月第0001号记账凭证),这正说明了豪林公司当时的备用现金不足!一种可能的解释是前述20万元现金已不在豪林公司库存之中,其真实用途不是备用金,而是归还王杰或挪作他用。

——证人陈忠存在将陆英出资的9.5万元冲账(弥补抽逃出资未入账的窟窿)的嫌疑

出纳工作交接需要交接双方当面盘点现金、编制移交清单并签名确认,这是《会计法》的要求,也是会计工作的基本规范。陈忠从1994年以来一直从事会计工作,我们有充分的理由认为他了解这一点。但是,陈忠在向陆英交接出纳工作时并未办理交接手续,是故意不办理,还是工作疏忽?不得而知。因此,交接时移交了多少现金已无从查实。陈忠对于豪林公司财务管理上的这一漏洞应负全责。我们认为,鉴定书认定9.5万元现金解款(2005年9月第0006号记账凭证)来源于豪林公司库存现金的依据不足。因为,如果前述20万元现金已不在豪林公司库存之中,该笔9.5万元现金解款就不可能是公司的备用金。

需要说明的是,在陆英承接出纳工作之前,陈忠兼任会计和出纳,本身就违反了"出纳人员不得兼任稽核、会计档案保管和收入、支出、费用、债权债务账目的登记工作"的法律规定(《会计法》第三十七条)。钱账不分,是现金管理内部控制的重大缺陷。

陆英供述9.5万元系其个人补缴出资,在陈忠的授意下,缴款来源填写为"备用金",是存在可能性的。因为如果缴款来源填写"股本金",则与2005年6月第0001号记账凭证记载的股东出资有重叠,势必增加虚假出资被查处的风险。缴款来源按备用金处理,有利于维护除陆英之外,包括王杰在内的其他10名股东的利益。

二、关于《常检技鉴(2015)1号分析意见书》的质疑

豪林公司会计资料存在明显的虚假成分,不具有真实性和完整性。理由详见:关于《常检技鉴(2015)7号鉴定书》的质疑。

分析意见书不是符合规定的鉴定类司法会计文书,不应作为鉴定意见使用,不应使用鉴定类文书编号,不应加盖司法鉴定专用章。

三、关于《常检技鉴(2015)2号分析意见书》的质疑

豪林公司会计资料存在明显的虚假成份,不具有真实性和完整性。理由详见:关于《常检技鉴(2015)7号鉴定书》的质疑。

分析意见书不是符合规定的鉴定类司法会计文书,不应作为鉴定意见使用,不应使用鉴定类文书编号,不应加盖司法鉴定专用章。

分析说明超出检材证明的范围,分析意见依据不足:

——分析意见书"分析说明"第(一)至(四)项、第(六)项,对陆英在豪林公司获得的分红86.21万元的表述中,只有2012年9月豪林公司通过银行转入陆英银行卡的3.6万元有书证证明,其余金额均是依据非财务会计资料形成的。

——检材清单显示的2007年至2012年股东会决议份数(4份)与后附的股东会决议实际份数(3份)不符,其中2009年股东会制定的分配方案未实施。明细见表3和表4。

表3 2007~2012年检方认定的分红

入账时间	凭证号	分红金额(万元)	股东会决议
2006年10月30日	第0048号记账凭证	160	无
2007年8月28日	第0045号记账凭证	65	有
2008年1月30日	第0069号记账凭证	224	无
2012年9月27日	第0020号记账凭证	25.2	有
	第0021号记账凭证	64.8	

表4　2007～2012 年股东会议决议

会议时间	经审议的分红金额(万元)	备注
2007 年 1 月 23 日	65	
2009 年 6 月 28 日	30	未实际分配
2012 年 9 月 1 日	90	

——证人王杰关于分红的笔录(2016 年 2 月 2 日)印证了上述质疑的合理性。王杰在检方出示 4 笔分红记录时,指出 160 万元和 224 万元两笔"实际上是作为公司的奖金分配给全公司的工作人员,并不是分红。另外两笔是实际分红",这与检材仅提供了 2 份股东会决议(利润分配方案得到执行)一致。至于财务上将王杰所说的"奖金分配"当作"利润分配"入账,系会计科目适用错误(记错账)。

实际上,从 2006 年第 0048 号记账凭证来看,虽然 160 万元被登记为"应付利润"减少,但应交个人所得税却为 63,839.76 元。考虑到个人所得税存在扣减项目,实际适用税率不可能超过 3.99%(63,839.76/1,600,000)。而根据《个人所得税法》,分红(股息)收入适用 20% 的比例税率。这进一步佐证了王杰的证言。

综上所述,豪林公司财务资料混乱,账实不一,账外账缺失,现金交接不清,常检技鉴鉴定书依据的会计资料不全面、不真实,无法得出 9.5 万元现金解缴款来源于公司备用金或小金库的结论。

提交人:章教授

南京审计大学审计学教授

二〇一六年八月二十三日

违反不规范的电子招投标行为应否入罪

——李小龙串通投标从轻处罚案

【案情简介】

娄底市新众铁合金有限公司(以下简称新众公司)是湖南省娄底市知名的铁合金生产销售企业,拥有近百名职工。2014年9月12日,该公司法定代表人、实际经营者李小龙因涉嫌串通投标罪被刑事拘留,涉案金额高达2.8亿元,同年10月17日李小龙被逮捕。李小龙的羁押导致整个企业的生产经营几乎停滞,近百名职工面临失业。

辩护人接受委托后,通过会见、阅卷、查阅相关法律法规等规范性文件,认为该案的法律定性存在争议,长江钢铁有限公司(以下简称长钢公司)的招标不符合相关法律法规规章的规定,不属于法律意义上的招标,应属于要约邀请,因此不存在串通投标的问题,即不构成犯罪。

在会见过程中,辩护人与被告人李小龙就该意见进行了充分的沟通,为其分析了无罪辩护可能带来的不同结果。但被告人担心无罪辩护可能会使得诉讼进程久拖不决,自己将一直处于被羁押状态,进而导致自己的企业破产,综合考虑后选择做罪轻辩护,争取适用缓刑,以尽快恢复自由运营自己的公司。

最终,辩护人选择罪轻辩护。同时指出本案与一般意义上的串通投标案件存在明显的不同,在量刑时应充分考量。合议庭采纳了辩护人大部分的量刑辩护意见,认定被告人李小龙犯串通投标罪,判处有期徒刑1年,并处罚金人民币10万元。已被羁押近1年的被告人在判决生效后一个月左右被释放回家,企业得以重新恢复运行。

【控方指控】

被告单位新众公司、湘潭市羽臣锰制品有限公司(以下简称羽臣公司,另案处理)是长钢公司采购物资原料硅锰合金的供应商。长钢公司委托南京新元招标咨询有限公司(以下简称新元公司)通过招标的形式采购物资原料。被告人李小龙作为新众公司法定代表人和实际控制人与委底公司、羽臣公司在参与新元公司招标物资硅锰合金的投标过程中,相互串通投标价格,李小龙安排新众公司的员工向志光在办公电脑上同时为委底公司、羽臣公司制作标书并投标,以达到新众公司中标的目的。

2010~2014年,被告人李小龙、被告单位新众公司与羽臣公司通过上述方式参与新元公司招标物资硅锰合金投标30余次,其中新众公司的中标金额总计2.8亿余元。

2014年9月12日,公安机关民警在新众公司内将被告人李小龙抓获归案。李小龙到案后,如实供述了上述犯罪事实。

被告单位新众公司在招投标过程中,与其他公司相互串通报价,损害其他投标人的利益,情节严重,被告人李小龙作为被告单位直接负责的主管人员决定并实施了上述串通投标的行为,上列被告单位及被告人的行为触犯了《刑法》第三十条、第三十一条、第二百二十三条第一款的规定,犯罪事实清楚,证据确实、充分,应当以串通投标罪追究其刑事责任。被告人李小龙归案后,如实供述自己的犯罪事实,根据《刑法》第六十七条第三款之规定,可以从轻处罚。

【辩护要点】

一、罪名辩护

对于公诉机关指控的新众公司、羽臣公司系关联企业,在招标过程中事先商议价格并在同一台电脑上投标的事实以及被告人李小龙涉嫌串通投标罪的指控,辩护人对此并无异议,但辩护人认为,本案招投标的案件事实具有特殊性,被告人的行为未给招投标人合法权益造成十分严重的侵害后果,在案件处理上应当区别对待、从轻处理,以贯彻罪责刑相适应的刑事基本原则。

二、事实辩护

(一)长钢公司与新众公司的硅锰合金采购供应合作性质不明确,本案在案件事实上存在特殊性,在处理时应充分考量、区别对待、从轻处理

招标投标是指在采购行为中,招标人通过事先公布的采购要求,吸引不特定的投标人按照同等条件进行平等竞争,按照规定程序并组织技术、经济和法律等方面的专家组成评标委员会对投标人进行综合评审,从中按公示、公开、既定的评标标准择优选定项目的中标人并与之签订合同的行为。而要约邀请,是邀请他人向自

己发出订立合同要约的意思表示。要约邀请可以是向特定人发出的,也可以是向不特定的人发出的。因此,公开性、专家评审、择最优者缔约、缔约的强制性是招标投标区别于要约邀请和要约询价的重要特点。本案中,长钢公司在招标相关重要环节均与常规的招标不完全相同,具体表现在以下方面。

1. 投标人相对固定,公开性特征并不明显。

《招标投标法》第十条规定:"招标分为公开招标和邀请招标。公开招标,是指招标人以招标公告的方式邀请不特定的法人或者其他组织投标。邀请招标,是指招标人以投标邀请书的方式邀请特定的法人或者其他组织投标。"第十一条规定:"国务院发展计划部门确定的国家重点项目和省、自治区、直辖市人民政府确定的地方重点项目不适宜公开招标的,经国务院发展计划部门或者省、自治区、直辖市人民政府批准,可以进行邀请招标。"本案中,现有证据材料中并无证据证明长钢公司采购硅锰合金原料的活动属于国家或者国务院发展计划部门确定的国家重点项目和省、自治区、直辖市人民政府确定的地方重点项目且经过审批,因此,长钢公司采购硅锰合金的招标活动应当适用公开招标的规定,面向社会不特定法人或组织进行。根据证人高慧的证言,"按照南钢的规定,供应部、招标部有权推荐投标单位","投标单位是南钢合格供应商库里的单位","发布招标文件后被推荐的供应商可以用自己的账号和密码登录这个系统投标"。根据新元公司 80 份网上招评标报告可知,自 2009 年 9 月 25 日至 2013 年 12 月 3 日,长钢公司对外招标过程中投标人多限于羽臣公司、新众公司、桂林花雨冶炼有限公司、南京汉芳物资贸易有限公司等几家公司。因此,长钢公司预设合格供应商库的做法及供应部、招标部从库中推荐投标人的制度设计,导致历次招标程序中投标人相对固定、封闭,招标程序所应有的公开性特征并不明显,招标行为与一般的要约邀请、询价行为难以区分。

2. 评标委员会形同虚设,未实际履行评标职能。

《招标投标法》第三十七条规定:"评标由招标人依法组建的评标委员会负责……"第四十条规定,"评标委员会应当按照招标文件确定的评标标准和方法,对投标文件进行评审和比较;设有标底的,应当参考标底。评标委员会完成评标后,应当向招标人提出书面评标报告,并推荐合格的中标候选人……"而在长钢公司的招标过程中,根据证人王峰的证言,"但是实际上我们很少真正参与招标评标"、"长钢公司的体系是以价格为主导,最低价中标"、"评标的最终结果还是招标公司和供应部决定"。因此,长钢公司的评标程序,实际上是单一的选取最低报价供货商的程序,评标委员会中多数委员并不实际参与,评标委员会形同虚设,其性质更类似于进行要约邀请、询价后对反馈信息价格的比对与选取，在程序实际操作上不具备一般招投标活动所要求具备的保障投标人公平竞争、招标人从中择优缔约的保障功能。

3. 开标程序不符合《电子招投标办法》规定的公开、公正、透明的要求，投标人自始至终对标书何时开启、其他投标人投标情况没有知情权，程序的不规范导致投标人公平有序参与市场竞争的合法权益不能得到有效保护。

《电子招投标办法》第二十六条第一款规定："电子招标投标交易平台应当允许投标人离线编制投标文件，并且具备分段或者整体加密、解密功能。"第二十九条规定："电子开标应当按照招标文件确定的时间，在电子招标投标交易平台上公开进行，所有投标人均应当准时在线参加开标。"第三十条规定："开标时，电子招标投标交易平台自动提取所有投标文件，提示招标人和投标人按招标文件规定方式按时在线解密。解密全部完成后，应当向所有投标人公布投标人名称、投标价格和招标文件规定的其他内容。"第三十六条第一款规定："招标人确定中标人后，应当通过电子招标投标交易平台以数据电文形式向中标人发出中标通知书，并向未中标人发出中标结果通知书。"本案中，根据现有证据材料和法庭调查可以看到，长钢公司招标电子服务平台并不具备文件加密功能，投标人的投标文件处于招标人随时可以开启阅读的状态，并无任何保密性可言。长钢公司招标程序中也没有在线开标程序，仅通过短信的形式，将中标结果通知中标人。整个开标、评标程序完全由长钢公司实际掌控，众多投标人对于自身标书何时开启、是否改动、其他投标人投标情况等重要事项毫不知情，开标程序流于形式，不具备《电子招投标办法》所要求的公开性、公正性和透明性。客观分析其招标活动，从根本上就不能为广大投标人公平、有序参与市场竞争提供程序保障。

4. 投标方中标与否对于项目的取得、采购合同的订立无实质意义，招投标程序之外存在后续询价、砍价环节，实质上是以招标方另行发出新的要约、投标方另行承诺的方式建立新的缔约关系。客观上分析，能否中标、中标价格、中标数量都由长钢公司单方决定，招标人没有知情权、异议权。

《招标投标法》第四条规定："任何单位和个人不得将依法必须进行招标的项目化整为零或者以其他任何方式规避招标。"第四十三条规定："在确定中标人前，招标人不得与投标人就投标价格、投标方案等实质性内容进行谈判。"第四十五条第二款规定："中标通知书对招标人和中标人具有法律效力。中标通知书发出后，招标人改变中标结果的，或者中标人放弃中标项目的，应当依法承担法律责任。"第四十六条第一款规定："招标人和中标人应当自中标通知书发出之日起三十日内，按照招标文件和中标人的投标文件订立书面合同。招标人和中标人不得再行订立背离合同实质性内容的其他协议。”

根据证人王峰的证言:“如果出现个别差的厂家被采用,我们厂里打报告给招标公司分管总经理,让比较好一点的单位中一部分标。这中间招标公司和供应部还要压一点价。”

根据证人翟江的证言,“主要是最低价,兼顾质量,但是必须是最低价中标”,“如果报价高的质量好的,我们确实想用,就会让他跟着最低价走,同意后可以让他中一部分标,多家一起中标的话,让其他几家都跟着最低价走”,“如果中不满,就按报价由低到高询价,让他们跟着低价走,如果不同意,质量再好也不会让他中标”。根据证人戎建的证言“中标单位中标并签订合同后……会有一个价格调整,有的加价,有的减价”。同时结合新元公司2011年11月12日招评标报告中的记载:“按余总批示,经与供应部沟通将中标结果调整为:浙江重拓1200T,桂林花雨900T,娄底新众500T。”招标评标报告显示,长钢公司在2013年5月30日至9月3日的9次招标活动中,存在擅自改变中标价格的现象,中标价格并不取决于投标人的报价,存在后期价格调整现象。因此,长钢公司招标项目下缔约相对方并非是依评标程序所确定的中标人,招标结束后长钢公司与数个投标人询价、商谈,长钢公司向数个招标人发出要约、部分招标人做出承诺的过程,已成为脱离于招标程序之外的独立缔约程序,先前的招投标程序早已失去了择优缔约的存在意义,其行为实质是长钢公司抛开招投标程序,将项目分解后分别与数个招标人重新订立新的采购合同。客观上讲,就是长钢公司依靠优势的采购权,不通过所谓的招投标,寻找有利于自己的一个或者几个供货商。

结合以上四点事实来看,本案中长钢公司的招标程序存在多处严重违反《电子招投标办法》规定的情形,致使长钢公司的招投标程序流于形式,与新众公司、羽臣公司的合作性质界定上到底是属于要约邀请、询价还是招投标关系难以判断,被告人在主观上对其行为性质认识上也较为模糊,在案件事实上与一般串通投标案件相比较为特殊,在处理上应区别对待,从轻处理,以实现罪责刑相适应的基本要求。

(二)长钢公司历次招投标程序均不规范,被告人虽然形式上违反了国家相关招投标法的相关规定,社会危害性较小

1. 新众公司、羽臣公司的关联行为难以形成围标、陪标情形,也未给招投标活动造成严重影响

串通投标行为的主要表现形式在于各投标人之间相互串通,集体抬高报价或

者轮流中标，损害了招标人择优选取合作伙伴的机会，从而侵害公平、自由竞争的市场秩序。本案中，实际关联行为仅发生在新众公司、羽臣公司两家企业之间，根据新元公司的80份招评标报告，涉案招投标项目的投标单位一般在5~8家，仅凭新众公司、羽臣公司的关联行为，难以形成围标、陪标的情形，也不足以掌控整个招标过程、决定中标结果，其并未推动全体投标人投标价格的上升，给招投标活动造成的影响较小。

2. 被告人的行为也未给招标人长钢公司造成任何实际损失

本案中，长钢公司招标活动中评标标准在于单一的选取报价最低的投标人，招标活动中择优选取供货商的实质是择低价选取，而新众公司与长钢公司建立采购关系的渠道分为两种情形：一是新众公司是最低价中标，二是新众公司未中标，但通过后期商谈，接受最低价中标者的投标价格以换取与长钢公司签订合同的机会。无论哪种情形，新众公司都是以最低价格与南钢签订合同，长钢公司招标活动所欲追求的最低价采购的目的已经实现，且考虑到长钢公司与新众公司存在长期、稳定的合作关系，在同等价格或者新众公司同意接受最低价的条件下，长钢公司将招标项目交付给新众公司的部分原因也是出于对新众公司供货质量、能力的信任，现有卷宗中也没有任何证据证明新众公司在招投标后的采购供应合作中供货质量等履约方面存在任何不当之处，因此，被告人的行为并未给长钢公司造成任何实际损失，反而在钢铁市场整体不景气的背景下，以极低的价格向长钢公司供应硅锰合金原料，为长钢公司降低采购成本、保持发展做出了巨大贡献。

3. 被告人行为对其他投标人的利益影响较小

根据证人翟江的证言，“多家一起中标的情形会有的，比如我们要2000吨，投标的厂家由于供货问题或者其他情况每家只投几百吨，那是为了招满就会让几家同时中标，原则上也要求几家都是同一价格中标，实践中会跟几家谈谈，让他们跟最低价格，如果报价高的质量好的，我们确实想用，就会让他跟着最低价走，同意后可以让他中一部分标，多家一起中标的话，让其他几家跟着最低价走”。同时结合新元公司的80份招评标报告可以看出，长钢公司的历次招标过程中中标公司均为2~3家，在招标后还存在后续商谈、变动甚至抛开招标结果重新与投标人签订合同的情形，因此，本案中，长钢公司招标程序中存在数个中标人，中标也不是投标人与长钢公司建立采购供应关系的唯一渠道，中标结果与最终订立采购供应合同并不具备必然联系，被告人的行为对其他投标人公平竞争、获取招标项目的影响较小。

《招标投标法》第五十三条规定，“投标人相互串通投标或者与招标人串通投标的,投标人以向招标人或者评标委员会成员行贿谋取中标的,中标无效……构成犯罪的,依法追究刑事责任”。结合以上三点,被告人虽然在串通投标行为特征及数额上符合法律规定的形式要求,但其行为发生在不规范的招标过程中,本身并不具有严重的社会危害性,并未损害采购商长钢公司的实际利益,对其他投标人的利益及市场经营秩序也未产生重大不良影响。犯罪行为应是具有相当社会危害性、应受刑法惩罚的行为,考虑到本案中被告人的行为对刑法所欲保护的法益并未造成实质损害后果,其性质介于一般行政违法行为与犯罪行为之间,即使对该行为的处理需要上升到刑事违法层面,甚至动用刑罚手段予以打击处理,在定罪量刑时也应对此类特殊案件予以充分考量,以实现罪责刑相适应的基本要求,从而在打击犯罪的同时更好地保障人权和产权。

三、量刑辩护

(一)被告人与羽臣公司一同投标的目的是在同等价格条件下多销售货物,并不是以此来控制招投标结果、抬高物价以攫取不正当的经济利益

根据被告人李小龙的供述,“如果羽臣公司中标,原材料有我的新众公司发货给长钢公司……这也既可以让庞力志挣点钱,也能让我的新众公司向长钢公司提供硅锰合金原材料多了一个中标机会”。因此,虽然起诉书所指控的新众公司与羽臣公司相互串通投标价格、在同一台电脑上同时投标情况属实,但被告人李小龙所在的新众公司系福利企业,工作人员近100人中有51名是残疾人士,在民营企业经营艰难的压力下,李小龙的上述行为只是希望能够在同等价格质量的条件下多向长钢公司这种支付状况较好的优质客户多销售点硅锰合金原材料,并非想以此围标哄抬标价,操纵招投标过程,事实也证明了李小龙都以最低价中标,并未从中攫取什么经济利益,被告人李小龙的行为与一般的恶意串通投标的犯罪行为有明显区别,在处理时应考量其主观目的的特殊性,酌情轻处。

(二)被告人实际获利极少,可从轻处罚

证人王柯的证言为,“前几年亏损了500万元左右,这两年不交企业所得税,因为盈利要弥补亏损”。娄底市国家税务局出具的2010年1月至2014年5份企业所得税年度纳税申报表显示,新众公司虽与长钢公司建立了长期、稳定的采购供应关系,但货物销售经营状况连年亏损、入不敷出,仅是在国家民营福利企业残疾人政府补助等政策的扶持下艰难地维持生存。因此,本案被告人李小龙本人及新众公司虽然中标数额特别巨大,但在与长钢公司的采购供应合作中,中标价格极低、利润极小,被告人实际上并未因其自身违法行为获取大额经济利益,与一般的串通投

标、损害他人利益以获取高额经济利益的犯罪案件相比,情况特殊,可酌情从轻处罚。

(三)被告人具有坦白情节,应从轻处罚

本案案发后,被告人对相关事实供认不讳,积极配合办案机关工作,系坦白,根据《刑法》六十七条第三款之规定,"犯罪嫌疑人……如实供述自己罪行的,可以从轻处罚……"

(四)本案适用简易程序审理,被告人主动认罪,应从轻处罚

本案适用简易程序审理,在庭审过程中,被告人当庭认罪并虚心接受法庭教育,也表明了以后遵守法纪、绝不再犯的决心,表明被告人认罪态度较好,已有悔过之心。根据《最高人民法院、最高人民检察院、司法部关于适用简易程序审理公诉案件的若干意见》①第九条之规定,"人民法院对自愿认罪的被告人,酌情予以从轻处罚"。

(五)被告单位和被告人在庭审前已主动缴纳100万元罚金,依法可从轻处罚

案件审理过程中,被告人李小龙和新众公司认罪悔过,其亲属在企业经营濒临破产、家庭经济困难的情况下,以月息三分利的高利息借款,主动向法院缴纳100万元罚金,也希望法院能最大限度地对被告从轻量刑。

(六)被告人身体状况极差,需持续治疗以维持生命,从保障人权的角度出发,不宜适用监禁刑

中南大学湘雅二医院出具的李小龙2013年1月16日至2月19日、2013年9月16日至9月21日两次住院的病历显示,被告人李小龙患有2型糖尿病、高血压三级(极高危组),并发肝脓肿、重肺炎症,左肾结石积水感染和败血症。被告人自2014年9月14日被拘留后送往看守所羁押期间,每日须遵医嘱服用药物,于7:15、11:00和17:00、21:30一天内四次注射胰岛素,并且需要定期复诊。被告人虽然违反了国家法律,但考虑到李小龙本人极度糟糕的身体状况,从保障被告人人权和刑法人性化的角度出发,不宜对其适用监禁刑罚。

综上所述,被告人李小龙虽在投标过程中存在违法行为,但本案中长钢公司与供货商之间招投标法律关系界定模糊,被告人行为也未给社会经济秩序及招投标人利益造成严重的实际损害,在量刑适用上,参照《最高人民法院关于常见犯罪的量刑指导意见》及《江苏省高级人民法院〈关于常见犯罪的量刑指导意见〉实施细

---

① 本意见已于2013年3月1日被废止。

则》的量刑幅度,对于法定刑为三年以下的犯罪,通常以一年左右为量刑起点,鉴于本案中被告人李小龙在犯罪性质上属于非暴力型、非涉众型的经济犯罪,与杀人、抢劫等15种常见犯罪相比,本身并不足以造成危及他人生命、健康,及公共安全的严重后果,被告人和被告单位已主动缴纳非法所得和罚金,且存在坦白、主观恶性较小、主动认罪等情节,同时考虑到李小龙本人较差身体状况以及新众公司经营及所属残疾职工在本案中也因本案再度陷入生存困境,且被告人已被关押长达10个多月等客观情况,为贯彻罪责刑相适应原则及宽严相济的刑事政策,辩护人请求法庭在一年以下对其量刑并适用缓刑。

【裁判要旨】

本院认为,被告单位新众公司串通投标报价,损害其他投标人的利益,情节严重;被告人李小龙指令本公司职员实施了具体串通投标行为,系新众公司实施串通投标行为直接负责的主管人员,新众公司、李小龙的行为均已构成串通投标罪,依法应予惩处。新众公司、李小龙归案后如实供述自己的罪行,自愿认罪,依法可从轻处罚,N市G区人民检察院指控被告单位新众公司、被告人李小龙犯串通投标罪的事实清楚,证据确实、充分,指控的罪名和适用法律正确,本院予以采纳。

被告人李小龙的辩护人提出其归案后有坦白情节、自愿认罪的辩护意见,本院予以采纳。但提出长钢公司招标程序上多处违法,与要约邀请或邀约询价的界限不清;新众公司与羽臣公司的关联行为危害性较小;李小龙出于维系福利企业的发展,保障职工生存的特殊动机实施犯罪,主观恶性较小,请求从轻处罚的辩护意见,本院不予采纳。具体理由简述如下:第一,关于长钢公司涉案物资采购活动是否属于招投标行为,以及被告单位新众公司串通投标行为造成危害后果问题,经查,长钢公司系非国有资产控股企业,受委托的招标公司在对涉案物资采购过程中,采取了网上邀请招标的方式,制作了招标文件并公开向供应商名录中的企业发布招标信息,进行网上开标,并按投标价格由低至高预定中选单位。上述行为基本符合《招标投标法》所规定的程序要求。新众公司串通其他公司投标,增加了其中选概率损害了其他投标人或潜在投标人的利益,且历时长、次数多、数额大,其串通投标的行为情节严重,应当予以处罚。长钢公司在招标活动开标之后的议价行为,并不能当然否定或降低新众公司串通投标的罪责。第二,从李小龙的供述、证人庞红英的证言、企业工商登记资料来看,李小龙系新众公司的股东和法定代表人;在长钢公司货物采购招标中,无论新众公司还是羽臣公司中选,均由新众公司供货。可见,新众公司的经营效益直接影响到李小龙本人的经济利益。最后，自 2010 年至 2014 年，李小龙指使本公司职员实施串通投标行为多达 30 余次，金额累计逾亿元，足以证实其为追求非法利益实施犯罪所具有的主观恶性。

【辩护路径】

一、审时度势，选择对当事人最有利的辩护路径

维护当事人的合法权益、维护法律的正确实施、维护社会的公平正义是律师的责任。其中，第一点就是要维护当事人的合法权益。作为律师，应当努力追求当事人合法利益的最大化。本案中，辩护人研究在案证据材料后认为，本案被告人李小龙的行为并没有侵犯串通投标罪所要保护的法益，长钢公司招标行为的法律性质存在争议，形式上属于招标但实质上更符合民法中的要约邀请，因此被告人的行为在理论上不构成串通投标罪。被告人通过综合考量辩护人专业、客观的分析及公司迫切需要其恢复自由出面扭转颓势的现状，选择了相对保守的罪轻量刑辩护，争取能够适用缓刑。在此背景下，辩护人为其制定了切实可行的量刑辩护策略。

二、有效果的辩护要充分研究与案件有关联的规范性文件

有效果的辩护必须建立在充分研究吃透案情的基础上。在普通的自然犯罪案件中，研究吃透案件主要在于准确、全面地收集、分析和认定证据。在行政犯案件中，除了像自然犯案件中那样需要吃透证据外，更要准确理解作为前置规范的相关法律法规甚至部门规章等规范性文件。以本案为例，串通投标罪是指投标人相互串通投标报价，损害招标人或者其他投标人利益，情节严重的行为。要构成本罪，首先是要满足在招投标过程中，这也正是本案的焦点之一。本案中长钢公司采用是的电子招标形式。辩护人通过对《电子招投标办法》的研究，发现长钢公司的招标行为不符合该办法的操作要求，该招标名不符实，实质上更像是普通民商交易领域的要约邀请，被告人的行为对串通投标罪所要保护的法益的损害没有或较小。该辩护意见虽然没有在判决书中明确得以采纳，但对刑行交叉类案件的研究以及被告人量刑时实现“实报实销”都产生了很大的影响。

三被告人当庭对质动摇贪污共谋，刑民交叉疑罪从轻

——丁新彬贪污减轻处罚案

【案情简介】

海东县酿造厂是全民所有制企业，成立于1989年5月。1995年3月，该厂改制为海东县酿造有限公司（以下简称酿造公司），注册资金76.4万元，其中国有股49.5%，职工股50.5%，主管部门为海东县商业国有资产管理公司（以下简称资产管理公司）。

本案被告人丁新彬大学时就读于法律专业，毕业后进入资产管理公司工作，2003年开始担任资产管理公司副总，分管企业改制和信访工作。

2003年2月至6月，酿造公司因经营不善，先后通过变卖5间门面房筹集资金63.4万元，将职工对酿造公司所持股份以每股支付1006元的价格予以回购，并由职工在酿造公司拟好的股权转让协议中的转让方处签字，受让方无人签名，但加盖了酿造公司的印章。因酿造公司管理人员暂未到岗，该部分转让协议由丁新彬暂时保管。

2003年11月，资产管理公司委派周刚、吴平分别担任酿造公司经理和党支部书记。随后丁新彬将由其保管的转让协议交接给周刚和吴平。

2006年12月，资产管理公司通过与中国华融资产管理公司南京办事处（以下简称华融公司）协调，以20万元的价格从华融公司受让该公司对酿造公司等多家公司的债权，化解了酿造公司445万元的巨额债务。

2010年10月，周刚、吴平拿着受让方为两人签名的股权转让协议，向原东海工商行政管理局申请股权变更，但被工作人员告知不能办理工商变更。

2011年8月，周刚、吴平先后向海东县人民法院提起确权诉讼，要求确认其对酿造公司各自持有50%的股份，并向法院提供了上述签名的股权转让协议书和“同意原告意见请法庭依法处理”的书面材料，法院判决确认周刚、吴平为酿造公司股

东,分别持有酿造公司股权193股,各占公司股份总额386股的50%。判决生效后,周刚、吴平在中行海东县支行另行开设酿造公司账户,将酿造公司收取的租金36万余元存入该账户。

2011年12月,资产管理公司发现周刚、吴平上述行为后介入调查,责令周刚、吴平予以改正。在周刚和吴平拒绝后资产管理公司申请海东县人民检察院提起民事抗诉。检察院经审查,依法对原生效民事判决进行抗诉。经再审,法院依法撤销了原股权确权判决。后周刚、吴平不服一审判决上诉,也被法院驳回。

随后海东县人民检察院反贪部门以涉嫌贪污犯罪对周刚、吴平等人进行立案侦查。侦查期间,周刚、吴平作出有罪供述,丁新彬在接受调查时始终否认犯罪。

但海东县人民检察院认为,被告人丁新彬存在利用其担任管理公司副总经理的职务便利,与周刚、吴平合谋侵吞酿造公司资产的行为。认定存在共谋的主要根据有4个:一是丁新彬有将转让协议交付周刚、吴平的行为;二是周刚、吴平提起诉讼的律师是由丁新彬介绍的;三是周刚、吴平存在丁新彬给过500元股本金的有罪供述,且证实丁新彬与他们有过确权后股权分配的商议和字条记录;四是丁新彬在检察院民事抗诉的二审期间出庭为周吴二人作过证。

最终,海东县人民检察院向法院提起公诉,指控周刚、吴平、丁新彬三人合谋侵吞国有资产206万元,应以贪污罪追究其刑事责任。

本案起诉时《刑法修正案(九)》尚未颁布,一旦指控成立,丁新彬若没有自首和立功的减轻情节,其本人将面临10年以上的牢狱之灾。

辩护人接受委托后,仔细研究了在案卷宗和十几年前的国企改制政策,认为起诉书关于被告人构成贪污罪的指控中,对改制当时的资产评估在范围和方法上明显错误,部分公诉机关作为指控依据的基础事实,其背后的民事行为明显因违背公司法法律法规而无效,导致基础事实不能成立。同时,辩护人在会见丁新彬时,其坚持自己没有犯罪行为,起诉书列明的500元股本金是他支付给周刚从北京代购咖啡壶的钱,并愿意与周刚和吴平当庭对质。

经过反复研究沟通后,辩护人决定在本案审理时为被告人丁新彬作无罪辩护。随着庭审的深入、三名被告人的当庭对质和辩护观点的提出,被告人周刚在有罪供述是否真实的问题上开始松动,第二被告人吴平则直接否认了原有罪供述。

遗憾的是,本案一审法院最终还是作出了三名被告人贪污罪名成立的有罪判决,但同时认定三名被告人系贪污未遂,丁新彬作为从犯,可以减轻处罚,判处有期徒刑2年2个月。

本案的离奇之处是,周刚、吴平两人可能是实际利益的获得者,相关房产虽登记在酿造公司名下,但并非酿造公司的资产。周吴二人因在侦查阶段所谓的认罪而一直被取保候审,而未获任何好处的丁新彬因被周吴二人指证并且一直不予认罪,从侦查到一审宣判,一直被羁押。周吴二人作为主犯,在最后的庭审中也不认罪的情况下却被判了缓刑,丁新彬则在辩护人全力的辩护下得以认定为从犯并减轻处罚。

可以说本案有深度的辩护,使丁新彬所获刑期"实报实销",但得益更多的却是第一、第二被告人,这确实是始料未及的。

【控方指控】

被告人周刚,原任酿造公司经理。

被告人吴平,原任酿造公司党支部书记。

被告人丁新彬,原任资产管理公司副总经理。

2003 年 2 月起,丁新彬在资产管理公司任副总经理,分管企业改制和信访工作。

2003 年 11 月,资产管理公司委派周刚、吴平分别担任酿造公司经理和党支部书记。自 2007 年年初开始,被告人周刚、吴平、丁新彬经预谋,由丁新彬将受让方无人签名的酿造公司股权转让协议交给周刚,由周刚向酿造公司支付了 2004 元股权转让金(其中周刚支付 568 元、吴平支付 936 元、丁新彬支付 500 元)。后周刚、吴平擅自在股权转让协议上的受让方签名,吴平签 37 份,周刚签 36 份,共涉及股份 386 股。按照丁新彬拟定的分配方案,其中周刚和吴平各分得 95 股,丁新彬分得 70 股。

2010 年 10 月间,周刚、吴平伪造了酿造公司章程等材料,向东海工商行政管理局申请股权变更,但因故未能办理。

同年 11 月 22 日,周刚、吴平到东海房产管理局将原属于海东县酿造厂的房屋产权变更到酿造公司名下。

2011 年六七月,丁新彬为周刚、吴平推荐了代理律师,同年 8 月 2 日、9 日,周刚、吴平先后向海东县人民法院提起确权诉讼,要求确认其对酿造公司各自持有 50% 的股份,并向法院提供了其擅自签名的股权转让协议书和"同意原告意见请法庭依法处理"的书面材料,从而导致法院作出民事判决,判决确认周刚、吴平为酿造公司股东,分别持有酿造公司股权 193 股,各占公司股份总额 386 股的 50%。判决生效后,周刚、吴平在中行海东县支行另行开设酿造公司账户,擅自将酿造公司收取的租金36万余元存入该账户。

经会计师事务所审计,截至2011年10月31日,酿造公司净资产总额为409万元。

综上所述,被告人丁新彬利用其担任资产管理公司副总经理的职务便利,被告人周刚、吴平利用其担任酿造公司经理、党支部书记的职务便利,以非法占有为目的,采取伪造股权转让协议、虚假诉讼等手段,侵吞了酿造公司资产价值人民币206万元,应以贪污罪追究其刑事责任。

被告人周刚、吴平主动投案,并如实供述犯罪事实。

【辩护要点】

本案发生在十几年前,辩护人接受委托后,在会见、阅卷的基础上,全面审查了改制当时的历史背景和政策,发现本案定性存在5大争议焦点:

一是企业改制过程中股权与债权的转化;

二是企业不规范改制与国家法律的冲突;

三是三名同案被告人作为利害关系人存在的供述冲突;

四是刑民交叉案件中案件定性以及证明标准的冲突;

五是改制当时的相关领导、三名被告人以及法律专业人士对案件焦点的争议。

辩护人认为,酿造公司从1995年成立至今,时间跨度长达20多年,对被告人所实施的行为是否属于犯罪行为,不能仅根据相关被告人供述等主观证据,更要注重对改制文件和资产性质的书证等客观证据的审查,要把这个案件放在改制初期经验不足的时代背景下去考量被告人的行为。围绕多方对本案定性事实、证据采信和法律适用存在的争议焦点,辩护人以指控事实不清、证据不足和定性错误为辩点,提出了贪污罪指控依法不能成立的辩护意见,具体内容如下。

一、起诉书认定1995年改制时,海东县酿造公司存在49.5%的国有股权明显错误,酿造公司中并不存在国有股权和国有资产

1.1995年酿造公司改制时,根据政府批复文件及酿造公司企业章程,酿造公司全部资产归公司股东所有,全部股东均由原酿造厂职工组成,不存在代表国家持股的股东,酿造公司使用的原酿造厂的土地虽然属国有资产,但并不是酿造公司名下资产,更没有实际入股形成国有股权,被告人丁新彬对酿造公司改制后没有国有资产的无罪辩解是客观事实。

首先,根据1995年酿造公司成立时的公司章程,公司具有独立法人人格,其财产为全部股东共有,公司采取定向募集方式设立,全部股本由本公司内部职工认购,且公司的股份全部为记名式普通股,股份全部用人民币购买。酿造公司成立时的注册资金审验报告也印证:原酿造厂资产评估的37.8万元申报为企业注册资本,不作为国有资产投入,本公司为县第一批试点企业之一,净资产向职工出售。同时证人王加林的证言证实,“当时改制的时候说是改成股份制企业,由73名职工出资入股38.6万元成为股东,每股1000元,共计386股,但当时改制不规范,酿造厂的土地、厂房等也评估在内,由酿造公司使用”。根据证人袁春的证言,“(不作为国有资产投入)内容是酿造公司报给我们事务所做验资报告时对自己注册资本情况的一个说明”。为了再进一步印证上述证言和书证记载的真实性,辩护人当庭提交了《海东县体改委关于组建“海东县酿造有限公司”的批复》(系从县档案馆调取),其中也明确“县酿造有限公司为股份制企业,公司股本总额39.5万元,每股1000元,共395股”。结合上述证据,1995年酿造公司进行改制时,根据县体改委员会的批复文件及公司章程,酿造公司作为股份有限公司,其资本募集是采取向原酿造厂职工定向募集的方式,股东中并不存在代表国家持有股份的情形,酿造公司也主动要求在审验报告中载明土地等资产不作为国有资产投入。在后续的公司章程中也不存在代表国家持股的股东,结合当时国有股全部退出的改革背景及土地使用权没有变更到酿造公司名下等客观事实,作为酿造厂的职工,政府为了改制减负,置换了职工身份,但这些职工改制后还要生产经营,不能没有土地厂房。按照改制规范存在三种土地处置方式,即折价入股,租赁,暂时使用并交纳管理费。本案庭审阶段也的确查明了酿造公司使用原酿造厂土地并缴纳管理费用的事实。因此,酿造公司作为第一批改制试点企业也是“摸着石头过河”,该土地只是暂时给酿造公司使用,虽然属于国有资产,但并未转变为酿造公司股权和资产,酿造公司中不存在国有股权。

其次,根据2006年酿造公司向华融公司出具的情况说明,“企业改制后一直处于停止经营状态,且无可变卖财产”。华融公司作为财政部控股的股份公司,其对外享有的债权属国有资产,正是因为酿造公司向华融公司出具的该份情况说明,华融公司才同意酿造公司在集体债权转让协议下以5万元的价格买断华融公司的445万元债权。本案中,华融公司也是国有公司,对外享有的债权属于国有资产,该份情况说明必然是2006年买断当时酿造公司资产情况的真实表达,否则当时上级机构的领导就有隐瞒资产、侵吞国有资产的犯罪之嫌。因此,2006年酿造公司所做出的该份情况说明,也进一步印证了原酿造厂土地等国有资产并未折价入股、不属于酿造公司所有的事实。

2.2003年第二次改制时的股权回购行为因违背我国《公司法》的禁止性规定而无效,酿造公司的股权仍然属于原酿造厂职工所有,如果当时存在土地资产,应在2003年对土地价值进行评估,价格不会低到每股6元。

根据刘玲和徐学柱的证言,买断工龄和股权是酿造公司出的钱,当时酿造公司卖了自己位于老开源超市斜对面的5间门面房,用这笔钱支付给职工,退还职工原来入股时的本金。该两人也承认这个做法从法律上讲不妥,只不过当时没法操作,所以协议的转让方是职工,受让方是空白的,这是2003年股权转让的基本事实。

首先,根据我国《公司法》第一百四十二条之规定:公司不得收购本公司股份。本案中,客观上支付给酿造公司的退股款系来源于酿造公司变卖自己名下的门面房所得款项,其行为实质是酿造公司对公司股权的自我回购,该行为明显违背我国公司法的禁止性规定,属无效民事行为。

其次,根据《酿造公司章程》第十六条之规定:"股权证不得向公司以外的任何人发行和转让。"资产管理公司作为独立的法律主体,在法律意义上同样属于酿造公司以外的人,根据章程规定无法取得酿造公司职工名下的股权。

因此,本案中,酿造公司2003年改制中的回购行为因我国《公司法》的明确禁止性规定而不产生法律效力,资产管理公司在法律上属于酿造公司的公司章程规定的"公司以外的人",不能取得酿造公司股权,酿造公司向职工所谓的"回购股权",只是在改制过程中基于维稳和安抚职工的权宜行为,不产生任何法律上的效力,酿造公司的股权仍属原酿造厂职工所有。

3.2006年华融公司债权买断后,资产管理公司对酿造公司享有的是债权而非股权。

根据2007年1月25日资产管理公司的会议记录,华融公司债权是先由管理公司付20万元购得,再转给酿造公司,酿造公司需要支付给管理公司20万元。因此,在2006年买断华融公司债权时,虽然是以资产管理公司的名义进行谈判并垫付出资,但资产管理公司在后续的操作中,将该出资与酿造公司进行了应收债权和应付债务的账务处理,资产管理公司因买断行为对酿造公司享有的是445万元的债权而非股权,酿造公司的股权并不因此发生变更。

4.本案中联合会计师事务所做出的专项审计报告在形式上不属于鉴定意见,证据形式不具有合法性;在审计过程中将欠付资产管理公司的445万元债权做平账处理、将原酿造厂土地纳入评估范围系方法错误,不应采信。

(1)该审计报告并非刑事诉讼法规定的鉴定意见,证据形式不具有合法性。

根据我国《刑事诉讼法》第四十八条之规定①,证据包括物证,书证,证人证言,被害人陈述,犯罪嫌疑人、被告人供述和辩解,鉴定意见,勘验、检查、辨认、侦查实验等笔录,视听资料、电子数据8种,本案中联合会计师事务所所做的专项审计报告,并非办案机关委托具有司法鉴定资格的机关作出的司法会计鉴定,不属于我国《刑事诉讼法》所规定的证据种类,证据形式不具有合法性。

(2)该份审计报告在审计过程中存在遗漏债务、扩大财产审计范围的问题,存在明显的方法错误。

2006年资产管理公司买断华融公司债权后,酿造公司对资产管理公司存在445万元的债务,该份审计报告在审计过程中却没有将该欠付债务计入审计范围。同时,酿造公司使用中的土地属于原酿造厂所有,原酿造厂土地自始至终没有转入酿造公司名下,审计报告将该原酿造厂土地纳入审计评估范围,没有事实根据,仅凭酿造公司名下的剩余房产,不可能存在409万元的资产。

因此,本案中该审计报告在形式上不具有合法性,且审计过程中存在遗漏债务、扩大财产审计范围的方法错误,审计结果不符合客观实际,不应采信。

5. 退一万步讲,即便将原酿造厂土地界定为酿造公司名下的国有资产,起诉书指控的被告人实施的行为也没有侵犯国家资产,因为考虑到酿造公司还欠付资产管理公司445万元债务,根据联合会计师事务所的审计结果,截至2011年10月31日,酿造公司资产总额为409万元,事实上此时酿造公司的资产为负数,国家资产没有实际损失,不符合贪污罪的客观构成要件,贪污罪名不成立。

首先,本案中,资产管理公司与酿造公司在法律上是个独立的民事主体,2006年资产管理公司将华融公司享有的455万元债权买断后,资产管理公司成为酿造公司新的债权人,对酿造公司享有455万元债权,本案中起诉书认定酿造公司中存在国有资产,根据联合会计师事务所的审计结果,截至2011年10月31日,酿造公司资产总额为409万元,此时酿造公司对外尚欠付资产管理公司455万元债务,即便是被告人周刚、吴平股权确认一案一审胜诉,取得了酿造公司50.5%的股权,此时酿造公司在资产总额上为负46万元,整个酿造公司处于资不抵债的境地,被告人周刚、吴平的胜诉股权没有任何意义,最终酿造公司全部资产仍要优先清偿资产管理

① 2018年《刑事诉讼法》第五十条。

公司的债务。因此,即便根据起诉书指控,认定酿造公司名下存在国有资产,也不存在起诉书指控的206万元的贪污所得,本案涉案行为不符合贪污罪的客观构成要件。

同时,根据起诉书指控的事实逻辑,如果认为酿造公司存在土地等国有资产,那么资产管理公司通过买断行为获得了对酿造455万元债权后,明知酿造公司具有土地等资产、具备清偿能力的情况下,却并未将土地等国有资产变卖实现债权以实现国有资产保值增值,结合涉案审计报告,反而主动将445余万元可清偿债权进行销账处理,致使国有债权在账上无法反映,那么资产管理公司相关负责人可能已经涉嫌滥用职权犯罪。

因此,本案中,如根据起诉书的指控2011年10月31日的资产数额为409万元的事实,该资产由负转正的原因在于资产管理公司相关负责人私自将可清偿的国有债权核销,则涉嫌滥用职权行为。而且,因为酿造公司出具的无可变卖资产的情况说明也误导了原酿造厂73名职工,因此,根据起诉书认定的酿造公司存在国有资产这一事实,酿造公司73名股东可以要求对土地资产进行评估,重回酿造公司进行财产分配。

更重要的是,如果酿造公司存在国有资产的指控事实成立,华融公司与酿造厂原73名股东有权通过民事诉讼清偿债权、分配财产,甚至对当时酿造公司相关人员追究刑事责任。

综上所述,起诉书中认定酿造公司中存在49.5%的国有股系事实认定错误,酿造公司所使用的土地等资产虽属国有,但并未折价入股,酿造公司中不存在国有股份,原酿造厂职工手中的股权也没有发生任何具有法律效力的变更,2011年诉讼中的诉讼标的仍是职工个人股权,属于私有财产,被告人丁新彬对于酿造公司已经不存在国有资产的认识基本正确,客观上也未侵犯贪污罪的犯罪客体国有财产,不符合贪污犯罪的构成要件,起诉书指控事实存在严重逻辑错误,贪污罪名不成立。

二、因改制不规范,酿造公司在产权性质上界定不明,被告人丁新彬不存在贪污的主观故意

1. 1995年以后,因《公司法》刚刚颁布实施不久,酿造公司改制不完善,导致后续在公司有无国有资产这一问题的认识上因人而异、模糊不清。

根据被告人丁新彬的证言,“(酿造公司在企业性质上)确实是四不像”,“(酿造公司有无国有资产)当时我认为没有,现在我认识不清了”。根据确权案件主审法官刘光来的证言,“这个材料我当时没有仔细阅读,我只是按照《公司法》的规定判决的”。根据证人李元斌的证言,“当时搞不明白怎么写,针对受让方该怎么填,我也向资产管理公司领导请示了,他们也搞不懂怎么填,就让先空着,把事情干完再说”。

酿造公司第一次改制发生于1995年,而我国《公司法》第一次颁布生效、开始实施的时间为1994年7月1日,企业改制尚处于探索阶段,甚至2003年第二次改制时,资产管理公司的领导对于相关法律规定仍旧一知半解,其结果是酿造公司改制不规范、不完善,参与人员大多对有无国有资产这一问题认识不一,直至2011年诉讼时,主审法官作为专门从事法律工作的专业人士依据《公司法》的相关规定也认定酿造公司不存在国有资产,股权转让有效。

因此,丁新彬依据改制时的工商登记与县体改办国有资产退出的相关政策文件,认定酿造公司不存在国有资产,存在合理的事实及法律依据,被告人主观上并无贪污的犯罪故意。

2. 资产管理公司朱才刚等领导曾明确提出过将股权转让给周刚、吴平等人,无论是同案被告人周刚、吴平,还是相关证人朱才刚、刘玲都证实了该提议的存在,被告人丁新彬在酿造公司不存在国有股份的认知得到领导及其他证人言行的印证。

被告人丁新彬供述,“总经理朱才刚说过要把酿造公司股份转让给周刚、吴平二人”;被告人周刚供述,“(当时资产管理公司领导)明确跟我说将来时机成熟了改给我们”;被告人吴平供述,“朱才刚跟我讲,把你调到酿造公司跟周刚搭班子,酿造公司刚置换完,你们过去抓好安全工作,到时候把股权转让给你们”,“后来我找亲戚昌明东私谈,她告诉我到时候把酿造公司股权转让给周刚、刘玲、我,还有李华”,可见三名被告人关于上级机关同意股权转让的辩解稳定一致。

同时,根据证人朱才刚的证言,“当时县里很多国有公司都亏损,当时为了提高各公司经理、支部书记的工作积极性,资产管理公司曾有人提出将酿造公司的部分股份出让给资产管理公司下属公司经理、支部书记”,“但是我要说明的是,我们资产管理公司领导在私下场合曾经闲聊过”。朱才刚作为当时上级机关的领导,其证言也印证了三名被告人说法的真实性。

结合法庭调查阶段查明的事实,被告人周刚、吴平,两人在到酿造公司任职之前,在经营状况良好的县商城工作,收入可以保证,而此时的酿造公司已经资不抵债、濒临破产,之所以同意调入资不抵债的酿造公司,就是因为上级存在时机成熟后将股权转让给酿造公司负责人手中的承诺,该调任有利无弊两人才进入公司履职。

因此,可以认定2003年资产管理公司相关领导在找周刚、吴平谈话时,酿造公司经营已经陷入停滞,广大集资职工因集资款问题频频上访、人心不稳,在这种特殊背景下,资产管理公司领导人为鼓励周刚、吴平两人服从安排、积极开展维稳工作,确实承诺过将酿造公司转让给周刚、吴平等人,且吴平等人通过其他渠道,也印证了会将酿造公司改制给他们的说法。朱才刚、昌旭东等人作为酿造公司领导,其代表酿造公司与周刚、吴平两人的谈话行为属于职务行为,正是资产管理公司朱才刚、昌旭东及周刚、吴平等人的言行进一步印证了被告人丁新彬对于酿造公司不存在国有资产的认识,丁新彬客观上交付股权协议等行为都是在此种认识下实施的,具有客观事实依据,主观上不具有贪污国有资产的主观故意。

3. 起诉书指控被告人丁新彬经预谋将股权协议交付周刚的时间为2007年年初系事实认定错误,实际时间应为2004年1月,此时酿造公司经营停滞、资不抵债,处于濒临破产的困境中,被告人丁新彬不可能对酿造公司的股权产生非法占有的故意,更不存在所谓的"预谋"行为。

(1)该股权转让协议原本就应当由酿造公司保管,被告人丁新彬不存在保管协议的职责,周刚、吴平上任后被告人丁新彬将协议交还系正常的履职行为。

被告人丁新彬供述,"酿造公司二次改制时的空白协议是由酿造公司保管的,李元彬调走的时候随手撂在我办公室的","我认为协议本身也应该交给酿造公司保管","我也没有数,李元彬给我多少,我就给周刚多少","当时周刚到我那去要协议,我就把协议拿给他,我也什么都没有说"。结合被告人吴平的当庭供述,按照规定被告人丁新彬在两人到任时就应当将股权转让协议交还给酿造公司保管。因此,本案中被告人丁新彬所持有的酿造公司股权转让协议原本即由酿造公司保管,只不过原公司总经理李元彬离任时暂时放在丁新彬办公室中,且被告人丁新彬与周刚在交接过程中,并无任何语言交流,不存在贪污的犯意沟通与联络。

(2)被告人丁新彬在2004年将股权转让协议交付给周刚时不可能具有贪污故意。

被告人丁新彬供述,"在2004年的时候,周刚到我处拿走了职工转让的空白合同";被告人吴平供述,"2003年的时候,具体日期我记不清了,丁新彬将酿造公司职工签订的股权转让协议给了周刚";被告人周刚供述,"我2003年去酿造公司的时候,丁新彬还把酿造公司的股份转让协议交给我,让我回去把名字签了……但是因为当时酿造公司欠了几百万的债务,我不敢也不想把公司放到我名下";资产管理公司2011年11月21日的会议记录,"周刚、吴平说是2004年3~4月补签的"。因此,尽管被告人周刚对于交付时间还存在2009年才拿到股权转让协议的供述,但被告人周刚的该种说法前后不一，也不能与其他被告人的供述、证人的证言相互印证，在证明力上既低于吴平、刘玲、丁新彬等人最原始的供述和证言，也远远低于资产管理公司 2011 年 11 月 21 日会议记录这一客观记载。结合本案其他证据，同时考虑到被告人周刚反复多变的供述且在本案中作为同案被告人这一具有利害关系的特殊诉讼地位，该供述不具有证明力，不应采信。同时，结合被告人周刚向吴平出具股本金收据的时间为 2004 年 2 月 4 日，因此被告人丁新彬将股权转让协议转交给周刚的时间应为 2004 年 1 月前后，此时酿造公司经营停滞、对外负债累累，已经濒临破产，无人愿意接手，直至近三年以后的 2006 年 12 月底，酿造公司被上级机关出资从华融公司买断债权，被告人丁新彬此时主观上不可能产生侵吞酿造股权的贪污故意，更不可能有所谓的“预谋”行为，将股权转让协议交付给周刚是履行领导决定的行为，也印证了当时资产管理公司领导确实有过将酿造公司交付周刚等人的言行和指示。

(3)被告人丁新彬分管改制上访工作，虽然就周刚、吴平两人股权转让期间的相关咨询对改制问题作了介绍，但只是出于尽快结束酿造公司改制工作、减轻工作压力考虑，不存在谋取私利的贪污故意。

本案中，被告人丁新彬在资产管理公司分管改制上访工作，根据法庭调查阶段查明的事实，酿造公司 2003 年改制以后，因受让方不明使改制工作限于停滞，原酿造厂职工普遍存在不满抵触情绪、频繁上访，丁新彬因此在上访处理工作中压力巨大。根据被告人周刚、吴平在法庭调查阶段的供述，2003 年年底到酿造公司任职时，被告人丁新彬就在资产管理公司协助昌旭东分管改制工作，后来资产管理公司领导陆续变更、调离，只有丁新彬还在资产管理公司任职。因此，关于 2003 年时的改制情况及领导将酿造公司股份转给周刚、吴平的承诺，只有丁新彬一人清楚，被告人吴平、周刚因此就改制问题进行咨询时，丁新彬的态度也是依法办事、按法律程序走。根据被告人丁新彬的当庭供述，宋开新律师是自己对门的邻居，自己只不过是在周刚、吴平二人咨询委托律师事宜时做了顺水人情，给宋开新介绍下业务，不存在其他想法。因此，本案中丁新彬对改制情况进行介绍主要是基于相互熟识且改制尽快完成有利于减少群众上访现象、减轻自己工作压力，没有想过为自己谋取经济利益，不存在贪污故意。

三、被告人丁新彬没有故意隐匿公司、企业财产的造假行为，也没有与周刚、吴平侵吞国有资产的共谋行为，不符合司法解释所规定的贪污罪客观构成要件

1. 被告人丁新彬出庭作证系经人民法院依法传唤后履行公民法律义务的行为，

作证内容是丁新彬对改制事实的客观陈述以及个人对酿造公司企业性质的一贯认识。

被告人丁新彬供述,“吴平找我去中院作证,我说我不去,如果法院让我做证我就去了”。本案中,酿造公司,负责改制的主要领导在产权形式上十分模糊,未形成统一认识,结合公司法的相关规定、彻底实现两个置换的改制政策与精神以及相关领导的言行,被告人丁新彬存在的酿造公司已不存在国有资产这一主观认识在客观上也是存在合理依据的,且结合被告人在整个案件过程中的言行与历次笔录,被告人对酿造公司企业性质的认识始终稳定一致,经人民法院传唤出庭作证是履行公民法定义务的行为,作证的内容也是对有其他证据相印证的改制事实的客观陈述以及个人对酿造公司产权性质的一贯认识,并无不当之处。

2. 起诉书关于被告人丁新彬拟定分配方案的指控中把便条作为关键证据形式及证明力均存在重大瑕疵。

(1)该便条在关联性方面存在严重瑕疵。

本案中,作为证据的便条内容为:“周 95、吴 95、丁训武 50、刘 64”表述简单,形式极不规范,对其解释及形成原因存在多种可能性,该纸条最多能表明丁新彬在某次谈话中对股份分配方案进行了随手记录,该纸条对于丁新彬是否同意并与其他三人就该分配意见达成了一致等事实无法完整反映。作为间接证据,该便条本身并不能证明被告人丁新彬存在贪污故意,在没有其他证据与之相互形成完整证据链之前,不符合刑事证据的关联性要求。

(2)三被告人对于定案关键证据分配便条的形成时间、原因、在场人员等关键细节供述不一,相互矛盾,属事实不清。

根据被告人丁新彬的供述,“周刚有一天喝点酒到我办公室,跟我讲给我点股份,我说不要,周刚就说给你弟弟吧,我这人爱写字,好忘记事,谁跟我说什么事情,我都记下来,所以周刚说着,我就写下来”,结合丁新彬的当庭供述,该便条形成时间是 2004 年 1 月份把股权转让协议交付周刚之后。被告人吴平供述,“有一次我去资产管理公司开会,会后我去丁新彬办公室坐了一会,丁新彬就当场写了一张小纸条给我,上面写着酿造公司股额份份额分配的事情”;被告人周刚供述,“在检察机关到振兴集团找我谈话之后……无意中发现一张单子”,“在 2007 年我向酿造公司账上交完 2004 元之后……吴平也跟我说了丁新彬写条子分配酿造公司股权的事情”。

因此,本案中,三被告人关于案卷中股权分配便条的形成原因、在场人员的说法各执一词、相互矛盾,其中被告人周刚的供述既不能与被告人吴平、丁新彬的供述相互印证,且自相矛盾、前后供述反复多变、极不稳定,不应采信。在被告人丁新彬、吴平的说法也不能相互印证的情况下,该便条虽系丁新彬手书,但在各执一词的情况下,该便条是丁新彬本人内心意思的主动表达,还是对他人言语的客观记载不得而知、存在合理怀疑,且该便条形成时间无法确定,属事实不清,根据有利被告的证据原则,该便条不能证明丁新彬具有贪污的犯罪故意。

(3)该便条由吴平保管并提供明显违背逻辑情理。

假如周刚存在伙同丁新彬侵吞国家财产的故意,考虑到丁新彬本人并不参与诉讼,如能胜诉则周刚、吴平两人会最终获得股权,那么,该股权分配便条应是周刚、吴平两人对丁新彬、刘玲作出的许诺,该份协议应由周刚、吴平书写或签字,并交由丁新彬、刘玲保管,而事实恰恰相反,明显违背了日常逻辑情理。

(4)被告人周刚、吴平均当庭表示不会分给丁新彬任何公司股份,不存在侵吞国有资产的贪污故意与共谋,起诉书指控三被告人之间存在共谋系事实认定错误。

法庭调查阶段,被告人周刚、吴平都明确表示即使改制成功,也不会给被告人丁新彬股份,改制的事情与丁新彬没有关系,顶多给点烟酒表示感谢。因此,本案中,被告人周刚、吴平与被告人丁新彬不存在分配股权的合意,三被告人没有侵吞国有资产的故意与共谋,起诉书指控三被告人存在共谋系事实认定错误。

(5)关于该便条如何形成以及所记载的数字的含义,被告人周刚、吴平在庭审过程中的供述中均表示不清楚,吴平在最后陈述中已经明确否认了自己与丁新彬之间存在分配股权的共谋。

在本案控方原有的卷宗中,三被告人对于涉案便条如何形成的供述就存在相互矛盾、不能印证的情形,而在庭审过程中,无论是在法庭发问环节还是在三被告人当庭对质阶段,被告人周刚、吴平对于该便条如何形成的供述仍然相互矛盾,对于该便条上数字所载明的含义均表示不是很清楚,且被告人吴平在最后的陈述中,明确表示从来没有与丁新彬就改制后的股权分配进行过任何商议。因此,本案中关于涉案便条的来源、内容等确是事实不清。

3. 被告人丁新彬没有参与民事一审诉讼活动,也没有刻意实施隐匿企业财产的造假行为。

首先,被告人丁新彬供述,“当时他俩让我推荐律师,我把宋开新的电话给了他俩,周刚提出认识一下,我就联系宋开新到一个小饭店吃饭……后面他们打官司的事情我就不清楚了”;被告人周刚供述,“一审打官司之前,我让吴平去找刘玲问她是否参与,刘玲害怕了,丁新彬我们没去问”,“下午吴平回来很高兴跟我讲刘玲怕打官司丢掉饭碗不要股份,我说他不要就剩下我们两个人了”,“我觉得这件事情还没有操作成功,不着急跟他(丁新彬)说”,“当初要打官司的时候,外面流言很多,连刘玲都不敢要酿造公司的股份了,所以丁新彬可能也已经感到害怕了,他已经不敢要酿造公司的股份了”。本案中,被告人丁新彬仅是应周刚、吴平两人的请求,向两人推荐了自己认识的律师,即便之前丁新彬、刘玲对周刚、吴平股权登记变更的初步想法有所了解,但是否聘请宋开新作为代理人、是否实际进入诉讼程序,则取决于周刚、吴平两人的决定,且周刚、吴平的供述也证实了在一审诉讼前,丁新彬、刘玲两人都不存在持有股份的想法,周刚、吴平也没有就具体诉讼行为和进程与丁新彬、刘玲两人有过进一步沟通。即便周刚、吴平两人在侦查阶段迫于压力表示胜诉以后会将部分股份分给丁新彬与刘玲,但这只是周、吴二人单方面的想法,没有证据表明丁、刘二人对此了解且明确表示接受。因此,被告人丁新彬对于周刚、吴平两人在一审诉讼中包括单方出具酿造公司证明等具体诉讼行为并不知情,且在此期间也不存在事成之后分配股权的共同犯意联络,对于周刚、吴平两人在一审诉讼中的不当甚至造假行为,被告人丁新彬并不知情,不应当为此承担责任。

其次,根据被告人周刚、吴平的当庭供述,2011 年通过民事诉讼确权,两人先后花费 2 万余元,该笔费用由周刚、吴平两人负担,这也进一步印证了被告人丁新彬并没有参与此次诉讼的想法,在诉讼结束后也不会获得酿造公司股份。

4. 起诉书关于被告人丁新彬向周刚支付 500 元股权转让金的指控,只有被告人周刚的供述及其传来证据,从本质上讲系孤证,且指控事实与卷宗证据存在矛盾。同时,经庭审对质,被告人周刚承认曾送给丁新彬一个咖啡壶,这与被告人丁新彬关于 500 元钱系向周刚结算咖啡壶代购款的供述可以相互印证。现有证据不足以证明被告人丁新彬存在向周刚预支股权转让金的行为。

首先,被告人周刚供述,“(2009 年秋天)大概过了十来天……刘玲、吴平、丁新彬我们 4 个人都在车上,丁新彬还掏出 400 元或者 500 元塞到我手里”;被告人吴平供述,“2006 年 7 ~ 8 月的一天,周刚和刘玲开车到酿造公司楼下叫我下楼……周刚还很高兴地说丁总直接给了 500 元钱”;证人刘玲的证言为:“在公司债务打包后,周刚有一次开车带着我到酿造公司楼下找吴平,路上周刚给了我几百块钱,说是领导入股的钱。”结合上述证据,被告人周刚供述,500 元转让金系 4 人同时在场时丁新彬交付的,交付时间为 2009 年,而吴平、刘玲对于在场人员的描述在丁新彬不在场这一事实上能够相互印证。可见,被告人周刚、吴平以及证人刘玲就 500 元股权转让金交付的时间、在场人员等关键细节事实的描述模糊不清,存在重大矛盾,不能相互印证,吴平、刘玲对于 500 元股权转让金系丁新彬交付这一事实并非亲眼所见，这种认知来源于被告人周刚的单方描述，系周刚供述的传来证据，从本质上讲属于孤证，考虑到被告人周刚在本案中的供述多处存在自相矛盾、与其他证据无法印证的情况以及系同案被告、与被告人丁新彬存在利害关系的特殊诉讼地位，该言词证据证明力极低，不应采信，现有证据不能证明被告人丁新彬存在预支股权转让金的行为。

其次，根据本案卷宗证据，被告人吴平将936元股权金交给周刚后，被告人周刚在2005年2月5日收款后给吴平出具收据，而起诉书虽然指控被告人丁新彬向周刚支付500元股权转让金，却没有任何周刚向被告人丁新彬出具的收据，因此，该指控事实与卷宗证据存在严重矛盾。

再次，根据起诉书，被告人丁新彬分得70股，按每股6元的股权转让价格，即便被告人丁新彬出资，数额也应该是420元，而不是起诉书指控的500元。

最后，根据被告人丁新彬的当庭供述，周刚2009年左右去北京接访，曾帮丁新彬代购过一只咖啡壶，经被告人周刚与丁新彬的当庭对质，周刚承认确实存在在北京接访期间购买过一只咖啡壶给丁新彬的事实，这与被告人丁新彬关于该500元现金系向周刚支付的咖啡壶代购款的供述可以相互印证，因此，被告人丁新彬曾经给过被告人周刚500元现金，但该500元系代购咖啡壶结算款，与本案待证事实之间不具有关联性。

5. 起诉书关于2011年11月22日将原属酿造厂的房屋产权变更到酿造公司名下的指控中，根据被告人吴平的当庭供述，变更房产证系为了顺利进行年检、恢复营业执照，是向相关领导汇报并经准许后的合法履职行为。同时，即便变更房产证这一行为存在不当之处，但被告人丁新彬既没有变更房产证所需要的职务便利，也没有实施具体的变更行为，不能因被告人丁新彬仅参与的一次饭局对原酿造公司改制情况的介绍，就认定被告人丁新彬参与了贪污犯罪实施行为甚至上升到是整个案件幕后指挥的地位。

6. 起诉书关于将酿造公司36万余元存入私人账户的指控中，该公账私存行为系被告人周刚、吴平的单方行为，与被告人丁新彬无关。

根据被告人吴平的证言，“我在中国银行开了个个人账户，就把酿造公司收的房租存到我这个账户上了，存到我个人账户上的钱也是我来收的，账户小本也是我来保管的”，“我们干这个事后没多久就把这事告诉了丁新彬，丁新彬也默认我们这么做”。因此，在该公账私存行为中，被告人丁新彬不是酿造公司的实际负责人，不具有职务便利，被告人吴平的证言证明在实施私存行为前被告人丁新彬并不知情，即便被告人吴平在事后告知了丁新彬，此时周刚、吴平的贪污行为已经既遂，且后续实际控制保管该租金的是吴平，自始至终该公账私存行为是周刚、吴平的个人行为，与被告人丁新彬无关。

四、本案中被告人吴平、周刚虽然在侦查阶段接受讯问期间作出了被告人丁新彬存在贪污故意与行为的不利供述，但在本案庭审阶段对上述供述均已否认，结合两人先前对被告人丁新彬存在的不满情绪、接受讯问时供述的变化以及法庭审理过程中的当庭表现，足以认定被告人丁新彬与两人不存在贪污罪的共谋行为

本案中，被告人周刚、吴平虽然在侦查阶段接受讯问时出具了不利于丁新彬行为认定的证言，但是在本案法庭调查阶段，被告人周刚、吴平均对原供述予以否认，尤其是在当庭对质阶段，被告人周刚对于500元股本金、便条及伊兰斋商议改制等关键事实所作有罪供述均予以否认，或者以记不清为由明显地回避控、辩、审三方的调查发问，被告人吴平明确表示侦查阶段讯问笔录记载的内容与自己的表述不一致，不存在与丁新彬的贪污共谋。同时，通过分析被告人周刚、吴平的历次讯问笔录，被告人周刚、吴平在接受调查之后、刑事拘留之前，始终坚持自己的行为属于正当改制行为，不存在犯罪故意；在刑事拘留之后、取保之前，周刚、吴平两人的供述开始出现有罪倾向，并开始出现受被告人丁新彬指使的供述，结合庭审中周刚、吴平关于听信相关人员讲丁新彬对自己做了不利证言的传言，可以认定被告人周刚、吴平对本案中被告人丁新彬心怀不满，做了对被告人丁新彬的不利供述。但在本案当庭审理过程中，面对庄严的法庭尤其是面对被告人丁新彬的当庭对质，被告人周刚、吴平均对原先的有罪供述予以否认。通过对被告人周刚、吴平不同阶段供述的梳理分析可以看出，被告人周刚、吴平在庭审阶段的供述系在控、辩、审三方在场的情况下做出，且经过当庭对质，该供述更加符合客观实际，同时结合以审判为中心的司法体制改革精神，应当以被告人周刚、吴平的当庭供述为准，作为定案依据，认定被告人丁新彬没有贪污的故意与行为。

五、即便认定被告人周刚、吴平存在诉讼造假、公账私存的不当甚至犯罪行为，该行为也与被告人丁新彬无关

本案中，起诉书的指控中，伪造章程、变更房产证、确权诉讼造假、开设账户进行公账私存等指控事实均与被告人丁新彬无关，被告人与本案有关的行为只不过是根据自己的理解对酿造公司改制的基本情况做了介绍、介绍了诉讼律师，不存在伪造证据、侵害国家财产的犯罪行为，因此，本案中被告人丁新彬与吴平、周刚具有不同的角色定位，即便认定周刚、吴平伪造章程、诉讼造假、公账私存等行为存在不当甚至涉嫌虚假诉讼等刑事犯罪,该部分行为也与被告人丁新彬毫无关系,对于被告人丁新彬涉嫌犯罪的指控不成立。

综上所述,根据2010年《最高人民法院、最高人民检察院关于办理国家出资企业中职务犯罪案件具体应用法律若干问题的意见》规定:"这些新情况、新问题具有一定的特殊性和复杂性,需要结合企业改制的特定历史条件,依法妥善地进行处理……在企业改制过程中未采取低估资产、隐瞒债权、虚设债务、虚构产权交易等方式故意隐匿公司、企业财产的,一般不应当认定为贪污……"我国的企业改制开始于20世纪90年代中期,而本案发生在国家主导国有企业改制初期,彼时《公司法》刚刚颁布,一切改制活动都在探索过程中,在此背景下,被告人丁新彬在股权纠纷案件整个诉讼过程中,主观上不具有获取股权份额的故意,客观上没有参与具体的诉讼行为,且没有采取低估资产、隐瞒债权、虚设债务、虚构产权交易等方式故意隐匿公司、企业财产的行为,更没有参与周刚、吴平二人的诉讼材料收集整理甚至造假行为,没有刻意隐匿公司、企业财产,本案起诉书指控的7节事实都与被告人丁新彬无关,根本不符合司法解释规定的犯罪构成,不成立贪污犯罪。

【裁判要旨】

被告人周刚、吴平、丁新彬以非法占有为目的,利用职务上的便利,侵吞国有资产,其行为已经构成贪污罪。被告人周刚、吴平主动投案,如实供述犯罪事实,系自首,被告人丁新彬起帮助作用,是从犯,依法可以从轻、减轻处罚。判决:

被告人周刚犯贪污罪,判处有期徒刑3年,缓刑4年;

被告人吴平犯贪污罪,判处有期徒刑3年,缓刑4年;

被告人丁新彬犯贪污罪,判处有期徒刑2年2个月。

【辩护路径】

一、贪污罪的核心事实在于非法侵吞国有资产,办理改制的贪污案件时,要注重对涉案资产性质的审查

本案的改制发生在1995年,是我国最早的一批改制工作试点单位,改制工作也是处于摸着石头过河的探索时期,难免存在不规范甚至违背法律之处,被告人和证人因囿于相关的法律知识欠缺,其言词证据中关于行为定性和效力的表述,还应当结合当时的改制文件等客观证据和法律法规进行审查。具体来讲,改制当时为了满足验资要求,将改制前的土地计入公司资产,但实际未办理产权变更,公司章程中也均是自然人

股东，没有国有资产代表，酿造公司改制后对原酿造厂土地的使用，更多的是政府对原有职工继续经营、得以生存的一种扶持，不能与出资行为混为一谈；而酿造公司2003年对职工的股权回购行为，也因违反《公司法》第一百四十二条“公司不得收购本公司股份”的明确规定而归于无效。事实上，酿造公司的股权依旧在职工手中，被告人的涉案行为无论如何都没有侵犯国有资产，不构成贪污犯罪。

二、债权被债务人之外的第三方买断只发生债权转移的法律效果，与债权消失不是同等概念

本案中，酿造公司作为被改制企业负债累累，当地国资委经过协商，从债权人处对酿造公司欠付的445万元债务一次性买断，但这种买断从民事法律定性来讲属于债权转让，对于酿造公司而言是债权人由原华融资产公司变为资产管理公司，并不产生债务灭失的法律效果，不能因此在对其进行资产评估时将该笔债务予以剔除，更不能以此认定资产管理公司取得了酿造公司的股权和资产。酿造公司对外负债减少、资产增加的法律效果只有在资产管理公司作为受让债权人单方免除其债务的情况下才会出现，三名被告人对该项决定也不具有任何职务便利，不符合贪污罪的客观要件。

三、在同案被告人存在不利有罪证言的情况下，辩护人应最大限度地保障被告人的当庭对质权

本案三名被告人中，第一被告人与第二被告人在侦查阶段均作了有罪供述，丁新彬参与合谋、商议分配股权的指控均来源于此两被告人及其他证人的言词证据。在法庭调查发问环节，辩护人作为第三被告人的律师，在控辩审三方对三名被告人发问均已结束的情况下，主动向法庭提出，鉴于三名被告人在之前庭前讯问和法庭发问环节供述不一、严重矛盾，为便于法庭查明事实，申请三名被告人进行当庭对质。经法庭许可后，通过当庭对质，明确了被告人周刚存在为丁新彬代购咖啡壶的事实，有力地印证了丁新彬关于起诉书列明的500元股权款是代购咖啡壶款项的无罪辩解。

敏感案件敢辩真辩，国法政策有机运用

——许强受贿、滥用职权从轻处罚案

【案情简介】

被告人许强原系W市市委常委兼任W市新区党工委书记，与该市宝艺文化艺术有限公司（以下简称宝艺公司）总经理姜军私交甚笃。因朋友之情，姜军将自己之前收藏的国内某书画名家亲笔所作的花鸟画送给许强，市场价值约1万元。许强在任期间，新区政府需要采购一批紫砂壶，许强便同意将此业务交由姜军的宝艺公司负责。另，姜军之妻因买卖合同纠纷被合同相对方控告而被刑事拘留，姜军拜托许强帮忙协调。

许强作为W市新区党工委书记，在处理下属单位的正常事务过程中，下属单位空港产业园和国际科技产业园给其发放14万元的奖金。

许强在担任W市新区党工委书记期间（2012年9月至2014年12月），根据W市新区机构设置、人员配置和薪酬体系的特殊性，决定并签批新区有关部门申请，同意在薪酬体系之外发放446万元专项奖励，实际发放人民币370.7万元，其中许强领取人民币19.1万元。

该案属于级别较高的官员涉嫌职务犯罪案件，因与级别更高的原省部级官员职务犯罪案件有关联，属于敏感案件，故备受社会各界关注。辩护人接案后敢辩真辩，主动调查取证，充分运用国法、政策，本案通过有效辩护虽未能让被告人出罪，但最终为被告人许强争取到了个罪和数罪并罚最大幅度的从轻判决，社会和法律效果都很好。

【控方指控】

一、受贿

1. 被告人许强利用担任W市的市委常委、市委秘书长、W市新区党工委书记的职务便利，为宝艺公司产品销售、该公司总经理姜军之妻涉嫌诈骗犯罪案件处理等方面谋取利益，于2008年下半年的一天，在办公室收受姜军所送价值人民币12万元的工笔花鸟画1幅。

2. 被告人许强利用担任W市的市委常委、W市新区党工委书记的职务便利，为W市的空港产业园在重大项目招商引资等方面谋取利益，于2013~2014年，先后2次在办公室收受该园区负责人以奖金名义所送的人民币共计4万元，分别是：(1)2013年春节前的一天，收受人民币2万元；(2)2014年春节前的一天，收受人民币2万元。

3. 被告人许强利用担任W市的市委常委、W市新区党工委书记的职务便利，为W市国际科技产业园在企业债发行、招商引资等方面谋取利益，于2011~2014年，先后5次在办公室收受该园区负责人以奖金名义所送的人民币共计10万元，分别是：(1)2011年春节前的一天，收受人民币1万元；(2)2012年春节前的一天，收受人民币1万元；(3)2012年下半年的一天，收受人民币2万元；(4)2013年春节前的一天，收受人民币2万元；(5)2014年春节前的一天，收受人民币4万元。

二、滥用职权

2012年9月至2014年12月，被告人许强在担任W市委常委、新区党工委书记期间，明知发放各类专项奖励须严格控制发放范围，履行向上级党委、政府报批手续，仍违反规定，擅自签批新区有关部门申请，同意在薪酬体系之外发放446万元专项奖励，实际发放、造成国家损失人民币370.7万元，其中，许强领取人民币19.1万元。

【辩护要点】

一、受贿罪

(一)被告人许强收受姜军花鸟画的行为不构成受贿罪

1. 受贿罪最重要的辩点之一是受贿数额的确定是否精确，辩护人从花鸟画价格鉴定意见存在鉴定方法与实际操作严重不符、鉴定结果依据不充分、鉴定程序不合法等问题出发，认为涉案花鸟画价格鉴定意见不能采信。

从鉴定方法上看，该份鉴定意见载明的鉴定方法与实际操作严重不符，鉴定依据不足。首先，根据鉴定意见记载，该价格鉴定采用专家咨询法，进行了市场调查并向相关专家进行了价格咨询。但是价格鉴定意见正文和附件中并没有相关市场调查资料，不能证实是否进行过市场调查。其次，在专家咨询法方面，选取的5位专家仅对涉案画作的真伪进行了简单判断，并未给出价格，同时没有提供5位专家的个人信息,难以判断最终结论的权威性、合理性。最后,专家咨询法应由专家提出各自意见,应经鉴定人员依据平均法、众数法等统计分析方法处理后,形成最终鉴定意见,而本案中既没有专家关于字画价格的具体分析意见,也没有说明以何种数据分析方法形成最终结论。综上,该鉴定意见严重违背鉴定操作规范,载明的鉴定方法与实际操作严重不符,系鉴定方法错误。

从画作本身的特征来看,涉案画作系某书画名家 1996 年创作,属早期作品,且涉案画作为新春双喜题材,是常见题材。就影响力而言,某书画名家的知名度主要及于江苏省内。该书画作品属于现代艺术,交易价值具有极大的波动性、地域性,随着书画市场行情的消长而变化,往往有价无市。同时,该鉴定意见的价格认定与某书画名家其他同类型、题材的画作的客观市场价格存在巨大差距,不具有合理性。辩护人走访专家和古玩市场进行了调查取证,证人苏红的证言证实某书画名家该类型题材书画作品在 2008 年的市场交易价值在 5 万元左右,同时辩护人提供了博宝古玩城的交易信息,经专家审核,某书画名家类似画作《江南丽春》(128 × 66cm)在 2013 年 1 月的实际出售价格仅为人民币 2 万元。因此,该幅画作的价值远远低于鉴定价值。

2. 被告人许强不存在为姜军谋取利益的犯罪故意与客观行为,不符合受贿罪犯罪构成要件。

(1)涉案的紫砂壶采购事实系新区政府的正常、合法采购行为,事实是许强请求姜军公司供货,而不是姜军主动请托要求许强为他谋取利益,且姜军在该笔采购中没有获利,被告人许强在该次采购中不仅没有为他人谋取利益,反而通过低价采购为新区政府极大地节省了经费开支。

新区政府当时确实存在紫砂壶等礼品采购的实际需求,且因金额较小不需要进行招标,采购程序符合规定。向宝艺公司采购紫砂壶是基于对该单位信誉及生产工艺的信任,姜军曾出具证言,“因为我们关系较好,他怕在市场上买不到正品,相信我的紫砂壶在质量上不会骗他”。被告人许强当庭也供述姜军早在 2004 年就曾邀请自己参观设计工作室,从姜军的宝艺公司采购紫砂壶主要是基于对产品工艺及质量的信任。

辩护人向具体制作的供货证人邹明辉进行了调查,邹证实该紫砂壶当时市场价格为每只 3000 元,在与宝艺公司的交易洽谈中一开始定价为每只 2000 元,后经协商考虑到双方有长期业务合作,所以最终商定价格为每只 1200 元。结合姜军的证言(辩护人调查取证)及新区的财务凭证,宝艺公司在涉案紫砂壶制作完成后就向邹明辉全额支付了12万元,并主动承担开票税金,支出远远高于新区支付的116,400元货款。因此,被告人许强不仅没有为姜军及其公司谋取任何利益,反而因制作方邹明辉主动降价、宝艺公司以原订购价供货,并主动承担了三只破损茶壶和税费数千元,为W市新区极大地节省了采购经费。

(2)在姜军妻子被拘留一事上,许强没有为姜军一家谋取利益。姜军妻子被拘留系合同相对方虚假报案,企图以刑事手段解决民事合同纠纷,因证据不足按照法律规定予以取保候审系依法处理,被告人许强仅是一般性地询问了解,没有为姜军谋取利益的故意与行为。谁都有朋友,朋友有难伸手相帮也是应有之义,实属人之常情。

根据倪守虹的证言,"说他有个朋友被W市B区的公安带过来了,请我帮他了解一下情况";根据邵伟明的证言,"当时这个人因为证据不足,不够刑拘,本来就要取保候审的,跟倪守虹打电话给我没有关系"。结合倪、邵两人证言,许强仅是请倪守虹帮忙了解情况,倪就打电话问了邵伟明,办案机关因姜军妻子涉嫌犯罪证据不足,不符合刑事拘留条件而变更强制措施,与倪守虹打电话询问无关。该案最后被认定为一般民事纠纷,不构成合同诈骗,案件已经依法撤销,这进一步印证了许强就该事不存在利用职权为姜军谋取利益的故意与行为。

3.涉案画作交付时间与指控的谋取利益行为没有关联性,姜军赠与许强画作是朋友之间的人情往来。涉案画作的交付时间为2008年,采购紫砂壶及姜军妻子被传唤的时间分别为2010年和2014年,涉案画作与后续事项之间不具有刑法所规定的权钱交易的关联性。许强与姜军相识于2004年,两人私交甚好,姜军赠予涉案画作是出于对许强2005年汽车买卖中让利1万元以及指导企业发展的回馈,不具有贿赂性。

受贿犯罪的本质是权钱交易,根据2016年4月18日《最高人民法院、最高人民检察院关于办理贪污贿赂刑事案件适用法律若干问题的解释》第十三条之规定,权钱交易的关联性主要表现为:(1)实际或者承诺为他人谋取利益的;(2)明知他人有具体请托事项的;(3)履职时未被请托,但事后基于该履职事由收受他人财物的。本案中,姜军涉案画作的交付时间为2008年,交付时没有任何请托事项,被告人许强也不存在任何为其谋取利益的承诺,采购紫砂壶及姜军妻子被传唤的时间分别为2010年和2014年,不属于刑法所规定的为他人谋取利益的情形,涉案画作与后续紫砂壶采购、打听姜军妻了的涉案情况等都不具有因果联系与权钱交易的时空关联性、对价性,不符合受贿犯罪的构成要件。

（二）被告人许强涉嫌收受下属单位14万元奖金不构成犯罪

下属单位W空港工业园、W国际科技产业园财政独立，涉案奖金发放由下属单位领导决定，采取普发式发放，即便该奖金发放不当，也是涉案单位负责人违反财经制度、滥发奖金的结果，包括许强在内的10余位新区管委会领导仅是被动领取，不构成受贿犯罪。

1. 空港工业园、国际科技产业园财政独立运行和核算，涉案奖金系单位主要负责人沈雪芬、朱晓宏、周立勇审批发放，且奖金发放请示报告里明确列明发放对象为新区管委会及具体人员，程序透明，不存在"暗箱操作"。

2. 涉案奖金系下属单位负责人沈雪芬等人连续多年依惯例发放，所有奖金来源均为许强到任前已经存在奖项，不存在因人设奖的情况。

3. 涉案14万元奖金均为普发式发放，包括许强在内的10多位新区管委会领导均被动领取了奖金，即便该奖金发放不当，也不存在请托、牟利等违法行为。结合起诉书第二部分滥用职权罪项下的相关事实，对比新区工作人员尤其是提出并参与奖金审核的相关领导的行为，被告人许强仅仅是被动领取奖金，与后续新区工作人员领取奖金的行为没有本质区别，甚至情节更轻，因此其行为不构成受贿犯罪。

4. 若将许强上述行为定性为犯罪，那么历年领取奖金超过3万元的人员都要被追究受贿罪刑事责任，国际科技产业园与空港工业园主要负责人也将涉嫌单位行贿罪和涉嫌滥用职权罪。

二、滥用职权罪

（一）W市新区实行全员合同制，人员编制复杂，自成立时即建立起特殊的管理体制和薪酬制度，这是原有政策确定的，并且从2007年暂缓登记至今没有进行公务员登记，不适用W市政府的〔2012〕82号文，因此指控滥用职权的依据不成立

1. W市政府的〔2012〕82号文第一部分即阐明适用对象是公务员工资制度和事业单位绩效工资改革，专项奖励审批程序针对的是行政事业单位在职在编人员。新区自2001年开始实行企业化管理，建立全员合同制，并形成独立的管理和薪酬体制。2007年政府进行公务员绩效工资改革、推行阳光工资时，W市人事局还专程前往新区调研并形成汇报材料，经市委市政府审议决定不进行公务员登记，保留新区原有管理体制。

2. W市市委、市政府对于W市新区的奖金设立、发放有明确认识并予以认可，进一步印证了W市新区不适用于2012年政府82号文的规范调整。许强当庭供述，2014年江苏省督查组曾明确向W市提出理顺新区人员身份，但均未得到落实，

甚至W市相关主要领导还曾领取了新区发放的部分奖金。W市除W市新区之外，W市高新区、W市国家级经济开发区等另外15家开发区，都存在与W市新区相同的奖金设立、审批发放行为。综上，涉案奖金是在W市领导明知且默示许可的背景下发放，被告人许强不存在起诉书所指控的违反规定、擅自审批发放的滥用职权行为。

3. W市新区自2007年实施阳光工资制度开始就没有进行公务员登记，作为特例保留了原有薪酬体制。新区客观上也不存在适用施行条件，新区其他主要领导均进行传阅签字后，都不认为该文件适用于新区，依旧提出奖金发放申请，这也印证了许强当时不可能存在该文件适用新区的主观认识，更谈不上违规发放奖金的滥用职权故意。

（二）被告人许强没有从事滥用职权的客观行为

1. W市新区编制复杂，存在2/3左右的企业职工身份工作人员，相关局负责人都有企业职工身份，涉案奖金发放的目的在于为新区员工提供生活保障，以多劳多得的薪酬机制激励新区人员加班加点、积极主动地开展新区建设工作，该部分奖金的发放具有合理性及历史延续性。

2. 涉案奖金的发放对象、数额都有明确的名册记载及财务凭证，发放对象多为新区工作人员，他们与新区政府存在长期的聘用关系和后续薪酬的支付往来，容易追回。根据最高人民法院批复（法研〔2004〕136号），因滥用职权致使公共财产，国家和人民利益遭受的损失计算至侦查机关立案之时，因此若在刑事立案前的纪委双规期间追回，根本不存在国家与单位资金业已流失且无可挽回的实质后果，滥用职权罪名根本不成立。

3. 涉案奖金的发放目的在于避免因新区员工待遇差别而产生矛盾，保证新区建设的顺利进行，不同于滥用职权犯罪中故意逾越职权给国家造成损失的行为。涉案奖金的发放营造了多劳多得的工作氛围，促使新区人员以更高的热情投身工作，新区在管理、招商引资方面取得的建设成果远远高于发放的奖金数额，涉案审批行为没有给国家和单位利益造成实质损失，不符合滥用职权罪的犯罪构成。

（三）本案涉及的行为在该市各区均有发生，不是个案

若认定W市新区必须适用〔2012〕82号文件，且被告人许强的行为构成滥用职权罪，那么根据2005年6月7日国务院办公室印发的《关于严肃纪律加强公务员工资管理的通知》，从国家层面规范奖金、津贴后，多个地市和开发区10年来奖金审批的惯例做法都将涉嫌犯罪，检法机关将陷入国家法律严肃性与地区稳定的两难

境地，为实现判决的社会效果与法律效果相统一，不宜将被告人涉案行为上升到犯罪程度进行处理，最多也只能认定为一般违纪行为。

综上所述，被告人许强审批发放奖金等行为与滥用职权案件中故意逾越职权、错误决策致使国家遭受损失的情形有本质区别，不符合滥用职权罪故意违规行使职权、造成严重损失的构成要件，滥用职权犯罪的指控不能成立。

三、量刑辩护

若合议庭经认真评议还认为被告人许强构成受贿罪和滥用职权罪，则在对其个罪量刑和综合量刑时应考量如下减轻或从轻情节：

（一）被告人涉嫌受贿犯罪的从宽量刑情节

被告人许强对于涉嫌数额均为被动收受，行为情节较轻，未给国家、单位造成实际损失，相反推动了新区的建设发展。结合《刑法修正案（九）》及贪污贿赂案件司法解释注重考察职务犯罪情节的精神，应对被告人从轻处罚。

（二）被告人涉嫌滥用职权犯罪的从宽情节

从数额上讲，起诉书指控滥用职权罪部分中合计 148.5 万元的奖金发放具有合法合理依据，其余 222.2 万元奖金中有 140 余万元的发放对象系新区企业身份人员，不属于〔2012〕82 号文的规范调整范围，应予扣除，因此许强涉嫌滥用职权行为实际涉案金额为 80 余万元。从效果上讲，涉案奖金的发放客观上提升了新区人员的工作积极性，与实际发放数额相比，W 市新区无论是在管理建设还是招商引资方面，都取得了更大成绩，应酌情从轻处理。

（三）被告人许强具有自首、立功、退赃情节，并且一贯表现良好，应对其从轻、减轻处罚

被告人许强因起诉书以外的案外原因被采取“双规”措施，在原立案线索不成立的情况下，起诉书中涉嫌受贿罪的指控内容均由许强主动交待，此外许强还主动交代了受贿罪之外的涉嫌滥用职权的行为，系双自首，依法可以减轻处罚。

被告人许强在案件办理过程中，主动揭发 W 市及其他开发区人员的受贿、滥用职权的犯罪行为，内容明确、线索清晰且涉案数额巨大，系重大立功，应对被告人减轻处罚。

被告人在案发后主动退赃 50 万元，悔罪态度良好，依法可以从轻处罚。

被告人在 W 市新区任职期间，通过努力工作为国家创造财富、为职工谋取利益，称得上是一名优秀务实的干部，恳请法庭在量刑时充分予以考虑，从轻处罚。

【裁判要旨】

被告人许强身为国家机关工作人员，利用职务上的便利，为他人谋取利益，非法收受他人财物，数额巨大，其行为已构成受贿罪；被告人许强滥用职权，致使国家财产遭受重大损失，情节特别严重，其行为已构成滥用职权罪，依法均应予以惩处。被告人许强归案后，如实供述自己的罪行，系坦白，可以从轻处罚。案发后被告人许强的亲属代其退出全部赃款和违法所得，并预缴罚金，可以酌情从轻处罚。公诉机关指控被告人许强犯受贿罪、滥用职权罪的事实清楚，证据确实充分，指控的罪名成立，依法予以支持。据此，依照《刑法》第三百八十五条第一款，第三百八十六条，第三百八十三条第一款第（二）项、第二款、第三款，第三百九十七条第一款，第九十三条第一款，第六十七条第三款，第六十九条第一款，第六十四条之规定，判决如下：

一、被告人许强犯受贿罪，判处有期徒刑 3 年，并处罚金人民币 20 万元；犯滥用职权罪，判处有期徒刑 3 年，决定执行有期徒刑 4 年，并处罚金人民币 20 万元。

二、已被办案机关扣押的涉案的书画名家工笔花鸟画一幅、受贿赃款人民币 246,227 元及违法所得人民币 19.1 万元，予以没收，上缴国库。

【辩护路径】

一、职务犯罪类重大敏感案件，要敢于依法取证，敢辩真辩

职务犯罪案件，特别是级别比较高的官员的贪污、受贿案件，常常属于敏感型案件，在办理的过程中往往容易招致风险，但这不能成为辩护人不尽职辩护的理由。本案办理过程中，在案件事实不清、受贿物品价格鉴定意见和稀泥的艰难情况下，辩护人积极调查取证，合法合规地对行贿人进行了询问，掌握了事实真相，同时对书画鉴定专家进行了询问，走访了古玩书画交易市场情况，获取了书画交易价格第一手信息和专家意见，对于有效质证第一笔受贿数额起到了关键性作用。

辩护的过程不仅是推翻控方证据链的过程，也是辩方构建己方证据体系并为法庭所采纳的过程，而辩方证据体系构建的起点在于依法调查取证，以获取更为真实有效的第一手资料。只有通过调查取证，辩护人才能在辩护过程中更有底气，真正做到有理有据、翔实充分。

职务犯罪类案件办理过程中，辩护人还需要有胆有识。对于政府政策制定和执行方面的历史遗留问题，要敢于批判；对于现阶段仍然存在的不足，要敢于指出；对于将违规违纪问题上升到刑事犯罪问题的，要敢于指正。只有这样，才能更好地帮助法庭厘清历史问题和现实问题、政治问题和法律问题，更好地维护被告人的合法权益。

二、国法、政策有机结合、灵活运用，也是有效辩护的利器

原最高人民法院副院长沈德咏在山东于欢案在网络发酵引起全社会广泛关注时，于2017年4月5日在济南市主持召开刑事审判工作调研座谈会时强调：刑事审判牵涉社会生活方方面面，事关社会公平正义。刑事审判工作贯彻法治原则，坚持严格司法，依法裁判，是不能动摇的原则，是必须坚守的底线。同时，要高度关注社情民意，将个案的审判置于国法、天理、人情之中综合考量。实现法理情的有机结合，既要靠完备的法律制度，更要靠法官的经验、智慧与良知。在刑事审判领域，无论是制定司法政策，还是办理司法案件，都要统筹兼顾法律正义和社会正义，坚守法律底线和道德底线，努力探讨和实现法理情的有机结合。

本案中，对于许强收受下属单位发放的奖金以及滥用职权发放奖励的指控，首先要考虑W市新区的实际情况，不能脱离新区的机构设置、人员构成和编制、薪酬体系等方面的特殊性来“一刀切”地认定不符合W市的〔2012〕82号文件的规定发放专项奖励即是违法，这是历史政策，许强也仅是按照原有政策继续执行而已。若许强的行为被认定为滥用职权，这不是其个人原因造成的，是历史遗留问题，不能将此后果归于其一人承担。若是许强的行为被认定为滥用职权，那么W市新区所有获得奖励的工作人员均应该退还所得，这是违背大众切身利益的，这是人情问题。因此，辩护过程中，要充分了解和熟知被告人任职区域、部门和岗位的具体情况，同时要考虑整个政府机构的设置和沿革方面的情况，充分了解政策、国情，动之以情、晓之以理，另辟蹊径，为被告人的行为模式找寻合理的解释。

三、职务犯罪辩护要把握好坚持与妥协的尺度问题

职务犯罪类案件与党和国家的政策密切相关，这是与其他案件最为明显的区别。正因为这个特殊性，在办理此类案件过程中，不仅要关注案件本身，同时还有关注其他相关案件；不仅要注意把握本案中法律、政策层面可作辩护的空间，同时要善于利用其他案件中的漏洞来为本案服务，比如政府政策制定和执行的失误、前任工作遗留问题、因上一级领导交办而被牵连的情形等，让司法机关了解被告人涉嫌犯罪行为是情有可原或者被动甚至被迫的事实，在此基础上，用推翻控方证据链条和建立辩方证据体系相结合的方式做无罪辩护或罪轻辩护，虽然可能无法达到无罪或罪轻的目的，但是在具体量刑上会有所体现，这是一个坚持和妥协的过程，亦是辩护人从追求有效辩护到有效果辩护的重要手段。

辩诉交流去疑罪，判例检索显成效

——陶清等六人非法买卖、储存危险物质缓刑案

【案情简介】

金秋十月，本该是丰收的季节。作为N市L区历史最悠久、规模最大的铜管加工企业之一，清鑫铜业有限公司(以下简称清鑫铜业)本该正处于一年中的生产销售旺季，但此时其早已停产，厂区内冷冷清清，只有门卫监控室内的安保人员还在坚守岗位。辩护人在空荡的厂区内搜索着，不放过一个对辩护有用的细节，包括危险化学品安全操作规范、铜管生产步骤流程、剧毒氰化钠使用监控设备等。自接受委托后，这已是辩护人第三次到涉案现场调查取证了……

2017年8月29日，公司法定代表人陶清以及车间主任陶英、办公室主任潘小雨、原主任朱志文、胡乘鑫等人被N市L公安分局以涉嫌非法买卖、运输、储存危险物质罪予以刑事拘留。

陶清等人的被捕，不仅使得清鑫铜业的内部生产停滞，甚至影响了整个区铜管行业的发展。公司内部，清鑫铜业公司骨干成员均被羁押，导致该厂生产经营被迫停滞，数百名职工面临失业。清鑫铜业公司又恰逢政府拆迁规划，亟须负责人出面协商拆迁事宜；公司外部，陶清同时兼任区工商业联合会副会长、铜材协会会长，其经营的清鑫铜业公司也是该区唯一一家拥有危险化学品购买、使用资质的企业，陶清被羁押导致该区整个铜管行业面临前所未有的萧条。

后经阅卷，辩护人发现，公安机关的起诉意见书载明清鑫铜业公司涉嫌向5人出售剧毒化学品氰化钠约2500公斤，既有在厂区内使用的也有出售到厂区外其他企业及个人使用的。加上购买方，涉嫌犯罪人员达数10人。涉案人员之多、涉案剧毒化学品数量之大，使辩护工作压力巨大。如何帮助深陷泥潭的民营企业重生，考验着辩护人的经验与智慧！

【控方指控】

起诉书指控，被告单位清鑫铜业违反化学品管理规定，该公司法定代表人陶清先后安排陶英、潘小雨、朱志文、胡成鑫、陈晓春等人以每公斤25元、40元、45元、50元不等的价格多次向张卫、鲍志朋、汤晓明、李军等人非法出售剧毒品氰化钠共计2321.6公斤。2017年上半年，被告单位清鑫铜业公司、被告人陶清安排被告人潘小雨、陈晓春通过做假账的方式，将三桶共计143公斤氰化钠从危化品仓库提出后非法储存在该单位配件仓库二楼西北侧的房间内。被告单位清鑫铜业非法买卖、储存毒害性物质，危害公共安全，被告人陶清作为直接负责的主管人员，被告人陶英、潘小雨、朱志文、胡成鑫、陈晓春作为直接责任人员，应以违法买卖、储存危险物质罪追究被告单位清鑫铜业公司、被告人陶清、陶英、潘小雨、陈晓春的刑事责任，以非法买卖危险物质罪追究被告人陶英、朱志文、胡成鑫的刑事责任。

注：起诉书去掉了起诉意见书中售出厂区外的两节指控。分别为：(1)2012年期间，陶清多次指使陶英将数十几公斤氰化钠非法出售给在某区东屏镇工业园区经营某五金制品有限公司的鲍志朋；(2)2003年期间，清鑫铜业公司法定代表人陶清向芮军出售一桶(50公斤)氰化钠。

【辩护要点】

一、本案中涉案氰化钠仅限于在清鑫铜业厂区内使用，其类似于清鑫铜业自己使用，社会危害性较小

客观上，陶清在鲍志朋、张卫等人租用其厂房期间，将其合法购进的氰化钠提供给承租人使用的行为确实触犯了法律，但其社会危害性较小。首先，陶清将氰化钠提供给承租人使用的范围仅限于承租其厂房的单位，且该厂房位于其企业厂区内部；其次，涉案氰化钠的领取、使用及后期废水的处理均由清鑫铜业指派的具有安全资质的操作员全程负责，相关承租单位无法掌控涉案氰化钠；最后，清鑫铜业非法买卖氰化钠的目的并非纯粹为了获利。根据被告人陶清的当庭供述，清鑫铜业为办理危险化学品购买许可证软硬件设备一次性投入20余万元，此外每年还需支付安全培训费、监控维护费等各项费用2万余元。而清鑫铜业非法出售氰化钠的利润总额仅为1万元左右。正因如此，该区21家铜管企业只有清鑫铜业一家企业拥有该项资质(后来增加到3家)。综上可以认定，涉案氰化钠不存在流出厂区、流入社会的可能性。换句话说，陶清将氰化物提供给承租人使用的行为与清鑫铜业自己使用基本相似。被告人的行为虽然触犯了法律，但其社会危害性较小。

主观上，陶清非法买卖、储存危险物质的主观恶性较小。一方面，陶清非法出售氰化钠的目的并非单纯为了盈利，而是在企业艰难生存过程中为了能让企业自身及员工更好地生存发展，非法储存三桶氰化钠的目的也是应对拆迁后5个月左右的时间内无法办理购买资质而可能造成的停产停工，而非为了买卖等其他非法目的。陶清限定氰化钠不得带出清鑫铜业的厂区，规定涉案氰化钠的领取、使用及后期废水的处理均由清鑫铜业指派的具有安全资质的操作员全程负责，其他使用企业无法掌控涉案氰化钠，这些客观行为都表明了陶清犯罪的主观危险性较小。综合全案来看，陶清的安全意识是较强的，缺乏的仅是法律知识。尽管如此，陶清对法律认识错误也是有一定原因的，例如本案中的张卫在租赁清鑫铜业厂房期间生产铜管时并没有注册自己的公司，其对外经营、走账都用的是清鑫铜业的名义、清鑫铜业的公章，该经营模式类似于企业内部的承包经营，这也造成了被告人陶清对氰化钠使用法律法规的认识错误，误认为只要不卖到厂区外就不会触犯法律。

二、本案属于刑事违法与行政违法交叉并存的情况，两法皆可处罚，刑罚处罚时应尽量从轻

国务院于2013年12月7日颁布实施的《危险化学品安全管理条例》第八十四条规定，危险化学品生产企业、经营企业向不具有相关许可证件或者证明文件的单位销售剧毒化学品、易制爆危险化学品的，由安全生产监督管理部门责令改正，没收违法所得，并处10万元以上20万元以下的罚款；拒不改正的，责令停产停业整顿直至吊销其危险化学品安全生产许可证、危险化学品经营许可证，并由工商行政管理部门责令其办理经营范围变更登记或者吊销其营业执照。危险化学品生产企业、经营企业非法对外销售剧毒化学品的社会危害性应该更大，但其仍存在行政处罚的前置性规制措施。清鑫铜业只在厂区内销售给承租单位使用，使用过程全程监控，与社会上无证主体向不特定无证他人销售并放任不管的情形相比，辩护人认为陶清的行为确实属于“刑行交叉”的情形，量刑时应可依法从轻。

三、请求法院对陶清依法适用缓刑，以最大限度地实现司法活动的法律效果和社会效果相统一

让我们感动的是，经过和公安机关多次沟通，本案的检察官一直恪守以事实为依据、以法律为准绳的办案原则，认真听取了辩护人在审查起诉阶段的辩护意见，并依法调整了起诉意见中的内容。对于检察机关提出的对陶清判处3~4年有期徒刑的量刑意见，辩护人表示尊重。但辩护人认为，综合本案的案件事实、被告人行为的社会危害性和被告人的人身危险性等情节，对被告人陶清依法判处3年有期徒刑并适用缓刑更为合适,也是符合法律规定的。

《刑法》第七十二条第一款规定,对于被判处拘役、3 年以下有期徒刑的犯罪分子,同时符合下列条件的,可以宣告缓刑,对其中不满 18 周岁的人、怀孕的妇女和已满 75 周岁的人,应当宣告缓刑:犯罪情节较轻;有悔罪表现;没有再犯罪的危险;宣告缓刑对所居住社区没有重大不良影响。

被告人陶清犯罪情节较轻,身为该区工商联副会长、铜材协会会长、清鑫铜业的负责人,陶清人身危险性极小,认罪悔罪,没有再犯危险性,宣告缓刑对所居住社区没有重大不良影响,完全符合刑法中关于适用缓刑的条件。此外,辩护人通过对类似案件裁判结果的大量检索发现,司法实务中,对与本案情节相似或涉案情节更严重的绝大部分被告人均适用了缓刑。清鑫铜业发展至今,清鑫铜业及陶清承担的社会责任已远远大于其为自身实现的经济利益。陶清在当地开办企业 20 多年,清鑫铜业现有员工数百人,近年来平均每年为国家财政纳税几十万元。即使在铜管行业不景气的今天,陶清仍在坚守。陶清等人的逮捕,已使清鑫铜业的经营陷入困境,数百名工人面临失业。

对符合缓刑条件的陶清适用缓刑以使得企业正常经营,也是拥护和贯彻"保护民营企业"的中央政策精神的需要。2016 年 11 月 4 日颁布实施的《中共中央、国务院关于完善产权保护制度依法保护产权的意见》强调,保护产权是坚持社会主义基本经济制度的必然要求,要以发展眼光客观看待和依法妥善处理改革开放以来各类企业特别是民营企业经营过程中存在的不规范问题。最高人民法院、最高人民检察院分别在 2016 年 11 月 28 日、2017 年 1 月 9 日也颁布了专门的实施意见。2017 年 11 月 5 日,最高人民检察院检察长曹建明在十二届全国人大常委会第二十四次会议上所做的《最高人民检察院关于加强侦查监督维护司法公正情况的报告》中也特别提到,"要防止'案件办了、企业垮了',防止因执法办案不当加剧企业生产经营困难"。最高人民法院法发〔2016〕27 号、法发〔2016〕28 号两份文件均强调,"尊重历史,实事求是,以发展眼光客观看待和依法妥善处理改革开放以来各类企业特别是民营企业经营过程中存在的不规范问题"。

综上所述,被告人陶清如实供述、认罪悔罪。但作为法律人,我们应当看到,其行为实质上是介于行政违法与刑事犯罪之间,两者皆可处罚。与其他非法买卖、储存危险物质的犯罪不同,本案具有明显的特殊性:本案涉嫌单位犯罪、企业家犯罪、清鑫铜业拥有剧毒化学品购买许可证、限于厂区内部使用并控制使用全过程、仅出售给承租单位、社会危害性较小。此外,毋庸讳言,本案之所以发生,危险化学品的相关监管部门长期的监管不力也是不可忽视的原因之一。综合全案,陶清的犯罪情节较轻、人身危险性极小,对其进行以剥夺人身自由为内容的特殊预防的必要性极小,在恢复性司法的目的刑理论日益繁盛的当今,对其适用缓刑既符合刑法罪责刑相适应的原则又完全能够实现刑罚的目的。对于清鑫铜业,其非法出售氰化钠的利润也就1万元左右,在对单位判处罚金刑时应予以考量。司法不是机械地执法,辩护人恳请法庭能够综合考虑本案的事实、情节,灵活地适用法律以在个案中实现公平正义,这也是我们作为专业法律人的责任所在。

相关判例检索报告见文末附件。

【裁判要旨】

根据公诉机关的建议,本案适用刑事案件认罪认罚从宽制度下的简易程序审理。根据庭审查明的事实,本案涉案氰化钠没有流出被告单位厂区,且全部被被告单位厂房承租人用于铜管的清洗,未造成环境污染或其他严重后果,酌情对被告单位及各被告人从轻处罚。被告单位、各被告人一贯表现良好,自愿认罪认罚,悔罪态度诚恳,酌情予以从轻处罚。

【辩护路径】

经过辩护人的持续努力,包括被告人陶清在内的6名被告人均被判处3年以下有期徒刑并适用缓刑。回首望去,本案之所以能够取得理想的成绩,主要有以下4点原因:

一、有效辩护胜在庭外

艾伦·德肖维茨曾说过:“现实生活中,很少有哪个案子是通过法庭上的伶牙俐齿胜出的,案件的成败在于庭前充分的准备!”辩护人在侦查阶段了解到,本案涉及多个企业、数十名犯罪嫌疑人,该情形对申请变更强制措施及以后的争取缓刑都极为不利,因此辩护人在侦查阶段就根据会见及与公安交流的情况制作了《陶清涉嫌非法买卖、运输、储存危险物质案侦查阶段辩护意见暨变更强制措施申请书》,并提交给办案机关。一方面,申请将清鑫铜业与张卫、鲍志朋等人非法买卖、运输、储存危险物质的案件分案处理,尽量减小案件的影响;另一方面,申请变更陶清、潘小雨、陶英等人的强制措施为取保候审。此外,辩护人还提出,本案中潘小雨、陶英系受清鑫铜业负责人陶清的安排具体处理相关事项的,建议将潘小雨等人非刑事化处理。虽然变更强制措施的申请未获批准,但起诉意见书中将清鑫铜业涉嫌非法买卖、运输、储存危险物质案与张卫等人涉嫌的非法买卖、运输、储存危险物质案分案处理,为以后适用缓刑提供了条件。

起诉意见书指控清鑫铜业及陶清涉嫌非法多次向5人出售氰化钠，其中出售给鲍志朋及芮志军的氰化钠系售出清鑫铜业厂区外的。该情节影响到涉案氰化钠的影响范围，从而影响到能否适用缓刑。经认真阅卷并与陶清充分沟通，辩护人制作并向检察机关递交了《陶清涉嫌非法买卖、储存危险物质案审查起诉阶段辩护意见》。辩护人认为，将氰化钠售出清鑫铜业的指控事实不清，依法不应认定；犯罪嫌疑人潘小雨、陶英等人系清鑫铜业员工，依法应认定为从犯；除两笔售出厂区的外，陶清对本案指控均予认可，建议适用认罪认罚从宽制度。上述意见均被起诉书认可并接受。

二、主动为公诉人和法官检索判例

2017年8月1日颁布实施的《最高人民法院司法责任制意见（试行）》明确，为进一步统一裁判尺度，意见新创设了类案与关联案件检索机制，明确承办法官在审理案件时，应当依托办案平台、档案系统、中国裁判文书网、法信、智审等，对最高人民法院已经审结或正在审理的类案与关联案件进行全面检索，制作检索报告，并分情形做出处理。因此，律师在辩护过程中可以主动地将该部分工作做在前面，通过大量的案例检索，筛选出与本案案情最为接近、对辩护最为有利的裁判文书，制作格式简明的检索报告提交给检察院、法院。这一方面可以减轻办案人员的工作负担，另一方面也可以补强辩护意见，特别是对一些不太常见的案件，该工作的作用尤为明显。本案即是一个运用判例检索报告进行有效辩护的典型案件。辩护人在审查起诉阶段即制作了简明详尽的判例检索报告，说明该类案件类似情形下的案件大多数适用的是取保候审措施和缓刑，在庭审阶段又提交给法院一份，为本案最终得以全案适用缓刑起到了很大的促进作用。

三、在刑行交叉案件中妥善协调刑事、行政处罚的关系

对于行政犯，国家均设置了相应的行政规范及相应的行政处罚措施。对于一般意义上的行政违法行为，予以行政处罚即可。对于有些刑行交叉类案件，往往是既可以行政处罚也可以刑事处罚。根据国务院《危险化学品安全管理条例》之规定，危险化学品生产企业、经营企业向不具有相关许可证件或者证明文件的单位销售剧毒化学品、易制爆危险化学品的，由安全生产监督管理部门予以相应的行政处罚；拒不改正的，责令停产停业整顿直至吊销其危险化学品安全生产许可证、危险化学品经营许可证，并由工商行政管理部门责令其办理经营范围变更登记或者吊销其营业执照。危险化学品生产企业、经营企业非法对外销售剧毒化学品的社会危害性应该更大，但其仍存在行政处罚的前置性规制措施。所以辩护人提出对陶清的行为适用行政处罚亦可，如果适用刑罚，也应当依法尽量从轻。

四、充分运用刑事政策

2016年11月4日，中共中央、国务院颁布实施了《关于完善产权保护制度依法保护产权的意见》。其后，最高人民法院、最高人民检察院分别在2016年11月28日、2017年1月9日出台了《最高人民法院关于充分发挥审判职能作用切实加强产权司法保护的意见》《最高人民检察院关于充分履行检察职能加强产权司法保护的意见》，均强调加大对民营企业产权的保护力度。2017年11月5日，时任最高人民检察院检察长曹建明在十二届全国人大常委会第二十四次会议上所做的《最高人民检察院关于加强侦查监督维护司法公正情况的报告》中也特别提到，要防止"案件办了、企业垮了"，防止因执法办案不当加剧企业生产经营困难。所以，辩护人在辩护词中加入刑事政策一节，强调司法活动应依法接受刑事政策及相关司法意见的指导，坚持尊重历史，实事求是，以发展眼光客观看待和依法妥善处理改革开放以来各类企业特别是民营企业经营过程中存在的不规范问题。事实也证明，刑事政策的运用取得了很好的辩护效果。

需要说明的是，相对刑事法律而言，刑事政策的时效性更强，辩护律师应当时刻关注最新动态。2018年11月1日，习总书记出席民营企业座谈会并发表重要讲话，进一步突出强调了"两个毫不动摇"和"三个没有变"，提出支持民营经济发展壮大的6个方面政策举措，为民营经济健康发展注入了强大信心和动力。最高人民法院、最高人民检察院分别于11月5日、6日召开会议学习部署落实习总书记讲话精神。

附：

部分非法买卖、运输、储存危险物质罪强制措施和量刑统计

经检索近年来此罪的裁判文书，得知只要是为了生产目的或有自首、立功情节的，大多数可取保候审并适用缓刑

序号	裁判日期	涉案数量（氰化钠）	量刑情节	量刑结果	备注
1	2017.8.22	赵某（取保）固态90吨	为生产目的、使用中未发生事故、未造成环境污染；如实供述；认罪悔罪	判三缓五	(2017)冀0733刑初27号
2	2017.2.28	张某伟（取保）974.6千克	如实供述；氰化钠未实际使用、未流入社会、未造成其他后果	判三缓四	(2017)晋0924刑初8号

续表

部分非法买卖、运输、储存危险物质罪强制措施和量刑统计

经检索近年来此罪的裁判文书，得知只要是为了生产目的或有自首、立功情节的，大多数可取保候审并适用缓刑

序号	裁判日期	涉案数量（氰化钠）	量刑情节	量刑结果	备注
3	2016.7.20	杨某乙（取保）675千克	如实供述；确因生产需要，没有造成严重社会危害，有悔改表现	判三缓四	(2016)粤1283刑初108号
		杨某甲（逮捕）2050千克	从犯（受雇）；如实供述	判三缓五	
		周某（取保）200千克	如实供述；确因生产需要，未造成严重社会危害，有悔改表现	判三缓四	
4	2017.8.26	刘某东（取保）固态25吨	自首	判三缓三年六个月	(2017)冀0733刑初25号
		闫某龙（取保）固态22吨	立功	判三缓三年六个月	
		石某有（逮捕，取保期间又犯污染环境罪）固态10吨	自首	判三缓三年六个月	
		杜某虎（取保）固态6吨	坦白	判三缓三	
		仁某某（取保）固态6吨	自首；从犯	判二缓二年六个月	
5	2013.7.3	林某平（逮捕）1吨	自首；初犯；未造成严重后果	判二缓三	(2013)昭刑初字第77号
		李某初（逮捕）1吨	自首；未造成严重后果	判二缓三	
		陈某旺（逮捕）1吨	从犯；初犯；认罪态度好；未造成严重后果	判一缓二	
		朱某佳（逮捕）1吨	【运输】未造成严重后果	判一缓二	

续表

部分非法买卖、运输、储存危险物质罪强制措施和量刑统计					
经检索近年来此罪的裁判文书，得知只要是为了生产目的或有自首、立功情节的，大多数可取保候审并适用缓刑					
序号	裁判日期	涉案数量（氰化钠）	量刑情节	量刑结果	备注
6	2017.5.11	邝某晖 氰化钠 194,528 吨 氰化钾 17,635 吨	累犯	四年六个月	(2017)粤 0605 刑初 777 号

后　记

未来已来！中国刑辩律师准备好了吗？传统的刑事辩护主要是会见、阅卷、庭审辩护，基本不调查取证，也不咨询专家。我将这种辩护总结为防守质疑型辩护，即只是提出事实不清、证据不足、法律适用不当或从量刑情节上进行辩护，只是围绕控方证据的真实性、关联性、合法性和证明力，提出无罪、罪轻或从轻处罚的辩护意见。在疑罪从无的刑事审判理念尚未得到很好执行的当下，防守质疑型辩护通常效果一般。笔者可能因医生、法医、教师、律师 4 种专业的学历和工作背景，喜欢刨根问底，喜欢实证分析，更喜欢用质疑的眼光论证每个案件，我一直认为律师与医生是完全相通的职业，医生绝对不能犯错，律师也绝对不能犯错！医者仁心，律师更要法者仁心！他们都要在保证不犯错的情况下努力寻求到解决问题的最佳路径。因此，我自执业以来，所有的案件采用的都是主动寻找有效辩护路径、详细比对有罪无罪证据、对证据进行点线面三维度的分析，用好用足“良性互动、有效对抗”的攻防策略。

10 多年来我国刑事司法取得了长足的进步，但实践中重打击轻保护和重实体轻程序的问题还很严重。作为新时代的刑辩律师要有担当，更要有作为！“专则精，精则深”。我理想中优秀的刑辩律师应是“君子 + 神探 + 法律专家 + 博物学家 + 演说家 + 心理学家”的综合体，这也是我写本书的初衷。

作为执业 20 余年的办案总结，我虽然用心用力地编撰，但囿于水平和能力有限，难免存在一些缺陷和不足，恳请大家批评指正！**本书案例均源于作者的真实执业经历，为避免给相关涉案人员造成困扰，书中所涉人名和企业名称均为化名，如有雷同，纯属巧合。**本书的出版工作得到了法律出版社杨大康编辑的耐心指导和帮助，也得到了北京大学陈瑞华教授和北京大成律师事务所刑委会赵运恒主任的大力支持，更得到了我们律师团队曹龙昊、蒋成连、许炜、王春兰、薛明阳、张洪浩、李前飞等同人的帮助，在此一并致谢！

薛火根

2019 年 2 月 28 日

图书在版编目(CIP)数据

有效辩护新路径 / 薛火根著. -- 北京 : 法律出版社, 2019(2019.5 重印)
ISBN 978-7-5197-3239-4

Ⅰ. ①有… Ⅱ. ①薛… Ⅲ. ①刑事诉讼-辩护-研究-中国 Ⅳ. ①D925.215.04

中国版本图书馆 CIP 数据核字(2019)第 041114 号

有效辩护新路径
YOUXIAO BIANHU XINLUJING

薛火根 著

策划编辑 杨大康
责任编辑 杨大康
装帧设计 汪奇峰 鲁 娟

出版 法律出版社
总发行 中国法律图书有限公司
经销 新华书店
印刷 中煤(北京)印务有限公司
责任校对 晁明慧
责任印制 吕亚莉
编辑统筹 法律应用出版分社
开本 710 毫米×1000 毫米 1/16
印张 19
字数 340 千
版本 2019 年 4 月第 1 版
印次 2019 年 5 月第 2 次印刷

法律出版社/北京市丰台区莲花池西里 7 号(100073)
网址/www.lawpress.com.cn
投稿邮箱/info@lawpress.com.cn
举报维权邮箱/jbwq@lawpress.com.cn
销售热线/010-83938336
咨询电话/010-63939796

中国法律图书有限公司/北京市丰台区莲花池西里 7 号(100073)
全国各地中法图分、子公司销售电话:
统一销售客服/400-660-6393
第一法律书店/010-83938334/8335 西安分公司/029-85330678 重庆分公司/023-67453036
上海分公司/021-62071639/1636 深圳分公司/0755-83072995

书号:ISBN 978-7-5197-3239-4 **定价**:68.00 元
(如有缺页或倒装,中国法律图书有限公司负责退换)